数化万物

BIG DATA 2018

2018中国国际大数据产业博览会全记录

大数据战略重点实验室○编

2018年·中国

图书在版编目（CIP）数据

数化万物：2018中国国际大数据产业博览会全记录 / 大数据战略重点实验室编 . -- 北京：当代中国出版社，2018.9

ISBN 978-7-5154-0877-4

Ⅰ．①数… Ⅱ．①大… Ⅲ．①IT产业－博览会－概况－中国－2018 Ⅳ．①F492

中国版本图书馆CIP数据核字（2018）第221469号

出 版 人	曹宏举
策划编辑	李一梅
责任编辑	李一梅
责任校对	康　莹
封面设计	孚思文创
出版发行	当代中国出版社
地　　址	北京市地安门西大街旌勇里8号
网　　址	http://www.ddzg.net　邮箱 ddzgcbs@sina.com
邮政编码	100009
编 辑 部	（010）66572264　66572154　66572132　66572180
市 场 部	（010）66572281　66572161　66572157　83221785
印　　刷	艺堂印刷（天津）有限公司
开　　本	787毫米×1092毫米　1/16
印　　张	44印张　插图36幅　500千字
版　　次	2018年9月第1版
印　　次	2018年9月第1次印刷
定　　价	148.00元

版权所有，翻版必究；如有印装质量问题，请拨打（010）66572159 转出版部。

《数化万物》编委会

编委会主任	赵德明
编委会常务副主任	陈 晏
编委会副主任	李岳德　兰义彤　聂雪松　徐 昊　连玉明
	刘 刚
编　委	刘本立　王 黔　朱霖毅　张雪丽　邓龙江
	饶祖跃　张雪蓉　陈本荣　唐振江　吴宏春
	肖 鲁　赵 燕　戴建伟　吕念东
主　编	连玉明
副主编	宋 青　胡海荣　宋希贤　周 猜　江 岸
编　辑	连玉明　朱颖慧　武建忠　张 涛　张俊立
	宋 青　胡海荣　宋希贤　周 猜　江 岸
	胡 凯　王叶琦　何 丹　李 雪　龙荣远
	贺 羽　虎 静　张龙翔　梅 杰　龙婉玲
	倖闻婧　陈甚男　陶 巍　季雨涵　邹 涛
	文 颖　张 清　陈 曦　罗立萍　黄 倩
	翟 斌　周 莹　叶梁婕　杨 婷　谢雨良
	韦倍艳　陈惠阳　杨官华　王倩茹　胡亚男

陈　林　田　润　何　露　罗　荣　郑　婷
陈　威　沈旭东　萧　伟　王　怡　谢思琪
王琳萱　刘珮琪　罗　韵　严　旭　易康宁
李　琼　田翠梅　王俊芳　姜　璠　孙文超
舒　龙

美　术　编　辑　闫会军　张照荷　楼乐天　储　越
学　术　秘　书　李瑞香　王叶琦　龙婉玲

目 录

001　贺　信

003　**开幕式及高峰对话**

008　数化万物，智在融合　大数据战略重点实验室
019　加快大数据创新应用，推动经济社会高质量发展　王　晨
024　谱写新时代大数据融合发展的新篇章　孙志刚
028　加快培育壮大数字经济，以新动能推动新发展　林念修
033　扎实推进大数据战略，促进大数据产业繁荣发展　陈肇雄
036　发挥大数据新生产要素作用，推动经济社会快速发展　杨小伟
039　携手合作发展大数据，让数据改变生活　安德鲁王子
041　推动大数据治理体系建设，营造大数据产业发展环境　梅　宏
047　区块链革命开启互联网新时代　唐·塔普斯科特
052　新量子革命　潘建伟
057　为了一个更美好的 AI 时代　李彦宏
062　让人工智能创造价值　张　钹
065　贯彻落实健康中国战略，释放"大数据＋大健康"发展红利　王世杰

068 大数据、大健康、大产业 金小桃

076 推动密码与大数据的融合发展 徐汉良

082 从数据时代走向数权时代 连玉明

088 物联网发展面临的诸多挑战 尹浩

093 赋能万物，连接未来 贺东东

099 基于可信计算的区块链安全 沈昌祥

102 区块链在养老产品登记领域的应用 姚余栋

106 走中国特色主义工业互联网道路 高红卫

110 COSMOPlat：新动能的播种机——海尔工业互联网的探索与实践 陈录城

115 我国工业互联网的发展情况 王志勤

120 互联网主力军征战脱贫攻坚主战场 刘文奎

124 网络扶贫，传统企业赢在精准 石东伟

128 扶贫给人以鱼，脱贫授人以渔，而致富是造鱼塘 马 云

131 探索数字新生态 马化腾

136 定义未来，超越竞争 廖建文

141 观点再现

151 大数据国家治理

155 以大数据助力国家治理现代化 大数据战略重点实验室

168 构筑公共资源交易五全服务新格局，推进政府治理体系和治理能力现代化 魏国楠

171 懂得大数据，用好大数据，助力深化公共资源交易改革发展　杨　洁

177 大数据应用提升社会治理能力和水平　段国华

180 推动政务公开，优化政务服务　李　辉

183 开放数据的收益和影响　Amparo Ballivian

186 中国政府数据开放现状、趋势与挑战　郑　磊

199 政务信息整合共享中的"三权"分置与实现机制　孟庆国

204 以应用为导向，推动系统整合与共享　洪晓枫

210 观点再现

219　大数据与民生

223 数据惠民，让百姓更有获得感　大数据战略重点实验室

235 推进美国硅谷与中国数谷相得益彰、交相辉映　陈　晏

238 数据在心，食药放心　邬贺铨

242 工业大数据特性与分析方法——关键技术与发展趋势　谭建荣

249 区块链与公共服务　本·巴特利特

252 中国高速铁路发展及展望　翟婉明

257 推进数字中国建设，开启万物互联新时代　苗建华

261 食品安全治理现代化模式探讨——以大数据倒逼食品安全治理模式转型　马　东

265 法治如何促进智慧交通发展并有效控制风险　孙佑海

269 观点再现

281　技术产业创新

286　创新引领，同谋两化融合新发展　　大数据战略重点实验室

295　能源大数据与信息物理融合　能源系统安全优化　管晓宏

304　推动互联网、大数据和人工智能与广电的深度融合　杜百川

311　人类技术变革历程与未来新技术格局　叶甫根尼·卡塔

315　中国传统产业将取代 BAT 成为数字经济的旗手　赵国栋

319　云上开发，构筑软件产业竞争力　宋哲炫

327　区块链的价值传递与场景应用　徐昊

330　专业出版社大数据应用的思索与实践　顾晓华

335　HTAP 在数据企业中的必要性　丁洪

342　观点再现

375　区域交流与合作

379　深化区域交流与合作，共谋大数据美好未来　大数据战略重点实验室

388　开创合作共赢的中英"黄金时代"　艾佩诗

390　创造良好的发展环境促进中印商业新拓展　班浩然

393　共建中英发声平台，共商大数据区域合作发展大计　蒙启良

396　"数谷"对接"硅谷"，合力共赢未来　孙志明

399　云经济发展趋势及"一带一路"建设中的云服务布局建议　乔·韦曼

405　中国与美国的创新　富兰克林·尤福林

410　健康与养老的数字化转型：重塑老龄时代　杨一帆

414　网络安全政策对大湾区数据流动的影响　左晓栋

420　观点再现

431　数据安全保障

435　完善大数据安全保障体系，助推数字中国建设　大数据战略重点实验室

444　数据中心制冷技术面临新挑战　金嘉玮

446　构建网络安全综合防护体系，以法治推动大数据健康发展　郭瑞民

449　掌握核心技术，构建安全可控桌面计算机技术体系　倪光南

454　明确数据权属，依法保护数据安全　陈智敏

461　深层次推动大数据交易发展　王玉祥

464　大数据的法律保护路径　白　帆

468　大数据的性质及其知识产权因应　宁立志

473　政务信息系统整合共享与安全问题　周德铭

479　观点再现

485　数字经济发展

489　数字经济新动力，赋能高质量发展　大数据战略重点实验室

499　区块链金融的时代趋势　王永利

504　中国区块链如何与世界链接　邓　迪

509　中国共享经济发展与创新治理　张新红

514　大数据管理促进生态环境的共享经济发展　克雷格·莫德西特

518　在全球视角下探讨银行业　Troy L.Haines

522 数字融合新政策：中国改革再出发，数字融合向何方？ 魏建国

524 促进数字城市与数据产业协同发展 杜 平

530 大数据产业发展现状与展望 姜春宇

536 观点再现

545　电商峰会

549 电子商务成为经济增长新动力 大数据战略重点实验室

559 新时代助推电商新发展 赵德明

562 新零售领动数字经济 杨 健

566 电子商务量质提升，助推数字经济蓬勃发展 张铠麟

570 示范城市的创新动能 吕本富

574 乡村振兴战略下的电商机遇 李鸣涛

580 跨界融合成为经济发展新动能 刘德成

583 加快生态电子商务转型发展，打造生态产品世界品牌 李世东

586 观点再现

597　成果发布

602 打响"数博发布"特色品牌，共享大数据发展最新成果 大数据战略重点实验室

610 数字中国改变世界 中国数谷引领未来——"数字中国智库论坛"成果发布

613 聚焦政府治理能力提升——大数据优秀成果暨开放基金项目发布

615 "十佳大数据案例"揭晓活动成功举办

618 "2018 11项黑科技"惊艳亮相数博会——领先科技成果发布会成功举行

622 国内首个城市网络安全运营中心正式发布

624 "中国数谷"大数据应用场景TOP100正式发布

626 首届无人驾驶全球挑战赛圆满落幕

628 数字经济下的科技前沿，共享智创"中国数谷"——《贵阳大数据发展报告》蓝皮书发布

631 "多彩贵州文化云"上线仪式成功举行

633 新闻荟萃

639 2018数博会向世界发出中国大数据的"好声音" 大数据战略重点实验室

646 解码贵州："智慧树"，在绿水青山间茁壮成长 新华社

652 贵阳社会各界热议：牢记嘱托 感恩奋进 谱写新时代大数据融合发展新篇章 《贵阳日报》

656 2018数博会：深化公共资源交易数据共享 助力国家治理能力现代化 《经济日报》

659 数博会浓缩新时代新机遇 央视网

663 这些名企与贵州贫困县结帮扶对子 听听背后的故事 多彩贵州网

679　首届"数字中国智库论坛"在贵阳举行　《贵阳日报》

682　紧握创新"钥匙"共享"数据"成果——从2018数博会上传递出的信息　新华社

686　大数据,让贵州发展更有底气　《贵州日报》

689　后　记

贺　信

　　值此2018中国国际大数据产业博览会召开之际，我谨代表中国政府和中国人民，并以我个人的名义，向会议的召开致以热烈的祝贺！向出席会议的各位代表和嘉宾表示诚挚的欢迎！

　　当前，以互联网、大数据、人工智能为代表的新一代信息技术日新月异，给各国经济社会发展、国家管理、社会治理、人民生活带来重大而深远的影响。把握好大数据发展的重要机遇，促进大数据产业健康发展，处理好数据安全、网络空间治理等方面的挑战，需要各国加强交流互鉴、深化沟通合作。

　　中国高度重视大数据发展。我们秉持创新、协调、绿色、开放、共享的发展理念，围绕建设网络强国、数字中国、智慧社会，全面实施国家大数据战略，助力中国经济从高速增长转向高质量发展。

　　希望各位代表和嘉宾围绕"数化万物·智在融合"的博览会主题，深入交流，集思广益，共同推动大数据产业创新发展，共创智慧生活，造福世界各国人民，共同推动构建人类命运共同体。

　　预祝会议取得圆满成功！

中华人民共和国主席　习近平
2018年5月26日

开幕式及高峰对话

——加强大数据创新应用,推动经济社会高质量发展

——谱写新时代大数据融合发展的新篇章

——加快培育壮大数字经济,以新动能推动新发展

——贯彻落实健康中国战略 释放『大数据+大健康』发展红利

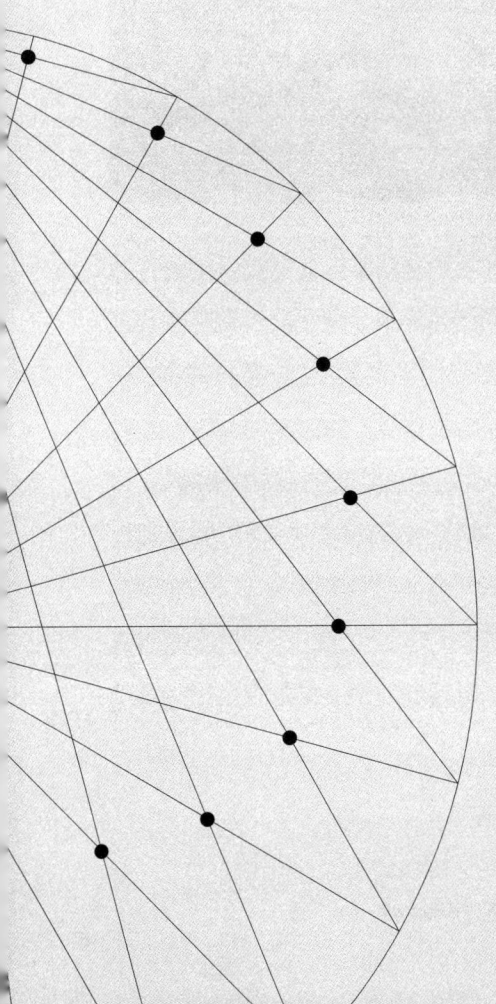

2018年5月26日,"2018中国国际大数据产业博览会"在贵阳国际生态会议中心举办,吸引全球关注。

2018年5月26日，2018数博会"'区块链高端对话'——价值互联新秩序论坛"现场。

2018年5月26日，2018数博会"'人工智能'高端对话——AI 生态 加速未来论坛"现场。

2018年5月26日，2018数博会"'数据安全'高端对话——构建数据安全新秩序论坛"现场。

数化万物，智在融合

大数据战略重点实验室

在全球信息化进入全面渗透、跨界融合、加速创新、引领发展新阶段的大背景下，大数据资源正成为经济社会发展重要的创新要素，对促进全面创新发展发挥着不可或缺的重要作用。

2017年12月，中共中央政治局就实施国家大数据战略进行第二次集体学习。习近平总书记在主持学习时强调，实施国家大数据战略，加快建设数字中国，更好服务我国经济社会发展和人民生活改善；明确提出构建以数据为关键要素的数字经济、运用大数据提升国家治理现代化水平、运用大数据促进保障和改善民生、切实保障国家数据安全。党的十九大对建设科技强国、网络强国、数字中国、智慧社会，推动互联网、大数据、人工智能和实体经济深度融合等做出战略部署。2018年4月，习近平总书记在全国网络安全和信息化工作会议上进一步强调，要发展数字经济，加快推动数字产业化,依靠信息技术创新驱动,不断催生新产业新业态新模式,用新动能推动新发展。

数据连接万物,变革万物。正是抓住了以大数据为引领的新一代信息技术产业的发展机遇,贵州顺势而为、换道超车,走出了坚持生态保护与经济发展双赢的新路,把这个西部欠发达省份推到了时代的"风口浪尖"上。作为全国首个国家大数据综合试验区核心区、大数据产业发展集聚区、大数据产业技术创新试验区,贵阳先行先试发展大数据,创造性地提出块数据理论,敢为人先地在大数据立法与标准上进行突破,积极打造大数据应用场景,发展数字经济、推进现代化治理,打造大数据驱动经济社会发展的新格局,抢占了先机,赢得了生机。

中国国际大数据产业博览会,作为全球首个大数据主题博览会,已连续成功举办三届,2017年正式升格为国家级博览会,现已成长为全球大数据发展的风向标和业界最具国际性、权威性的平台。2018年5月26日至29日,"2018中国国际大数据产业博览会"在贵阳举办。在5月26日上午举行的开幕式上,中华人民共和国主席习近平发来贺信,中共中央政治局委员、全国人大常委会副委员长王晨出席开幕式宣读贺信,并发表重要讲话。中共贵州省委书记、省人大常委会主任孙志刚,国家发展和改革委员会副主任林念修,工业和信息化部副部长陈肇雄,中央网络安全和信息化委员会办公室副主任、国家互联网信息办公室副主任杨小伟致辞。英国约克公爵安德鲁王子,中国科学院院士梅宏,加拿大新经济学家唐·塔普斯科特,中国科学院院士潘建伟发表演讲。开幕式由中共贵州省委副书记、省人民政府省长谌贻琴主持。来自中央及地方的多位领导亲临开幕式现场表达对数博会的重视与关怀。

此外,2018数博会也同样吸引了全球IT巨头和业界精英的关注和参与。在数博会期间举行的8场高端对话——"人工智能"高端对话、"大数据+大健康"高端对话、数据安全高端对话、万物互联高端对话、区块链高端对话、"工业互联网,产业新动能"高端对话、"精准扶贫"高端对话、"数字经济"高端对话中,阿里巴巴集团董事局主席马云,腾讯公司董事会主席兼首席执行官马化腾,百度公司创始人、董事长兼首席执行官李彦宏,高通公司全球总裁克里斯蒂安诺·阿蒙,苹果公司大中华区总经理葛越等业界精英分别围绕大数据融合发展相关的新技术与新趋势,提出了许多新思想、新观点,呈现了一场场精彩纷呈的思想盛宴。

一、数字经济推动中国经济高质量发展

以数据为关键要素的数字经济,正成为中国经济由高速增长阶段转向高质量发展阶段的关键动能。麦肯锡发布的《中国数字经济报告》显示,早在2016年中国电子商务交易额已占全球的40%,中国个人消费交易额为7900亿美元,是美国的11倍。此外,全世界262家"独角兽"中有1/3是中国企业,占全球"独角兽"企业总估值的43%。中国信通院测算表明,截至2017年,中国数字经济总量已达到27.2万亿元,同比名义增长超过20.3%,显著高于当年GDP增速,占GDP比重达到32.9%,对GDP的贡献达55%。在国民经济中,数字经济发挥着愈发重要的作用。

作为在全国第一个出台数字经济发展规划的省份,贵州省拿出了亮眼的成绩单:2017年,贵州数字经济增速37.2%,位列全国第一;以大数据为引领的电子信息制造业增加值增长86.3%,成为工业经济第二大增长点;大数据企业8900多家,大数据产业规模总量超过1100亿元,苹果、高通、微软等7家全球前十的互联网企业在此落户,阿里巴巴、华为、腾讯等互联网领军企业扎根发展。另外,在数字经济吸纳就业上,贵州又以23.5%的增速位列2017年全国各省市第一。贵州省的"换道超车"无疑是数字经济推动中国经济高质量发展的缩影。

中共中央政治局委员、全国人大常委会副委员长王晨强调,随着网络强国战略、国家大数据战略、"互联网+"行动计划等一系列重大战略和行动的实施,我国数字经济发展进入快车道。要把发展大数据作为深化供给侧结构性改革的重要内容,作为实施创新驱动发展战略的重要途径,推动实体经济和数字经济一体化发展,加快互联网、大数据、人工智能同实体经济的深度融合,构建以数据为关键要素的数字经济。

中国数字经济在快速发展的同时,也面临着不少难题。国家发展和改革委员会副主任林念修指出,中国数字经济发展还面临着融合创新不足、产业转型阵痛、经济活动主体权责不明晰等问题,既有的利益格局、行业秩序、治理体系、政策法规等面临着诸多新的挑战。他认为,当前和今后一个时期,中国发展数字经济有五个方面的重点:一是着力增强数字技术创新能力,二是着力加速数字产业化和产业数字化,三是着力推进"互联网+政务服务",四是着力拓展数字经济的国际合作空间,五是着力强化数字经济法治体系建设。中国科学院院士梅宏提出,要从营造国家大数据产业发展环境的视角进行全面和系统化的考虑,构建大数据治理体系,主要包括四个方面:一是数据资产地位的确立,二是建立数据的管理体制和机制,三是促进数据共享和开放,四是保障数据安全与隐私保护。

二、融合创新应用繁荣新业态新模式

大数据促进大融合,大融合促进大发展。党的十九大报告指出:加快建设制造强国,加快发展先进制造业,推动互联网、大数据、人工智能和实体经济深度融合,在中高端消费、创新引领、绿色低碳、共享经济、现代供应链、人力资本服务等领域培育新增长点、形成新动能。党的十九大为企业未来的发展绘制了蓝图,为传统行业如何与大数据相融合指明了方向,为实体经济增加新动能注入了强大的信心和力量。以制造业为例,当前工业机器人、3D打印机等新装备、新技术在以长三角、珠三角等为主的中国制造业核心区域的应用明显加快,大数据、云计算、物联网等新的配套技术和生产方式开始得到大规模应用。

大数据的融合发展,在给更多的传统行业带来新生机的同时,也催生出一些新的行业与领域、应用与模式。以共享经济为代表的新经济正在蓬勃发展。《中国共享经济发展年度报告(2018)》显示,中国共享经济继续保持高速增长,2017年中国共享经济市场交易额约为49205亿元,比上年增长47.2%,主要集中在金融、生活服务、交通出行、生产能力、知识技能、房屋、医疗等七大领域。

与此同时,大数据的融合发展也催生了基础应用、商务交易、网络金融、网络娱乐、公共服务等个人和公共领域的应用。互联网的普惠、便捷、共享等特性,已经渗透到公共服务领域,为加快提升公共服务水平、有效促进民生改善与社会和谐提供了有力保障。以政务服务为例,截至2017年,中国在线政务服务用户规模达到4.85亿,占总体网民的62.9%,通过支付宝或微信城市服务平台获得政务服务的使用率为44.0%。微信城市服务、政务微信公众号、政务微博及政务头条号等政务新媒体及服务平台不断扩大服务范围,上线并完善包括交通违法通告、气象信息发布、人力资源和社会保障信息发布、生活缴费等在内的多类生活服务,并逐步向县域下沉。

近年来,贵州正加快推进大数据与实体经济的融合、大数据与乡村振兴的融合、大数据与服务民生的融合、大数据与社会治理的融合，强化对大数据相关企业、高科技领域企业和各类人才的引进支持力度，做大做强数字经济，推动经济从高速增长转向高质量发展。对此，中共贵州省委书记、省人大常委会主任孙志刚指出，融合是新时代大数据发展的最大特征和价值所在，为新发展理念落地生根提供了无限可能，必将打开人们认识世界、改造世界的新大门，对社会生产方式、生活方式和社会治理模式都将产生重大而深远的影响。贵州在实践中深切体会到：融合是大势所趋，融合并非高不可攀，融合是共同的追求，融合是科技进步的主题。

大数据与服务民生相融合的典型是精准扶贫。贵州通过推动扶贫、公安、交通、住建等部门的数据融合，实现了对扶贫对象实行精准识别、精准帮扶。阿里巴巴集团董事局主席马云认为，改革开放以来实施联产承包责任制解决了土地上种出来的东西属于谁的问题，大大激发了农民生产积极性，而今天大数据、互联网要解决土地上种出来的东西卖给谁的问题。因为只有让土地增值，只有让农民觉得土地有利可收，农民才会回到土地。过去农民离乡背井，全部成了农民工，而通过让土地增值，可以让农民回到家乡，变成农业工，形成真正的农业产业。

融合发展将不断提升数字化的广度、深度和精度，从而形成数字生态。BAT巨头之一的腾讯公司董事会主席兼首席执行官马化腾认为，数字化的广度正在前所未有地扩展，数字化进程已经从经济领域迅速扩展到民生、政务等领域。数字化广度首先要解决的是普惠的问题。其次，数字化的转型需要数字技术与行业经验深度融合，数字化创新需要下沉，进入到各行各业的"五脏六腑"。另外，数字化对物理世界的重塑精度越来越高，数字化的精度一方面有赖于底层和前沿技术的突破，另一方面也有赖于工匠精神做出高水平的数字工具和产品。

三、万物智能互联加速智慧社会到来

中国的智慧社会建设,正在步入新的阶段。2017年7月,高盛发布的《中国人工智能崛起》指出,中国已经成为人工智能领域的主要竞争者,中国政府建设"智慧型经济"和"智慧社会"的目标将推动中国未来的增长。"智慧社会"的理念被正式写入了党的十九大报告中,并与科技强国、质量强国、航天强国、网络强国、交通强国、数字中国并列。

物联网、人工智能、大数据、云计算是建设智慧社会的基础技术支撑,也是世界主要国家产业博弈的阵地所在。2018年5月,习近平总书记在中国科学院第十九次院士大会、中国工程院第十四次院士大会上强调,以信息化、智能化为杠杆培育新动能,优先培育和大力发展一批战略性新兴产业集群,推进互联网、大数据、人工智能同实体经济深度融合。2017年国务院印发的《新一代人工智能发展规划》和2018年《政府工作报告》都将"新一代人工智能"列为研发应用的关键词。

如何使人工智能技术变成人工智能产业?中国科学院院士张钹认为必须把"数据、人工智能算法、计算资源、应用场景"四个要素有效结合起来,才能把技术转化为价值。他进一步指出有了大数据不一定就能创造价值,因为我们面临诸多挑战:一是数据的质量问题,二是数据处理理论和方法,三是计算速度慢、能耗大等问题。

智慧社会的另一大关键技术是"物联网",在《"十三五"国家信息化规划》中有20处提到"物联网"。2017年国务院印发《关于进一步扩大和升级信息消费持续释放内需潜力的指导意见》,明确指出要加快推进物联网基础设施部署(NB-IoT/eMTC),并把此项工作列为"重点任务",到2020年完成。

从早期物联网概念的提出,到现在的万物互联,物联网数字化技术和产业市场都发生了根本性的改变。IBM 大中华区 Watson 物联网事业部总经理李国志提出，要从技术方面、物理世界和经济的整体视角看待物联网。他还指出，当前技术发展面对海量数据和人工智能的根本性改变，要在产品设计上建立、运营和管理好高度的物理和数字化融合系统，实现更好的人机交互，在提升客户使用效率方面创造更大价值。

中国联合网络通信集团有限公司副总经理梁宝俊认为，2017年物物相联的数据超过了人与人的连接，万物互联实际上已经从人和人、人和信息之间，转变到物和物、人和物之间，并从万物互联向万物智联重构价值。他认为，当前物联网根本性的变革，一是数化，即数据已经成为一个很重要的生产要素；二是融合，即产业数据化、数据产业化；三是合作，即组织关系变革，由线性的竞争关系变成了生态的合作关系。

随着中国数字经济的发展以及人工智能、物联网等技术的成熟及应用，社会生活的智能化、智慧化程度必将继续加深，人们的生产生活方式将迎来更大的变革，智慧社会势必加速到来。针对 AI（人工智能）的终极理想，百度创始人、董事长兼首席执行官李彦宏认为 AI 时代需要探讨构建包含规则、伦理和价值观的新"红绿灯"，一是 AI 的最高原则是安全可控；二是 AI 的创新愿景是促进人类更平等地获取技术和能力；三是 AI 的存在价值是教人学习、让人成长，而非超越人和替代人；四是 AI 的终极理想是为人类带来更多自由与可能。他表示 AI 的使命不是替代人，而是让技术忠诚于人类、服务于人类，让人类的生活变得更美好。

四、数据与网络安全为网络强国保驾护航

当社会信息化和网络化不断深入，数据已逐渐成为与物质资产和人力

资本同样重要的基础生产要素,被广泛认为是推动经济社会创新发展的关键因素。拥有数据的规模和运用能力,不仅是企业或组织业务发展的核心驱动力,与个人消费、个人属性特征隐私等问题息息相关,而且也已成为国家经济发展的新引擎,是综合国力的重要组成部分。

然而,数据在体现和创造价值的同时,也面临着严峻的安全风险,一方面数据流动打破了安全管理边界,导致数据管理主体风险控制力减弱;另一方面数据资源因具有价值,引发的数据安全威胁在持续蔓延,数据窃取、泄露、滥用、劫持等攻击事件频发。

2017年5月12日,全球范围爆发针对Windows操作系统的勒索软件(WannaCry)感染事件。该勒索软件利用此前美国国家安全局网络武器库泄露的WindowsSMB服务漏洞进行攻击,将被攻击的用户文件加密,并要求用户支付比特币才能取回文件,否则将赎金翻倍或者将文件彻底删除。全球100多个国家数10万用户中招,我国国内的企业、学校、医疗、电力、能源、银行、交通等多个行业均遭受不同程度的影响。

2018年3月,Facebook超过5000万用户信息数据被一家名为"剑桥分析"(Cambridge Analytica,以下简称"CA")的公司泄露。有媒体指出,CA所获悉的Facebook用户信息被用于在2016年美国总统大选中针对目标受众推送广告,从而在一定程度上影响了大选结果。

不难看出,近年来,数据安全事件造成的影响越来越严重,已逐渐深入扩展到国家政治、经济、民生等不同层面,涉及国家关键信息基础设施、商业系统,乃至个人生命等各个方面,因而数据安全相较于传统安全更加复杂、不确定和多元,对国家的数据生态治理水平和安全治理能力提出全新挑战。360企业安全集团董事长齐向东认为,网络攻击有三次浪潮,关键基础设施已成为网络空间安全战争的主战场,网络战可能取代传统战争,网络攻击成为企业竞争和政治竞争的重要手段。第三次攻击浪潮中数据成为安全秩序的重中之重,数据安全成为网络安全的重中之重,是国家安全和社会生产生活秩序稳定的重要保障。

网络空间与现实社会一样,既需要自由,也需要秩序。针对如何应对数据安全威胁,保障社会稳定、经济繁荣的问题,中国工程院院士邬贺铨认为,大数据支撑数字经济安全新秩序,网络安全构建数据安全基础,人工智能提升数据安全能力,数据安全推动制度法规建设。要以推行电子政务、建设智慧城市等为抓手,以数据集中和共享为途径,推动技术融合、业务融合、数据融合,打通信息壁垒,形成覆盖全国、统筹利用、统一接入的数据共享大平台,构建全国信息资源共享体系,实现跨层级、跨地域、跨系统、跨部门、跨业务的协同管理和服务。要加强政企合作、多方参与,加快公共服务领域数据集中和共享,推进同企业积累的社会数据进行平台对接,形成社会治理强大合力。

加拿大新经济学家唐·塔普斯科特认为,代表了互联网第二个发展阶段的区块链、分布式账本技术在保障数据与网络安全方面发挥着重要作用。任何有价资产都可以通过区块链以安全、私密的方式进行交易,区块链技术是经济体的操作系统,也是一个平台,可以革新企业和公司的模式。经济要实现从高速增长走向高质量发展,依靠的将是区块链技术。

贵州贵阳大数据安全立法的先行先试为构建数据安全新秩序做出有益的新探索。全国政协委员、贵阳市委市政府首席战略顾问、贵阳创新驱动发展战略研究院院长、大数据战略重点实验室主任连玉明认为,这个探索的方向正是从数据时代走向数权时代。在贵阳五部地方立法的实践中,最值得关注的是已经颁布的《贵阳市政府数据共享开放条例》和即将颁布的《贵阳市大数据安全管理条例》,这两部立法切中了大数据的重点、难点和关键点。连玉明表示，基于数据而衍生的权利称之为数权，基于数权而构建的秩序称之为数权制度，基于数权制度而形成的法律规范称之为数权法，正是数权法奠定了从数据时代走向数权时代的基石。

加快大数据创新应用，
推动经济社会高质量发展

中共中央政治局委员、全国人大常委会副委员长　王　晨

尊敬的各位嘉宾，女士们，先生们，朋友们：

在这生机勃发、绿意盎然的初夏时节，我们与世界各国的嘉宾相聚在"多彩贵州""爽爽贵阳"，共同出席2018中国国际大数据产业博览会，共谋推动大数据国家战略。习近平主席专门发来贺信，充分体现了党中央、国务院对大数据发展的高度重视和对贵州的亲切关怀。在此，谨对2018中国国际大数据产业博览会的举办表示热烈的祝贺！向各位中外嘉宾表示热烈的欢迎！

当今世界，信息技术创新日新月异，数字化、网络化、智能化深入发展，在推动经济社会发展、促进国家治理体系和治理能力现代化、满足人民日益增长的美好生活需要方面发挥着越来越重要的作用。2017年12月，习近平总书记深刻指出，"大数据是信息化发展的新阶段。随着信息技术和人类生产生活交汇融合，互联网快速普及，全球数据呈现爆发增长、海量集

聚的特点，对经济发展、社会治理、国家管理、人民生活都产生了重大影响"。习近平总书记要求我们要"审时度势、精心谋划、超前布局、力争主动，深入了解大数据发展现状和趋势及其对经济社会发展的影响，加快完善数字基础设施，推进数据资源整合和开放共享，构建以数据为关键要素、以创新为主要引领和支撑的数字经济"。习近平新时代中国特色社会主义思想，特别是习近平总书记关于大数据发展的一系列重要讲话精神，为我国大数据发展指明了方向，提供了根本遵循。

大数据是信息化发展的新阶段，世界各国都把推进数字经济作为实现创新发展的重要动能。中国拥有全球最庞大的数据生产群体，网民数量、移动电话用户数量居世界第一，是名副其实的数据资源大国。我国先后颁布了《关于积极推进"互联网＋"行动的指导意见》《促进大数据发展行动纲要》《大数据产业发展规划》，以及《国务院关于深化制造业与互联网融合发展的指导意见》等一系列重大政策，发布了《大数据应用蓝皮书》。通过各方的共同努力，我国大数据保持了良好的发展势头，一些关键技术不断取得突破，一些重要行业领域应用不断深化，涌现出一大批大数据新企业、新产品、新服务、新业态、新价值。中国贵州大数据产业博览会自2015年成功举办以来，已打造成为中国最具国际化和产业化的高端专业平台。特别是通过近几年的发展，贵州大数据产业已走在了全国前列，成为一张靓丽的新名片。一棵郁郁葱葱的"智慧树"正茁壮成长，一个价值连城的"钻石矿"正闪烁光芒。

2018数博会以"数化万物·智在融合"为主题，将集中展示我国乃至全球大数据产业发展的最新成果。通过这次盛会，相信各位来宾能够充分亲身感受贵州大数据发展速度，"数字中国"的发展质量。当前，中国经济已由高速增长阶段转向高质量发展阶段，必须贯彻创新、协调、绿色、开放、共享的新发展理念，以大数据、云计算、物联网等新技术、新产业、新模式作为支撑。下面我就"加快大数据创新应用，推动经济社会高质量发展"谈几点认识，与大家交流。

一要推动大数据产业创新发展。我国网络购物、移动支付、共享经济等新业态、新模式蓬勃发展，走在了世界前列。随着各领域对信息化、智能化等深层次应用技术需求的逐渐增大，将继续推动大数据采集、存储、分析、流通等各环节技术创新与升级。我们要瞄准世界科技前沿，整合各方资源力量，加快大数据核心技术攻关，建立自主可控的大数据产业链、价值链和生态系统。要利用大数据等信息技术推动信息资源开放、共享，发展众包设计、用户参与设计、云设计等新兴研发模式，大力培育大数据核心业态、关联业态、衍生业态，推动数据处理加工交易、智能终端产品制造、电子商务等产业创新发展。要坚持数据开放、市场主导，以数据为纽带促进产学研深度融合，形成数据驱动型创新体系和发展模式，培育造就一批大数据领军企业，助力实体经济发展。

二要构建以数据为关键要素的数字经济。随着网络强国战略、国家大数据战略、"互联网+"行动计划等一系列重大战略和行动的实施，我国数字经济发展进入快车道，数字经济总量已超过22万亿元，约占GDP比重的30%。我们要持续用力、久久为功，把发展大数据作为深化供给侧结构性改革的重要内容，作为实施创新驱动发展战略的重要途径，推动实体经济和数字经济一体发展，加快互联网、大数据、人工智能等新一代信息技术同实体经济的深度融合，构建以数据为关键要素的数字经济。要深入实施工业互联网创新发展战略，系统推进工业互联网基础设施和数据资源管理体系建设，发挥数据的基础资源作用和创新引擎作用，加快形成以创新为主要引领和支撑的数字经济。要以大数据引领工业转型升级，努力提升制造全过程、产业全链条、产品全生命周期的网络化、数字化和智能化水平，推动中国制造向中国创造转变，努力实现由制造大国向制造强国转变。

三要运用大数据提升政府治理能力。大数据不仅是一场技术革命，一场经济变革，也是一场国家治理的变革，正有力地推动着国家治理体系和治理能力走向现代化，日益成为社会管理、政府治理的"幕僚高参"。随着经济社会快速发展，特别是进入中国特色社会主义新时代，社会各方面、各领域迫切需要政府治理加快向开放治理、协同治理、主动服务、精细管理转变，这就要求我们要建立健全大数据辅助科学决策和社会治理的机制，推进政府管理和社会治理模式创新，开展区块链技术应用示范，推进智慧公安、智慧交通、智慧城管、智慧信用、政府治理大数据应用，构建起"用数据说话、用数据决策、用数据管理、用数据创新"的体制机制，以大数据助推权力制约无缝化、政府决策科学化、政务管理精准化、公共服务多样化、治理模式多元化。还要以推行电子政务、智慧城市建设等为抓手，推动技术融合、业务融合、数据融合，打通信息壁垒，形成覆盖全国、统筹利用、统一接入的数据共享大平台，实现跨层级、跨地域、跨系统、跨部门、跨业务的协同管理和服务，形成社会治理强大合力。

四要运用大数据促进、保障和改善民生。这既是新时代发展的内在要求，也是大有可为的广阔舞台。我们要坚持以人民为中心的发展思想，推进"互联网＋教育""互联网＋医疗""互联网＋文化"等加快发展，让"百姓少跑腿、数据多跑路""最多跑一次""服务到家"等大数据政务服务品牌叫得更加响亮，切实增强人民群众的大数据获得感，不断提升公共服务质量。要紧盯民生领域的突出矛盾和问题，强化民生服务，弥补民生短板，推进教育、就业、社保、医药卫生、住房、交通等领域的大数据普及应用，深度开发各类便民服务，让人民群众感受到大数据发展带来的便利生活。

要紧盯重点民生领域监管，加强精准扶贫、民生保障、社会救助、生态环境等领域的大数据运用，为打赢脱贫攻坚战、建设美丽中国，让大数据更好地服务社会、造福民众，不断满足人民群众对美好生活的向往。

五要持续加强大数据安全保障能力建设。数据安全是产业发展的基础，没有数据安全，就不可能有产业的可持续发展。我们要建立健全大数据及网络安全态势感知体系、应用体系、产业体系，加强政务、金融、税务、社保、能源、交通、海关、医疗等重要公共信息系统的安全技术防护，推进大数据交易、工业大数据、区块链应用、量子保密通信应用、人工智能等行业的大数据安全应用示范，大力提升技术创新能力、产业支撑能力、安全监管和保护能力。要建立大数据安全防护体系，加强大数据信息安全制度建设和关键信息基础设施安全保护，强化国家关键数据资源保护能力，增强数据安全预警和溯源能力，实现对重要数据资源和信息的精准保护。要加快完善法律、制度体系，加强政策、监管、法律的统筹协调，加快法规制度建设。要健全完善数据资源确权、开放、流通、交易相关制度和技术规范，完善数据产权保护制度。要加大对技术专利、数字版权、数字内容产品及个人隐私等的保护力度，维护广大人民群众利益、社会稳定、国家安全。

女士们，先生们：

大数据不仅对中国来说是一个历史性机遇，同时也是推动全球经济发展的重要机遇。展望未来，中国愿同世界各国一道，秉持开放、合作、包容、普惠的原则，共享发展机遇，致力于发展大数据等新一代信息技术，致力于深化全球大数据应用，致力于构建全球网络空间命运共同体，依靠信息技术革命持续推动经济全球化，实现世界各国的共同繁荣发展。

最后，祝本次大会取得圆满成功，祝各位来宾身体健康、工作顺利！

谢谢大家！

谱写新时代大数据融合发展的新篇章

中共贵州省委书记、省人大常委会主任　孙志刚

尊敬的各位代表，各位嘉宾，女士们，先生们：

孟夏之日，万物并秀。在这个美好的季节里，来自全球各界的代表和嘉宾齐聚多彩贵州、爽爽贵阳，共同迎来2018数博会隆重开幕。这是全球大数据业界的一件大事、喜事。

习近平主席专门向大会发来贺信，对本届数博会的召开表示热烈的祝贺，对推动大数据发展提出了新的要求，为建设网络强国、数字中国、智慧社会，全面实施国家大数据战略提供了根本遵循和行动指南，让我们备受鼓舞、倍增信心、倍感振奋。我们将牢记嘱托、感恩奋进，把习近平主席的殷切期盼转化为苦干实干的强大动力，努力把数博会办得更加精彩，奋力推动贵州大数据发展迈上新的台阶！

今天，中共中央政治局委员、全国人大常委会副委员长王晨先生亲临

大会，宣读了习近平主席贺信并发表了重要讲话，充分体现了党中央对贵州工作的关怀厚爱和巨大支持。在这里，让我们再次向王晨副委员长致以崇高的敬意和诚挚的谢意！

国家发改委、工信部、国家网信办等主办单位同我们一起举办数博会，已经走过了4个年头。商务部也给予了积极支持。4年来，数博会国际影响力越来越大、品牌知名度越来越高。借此机会，我们向中央各部委的鼎力支持表示衷心的感谢！

本届数博会盛况空前。共有超过5万名代表和嘉宾参会，388家企业参展，其中，外宾有来自28个国家的536人，均创历史新高。在此，我代表中共贵州省委、贵州省人民政府和全省4000万各族人民，向出席大会的各位领导、各位嘉宾，表示热烈的欢迎！

"数化万物·智在融合"是本届数博会的主题。数据连接万物、变革万物，融合基于智慧、创造智慧。融合是新时代大数据发展的最大特征和价值所在，为新发展理念落地生根提供了无限可能，必将打开人们认识世界、改造世界的新大门，对社会生产方式、生活方式和社会治理模式都将产生重大而深远的影响。

本届数博会聚焦"融合"，举办人工智能全球大赛总决赛，发布我国首批产业扶贫攻坚标准、人工智能助理等51项领先科技成果、100个大数据应用场景，集中展示5G技术及应用，首次展示"中国天眼"超算技术应用成果，展出超过1000项最新产品和技术及解决方案，安排了8场高端对话和56场专业论坛，美国、英国、意大利、以色列总领馆将举办分论坛及系列活动。相信在大家的共同努力下，各界嘉宾一定能够在本届数博会上加强交流互鉴、强化沟通合作，碰撞出新的智慧、贡献出更多成果。

以习近平同志为核心的党中央高度重视大数据发展，对贵州发展大数据寄予殷切期望。近年来，我们加快大数据与实体经济的融合，加快大数据与乡村振兴的融合，加快大数据与服务民生的融合，加快大数据与社会治理的融合，强化对大数据相关企业、高科技领域企业和各类人才的引进支持力度，做大做强数字经济，推动经济从高速增长转向高质量发展。

我们推动扶贫、公安、交通、住建等部门数据融合，对扶贫对象实行精准识别。推动"国土资源云"与"扶贫云"融合，精准掌握和调度易地扶贫搬迁等重点工程。推动"扶贫云"与"教育云"融合，贫困家庭子女上高中、上大学免学费实现了自动识别、自动办理。推动大数据与医疗领域融合，在全国率先实现了省市县乡四级医院远程联网，有效解决边远山区老百姓看病难问题，截至目前已经开展远程影像诊断近5万例。推动大数据与政务服务融合，加快政府数据"聚通用"，做到"进一扇门办全部事、进一张网办全省事"。推动大数据与环境保护融合，探索对全省环境污染源进行实时监测、自动报警。推动大数据与实体经济融合，大力开展"千企引进""千企改造""万企融合"，一大批传统企业正在发生"蝶变"。

我们在实践中深切体会到：第一，融合是大势所趋，只有融合才能让数据释放价值、爆发力量，只有融合才能实现以信息化培育新动能、用新动能推动新发展；第二，融合并非高不可攀，融合是方向、是出路，各地区、各部门、各行业、各企业都可以在与大数据融合中找到转型升级的路径、拓展创新发展的空间；第三，融合是共同追求，需要大家各施所长、各尽所能，关键在政府引领，基础在企业参与，重点在软件开发应用，导向在解决问题，目的在惠及人民；第四，融合是科技进步的主题，万物皆可数字化，数字化为融合发展创造了无限的机会，融合是展示智慧的空间，融合过程将催生无限的创新。

习近平主席向2018数博会发来贺信，这是具有历史性、里程碑意义的大事，标志着数博会站在了新的起点上。我们要牢牢把握大数据发展的重要机遇，坚决贯彻落实习近平总书记的重要指示要求，乘势而上、开拓创新，将数博会办成充满合作机遇、引领行业发展的国际性盛会，办成共商发展大计、共享最新成果的世界级平台，更好推动大数据事业蓬勃发展，造福世界各国人民，为共同推动构建人类命运共同体做出贵州贡献！

女士们，先生们：

展望未来，大数据发展已经踏上新时代的新征程，前景必将更加灿烂辉煌！我们诚挚欢迎大家都来拥抱贵州这片热土，与我们一道躬身耕"云"，共同谱写新时代大数据融合发展新篇章！

祝本次大会取得圆满成功！祝各位来宾身体健康、工作顺利！

谢谢！

加快培育壮大数字经济，以新动能推动新发展

国家发展和改革委员会副主任　林念修

尊敬的各位来宾，女士们，先生们，朋友们：

非常高兴再次相聚在爽爽的贵阳，与各位嘉宾共商大数据和电子商务发展大计，共同展望数字经济发展美好前景。我谨代表国家发展改革委，对博览会的举办表示热烈的祝贺！对长期以来关心和支持大数据和电子商务发展的各界人士，致以崇高的敬意和由衷的谢意！

刚才，王晨副委员长宣读了习近平主席向博览会发来的贺信，习近平主席从全球科技革命和产业变革大势出发，对推进大数据发展提出了明确要求，为下一步工作指明了方向，充分体现了习近平主席对大数据发展的高度重视，对致力于大数据事业的社会各界朋友的亲切关怀和殷切期望。这既是鼓励，更是鞭策。我和大家一样，深受鼓舞、倍感振奋。我们将深刻学习领会、坚决贯彻落实，以时不我待的精神践行国家大数据战略，让

大数据更好服务经济社会发展和人民生活改善。

在上个月刚刚闭幕的全国网络安全和信息化工作会议上,习近平总书记也对大力发展数字经济、自主创新推进网络强国建设做出了重要部署,强调要敏锐抓住信息化发展的历史机遇,发挥信息化对经济社会发展的引领作用。李克强总理也多次做出指示批示,要求准确把握数字经济未来趋势,做好前瞻布局,推动数字经济高质量发展。

近年来,中国政府以深化供给侧结构性改革为主线,深入实施创新驱动发展战略,准确把握全球新一轮科技革命和产业变革的方向,扎实推进"互联网+"、大数据等国家重大战略实施,积极培育发展数字经济,取得了一系列新进展新成效新突破。

一是数字技术产业加速创新发展。围绕建立以企业为主体、市场为导向、产学研用深度融合的技术创新体系,一批大数据国家工程实验室和重大工程顺利实施,覆盖系统软件、挖掘分析、流通交易、协同安全等大数据技术的创新网络基本形成。量子通信、高性能计算、5G等核心技术取得重要进展,共享经济、网络零售、移动支付交易规模持续增加,新技术新产业新业态新模式不断涌现,正由企业个体创新向产业协同创新转变。

二是试点示范引领效应逐步增强。贵州等8个区域启动实施了国家大数据综合试验区建设,从两年来的实践看,试验区建设取得积极成效。过去两年,8个试验区新注册大数据相关企业数增长60%以上,在大数据产业发展、创新应用、政策环境等方面,都走在全国前列,起到了示范引领作用。

三是信息惠民服务创新不断涌现。"互联网+政务服务"持续推进,各地方、各部门积极探索,涌现出一批政务服务"一网通办""只进一扇门""最多跑一次"的创新典型,极大便利群众和企业办事创业,助力深化"放管服"改革,成为政府管理和服务模式创新的重要支撑。

四是国家政务数据体系基本建立。政务信息系统整合共享工作不断深化。去年7月国务院部署专项推动这项工作以来,截至目前已整合2900多个"信息孤岛",联通了42个国务院部门垂直建设管理的信息系统,实现了信用、人口、教育、医疗、商事等16个重点领域的694项数据共享,面向全国各级政府部门开通508个数据服务接口。今年以来,数据服务调用量每个月平均增长5倍,有力支撑了"用数据说话、用数据管理、用数据决策、用数据创新"新格局的加快形成。

五是数据要素驱动作用初步显现。据测算,2017年中国数字经济规模已超过27.2万亿元人民币,在国民经济中的地位稳步提升。大数据应用正从互联网、金融、电信、医疗等热点行业向传统领域渗透,超过32%的企业已经启动数字化转型、开展大数据应用,实体经济与数字经济融合发展的趋势日渐明显。

女士们,先生们,朋友们:

面向新事物发展,欲思其成,必虑其败。在看到发展成绩的同时,我们更清醒地认识到,中国数字经济发展还面临着融合创新不足、产业转型阵痛、经济活动主体权责不明晰等问题,既有的利益格局、行业秩序、治理体系、政策法规等面临着诸多新的挑战。

下一步,我们将全面贯彻党的十九大和十九届二中、三中全会精神,以习近平新时代中国特色社会主义思想为指导,持续深化供给侧结构性改革,坚定实施创新驱动发展战略,围绕建设现代化经济体系、实现高质量发展,加快培育壮大数字经济,用新技术服务于人民群众对美好生活的需要,用新动能推动新发展。当前和今后一个时期,我们将重点放在"5个着力"上。

一是着力增强数字技术创新能力。我们将进一步强化创新能力建设,围绕大数据应用需求，突破制约大数据发展的基础软硬件等核心技术，在技术研究和产业体系上综合施策，布局一批高水平数字产业集聚区，实施一批重大工程，整合创新资源，强化产业链协同，优化产业生态，提升自主创新发展能力。

二是着力加速数字产业化和产业数字化。我们将持续推动人工智能、区块链等基于大数据的新技术新产业发展，拓展新的发展空间，为培育发展新动能提供动力支撑。同时，加快全行业、全领域、全覆盖的数字化转型，推动大数据在农业、制造业、服务业的广泛应用，促进互联网、大数据、人工智能同实体经济深度融合。

三是着力推进"互联网＋政务服务"。我们将大力推进政务信息系统整合共享，加快推动构建全流程一体化在线服务平台，推进跨层级、跨地域、跨系统、跨部门、跨业务的协同管理和服务。截至2018年年底，实现省级政务服务事项网上可办率不低于80%，市县级政务服务事项网上可办率不低于50%，更好地解决企业和群众反映强烈的办事难、办事慢、办事繁等问题。

四是着力拓展数字经济国际合作空间。我们将进一步加强与各国交流合作，落实《G20数字经济发展与合作倡议》《"一带一路"数字经济国际合作倡议》，加快建设数字丝绸之路经济合作试验区，在电子商务、智慧城市、大数据等领域，不断深化政策交流和建设合作，为数字经济发展拓展国际合作空间。

五是着力强化数字经济法治体系建设。我们将加快推动制定数据安全保护等相关法规制度，建立适应数字经济新业态治理的制度体系，加大对专利、数字版权、企业商业秘密、个人隐私等数据信息的保护力度。打击互联网不正当竞争，推进解决网上虚拟信息诈骗、倒卖个人信息等突出问题，保障数字经济健康有序发展。

女士们，先生们，朋友们：

数据创造价值，创新驱动未来。数字经济发展方兴未艾，前景广阔。国家发展改革委将深入学习贯彻习近平新时代中国特色社会主义思想，认真落实党的十九大报告提出的"贯彻新发展理念，建设现代化经济体系"有关要求，大力推进制度创新、管理创新和服务创新，努力为数字经济发展营造良好的政策环境，推动中国经济在实现高质量发展上不断取得新进展。我们衷心期待各国企业家利用"中国国际大数据产业博览会"这一平台，积极建言献策，深化合作交流，加强互学互鉴，促进开放共享，实现互利共赢，共同推动全球数字经济创新发展！

最后，预祝本次峰会取得圆满成功！

谢谢大家！

扎实推进大数据战略，促进大数据产业繁荣发展

工业和信息化部副部长　陈肇雄

尊敬的各位来宾，女士们，先生们：

初夏时节的林城，青山紫翠，碧水流云。在这个美好的季节，来自不同国家、不同地区的嘉宾汇聚一堂，出席2018中国国际大数据产业博览会。在此，我谨代表工业和信息化部，对大会的召开表示热烈的祝贺！

当前，新一轮科技革命和产业变革蓬勃兴起，大数据开启了信息化发展的新阶段，数据已成为继土地、劳动力、资本、技术之后最活跃的关键生产要素，对经济发展、社会进步、民生改善和国家治理产生了深刻影响。世界主要国家纷纷把推进经济数字化作为实现创新发展的重要抓手，在技术研发、数据开放、安全保护等方面加快布局，构筑软件定义、平台支撑、数据驱动、智能引领的发展新形态，不断形成新增长点，打造数字经济发展新优势。

"实施国家大数据战略,构建以数据为关键要素的数字经济,加快建设数字中国"是以习近平总书记为核心的党中央做出的重大战略部署。近年来,中国大数据产业发展取得了显著成效。政策环境不断优化,中央、地方陆续出台了160多份大数据相关政策文件,20个省级单位设立了大数据专门机构,多层次协同推进机制基本形成。海量数据快速增长,数据量年均增速超过50%,预计到2020年,数据总量全球占比将达到20%,成为数据量最大、数据类型最丰富的国家之一。技术产业不断突破,大数据专利公开量约占全球的40%,在制造、商务、金融、交通、医疗等众多领域,一批大数据平台快速发展,一批独角兽企业迅速崛起。融合新动能加快培育,2017年,中国数字经济总量达到27.2万亿元,同比增长20%,占 GDP 比重达32.9%,贡献了 GDP 增长的55%。

各位来宾,各位朋友:

中国经济正转向高质量发展阶段,处在跨越关口的重要时期,推动互联网、大数据、人工智能和实体经济深度融合,意义重大。作为行业主管部门,工业和信息化部将以习近平新时代中国特色社会主义思想为指导,深入贯彻党的十九大精神,扎实推进大数据战略,促进大数据产业繁荣发展。

第一,突破核心技术,增强创新能力。加快核心关键技术研发,突破深度学习等前沿领域,推进云计算、大数据、人工智能、区块链交叉融合,打造面向大数据的开源软件生态体系。推进产学研用协同攻关,创新技术服务模式,培育一批大数据领军企业和创新型中小企业,形成技术先进、生态完备的技术产品体系。

第二,深化融合应用,助力提质增效。进一步发掘数据资源要素潜力,推动数据资源高效汇聚、协同开发和融合应用。深入实施工业互联网创新发展战略,推动一二三产业全要素、全环节数据互通,推进大数据在产品全生命周期、产业链全流程的应用，培育数据驱动的新模式、新生态。

第三，加强数据治理，确保有序安全。推动完善大数据法规制度，加强技术手段建设，着力提升关键信息基础设施安全防护水平，强化重要数据安全和个人信息保护。落实"放管服"改革要求，推动建立多元共治的协同监管机制，促进数据合理采集、合规交易、有序流通、安全使用，营造包容创新的发展环境。

第四，坚持开放发展，实现合作共赢。推动构建开放产业生态，鼓励龙头企业建设大数据平台，开放数据、计算能力等基础资源，引导中小微企业深耕细分市场。深化大数据领域国际合作，坚持"引进来"和"走出去"并重，加快大数据国际化发展步伐。

各位来宾，各位朋友：

近年来，贵州省委省政府超前布局，牢牢把握大数据发展先机，在全国率先推进国家大数据综合试验区建设，集聚了一批国内外优秀大数据企业，吸引了一批国内外大数据领军人才，"数博会"日益成为业界盛会，贵州的大数据发展走出了一条弯道取直、赶超跨越的创新之路，为数字经济发展打造了贵州样板、提供了贵州经验。

中国国际大数据产业博览会自举办以来，立足中国、面向世界，在凝聚发展共识、促进各方合作、推动数字经济发展等方面做出了积极贡献。本届博览会以"数化万物·智在融合"为主题，顺应时代潮流、符合各方期待。希望与会嘉宾在贵州这片数据热土上，借助"数博会"这个国际化、专业化、融合化的大平台，分享真知灼见、汲取宝贵经验、深化交流合作，共同推动大数据产业发展不断迈上新的台阶。

最后，预祝大会圆满成功！

谢谢大家！

发挥大数据新生产要素作用，推动经济社会快速发展

中央网络安全和信息化委员会办公室副主任、
国家互联网信息办公室副主任　杨小伟

尊敬的各位领导，各位嘉宾，女士们，先生们，媒体朋友们：

非常高兴参加中国国际大数据产业博览会，受徐麟主任委托，我谨代表国家互联网信息办公室对大会的召开表示热烈的祝贺，向关心和支持我国网信事业发展的各界来宾表示衷心的感谢！

党中央高度重视大数据发展。习近平总书记指出"信息资源日益成为重要生产要素和社会财富，信息掌握的多寡成为国家软实力和竞争力的重要标志"，强调"要推动互联网、大数据、人工智能和实体经济深度融合""以信息流带动技术流、资金流、人才流、物资流，促进资源优化配置，促进全要素生产率提升"。习近平总书记系列重要讲话精神，为我们推动大数据发展提供了根本遵循，指明了努力方向。

当前，数据的价值越来越受到人们的重视，数据驱动被公认为继实验

观测、理论推演、计算模拟之后人类认识世界的第四范式。世界主要国家纷纷出台促进大数据发展政策措施，完善相关立法，力争发展主动权。我们要抓住信息革命机遇，充分发挥大数据作为新生产要素的作用，推动经济社会快速发展。在此我谈几点体会，供大家参考。

一是以大数据助力现代化经济体系建设。近年来，我国大数据产业发展迅速。据有关机构测算，2017年大数据产业达到4700亿元，同比增长30%。大数据作为经济发展新动能的作用日渐显现。我们要稳步推进公共数据开放，有效规范社会数据流通，推动大数据与实体经济融合，让数字产业化和产业数字化相互促进、相得益彰，推进经济高质量发展。

二是以大数据推进国家治理体系和治理能力现代化。数据是国家治理的重要依据。近年来，我国电子政务建设取得积极进展，电子政务外网统一数据交换平台已累计交换数据162亿条。我们要持续推进网络互通、数据共享、业务协同，打破"信息孤岛"，推进政务数据和社会数据汇聚融合，增强宏观调控、市场监管、社会治理、公共服务的精准性和有效性。

三是以大数据提升人民的获得感、幸福感、安全感。当前，互联网已经成为政民互动的重要窗口。截至2017年12月，我国在线政务服务用户规模达到4.85亿，各地涌现出一批"不见面审批""最多跑一次"等优秀实践。我们要深化"放管服"改革，不断推进大数据在教育、医疗、文化、社保等领域的应用，让公共服务更高效，群众得便利。

四是切实保障数据安全和合理利用。安全是大数据发展的前提。近来，互联网公司数据泄露、APP过度采集用户信息等事件频发，损害了消费者权益。我们要建立覆盖数据全生命周期的管理制度体系，特别要针对过度索取用户信息、数据非法交易、大数据滥用等问题加强监管，同步推进法律法规和标准规范制定，有效保护公民个人隐私、企业商业秘密，保障国家安全。

各位领导，女士们，先生们：

近年来，贵州抓住发展机遇，积极推动大数据发展，实现后发赶超，取得了显著成绩，成为我国大数据发展的新高地。今天的数博会为企业、科研机构、专家学者和政府部门共同搭建了一个很好的交流平台，期待大家在知识分享中贡献更多的真知灼见，在观点交流中碰撞出更多的智慧火花，也期待大家为我国大数据发展做出更多、更大的贡献。

预祝数博会取得圆满成功！

谢谢大家！

携手合作发展大数据,让数据改变生活

英国约克公爵　安德鲁王子

各位阁下,女士们,先生们:

首先,在这里由衷地感谢你们的盛情邀请,我特别高兴能作为一位国际应邀嘉宾出席本次大会。

我记得在2015年的时候,中国国家主席习近平对英国进行了一次非常重要的国事访问。在该次访问中,我们达成共识:将共同努力推动实现中英两国的"黄金时代",在几个具体的领域集中我们的力量,加强合作。其中一个就是科学领域。离这里不远就是"中国天眼"FAST所在地,前天我有机会去参观,这是世界一流的望远镜。所以我特别高兴这次有机会来到中国,进一步延续我和中国、我和习近平主席的友谊,进一步推进两国"黄金时代"的发展。

我们不仅谈科学,还在谈技术、谈人力资源。科技和人力资源在大数据领域当中可以非常完美地进行匹配。大数据会深远、积极地影响我们生活的方方面面，仅以制造、物流、医疗、生活方式四个方面为例，英国正在开展大量的工作，打造新的数字治理模式，发展数字经济。与此相配套，中英两国应当在诸多领域开展更加紧密的合作。具体来说，在大数据的发展和治理方面，两国应当携手发展，让大数据应用为人类带来福祉，而且是以负责任、符合道德的方式。

人类资源和技能将是一个关键的领域，是我们在讨论大数据问题的过程中，需要重点探讨的问题。前不久，我有幸在伦敦与贵州省人民政府省长谌贻琴进行了讨论，我们也达成了英国和贵州共同发展，并共同做好人力资源和技能方面工作的共识。

今天的大会标志着我们在数据的应用和开发方面，迈出了非常重要的一步。我们每天都在采集数据，我们必须保证这些数据以最恰当的方式得到应用。前面各位领导都讲到数据可以改变我们的生活，都讲到数据的重要性，这些我都非常赞同，我也非常赞同中国国家主席习近平提出的各项方针，英国将继续与中国及世界其他国家携手合作，大力发展大数据，让数据改变我们的生活。

最后，我想祝愿在座所有与会领导和嘉宾取得成功，我也非常期待进一步深入发展英国及我本人与中国、与习近平主席之间的友谊，以及与贵州省的友好合作关系。

非常感谢！

推动大数据治理体系建设，营造大数据产业发展环境

中国科学院院士　梅　宏

尊敬的各位领导，各位嘉宾：

非常高兴再次参加数博会，也非常荣幸有机会和大家分享我自己关于构建大数据治理体系，营造产业发展良好环境的思考。感谢2018数博会组委会给我这么一个机会。

大数据作为国家战略受到党中央的高度关注，习近平总书记在多个场合对大数据发展都给出了重要指示。在党的十九大报告中提到"推动互联网、大数据、人工智能和实体经济的深度融合"。2017年年底，习近平总书记在中共中央政治局第二次集体学习会议上发表的重要讲话中指出，大数据是信息化发展的新阶段，并就实施国家大数据战略、加快建设数字中国做出了五项战略部署。其中第一项就是推动大数据技术产业创新发展。2018年4月20日，在全国网信工作会议上，习近平总书记又指出："信息化

为中华民族带来了千载难逢的机遇，要推动信息领域核心技术突破，发挥信息化对经济社会的引领作用。"可以说，习近平总书记的系列讲话，开启了我国大数据事业发展的新篇章。

在这里我想和大家一起回顾大数据的发展历程，特别是大数据产业生态发展及其重点的变迁。

随着大数据价值和潜能为全社会所认知、所关注，大批的企业、开源基金以及风险投资纷纷进入大数据领域。全球大数据产业的生态在2012年初现雏形，2013年达到大数据宣传的顶峰。通过曲线图分析，在2012年、2013年达到一个顶点，2014年趋于理性、成型，2015年、2016年的宣传热点不在曲线中出现。我想，这在某种意义上表明大数据进入理性、健康的发展期。

关于大数据产业生态。2012年，澎湃社基于美国风险投资人迈克尔·塔克绘制的大数据产业生态地图第一次发布。我们分析了这几年大数据产业生态地图的发展，可以看到产业生态焦点、重点变化。如在2012年，大数据领域最具影响力的技术和产品主要围绕数据的清洗、汇聚、存储、处理等基础技术和基础设施展开。到2014年，随着一批针对特定应用场景的大数据管理和处理解决方案逐步形成，数据驱动的人工智能取得突破性进展，人们分析数据，并从中间萃取信息、知识和智能的热情高涨。这个阶段，数据分析方法、技术、产品和相关企业就成为生态系统中最为活跃的部分。到2016年，虽然大数据技术还谈不上进入成熟阶段，但是体系已经基本完整，与传统行业、产业结合也日趋紧密，面向行业和领域的大数据应用和相关企业的发展非常迅速，成为新的焦点，大数据生态趋于成熟。到2017年，随着行业领域应用不断深入，数据作为基础性战略资源的地位也日益凸显。数据确权、数据质量、数据安全、隐私保护、流通管控、共享开放等问题日益受到高度关注，并引发各界深度思考。大数据治理这个问题就受到了广泛的关注，成为产业生态系统中一个新的热点。

关于大数据治理研究和实践现状。第一，各界学者展开大数据治理研究和实践工作，已经有不少成功的案例。比如在国家政府层面，围绕促进数据共享开放、保障数据安全和保护公民隐私等方面陆陆续续出台系列相关的政策和法规。在地方政府层面，贵阳出台了大数据地方性法规《贵阳市政府数据共享开放条例》。2018年5月25日，欧盟史上最严厉的隐私保护法案《通用数据保护条例》（GDPR）正式生效，也引起了大家的热议。这些都是各个层面政府所做的工作。第二，很多针对企业组织、机构怎样改善数据管理能力的能力成熟度模型陆续出现。在全国信息技术标准化技术委员会领导下的大数据标准工作组也同时推出了自己的一套能力成熟度模型，帮助相关企业建立数据管理的体制机制。在技术上，面向数据质量保证的方法与技术，以及促进数据互操作的技术和规范标准也得到广泛关注，有很多研究成果，特别是近几年，数据质量、方法和工具受到了广泛的关注，在市场上持续走高。

然而，分析当前现状，我们也看到还存在若干问题和不足。

第一，对于大数据治理概念的使用相对比较狭义。目前的大数据治理大多以企业组织为对象，仅仅是从一个组织的角度来考虑相关问题。比如从大数据类型、行业领域、治理科目等维度来定义企业的大数据治理框架，指导企业制定相应的大数据治理计划，或者从原则、范围、实施与评估等维度规范企业的大数据治理工作。然而，多元数据的聚集和跨组织、跨领域数据的深度融合挖掘才是展现大数据价值的前提。在价值的驱动下，各界普遍存在对突破数据组织边界进行流动的需求。随着数据开放流通技术的发展以及相关渠道的建立和完善，数据跨组织流动和应用已经在发生，而且呈现日益普遍的趋势。这就需要大数据治理突破组织边界，从行业内到跨行业，从区域内到跨区域，从全国乃至全球多个层次进行考虑。

第二，对于大数据治理内涵的理解还没有达成共识。不同的研究者、不同的组织机构，从组织业务和管理流程设计、信息治理规则、数据管理应用等不同视角都在尝试给出大数据治理的定义。有的人认为大数据治理就是IT治理的延伸，是它的一部分；有的人认为大数据治理需要独立于IT治理，是数据管理的延伸；有的人着重于大数据相关制度优化、隐私保护和数据变现政策；也有的人把大数据治理定义为，描述数据如何在其全生命周期内应用及其经济管理的组织策略或程序；还有的人把大数据治理定位为企业对其数据可用性、可获性、完整性和安全性的措施以及全面的管理，等等。这都说明我们对大数据治理的定义是不一致的，达成共识还有待时日。

第三，大数据治理研究实践的关联性、完整性和一致性不足。大数据治理相关的研究实践需要多条线索并行。比如国家层面的政策法规和法律制定等较少被学者纳入大数据治理视角；数据作为一种资产的地位还没有通过法律法规予以确立，这就对它的确权、流通带来很大影响。大数据的管理已经有不少可用的技术与产品，但是缺少多层级管理的体制和高效管理机制，怎样有效结合相关技术和标准规范，建立大数据共享开放环境仍然在探索之中。除了不断完善相关技术应对各种安全问题、新兴攻击和挑战之外，在企业安全保障制度、行业自律监管机制和国家通过法律确定的强制手段等方面还需要加强完善。我们缺少大数据管理系统化设计的相关体系，没有对其进行扩展和延伸，用它来进行数据治理，这样有可能会导致数据治理的碎片化，缺失一致性。是否可以围绕数据来进行宏观的顶层设计，我想这是一个需要思考的问题。

作为一个研究者，我最近做了一些思考，在这里斗胆提出一个想法，我认为需要构建一个大数据的治理体系。大数据治理体系必须要跳出单个组织的边界，从营造国家大数据产业发展环境的视角来进行全面和系统化的考虑。我认为主要有四个方面的内容：一是确立数据资产地位；二是建立数据管理体制和机制；三是促进数据共享和开放；四是保障数据安全和个人隐私。这四大方面内容涉及组织层面，也涉及行业、领域，甚至国家层面，是一个多层级的事情。具体可以通过建立制度，制定法律法规，制定包含数据标准、技术标准的标准规范，以及大量的应用实践。实际上我们现在的应用实践还远远不够，很多经验还来不及总结和凝练，需要先行先试，贵州在这方面已经做了很好的工作。另外一个重要方面就是建立相应的技术支撑体系。

在国家层面，我们需要明确数据的资产地位，在法律法规的层面确立它的资产地位，从管理体制机制方面兼顾现状和未来的发展，建立适合国情的良好数据管控体制和相应的管理机制。我们也需要促进数据共享开放，需要制定促进数据共享开放的政策法规和标准规范，实现政府部门间的数据共享，规范市场主体间的数据流通和交易，建设政府主导的数据开放平台，促进政务数据和行业数据的融合应用。同时，要出台数据安全和隐私保护的法律法规，保障国家、组织和个人的数据安全。

在行业层面，我们需要在国家相关法律框架的约束下，考虑本行业中企业的共同利益和长效发展，构建相应的行业大数据治理规则，建立规范行业数据管理的组织机构，制定行业内的数据管控制度，以及行业内数据共享和开放规则与相应的技术规范、数据规范。构建行业内数据共享交换平台，为本行业的企业提供数据服务，促进行业内数据融合应用。制定行业内数据安全保障制度，确保行业内每一个成员单位的数据安全、权益以及相应的商业机密。

在组织层面，每一个组织都需要考虑通过组织内部的规章，把数据确定为核心资产，这样才有利于有效的管理和应用。没有有效的管理，这些数据甚至会成为某一个组织的负担。需要建立适应数据资源完善、价值体现、质量保障等相关的组织架构和过程规范，提升企业对数据的全生命周期管理能力。同时，企业也需要促进内部的数据共享。很多大企业，发展到一定程度后，企业内部的"数据孤岛"越来越多，需要加强对外的数据流通和交换，并利用这个商业行为，充分盘活企业掌握的数据价值。在安全隐私保护上，企业需要结合政府层面、行业层面的上位法，以及自身的管理和相应技术措施，既要保护企业自身的数据安全，也要保护客户的数据安全和隐私信息。

以上三个层面如何发挥作用？在国家或者政府层面需要制定大数据上位法来指导和监管行业和组织层面的大数据治理。行业层面通过行业自治模式，在自愿原则下形成行业协会或联盟，作为政府和企业的桥梁，在国家法规政策指导下，制定和执行行规行约以及各类标准，监管企业行为；同时，也应积极地向政府传达行业的共同需求。在组织层面，每一个单位和每一个企业要在国家和行业框架下，针对自身特点确立自己的目标，优化大数据资源管理，使大数据获得利益最大化，并为国家和行业大数据发展不断贡献组织的力量。这三个环节是相互依存、互相促进的，是大数据治理体系不可或缺的三个层面。

以上所谈仅仅是个人的一些思考，供大家批评指正。我认为大数据治理体系建设是我们国家实施大数据战略的重要保障，是发挥大数据作用、做大做强大数据产业的重要因素，也是关键基础。大数据治理体系建设已经成为大数据发展的重点，当前还处于发展雏形阶段，体系性不足，分层次、多维度推进大数据治理体系建设仍然任重道远，需要各界的共同努力。

谢谢大家！

区块链革命开启互联网新时代

加拿大新经济学家 唐·塔普斯科特

我在1994年写了一本书，创造了"数字经济"这个词语，当时勾勒出了未来数字经济发展的方向。过了20年，出版商让我做一个更新，这时候我回顾了过去20年数字经济的发展，思考未来的发展方向，得出的结论是我们正在步入一个快速变迁的时期，进入到了第二次互联网革命、第四次工业革命。第一次工业革命是蒸汽，当时我们用蒸汽完成了很多机械化作业，包括纺织机等。第二次工业革命是电，让我们有了现代化的生产线。第三次工业革命是电脑，那时候用台式机可以上互联网，也有了第一个大数据的发展期。而现在已经是第四次工业革命，科技普及到所有的地方，数字经济成为实体经济的主流。

数字经济现在占中国经济总量的30%，我认为未来会上升到100%。现在的电脑未经编程就可以学会做一些事情，实体世界有几百亿乃至上万亿各种不同的设备,现在都变成了智能化设备,可以进行互联互通,就是所谓的"物联网"。自动驾驶车辆并不是50年后才能实现,10年以后就会有,而再过10年,贵阳路上的车多数也许将是自动驾驶的车辆。我们有分布式能源,电网能接入风能、太阳能等新能源,所有的房屋业主都可以成为电网的供电者。科技还将不断发展,比如虚拟现实、无人机和机器人的兴起。还有一项科技,可能是最重要的,就是区块链。分布式账册技术代表了互联网的第二个发展阶段。40年来,我们由传统的信息机构到现在基于价值的互联网,包括股票、债券、房产、艺术品、文化资产等等,任何有价资产都可以用区块链以安全、私密的方式进行交易,而无须依托一个中介机构,不需要有大家信赖的中间平台,信用的建立可以单靠程序代码来完成。所以,区块链技术可以被认为是经济体的操作系统或平台,让我们可以革新企业和公司的模式。区块链比今天所有的运算平台更加安全,数字经济想要从高速增长走向高质量发展,依靠的将是区块链技术。

建设数字经济意味着什么?数字经济的基础或主体是企业,我们认为数字经济将改变企业的性质。25年前,当我创造"数字经济"这词的时候,就介绍了一位经济学家,他在80年前提出了一个貌似简单其实很深刻的问题:公司为什么存在,为什么这个世界上会有企业?他的回答就是交易成本、交易费用。他提出的概念获得了诺贝尔奖。比如要生产一个照相机,没有公司,而是作为个人去物色相关人员、筹集相关资金、组织复杂的生产作业,肯定会很难。所以,我们需要公司做统筹,从而降低协调成本。很多人从来没有见过,互相之间很陌生,要他们在一起工作很困难,所以需要公司。如果经济当中每一项工作都需要写合同、订立合同,成本是非常高昂的,其中最重要的环节就是建立信任。所以,工业时期,公司是垂直一体化的。

福特公司当时拥有汽车厂、钢铁厂、玻璃厂，为什么要垂直一体化？因为在福特公司范围内去做这些事情成本会更低。后来我提出，互联网会使公司界限变得更加模糊，这是在25年前提出的概念。在互联网时期，交易成本在下跌，搜索成本在下降，因为现在可以搜索各种资源和信息，可以用区块链来筹集资金，协调的成本、订立合同的成本也变低了。现在甚至有智能合同，智能合同顾名思义就是合同本身包含有律师、银行账户等等的智能化协议。我们相信，这将会大大改变公司的底层结构，公司会变得更像网络，变得更加去中心化和分布式。

在实际应用方面，我们提出这样的问题，能不能创造一个新的业务实体，它是高度自动化且非常复杂的？在一个案例中，有一个没有CEO、没有管理层，也没有工人的公司，我们称为"去中心化的自主企业"，它就是一套智能合同加上区块链上的机器学习。这是一个风投公司的目标，就是要募集资本，在创新经济行业做投资。仅用了三周时间，这个没有人的公司就筹集了1.64亿美元。但这个故事的结尾不是很愉快，因为其中一个智能合同有编程错误，后来创造这个DOA组织的人决定把钱退回给投资人。但是可以想象，没有管理层、没有人，纯粹就是利用第四次工业革命的这些东西创建了这样一个公司，已经是非常了不起的举措。最有条件可以利用好这些技术的国家无疑是中国。人们可能会问，中国人口这么多，用那么多机器，会不会导致很多人失业？其实不然，未来除了市场之外，还有其他的组织需要人才资源。

目前区块链有100个全新的业务模式，我在这里选了几个例子和大家分享。

第一个是区块链合作社。我们认为最具颠覆性的企业，例如Uber，如果有一套区块链的机器学习主体，可以完全取代Uber公司的体系，这样所有拥有车辆的人都可以成为合作社中一员。Uber 之所以成功不是做共享，而是做服务集成。但是 Uber 可以组成区块链合作社，这个时候车辆的所有者都会从中获得收益。

第二个是权利创造者。互联网前期存在大量侵犯版权的情况，例如，把音乐自由地上传，大家可以免费下载。现在，可以把歌曲植入到一个智能合同里，智能合同可以保护艺人的权利。把歌放进电影里，智能合同会问是作为主题曲还是背景音乐，还是有人要唱这首歌，这首歌曲本身就会变成一桩生意，艺人的版权就可以得到保护。

第三个是免除手续费。比如多伦多有一个华人要汇钱到他的家乡贵阳，这其中汇款公司要收取高额的手续费，每年这样的手续费就会收取到几万亿。但是，未来不需要，因为通过区块链技术，多伦多的华人可以直接转钱到他在贵阳的妈妈的手机上，没有佣金。

第四个是区块链供应链。国家有很多码头、道路、海关等等，如果所有这一切变成一个实时的共享网络，可以实时看到状态，将大大提高工作效率。

第五个是实体世界将变得更加智能化。我有一个多伦多的朋友，他家里所有接电源的设备都有 IP 地址，这些设备都可以互相说话。未来，这些设备不仅仅会互相说话，而且可以互相做交易，比如家里的电灯可以从分布式电网上买电，支付电费，电灯的信用分值会提高。

在这个世界上，大数据会不断碰撞，变得更大、更好、更值得信任。在座的每个人每天都在创造出很多的数据，但是这些数据为大银行、大软件公司、大社交媒体公司所拥有，我们不能利用自己的数据规划自己的人生，更不能利用自己的数据赚钱。未来，每个人都会有一个主权身份，我们可以自行采集自己的数据，我们可以决定以什么方式公开这些数据。当然，政府也有合理的权利可以获得很多数据，但是我们身为公民也有自己合理合法的权利。

世界上哪个政府会率先走向区块链，走向第四次工业革命呢？中国其实具有世界上最理想的条件，可以重新革新、加强信用、消除腐败，因为区块链是完全透明的。中国很多朋友问我比特币怎么样，未来是不是都会使用比特币和虚拟货币？当然不会，将来你还是会使用人民币，但是人民币本身会变成一个数字货币，因为央行应当以加密数字货币的方式发展业务。

那么互联网第二时期的硅谷将放在哪里？不会在硅谷，因为硅谷是旧范式的领袖，完全可以在杭州、在深圳、在上海，或者北京，甚至可以是贵阳。我觉得未来不是用来预测的，未来是用来争取的，我们只要有这样的意愿、有这样的领导能力，就一定可以实现这样的未来。

最后我想宣布，我们区块链研究院正在开展80项研究项目，这些课题都是关于第四次工业革命的一些战略性议题，我们决定要在中国投资，把区块链研究院的工作带到中国来，后面我们还会做进一步的公布。我们欢迎在座机构、在座企业、在座政府部门与我们携手合作，共同推动新的数字经济时代、智能时代的到来，为人类带来更多的福祉和好处。

谢谢！

新量子革命

中国科学院院士　潘建伟

非常高兴能来参加数博会,也非常感谢组委会的邀请。前面三位演讲者主要是给我们展望了在大数据发展下非常美好的未来。作为科学家来说,我想考虑的是,我们要实现这样一个梦想,让正在发生或者即将发生的一切能成为现实或者得到更好支撑。从科学家角度我们能做一些什么事情呢?所以我主要想给大家介绍正在发生的技术革命,我演讲的题目是"新量子革命"。

人类历史上有两次科学革命,牛顿力学的建立给我们带来第一次产业变革和第二次产业变革;20世纪初随着量子力学的建立,催生了以信息技术为代表的第三次产业变革,X射线、能源科学、信息科学、生命科学、材料科学都是跟量子科学紧密相关的。某种意义上,我们可以说,正是因为量子科学才催生了现代信息技术发展,比如说原子弹研究过程当中,催生了现代意义上的电子计算机。在物理学家把数据传往全世界各地的时候,发展了互联网的概念。通过用原子钟来检验相对论,最后发展成为目前GPS导航技术。

随着技术发展,目前遇到两个问题。第一个问题,刚才大家讲大数据,数据以及互联网的安全性是非常重要的。其实为了实现信息的安全,几千年之前我们就开始采取措施,比如中国用的虎符,罗马帝国的凯撒大帝发明的移动的加密方法等。但是所有传统的经典加密方法被后来的一位阿拉伯数学家发现,比如说英文里面A出现的频率是8%左右,不管把秩序怎么加密,收到一封英文后,8%的频率就是A,这样就可以破解。后来人们设计了更复杂的加密算法,二战的时候德军官方使用了密码系统,但又被图灵破解了。目前广泛使用的公钥体系,是对区块链非常重要的非对称加密算法,是1024位的,几年之前大家就建议不要使用了。利用中国学者王晓云教授提供的一些理论,在2007年2月谷歌破解了广泛应用于文件数字证书当中的加密算法。所以,历史经验告诉我们,依赖于计算复杂度的经典加密算法,随着我们计算能力的提高,都是会被破解的。所以,将近一百多年之前人们就开始怀疑了,以我们人的智力到底能不能构造出一种加密数使得人的智力无法破解掉?

第二个问题,随着大数据和人工智能的发展,我们对计算能力的需求日益增加,而且增加的需求量非常大。比如说AlphaGo跟人类下一盘围棋所要用的电是十吨煤,但是人只需要一碗饭就可以了。但是我们的计算能力还是非常受限的,因为要把大数据里面的有效信息提取出来需要做大量的计算。

我们目前发展计算能力的传统手段就是把计算机集成度提高,生产更好的软件。但是,目前摩尔定律已经面临终结。尽管摩尔定律告诉我们,单位面积集成电路上可容纳的半导体晶体管数目每18个月就会增加一倍，但是不到10年左右的时间，这个规律就会停止，会达到原子的尺寸。当达到原子的尺寸后，数据就不能很好地定义什么是0，什么是1。我刚才也讲到，经典超级计算机能耗巨大，所以我们面临计算能力和信息安全瓶颈。非常有意思的是，量子科技的发展催生了信息技术的发展，它经过自身近100年的发展，已经为解决这样的问题做好了初步的准备。

具体来说，它与我们每天生活中的0和1唯一不同的是一个开关、一只猫可以处于0或者1的状态，这是经典比特；但是到微观状态，不仅可以处于0和1状态，甚至可以处于0+1的叠加状态，这是量子比特。当量子比特增加到两个比特会产生新的现象，这是量子纠缠。当时爱因斯坦把这种现象叫作"遥远地点之间的诡异的互动"。在我们这个领域的科学家，从1935年到20世纪90年代，经过将近60多年的努力，终于慢慢地能对这么一种小小的颗粒进行操纵，让它产生异常，形成了目前大家所说量子信息科技。我在这里做一个类比，孟德尔遗传定律告诉我们种瓜得瓜，种豆得豆。为什么我长得比较矮，孩子生出来就比较矮？我们不知道原因，但分子基因学就知道这是由基因决定的。量子科技也是这样的，从前所有经典信息中的应用都是对量子规律被动观测所得到的规律加以应用，但目前能对一个一个颗粒进行可控的调控的话，那么一门新的学科——量子信息科学就诞生了。它主要包括两方面内容，利用量子保密通信可以提供一种原理上无条件安全的通信方式，它可以让我们网络和信息传输更安全；利用量子计算我们可以得到一种超快的计算能力来进行更快速的计算。比如说利用单位量子，我们可以在原理上实现一种无条件分发；利用没有窃听的密钥可以进行安全通信；除此之外，还可以利用一种非常有意思的方法，让几百个比特、几百个原子构成的状态在一个网络里面走来走去，构成一个量子计算机。量子计算机有一个比较好的功能，它可以用于大数据和人工智能，比如求解10的24次方变量构成方程组，用目前最快的超级计算机大概需要100年左右，但是利用万亿次量子计算机只需要0.01秒完成。某种意义上讲，它可以算是信息时代的核武器，所以它的发展是非常重要的。

在这一过程当中，我们国家很早就部署了量子调控的重大科学研究计划。所以在国际上，我们在量子通讯方面走得比较前面，2012年这个系统已经在北京投入了永久使用，包括党的十八大、十九大、阅兵仪式等等，都运用了基于量子通讯高安全的保障系统。但是这里面有个问题，信号是安全的，但是不能被放大，所以在相隔100公里或者几百公里时就很难接收到了。如果要在一个商用的1000公里光纤中传输量子信息，即使每秒有100亿个发射信号，相当于10G的单光子源，但是在1200公里之外，数百年只能送一个密钥，这样的技术在远距离发展上具有局限性。

为了解决这个问题，我们需要开展基于自用空间的量子通信技术。在这个空间里，水平的1公里大概是立体大气的10公里左右，80%的信号可以穿破大气层到达地面。有这样的技术之后，我们从2003年开始研究，经过10多年的努力，在2016年发射了世界上首颗量子科学实验卫星，并在2017年获得了比较好的结果，比如点对点的量子密钥分发，2017年我们完成的结果每秒钟可以送1000个密钥，最近的结果已经达到了50万个密钥。也就是说在下一代量子通信卫星里面我们很快可以达到每秒钟1兆的点对点密钥分发量。除此之外，作为一个基础研究，我们也希望对爱因斯坦所说的"诡异的互动"做一些相关研究。结果我们发现，在青海的德宁哈和云南丽江相距1200公里的距长上确实有纠缠。我们已经与奥地利合作，在2017年9月实现了北京、乌鲁木齐、维也纳之间视频加密的量子通信。目前正在与德国、意大利、加拿大、俄罗斯、美国、新加坡合作，希望能在全球范围内探索构建一种洲际量子通信的可行性。

在量子计算方面,我们国家也取得了比较好的成果。一个典型的案例,是2012年为了纪念计算机之父图灵诞生100周年,我们做了一项工作,让计算容错率由原来的10^{-5}降低到10^{-2},这个工作很好地推动了量子计算的发展。2017年我们在国际上首次实现了一台光量子计算的原型机,超越了最早的经典计算机。预计到2018年年底,我们的光量子计算和超导计算的计算能力,在某些特定计算功能上就能达到目前最快的商用CPU,跟手提电脑速度差不多。从这种角度上讲,它可能在不久的将来就能较好地用于优化网络、优化治疗、理解图像。我们希望通过10年到15年的努力,能构建全球化量子网络,与此同时,我们希望在量子计算方面能实现数百个量子比特相干操纵,这样对某些问题的求解大约能达到目前全球计算能力总和的100万倍。从这种角度上讲,能给信息科学方面开启无限的未来。

在美国,通过国家实验室的建设,研制出第一颗原子弹,掌握了核威慑能力,改变了20世纪的政治格局。针对量子信息,目前包括美国、欧洲、中国在内的世界各国都在一起努力,这个过程也给了我们变成引领者的机遇。

我就介绍到这里,谢谢大家!

为了一个更美好的 AI 时代

百度创始人、董事长兼首席执行官　李彦宏

非常高兴第三次来到贵阳数博会与大家交流有关人工智能（AI）方面的一些看法。我觉得每一次来感受都非常深刻，贵阳数博会的影响力一年比一年大，参与的人也一年比一年多。

去年我在这个论坛上讲人工智能时，人们对它其实有很多误解。有人觉得人工智能是仿生学，有人觉得它会威胁到人类的安全。我一直讲我是一个乐观派，我觉得人工智能不可能威胁到人类的安全，我当时说请大家不要担心。今天我演讲的题目是"为了一个更美好的 AI 时代"，主题很美好，话题却是我对人工智能的担心。

我不担心人工智能会控制人类，但并不表明我没有任何担心。那我对人工智能的担心是什么？今年全国"两会"时有很多记者问我各种各样跟百度有关的问题，问得最多的还是无人车什么时候量产。我当时夸下海口说今年7月份无人车就可以量产，我们与厦门金龙合作的没有方向盘没有驾驶位的全自动车很快就会量产了。现在已经5月份了，还剩一个多月时间，我有期望、有焦虑、有担心，不是担心这个车量产不了、下不了线，我在担心这个车是不是足够安全。

安全是自动驾驶最重要的一个方面，什么东西都可以错，但是这个东西不能错，一旦出错，就有可能使得整个技术的推进停滞一年到两年。更重要的是，人的安全是最宝贵的，是我们最看中的，我们不能在这方面容忍错误。所以我想给大家看看前段时间我们在雄安新区测试自动驾驶安全的视频。百度无人车在转弯调头时，旁边跑出一只小狗，无人车很准确地在小狗面前停下，让它过去之后再接着行驶，这是比较难的。无人车在高速公路、封闭公路上快速行驶其实是相对安全的，那个路况比较简单。而在开放城市道路上，有各种各样预想不到的事情，它能不能很好地控制自己，这是一个非常难的问题。只有解决了这个问题，这个车才能真正变成无人的，才能自动驾驶。

大家知道，百度不是造车的，我们是一个完全开放的平台，我们的技术通过开放源代码、开放数据，让所有想造无人车的生产厂商能从中获益。从我们代码的开放到后来量产，这中间增加了很多新的代码，其中接近50%的代码都是为了安全增加的。如果真的要量产，真的下线进入商用，真的要载人了，我们不能让它出错，所以将大量的精力放在了安全上，要符合车规。我们是国内从事自动驾驶研发的互联网公司当中第一个拿到ISO26262汽车安全性国际标准的认证，实现了所有电子产品的安全性认证和规范。因为无人车是一个很大的产业，有很多的合作伙伴与我们一起努力，这使得整个产业比我们想象的推进速度快。说实话两三年前我是无法想象今年可以看到没有驾驶位、没有方向盘的车能在一些封闭的场景中使用，不管是在封闭的园区、码头还是景区。它是从政府到汽车制造商、科研机构、出行服务商，甚至电信运营商各个方面的共同努力才实现的。

这种状态我相信会越来越好，不仅仅是像百度这样的公司在推进无人车技术层面的演进，更重要的是政府在推动基础设施方面的演进。如果在越来越多的道路上布置各种各样的传感器，可以让无人车用更低的成本、更高的精确度识别各种各样障碍物和交通规则。如果仅靠车上的设备来探测，可能得有高达几万美元的激光雷达设备才能探测周边的障碍物，但如果我们能在道路层面、基础设施层面布下相应的传感器，那我们的车可以用更便宜的传感器就能感知路况，躲避障碍，这样无人驾驶车的成本就会大大降低，这也是我们寄予厚望的一个方向。所以，无人车确实不是某一个公司单方面的努力，它是方方面面的巨大生态。这种演进，我觉得中国最有希望，因为我们有一个实力强大的国家政府，很多基础设施的建设在全世界都是超前的。以上是无人车方面我的担心和相应的措施。

其实，人工智能也不可避免地在改造传统移动互联网，包括搜索在内。百度最近推出了一个新的搜索APP，叫作"简单搜索"，它主要有两个特点。

第一，人工智能。对于传统互联网来说人工智能是对语音、图像、自然语言的精确理解。可以用语音调取，也可以用摄像头拍一张照片就能识别，这其实都是用了很多AI的能力。AI还能千人千面，不同的人进行搜索时所获得的结果是不一样的。简单地说，比如可以有成人的模式，标准的模式，也可以有少儿的模式，如果它能检测出你的声音是一个成人的声音，还是一个儿童的声音，那么它反馈给你的结果也是不一样的。我们根据不同的人发出来的不同声音，给出的相应搜索结果也是不一样的，这是"简单搜索"的第一个特点。

第二，永远无广告。我们承诺这个搜索APP是无广告的，在搜索结果中没有任何的广告。我在网上看到大家的评论，大多数人都不相信，所以我也想利用今天这个机会跟大家承诺，"简单搜索"在搜索页面里面永远不放广告，欢迎大家下载使用。

AI时代随着技术的快速进步和产品的落地，人们越来越能切身感受到AI带来的好处，我们越来越觉得需要有新的规则、新的价值观、新的伦理，至少要在这方面进行讨论。不仅仅无人车要能识别红绿灯，所有的AI新产品、新技术都要有一个大家共同遵循的理念和规则，所以我想就此谈四个方面的看法。

第一，我们认为AI的最高原则是安全可控。一辆无人车如果被黑客攻击了，它有可能变成一个杀人武器，这是绝对不允许的，我们一定要让它是安全可控的。

第二，我们今天看到像BAT、Facebook、Google、微软，这些公司的AI能力都很强，但是世界上不仅仅是这几个大公司需要AI的能力、技术，世界上有几千万家公司、组织、机构也很需要AI的技术、能力。怎么能在新的时代让所有的企业、所有的人能平等地获取AI的技术和能力？这不仅仅是少数大公司的专利。我们怎么能防止在AI时代因为技术的不平等导致人们在生活、工作各个方面变得越来越不平等？这是我们需要认真思考的问题。

第三，AI做出来很多东西不仅仅是简单模仿人，人喜欢什么就给他什么。比如人喜欢娱乐八卦，百分百的信息流都推娱乐八卦，这不是我们想要的。我们希望通过AI、通过个性化推荐，给人们的信息应能教人学习，你会发现这一个小时学的是跟上一个小时学得不一样的、是更好的东西，能让我们变成更好的人。

第四，很多人问，如果人类很多工作或者劳动逐渐被机器所替代的话，人还能干什么？人可以休息，我们现在一周工作5天休息2天，未来也许一周工作2天休息5天。但是更重要的是，很可能因为人工智能，劳动不再成为人们谋生的手段，而是变成人的一种需求，当你想创新、想创造，所以你才去工作。这是AI的终极理想，我们要为人类带来更多自由和可能。

AI的使命是什么？不是替代人，是让技术忠诚于人类，服务于人类，让人类的生活变得更美好。

我的发言到此结束，谢谢大家！

让人工智能创造价值

中国科学院院士　张　钹

有人问我,我准备讲的人工智能应该是什么人工智能?我现在讲的人工智能是教科书里面定义的传统人工智能,这个人工智能就是研究和设计智能系统。这个智能系统能感受周围的环境,能思考,能做决策,最后能对周围世界产生作用。我参加了北京深醒科技有限公司的项目,主要承担人脸识别,我要以这个作为例子来说明这个事情应该如何做。北京深醒科技有限公司昨天在1100多个企业参与的全球人工智能竞赛中获得了第一名,这个是根据它的创新性、企业模式、团队等评出来的。我觉得要把人工智能技术变为产业、创造价值,它取决于四个因素:一是数据;二是人工智能算法;三是计算资源;四是应用场景。必须把这四个因素有效地结合起来,你才能把技术转化成为价值。

第一,数据。现在大家认为到处都是大数据,似乎我们完全可以拿到大数据。实际上不是,网络上的数据虽然非常多,但是跟你的任务有关系的、合法的、可以拿的很少,这是一个问题。拿人脸识别来讲,人脸的数据网上非常多,但是多数对我们是没有用的。因为你要做好人脸识别必须要有某个人在不同视角、不同环境下拍的照片,这个照片至少得几百张、上千张,而且不是一个人,得有几百人、上千人,这个数据越多越好。大家想一想,网上是得不到这个数据的。虽然有这个数据,但因为隐私问题,你不见得都能拿到,或者说不见得能合法地使用。因此,数据是一个关键。另外,数量和质量。我们大部分的数据现在问题是这样,数据越多,相对来讲质量就越差。有人统计过,网络上的数据只有34%有用、7%经过标识、1%经过分析。换句话讲,只有1%的数据有用和好用。要把人工智能技术转化成为创造价值,就必须要解决这个问题。

第二,人工智能算法。这里面大家比较关注或者用得最多的是深度学习,但是深度学习的应用场景是有很多限制的。

第三,计算资源。目前暂时对大多数人来讲还是足够的,但是在有移动实时要求的情况下,有时候这个资源还是很紧张的。

第四,应用场景。这是最重要的问题,你没有选好应用的场景,就不可能发挥人工智能算法的作用。从目前的人工智能技术来讲,应用场景必须符合以下几个条件:一是完全信息。大家知道,AlphaGo为什么能打败李世石,就是由于围棋是一个完全信息的博弈。完全信息的博弈对机器来讲非常容易,牌类就不行了,是不完全信息博弈,就是对方拿的牌、对方怎样出牌你不知道。下棋就不一样,他有多少棋子、怎么下,大家都清楚,这叫完全信息博弈。所以第一是完全信息,二是确定性信息,三是静态场景,四是限定领域。

比如自动驾驶车,可以在封闭环境中行驶。大家想一想,为什么要定一个封闭的环境？这个封闭的环境能保证行人少，保证车辆少，这个环境是确定的，就是完全信息。如果在路况非常复杂的情况下，我认为目前的自动驾驶车是不能用的，因为会发生大量的不能预测的情况，比如行人、人驾驶的车。任何一个人包括行人和驾驶员都会有意无意地违反交通规则，在这种情况下经常产生突发事件，计算机是对付不了突发事件的，目前人工智能还解决不好这些问题。所以，我认为，自动驾驶车要在复杂的路况行驶，还是任重道远的，还有很多工作需要我们去做。

我在这里主要谈谈北京深醒科技有限公司为什么在这上面能取得成功。做人脸识别的大企业很多，但是深醒科技在竞赛时把它们都打败了。为什么？其实很多大企业做这个事情技术不见得比我们差，这里面有一个非常关键的问题——数据。我们有很多其他企业没有的数据，这就能保证我们做出来的系统性能比其他企业好。所以，要把人工智能用好、真正创造价值，我认为必须把这四个因素很好结合起来，这样才能成功。

谢谢大家！

贯彻落实健康中国战略，释放"大数据＋大健康"发展红利

贵州省人民政府副省长　王世杰

尊敬的各位嘉宾，女士们，先生们，朋友们：

筑城五月，春和景明，生机盎然！在这美好的季节里，各位领导、嘉宾、企业家朋友们相聚爽爽的贵阳，参加2018中国国际大数据产业博览会"大数据＋大健康"高端对话论坛。"大数据＋大健康"是深入贯彻党的十九大精神，实施国家大数据战略，加快建设数字中国、健康中国的一个具体行动。在此，我谨代表贵州省人民政府向远道而来的各位嘉宾表示热烈欢迎！向支持贵州发展的新老朋友们致以衷心的感谢！

贵州是中国革命的福地，是生态保护的绿地，也是投资发展的宝地。近年来我们始终坚持以习近平新时代中国特色社会主义为指导，牢牢守住发展和生态两条底线，全力实施大扶贫、大数据、大生态三大战略行动，经济社会发展呈现出稳中有进、转型加快、质量提升、民生改善的良好态

势。2018年4月11日，习近平总书记在考察博鳌乐城国际医疗旅游先行区规划馆时指出"要做身体健康的民族"。同日，李克强总理在考察上海华山医院远程会诊中心时指出"用'互联网＋医疗'让优质医疗资源普惠更多群众"。2018年4月25日，国务院办公厅印发了《关于促进"互联网＋医疗健康"发展的意见》，提出大力发展"互联网＋医疗健康"，不断提升公共卫生服务均等化、普惠化、便捷化的水平。

近年来，贵州抢抓大数据时代、互联网时代难得的历史机遇，将大数据、大健康作为姐妹篇加以推进。目前，全国首个省级政府和企业数据统筹重组、共享开放和开发利用的云服务平台——"云上贵州"已建成，三大电信运营商国家级数据中心建成，华为、高通、苹果等国内外知名企业成功落地，国家健康医疗大数据西部中心及产业园区建设顺利推进，覆盖省市县乡四级的远程医疗服务体系在全国率先建成，为贵州省"大数据＋大健康"融合发展奠定坚实的基础。

今天，我们在这里举行"大数据＋大健康"高端对话论坛，交流研讨如何有效地利用大数据技术推进健康中国建设，必将对优化医疗资源配置、提升医疗卫生服务质量和效率、引领大数据产业转型升级、增强经济发展的新动能产生重大的影响，具有重要的意义。我们将以本次论坛为契机，深入贯彻落实"数字中国"和"健康中国"战略，全力推进国家健康医疗大数据西部中心及产业园区的建设，不断深化远程医疗服务，加快发展智慧健康产业，建立"大数据＋大健康"的服务和支撑体系，更加精准对接和满足群众多层次、多样化、个性化的健康需求，让老百姓真真切切享受到"大数据＋大健康"创新成果带来的健康红利。

在此，我真诚地向在座各位嘉宾、朋友发出邀请，通过你们向大数据、大健康领域的企业领袖、专家学者发出邀请，邀请大家共商、共建、共享"健康贵州",让贵州成为令人向往、令人神往的健康之省、幸福之省。

最后,预祝本次活动取得圆满成功!

谢谢大家!

大数据、大健康、大产业

原国家卫生计生委副主任、
中国卫生信息与健康医疗大数据学会会长　金小桃

尊敬的各位领导，各位来宾，女士们，先生们：

很高兴来到贵阳参加2018数博会，在此对昨天的开幕式成功举办表示热烈的祝贺，对"大数据＋大健康：构建公平普惠的健康新模式"这个主题论坛，表示衷心的感谢！

大家这么关注"大数据＋大健康"，无疑是对我们卫生领域的一个鞭策、鼓舞和激励。这次的题目非常好，刚才我看了小册子，主办者和贵州省委、省政府和贵阳市委、市政府提出的"突出全球视野、国家高度、产业视角、企业立场，坚持国际化、专业化、高端化、产业化、可持续化原则"，这些提法、这些理念我感同身受。因为在推动健康医疗大数据应用、"互联网＋医疗健康"服务的过程中，这些理念所展示出来的光芒对未来产业的发展都是非常重要的，所以我深受启发。

我认为要落实以上理念，真正构建公平普惠健康新模式，必须认真贯彻习近平总书记关于大卫生、大健康重要讲话指示精神和重要论述的思想精髓，以提高人民群众获得感、增强深化医改新动力、促进数字经济发展新动能为目标，以人民为中心，顺应大数据新时代要求，以健康中国建设为主线，以健康医疗大数据为引擎，以创新"互联网＋"服务新模式为路径，以优质医疗资源供给侧改革为动力，以体制机制建设完善为保障，广泛动员深化改革，促进"互联网＋医疗健康"大数据应用取得新成效。以新技术、新产品、新服务、新业态来促进健康事业产业的双跨越，才能推动构建公平普惠健康新模式，把实施健康中国战略、建设健康中国推向一个新的水平，从而为实现中华民族伟大复兴的中国梦奠定扎实的健康基础。

这是我们最新的学习思考总结出来的一段话，作为对这次大数据、大健康高端对话的一个理解和认识。借此机会，我向大家报告三个方面的意见。

一、以习近平新时代中国特色社会主义为指导，推进卫生事业取得新进展

习近平总书记对大卫生、大健康、人民健康的这件事，具有家国情怀、世界眼光、战略前瞻，他为新时代卫生健康事业指明了方向。习近平总书记在调研、会议、论坛，以及许多场合，对此问题都做了非常多的切合实际和具有可操作性的重要讲话。比如大家耳熟能详的"没有全民健康就没有全面小康"；党的十九大报告中提出的"实施健康中国战略""为人民群众提供全周期的健康医疗服务"；在博鳌论坛参观乐城国际医疗旅游先行区规划馆的时候，他讲"经济要发展，人民的获得感、幸福感、安全感都离

不开健康,要大力发展健康事业,做身体健康的民族"。习近平总书记对我们的这些指示和要求,用家国情怀、战略前瞻、指明方向来概括,我觉得是非常恰当的。

这次卫生计生委更名为卫生健康委,并做了相应的部门职能调整,"三定"工作还在进行当中,这说明了中央对人民群众健康的关注到了一个新的阶段。在全国卫生与健康大会上习近平总书记作了长达三个多小时的重要讲话,要求卫生计生系统以及相关的部门从"以治病为中心"向"以人民健康为中心"转变。习近平总书记要求,卫生计生系统内的1100万医务人员,作为健康卫生的主力军,不能整天忙于治病。"以治病为中心"转变为"以健康为中心",预示我们这个行业和1100万医务人员在中国人民的卫生健康事业上要出新招、出实招,才能解决看病就医的问题。同时,习近平总书记强调,优质资源要真正下沉到最基层的老百姓身上,这就是今天我们要讨论的公平普惠健康新模式。习近平总书记的要求、中央的要求,就是我们行动的方向。

中央高度重视,做出了一系列正确决策部署,发布了一系列的重要文件。刚才主持人讲2018年4月12日李克强总理主持国务院常务会议,讨论通过了《关于促进"互联网+医疗健康"发展的意见》,其实早在2017年12月,李克强总理在总结国务院常务会议讲话要求时,就明确提出要以最快的时间、最高的效率完成"互联网+医疗健康"服务的文件草拟。从2017年12月底到2018年4月,我们完成了这项工作,在"五一"节前颁发了这个文件。稍后我会跟大家分享这个文件的核心内容,以及它对未来整个医疗卫生健康服务新模式有哪些重要的、引导性的、方向性的影响。

李克强总理在全国卫生与健康大会上发出号召,要把健康产业培育成国民经济的重要支柱产业。"重要支柱产业"就意味着它至少要在国家年度

GDP中占有10%以上的份额。按照2017年82万亿元的GDP来计算，最起码要在8万亿元以上。所以健康产业蓬勃发展的空间巨大。本届数博会，我希望大家把眼光聚焦，关注培育和发展健康产业。

孙春兰副总理在浙江调研时强调，要坚持以人民健康为中心，以大卫生、大健康理念统领医改各项工作，积极发展"互联网＋医疗健康"，加强质量和数据安全监管，促进卫生健康服务，共建共享，智能便利。全国人大常委会副委员长、中国科学院院士陈竺，全国政协副主席、原国家卫计委主任李斌都对健康医疗大数据、"互联网＋服务"高度重视，多次作了重要的批示和指示。国家健康卫生委对此切实贯彻、狠抓落实。国家卫生健康委员会主任马晓伟主任亲自出席健康医疗大数据中心第二批国家试点启动仪式，并发表讲话，强调要以习近平新时代中国特色社会主义思想为指导，增强责任感、使命感，顺时应势，把握机遇，加快推进互联互通、健康医疗大数据的应用等。面对大数据时代的机遇和挑战，我们要以习近平新时代中国特色社会主义思想为指导，认真落实中央决策部署，推动卫生健康全行业和各相关部门，以及全体人民群众拥抱大数据、利用大数据、发挥大数据，努力使大数据成为健康事业产业发展的新引擎，为推动事业产业的新进展，构建公平普惠健康新模式，奠定扎实的基础。

二、以实施健康中国战略为主线，实现"互联网＋医疗健康"大数据应用的新发展

这个里面有两件事，第一件事就是要在《"健康中国2030"规划纲要》总体的部署和框架内，准确把握理解健康医疗大数据及其应用的含义。我们将要出一本关于健康医疗大数据的书。这本书对健康医疗大数据的定义

是：涉及人们在生命的全周期、生活的全方位、生产的全过程中，所产生、发生以及交互产生延伸的，关系到生理、心理、行为、饮食，甚至于一系列其他行为的包括环境、社会等信息和数据的总和。我们经过测算得出，到达人口高峰时，这个数据的总量将会达到ZB以上的级别，就是10的21次方。为什么这么大？每一个生命个体对于我们这项事业来说都是无比宝贵的财富，因为每一个生命体的独特性，在流行病学、疾病谱和生命科学的发展，甚至各种组学的技术发展过程当中，都会起到不同形式的、相关的决定性作用。

最近我们颁布了罕见病有关的资料文件。罕见病为什么会引起我们的重视？虽然现在它是罕见的，但它对患者和家属是一种巨大的痛苦，同时，从组学的角度，从免疫学的角度会发现一系列的相关机理，甚至于触发其他常见病、流行病、传染病等方面的问题，因为现代的生命科学已经产生更加广泛的联系。过去，即使是中医所谓的辩证全面的医治方法，由于方法和手段上的局限，我们不可能详细地、精准地了解人体全面辩证的病因之间的关系。而今天，基因组学、干细胞疗法、免疫组学等方面的发展，使我们对人体的精准化掌握已达到一定的水平。但是，现在马上提出整合医学，或者说否定精准医学，都不是最好的理念和方法。依据辩证唯物主义的观点，一定是精准医学发展到绝对的高度才能有整体辩证医学整合的最后辉煌。所以，为什么我觉得现在健康大数据要涉及方方面面？就是为了让每一个生命个体的生命历程更加清晰，对每一个生命个体的"每个零件"精细地、精确地描述达到一定的高度，才能实现生命科学的集大成，才能展示中华民族中医辨证观的伟大。

健康医疗大数据对每个生命个体的关注，以及相关数据的不可或缺，导致它的量非常大。用陈竺副委员长的话来说，就是宏大的数据量必将形成宏大的规模效益,产生宏大的产业,所以他对"建成国民经济的重要支柱产业"非常赞成。本届数博会上还有智慧健康论坛,所以大家一定不要以为健康医疗大数据就是看病时候的这点数据,随着穿戴、传感和其他方面的技术进一步发展,未来健康医疗大数据的采集需要每个人,同时也是每个人需要的。健康医疗大数据的终极愿景是建立"全系数字人"。未来,在国家健康医疗大数据中心,我们在座的各位,甚至全体中国人民,都会有一个全系数字的你在其中。这个"全系数字人"将会把所有搜集到的你的数据汇集成给你健康医疗方面的一些指导、一些警示、一些提示、一些借鉴,从而使你能更加健康长寿,生活更加美好。

《关于促进"互联网+医疗健康"发展的意见》是我要讲的最主要部分。这个文件写得非常好,虽然起草用的时间短,但是文字简洁明了,指导思想明确,而且可操作性强。一共3章、14条意见,包括三个方面。

第一个是服务体系的建设。没有服务体系的创新,就不可能有"互联网+医疗健康"的发展,因为这是一个全新的体系,所以原来的服务体系必须围绕新的模式来展开。

第二个是支撑体系的建设。服务体系没有强有力的支撑保障,那也是很危险的。支撑体系包括标准、规范、互联互通、政策法规等很多方面。昨天,我看到欧盟颁布了《一般数据保护条例》,强调属地主义原则和属人主义原则结合,就是"长臂"管辖。在座的市场主体一定要注意了,"长臂"管辖的意思就是你不在欧盟,但是违反了欧盟的管理条例,照样抓你,这是非常严肃的事情。所以,我们国家要抓紧推进试点建设。今年6月上旬,要在贵阳举行国家健康大数据西部中心委省市共建签约仪式,以及贵阳市与第五集团授权签约仪式。第五集团是由上海市人民政府军民融合基金、中央网信办网信基金等共同组织成立,承担西部中心建设的一个大数据集团公司。6月份的签约仪式目的就是把中心建设好，推进标准、规范先行先试，推动支撑体系的强化。

第三个是加强行业监管和安全保障。我国关于健康医疗大数据安全保障的管理办法的初稿已经完成了，现在看了欧盟《一般数据保护条例(GDPR)》，我们将会吸取相关的有益经验。健康医疗大数据涉及国家的战略安全、生物安全，涉及人民群众的生命安全、隐私保护，以及大数据本身的安全。一个错误的案例、一个错误的治疗方法都会导致患者得到错误治疗，甚至丧失生命，这事非同小可。希望企业共同遵守安全规则，在没有安全的情况下慎用数据。该开放的数据国家一定会全力开放共享，但是数据的分层次管理、分级授权，在国务院的文件中已经有明文规定。我曾经约谈过某公司的大中华区总裁，当我们发现这家公司有些数据流向境外，储存在境外的服务器上时，及时给予了警醒提示，最后这个公司整改还是挺好的。这是一个例子，希望大家对安全问题一定要慎之又慎，否则后果自负。国务院常务会议在讨论47号文的时候，从常务副总理开始一直到国务委员，每一个国务院领导都谈到了数据安全问题，李克强总理作最后总结的时候也强调了这个问题。我们只有在保证安全和保证质量的情况下，才能把这件事贯彻落实好。

三、借助大数据应用的国家试点，针对面对挑战和问题发力，解决重点、难点、痛点

要以国家试点工程和省级示范应用为抓手，开创联合创新，共享共赢的新局面。从2016年年底开始，国家就已经在江苏和福建进行了第一批健康医疗大数据应用试点，去年年底又扩大3个省，在山东、安徽、贵州开展

试点工作，取得了积极的进展。大数据和"互联网+"是互相联系、互相依存、互相促进、互动发展的一件事。借助国家试点，将有利于促进共同发展。试点有很好的顶层设计方案，同时又有五大集团的投入。这五大集团中，第一集团承建福建南部中心，第二集团承担安徽中部中心，第三集团是承担山东为主的北方中心，第四集团是承担江苏为主的东部中心，第五集团是承担贵州西部中心。建成以后，国家统一搜集各省数据，授予密钥，分别存入5个中心，最后形成1个国家中心、5个区域中心、N个产业园区的建设构架，从而推动"互联网+"、大数据应用产业发展，提升社会管理，培育经济发展新动能。

希望通过以上的这些具体措施，推动大数据应用和"互联网+医疗健康服务"的发展，构建公平普惠健康新模式，为实施健康中国战略做出新的贡献。也希望全体人民群众都能关注和支持这个事业，大家一起努力，为实现今天对话的主题，为全体人民的健康，做出我们应尽的贡献。

最后，祝大家身体健康，万事如意。

谢谢！

推动密码与大数据的融合发展

国家密码管理局副局长、
密码行业标准化技术委员会主任委员　徐汉良

尊敬的各位嘉宾，朋友们：

习近平总书记指出，大数据是信息化发展的新阶段，以数据为关键要素的数字经济正在蓬勃发展。信息就是财富，安全才有价值；数据就是资源，安全才有保障。

大数据安全是时代命题，要站在改革发展稳定的全局看待大数据安全。习近平总书记近期发表了一系列关于网络安全和大数据安全的系列讲话。我认为，可以从三个层面归纳和理解：一是服务经济发展和供给侧结构性改革，以信息化培育新动能；二是支撑国家治理体系和民生服务保障，实现大数据惠治、大数据惠民；三是保障国家安全、经济社会稳定和人民权益。实践充分证明，数据就是资源，是新的生产力，是治国惠民的利器。我国人口众多，经济体量很大，既有大数据驱动改革发展的巨大优势，也有大数据影响安全稳定的巨大隐忧。因此，保安全、促发展、强产业、惠民生需要统筹考虑，同步推进。

大数据安全是全球的挑战，要站在历史和网络空间的纬度来看待大数据的安全。从历史上看，"9·11"事件暴露出美国情报数据孤岛的弊端，数据挖掘和情报分析能力跟不上美国国家安全局数据搜集和截获能力，导致关键情报淹没在海量数据中。由此，大数据首先成为美国情报搜集和分析的重要手段，由足以存储今后100年全球因特网数据的犹他数据中心以及遍布全球的美国信号采集设施组成了美国安全局监控矩阵，这些基础设施给美军情报侦查、网络战带来革命性突破，开启了数字化战争的序幕。但是，大数据带来的安全问题，美国国家安全局也未能有效解决。比如2010年陆军士兵曼宁泄密事件，2013年斯诺登事件等等。从因特网发展的历史看，通过历史的回顾可以看到大数据和因特网的发展有诸多相似之处，两者都源于军事需求，两者都存在安全性的先天不足，两者都推动着新的文明和进步，两者都可以作为国家间博弈的战略武器。

大数据安全与生俱来，大数据攻防如影随形，大数据安全是时代之痛。从现实来看，大数据推动着人类的认识从偶然向必然转变，从局部向全局发展，从隐性向显性转化，从微观向宏观延伸。然而，在网络空间对抗空前激烈的时代，大数据因其数据汇聚、架构复杂的特点，更容易成为攻击和窃取的对象。据媒体报道，2016年美国大选期间，Facebook的8700万用户数据被泄漏，被剑桥分析用于干预美国大选。类似事件深刻说明，大数据安全事件危害巨大，不仅涉及大量公民隐私，而且能左右舆论导向，甚至影响政治进程，扰乱民主制度。近期，瑞士一个计算社会学的学者发表了一篇文章叫《监控型资本主义》，尝试把技术和政治学研究结合。大数据时代社会、政治的变化密切相关，如果说在目前的数字社会中，不把法律规则、诚信规则、道德规则、环保意识纳入进数字世界，我们的数字社会可能存在混乱。所以，大数据对社会发展的影响值得深入研究、广泛关注。

从未来看，大数据技术将于虚实现实、物联网、云计算、智能制造等深度融合，深刻影响着科技进程、经济发展和社会变革，这些新业态既是大数据的源泉又是大数据的主要应用场景。数据安全渗透到网络空间的方方面面，成为影响网络空间全域安全的重要因素。如何处理好数据的隐私与共享、规模与效率、封闭与开放、应用与保护、安全和发展的关系，是全世界面临的共同挑战。

各位嘉宾，各位朋友：

备豫不虞，为国常道。面对机遇与挑战，需要树立全面科学的安全理念。大数据安全是联系的，而不是孤立的，是动态的而不是静止的，是开放的而不是封闭的，是相对的而不是绝对的。在研究大数据安全时，安全理念需要变革。比如在公开信息中，利用大数据方法挖掘情报已成为常态，传统概念上的涉密与非涉密划分标准在大数据条件下已不新颖，在总体国家范围内涉及国家安全的数据信息范围远远突破了传统涉密与非涉密领域的划分，应当深入、全面、科学地研究大数据的安全问题。

面对机遇和挑战，需要认清大数据安全的客观规律。爱因斯坦曾经用大圆与小圆形象说明人掌握的知识圆越大，未知领域接触面越大，感知的未知越多。我认为，这种未知也应该包含着安全和风险的认知。正所谓，无知者无畏。同时，大数据承载海量数据、海量知识，较传统网络系统面临的未知安全风险更多，更需要在核心技术、底层架构、技术产品关键流程上做到自主自知，从而实现可管可控，大数据安全不能拘泥于小圆，应该有大圆的认知。

面对机遇和挑战，需要立足纵深系统的体系设计。大数据安全纵观基础设施、数据平台、计算处理和行业应用，涉及数据的产生、传输、存储、处理、分析和使用，必须着眼于全生命周期、全体系平台、全产业链条，系统解决不安全、不可控的问题，确保数据计算安全、运行安全、使用安全。

构建安全新秩序，需要发挥密码在数字安全中的信任纽带作用。毛泽东同志在《中国社会各阶级的分析》里曾经有过这样一段话："谁是我们的敌人，谁是我们的朋友，这是革命的首要问题！"大数据时代的首要问题，首先是信任问题，没有信任就无法实现可信、可管、可控，更难以长足发展。在数字社会中，信任已经由人际关系信任、法律契约信任变革为技术信任，这种技术信任主要靠密码算法和密码协议来维系。比如从大数据应用来看，密码技术可应用于解决网络空间、人、机、物的标识的真实性和安全交易，数字产权保护等问题，构建起真实不可抵赖的数字契约，为习近平总书记提出的数据资源确权、开放、流通、交易提供信任基础。又比如从大数据的监管看，利用密码技术和数据标识的结合，可以实现大数据的追踪溯源，以及对数据使用行为的司法取证，为部门监管和打击犯罪提供有力武器。

构建安全新秩序，需要发挥密码在数据共享使用中的安全保障作用。密码是网络安全的核心技术和基础支撑，利用基于密码技术的身份鉴别、信任管理、访问控制、数据加密、可信计算、异构身份管理、密态计算、密文检索、数据脱敏等措施，构建采集、存储、传输、分析、应用、安全等为一体的大数据安全体系。解决隐私保护、数据源真实、防身份假冒、可用不可见、异构、存储节点上的灵活访问控制。满足大数据基础资源组织和共享防护、计算和分析防护、应用和服务防护等安全需求。

构建安全新秩序，需要发挥密码在产业科技中的协同促进作用。纵观信息科技发展史，信息、新型计算、网络攻防和密码技术交替演变，一直是推动着科技进步的重要因素。二战时期的军事通信需求，催生了机械密码的巅峰时代，实现恩尼格玛密码破译的专用计算设备的研制，推动了计算机和现代密码学的出现。图灵计算机的模型，就是对二战恩尼格玛密码的破译，推动了现代计算机的诞生。量子计算快速发展，对密码安全和网络安全提出新的挑战，基于密码区块链技术广泛应用，为电子商务、数字金融等带来新的机遇。当前，我国自主研制的SM系列密码算法已经达到国际先进水平，并纳入国际标准，正在抓紧组织研制下一代密码算法标准。希望通过密码从业者与信息化从业者自主创新、协同创新，改变核心技术和关键产品受制于人的局面，推动构建自主可控的信息技术体系和先进完备的产业体系。

近年来，围绕大数据领域密码应用和科技创新，国家密码管理局做了系列部署。一是加大理论研究，组织同态密码、零知识证明、抗量子密码、多方计算等研究课题，并取得初步成果。二是夯实产业基础，支持超高速、高可靠的密码设备，适用于云环境的密码资源虚拟化设备、安全数据库和安全存储芯片等产品的研发，目前已经有十余款产品通过审批。三是加快推进应用，目前已在8个省（区、市）开展了政务云和大数据密码应用试点。其中，贵州政务云已经完成了云密码设备部署、云密码资源池构建和政务应用系统试点适配，正在抓紧实施后续工作，目标就是打造一个贯穿云平台侧和用户侧的密码安全防护体系。

各位嘉宾、各位朋友：

明者因时而变，知者随事而制。推动密码与大数据深度融合是时代所趋、形势所迫、发展所需，离不开各方共同努力。面对大数据发展的新需求，新形势和大数据密码应用的新成果、新实践，我提三点希望。

一是开创合作新局面。加强国家重大战略、重要项目与安全可靠应用、密码应用的统筹规划、统筹实施，努力开创战略融合、政策配合、标准契合、强强联合的合作新局面。

二是营造产用新生态。科研产业单位要进一步在密码技术、信息核心技术、大数据基础架构和安全信息等领域进行自主研发以及和上下游衔接配合。鼓励广大用户在保障安全的前提下，多用、真用、实用，积极营造助力创新、支持创造的产用新业态。

三是树立安全新理念，秉持发展为人民、安全为人民、发展靠人民、安全靠人民的原则，推动构建以密码为基础支撑的统一有序的安全体系，牢固树立人民安全、行业安全、产业安全、国家安全为一体的大数据安全新理念。

大家知道，中国古代的四大发明为人类做出了巨大的贡献。科学技术本身并没有以和为贵、天下太平的儒家风度和信仰，面对大数据等新兴技术的安全问题，绝不能让大数据安全威胁人民的美好生活。面对信息化发展的时代命题，面对大数据安全的全球挑战，让我们密码从业者与大数据从业者携起手来，数化万物，智在融合，为构建人类命运共同体贡献中国智慧。

谢谢大家！

从数据时代走向数权时代

全国政协委员、贵阳市委市政府首席战略顾问、
贵阳创新驱动发展战略研究院院长、大数据战略重点实验室主任
连玉明

尊敬的各位领导：

我向大家报告的题目是"从数据时代走向数权时代"。我想还是讲一点贵阳的案例，或者说从2013年到2018年，我个人在贵阳参与、见证大数据发展的一些体会、一些感想、一些研究与探索。在贵阳讨论数据安全是一个充满期待的话题。因为，贵阳大数据理论创新和贵阳大数据安全立法的先行先试为构建数据安全新秩序做出了一些有益的新探索。我个人理解，这个探索的方向就是从数据时代走向数权时代，这正是我与大家分享的一个主题。我想讲三个基本观点，和大家一起讨论。

一、贵阳发展大数据的时代价值究竟是什么？

这个问题实际上是我们研究数据安全一个非常重要的前提。贵阳究竟在为数据安全做什么？我个人把这个命题概括为三个基本观点。

第一，贵州和贵阳发展大数据是一项具有划时代意义的重大战略选择。习近平总书记给贵州、贵阳的指示是"守好'两条底线'"，既要守好经济发展的底线，又要守好生态环境的底线。守好"两条底线"的核心，就是要实现从"美而穷"到"美而富"的飞跃。这个飞跃中那"最惊险的一跳"就是创新，只有创新既能发展经济又能保护环境。大数据正是创新的引爆器，或者说是新一轮科技革命和产业革命交叉融合的引爆点。这个引爆点让东部与西部、沿海与内地、发达地区与欠发达地区站在同一条起跑线上。这是一场由科技引发的社会变革，这个变革打破了国家、区域、城市的边界，突破了发达地区和欠发达地区的隔阂，并将解构和重构资源配置方式，让一切不可能成为可能，使"无"中生"有"。大数据对贵州和贵阳的划时代意义在于，发展大数据给贵州和贵阳带来了希望和未来。这就是贵州、贵阳为什么要推进大数据战略最重要的一个原因。

第二，贵州和贵阳发展大数据走出了一条不同于东部、有别于西部的发展新路。这也是习近平总书记对贵州、贵阳的一个殷切希望，希望贵州、贵阳能探索出既不同于东部又有别于西部的发展新路。这条新路的本质就是创新驱动发展，数据驱动创新。从某种意义上讲，贵州和贵阳的基础还是差、市场还是弱、人才还是缺、可持续发展难度还是大。在这种情况下，贵州和贵阳究竟靠什么发展大数据？我个人研究的结论是，贵州和贵阳发展大数据靠的就是应用场景，应用场景是创新的第一驱动力。过去的创新是从实验室走向市场，这种模式渠道不畅通、转化难度大、转化效率低。

但贵州、贵阳是从应用开始的，应用场景和市场需求直接对接，以应用场景倒逼创新资源、创新政策、创新体制、创新环境发生全面变革，颠覆与重构创新方式，实现了创新需求与创新成果低成本、高效率的无缝对接。这条新路就是可复制、可推广的创新驱动发展道路，在实施国家创新驱动发展战略中具有代表意义。

第三，贵州和贵阳发展大数据已经成为欠发达地区后发赶超的文化品牌。大数据不仅改变了贵州和贵阳对世界的认识，更重要的是也改变了世界对贵州和贵阳的认识。本届数博会共有4.7万名代表和嘉宾参会，388家企业参展，这一点已经说明了世界对贵州和贵阳的新的认识。美国的一家媒体在报道贵州和贵阳时这样说，贵州和贵阳不仅成为中国大数据发展的战略策源地，而且成为引领全球大数据发展的重要风向标。我理解，这个战略策源地在贵州和贵阳有三个重要标志，一是以块数据为核心的理论创新；二是以地方立法为核心的规则创新；三是以应用场景为核心的实践创新。我认为这三个创新的意义已经超越了现实利益和经济价值，并彰显出其独特的文化软实力和品牌竞争力，且逐步内化成为一种文化信仰和品牌力量。我认为，这是大数据对贵州和贵阳最大的贡献。到其他任何一个地方讲贵州，大家首先想到的是大数据。大数据不是给贵州贡献了多少税收，而是变成了贵州的一种文化、一种品牌、一种价值。

二、贵州和贵阳大数据地方立法先行先试的创新点在哪里？

贵州作为第一个国家大数据综合试验区，国家给了7项任务，其中一项任务就是开展大数据制度创新试验。贵州和贵阳在制度创新方面最重要的就是地方立法先行先试。贵州出台了全国首部大数据地方法规《贵州省大数据发展应用促进条例》。那么，这几年贵阳在大数据地方立法方面做了哪些工作？

首先是2016—2020年贵阳市人大常委会大数据立法规划与实施情况。贵阳在这五年内要立五部法，第一部《贵阳市政府数据共享开放条例》，现在已经颁布实施；第二部《贵阳市大数据安全管理条例》，马上就要颁布；第三部《贵阳市健康医疗大数据应用发展条例》，已经到了公开征求意见阶段；第四部《贵阳市数据交易服务机构管理条例》已经提上立法议程，现在已经开展立法调研，文本已经开始起草；第五部《贵阳市数据资源权益保护管理条例》，现在已经开始理论研究。

在贵阳大数据五部地方立法实践中，最值得关注的是已经颁布的《贵阳市政府数据共享开放条例》和即将颁布的《贵阳大数据安全管理条例》。因为这两部地方立法切中了大数据的重点、难点和关键点。归纳起来讲，一个是数据共享，一个是数据安全。共享是数据的本质，安全是数据的基础，没有安全就没有共享。以立法的方式引领大数据发展，不可不说这是贵阳大数据制度创新先行先试的巨大贡献。

特别是大数据安全立法，我们做大数据安全立法时首先要区别于《网络安全法》。从数据全生命周期出发，包括数据采集、存储、流通、应用、销毁等所有环节，提出如何有效防攻击、防泄漏、防窃取、防篡改、防非法使用，通过最大限度地限制公权和保护私权，推动大数据安全管理的标准化、规范化、制度化和法治化。这一点，正是我们讨论构建数据安全新秩序所必须关注的。

三、数权法奠定了从数据时代走向数权时代的基石

这也是今天我向大家报告的很重要的一个内容。从认识大数据的第一天开始，我们往往把它看作一种新能源、新技术、新的组织方式，或者把它看作一个正在到来的时代。这种认识，都是基于数据本身的认识。如果换一个角度，把大数据看作一种权利，以及由这种权利建构的制度和秩序，那么，大数据的价值对人类未来生活的意义则是更加富于想象的。这种基于数据而衍生的权利，称之为数权；基于数权而构建的秩序，称之为数权制度；基于数权制度而形成的法律规范，称之为数权法。数权法正是我们讨论的重点。

从法律意义上来讲，数权突破了人格学说、隐私学说、物权学说、债权学说、知识产权学说对数据保护的局限，成为数据语境下的新权益。这个新权益包括数据主权、个人数据权、数据共享权。在不远的将来，数权与人权、物权构成人类未来生活三种基本权利。其中，数权是推动秩序重构的重要力量。

我简要解释关于数权、数权制度和数权法的关键要点。第一，数权是人格权和财产权的综合体。每一个数权既有人格权又有财产权。第二，数权的主体是特定权利人，数权的客体是特定的数据集，而不是一个数据，是若干个数据，是两个以上数据形成的一个数据集。第三，数权突破了物权"一物一权"和"物必有体"的局限，往往表现为一数多权，不具有排他性。第四，数权具有公权属性、私权属性、主权属性，其本质是共享权。第五，数权制度包括数权法定制度、数权所有权制度、公益数权制度、用益数权制度、共享制度。我们把调整数权权属、数据权利、数据利用和数据保护的法律制度称之为数权法。

今天，我们讨论的重点是构建数据安全新秩序。这个新秩序的关键是构建数据共享、隐私保护和社会公正的新型关系。从 Facebook 千万用户信息泄漏丑闻曝光所引起的政治焦虑，到近期郑州空姐遇害事件，以及之前阿里巴巴芝麻信用事件、腾讯华为的数据争端、百度的麦克风事件和更早一些的"徐玉玉案"等，一次次案例甚至血的代价让我们更加明白了隐私的重要性，感受到数据安全法律制度的改进与完善的紧迫性。我们已经进入一个数据时代，也许，数权时代正在向我们呼唤！

我的发言到此结束，谢谢大家！

物联网发展面临的诸多挑战

中国科学院院士 尹 浩

尊敬的各位嘉宾：

我今天发言的题目是"物联网发展面临的诸多挑战"。

物联网发展至今已有20年，技术的推动是其蓬勃发展的主要力量。我个人认为，虽然物联网发展已有20年，但仍然面临诸多的挑战，比如万物互联的实现，其中如何接入就是一个挑战。再就是物联的信息安全，以及产业生态环境的完善、国际竞争力的提升等，都面临着挑战。尤其是伴随着近几年人工智能的发展，又提出了智联，物联网将由万物互联迈入万物智联的新阶段。智能穿戴设备、智能家电、智能汽车等，这些具备智能功能的"物端"正在接入进来，推动生产方式、社会管理方式逐渐向网络化、机器化、智能化发展，同时也转变了社会发展方式，包括大数据、数字经济、第五代通信系统，这些都为万物智联提供了强大的技术支撑。万物互联在泛在接入、高效传输、海量数据异构处理的智能控制以及安全问题的背景下,对物联网技术的发展提出了更高的要求。同时,工业互联网4.0和以相应物理系统为代表的物联网智能信息技术,都对物联网转型发挥了重要作用。

如何打造一个智慧城市的智慧感知体系,为快速反应、科学决策提供关键基础设施支撑,是万物互联下的智联网需要解决的问题。当然,既然市场这么大,产业生态的竞争自然而然也是日趋激烈,大家都认为互联网的下半场是物联网,它是产业发展的制高点,其产业布局正在全球加速展开。

联通正利用自身优势加快进行互联网服务、核心芯片等产业布局。操作系统和云平台的一体化,也成为掌控生态环境的利器,我个人认为这是掌握主导权的重要手段。物联网成了产业竞争的重点领域,所以三大电信运营商,以及其他物联网企业都在加大平台整合力度,联通进行了这方面的改革并形成了一定的优势。

当前,物联网正处在跨界融合、集成创新和规模化发展的新阶段,城镇化、信息化、农业现代化正在深度融合,机遇与挑战并存。首先,万物互联的网络接入面临着挑战,既有广域的接入,如Wi-Fi热点的接入或其他无线接入形式,还有海基的、空基的、天基的互联,都要求低功耗、价廉物美,并在此基础上满足不同主体的需求,这本身就是挑战。同时,万物互联的网络接入还面临着改造恶劣环境、电磁干扰高可控等挑战。2016年,国际上通过了一个互联网标准,在低功耗、广连接上做了大量工作,60%的数据大小是100K以下,这块是全球的部署,基于此,我们三大运营商去年在自己的基站上做了覆盖全国城市范围内的、泛在的物联网的接入。这种部署在实施过程中也遇到了一定挑战,并非所有区域达到了低功耗、高可控的要求。网络规划的基站部署是长期的过程，泛在物联网也是一样，要保持清醒的认识，不断优化，为各种终端提供良好的接入体验。

NBRT是低功耗、广连接的接入系统，相较之下，NBR具有低干扰的优势，如果把NBRT看作高端手机，那么NBR就相当于对讲机，这两块各有所长，互补运用。实际上NBR也是手段，从生态视角看，单一的模组不能满足所有的接入要求，肯定是多模态共存的使用。当然这里还有短距离的接入，例如蓝牙。蓝牙原来都是点对点的，手机的蓝牙耳机，也正式宣布支持mesh网络了，可以达到3.2万个。

当然也不能少掉5G。5G有两大应用场景，一个是移动互联网，还有就是物联网。具体来讲，目前5G在2017年12月已经通过了非独立成网，增强型的已经通过，2018年6月要把独立组网的标准推出并进行冻结，但后面两个现在还不成熟，尚处在积极探索阶段。第一步是要用NBRT做一个泛在化覆盖连接。前面提到过，覆盖都是地面的，但是大家别忘了，全球70%是海洋。我不知道现在的具体数据，但前两年三大运营商地面蜂窝所有覆盖区域是30%左右，就可以靠天际信息网络进行覆盖，通过卫星进行广域覆盖，实现全球覆盖。我个人认为，可以与地面的蜂窝电话系统进行组合，构建天空地一体化的环境，也就是天基物联网，它能干什么呢？可以对海洋、森林实行监测和管理，从天上通过传感器感知以后传到用户。这方面发展也是很迅速的，但从国际上讲，这块还要向国际电联进行申请。举个例子，比如美国FCC就有19个星座，做了2700颗卫星，是第一家获得FCC批准的物联网和互联网应用的系统。这些星座系统的卫星数量，以及它们带给市场的宽带容量都十分庞大。在我国，天基物联网发展极具前景，目前国家论证和企业计划有很多，如天地一体化信息网络重大工程、民用空间信息基础设施、"一带一路"空间信息走廊等。

我再简单介绍信息安全。物联网发展不仅面临传统安全问题，还具有多样性特点。随着智能化程度的提高，带来的安全威胁更加严峻。因此，服务所有的参与者都要为安全的解决方案贡献自己的力量，按照这个体系进行整体布设，而不是各自为政。

现代科技拥有大量的计算能力，人手一部的智能手机，都是超级计算机，有强大的处理能力，由"云端"向"雾端"的转变，就是智能计算的能力。我个人认为这是把双刃剑，在满足大量个性化的同时，带来的安全风险不容小看。存在很多监控不到位情况，安全危机已经很严重了还不能察觉，所以更要注意。物联网安全防护与互联网安全相比，更加复杂。

业界比较关注就是核心算法，现在有终极算法，保护的是可行的，其中更重要的问题是保护执行代码的安全，毕竟所有的病毒、所有的危害都要代码执行产生作用。同时，作为信息网络，我们不要忘记，通信协议并不安全，通信协议的安全是软件编程实现的，也是按约定好的规则实现的，但需要警惕这种规则被别有用心的人和黑客利用。

物联网还有很重要的标识体系，主要IP的域名通讯标识为保障其安全起了很大作用，物联网除了通讯标识以外还有对象的标识。

行业垂直应用如智能健康、医疗、智慧林业等面临的挑战。由于行业的垂直应用，客观上导致很多碎片化的发生，当然也有观点认为物联网行业本身就是碎片化的，只能进行必要的整合，进行产业链的重组重构，这也导致我们物联网的中小企业"饿不死也长不大"。

我国的物联网在产业发展上也面临很多深层次的瓶颈问题：一是产业的竞争力不强，芯片、传感器、操作系统等核心基础能力依然薄弱，高端产品研发能力较为低下；二是产业链的协同能力不强，缺少上下游的资源，鼓励打造引领物联网产业发展的龙头企业；三是标准体系问题，刚才说

NBRT 很好，是因为其形成了国际的标准；四是物联网的发展有待进一步的深化，要把智慧服务产业、网络信息产业、智能制造业，在"物联网+"时代和物联网进入智联网时代当中，以体制改革推动它们形成协同创新体系，让环构成链。

数据催生了数字经济。通过物联网全方位渗透到实体经济，是不言而喻的事实。物联网拥抱人工智能，实现万物智联绝对是一个挑战，需要三大体系支撑。首先需要标准规范体系，才能构建产业安全的保障体系，一定要有运维的保障体系，实现四大融合：一个是网络的融合，就像现在个人上网一样，至少三种方式。现在都是4G的上网、蜂窝的移动，还有利用热点 Wi-Fi；另外在此基础上实现数据融合，实现各行业应用流程的融合，最后是服务的融合。构建一个便捷开放的物端互联是万物智联的基础，云网端是计算能力，是互联的关键，与我们拥抱信息的能力融合，构建起万物智联的数字世界。愿景美好，任重道远。

我的发言到此结束，谢谢大家！

赋能万物，连接未来

树根互联技术有限公司 CEO　贺东东

尊敬的各位来宾：

今天非常荣幸能在这里汇报我们树根互联技术有限对于工业互联网的理解。我们对于工业互联网的理解就是"赋能万物，连接未来"。

在这里我会先汇报三一重工工业互联网的实践，然后汇报根云工业互联网平台的一些情况。大家知道，三一重工是在中国较早进行工业互联网实践的。我们在2008年就已经建立起了工业互联网的平台，连接了38万台工程机械，使设备时时在线，从底层的控制器硬件软件一直到平台应用，打造了大规模深度的应用。这里是一些简单的介绍，包括整个宏观经济的预测，大家知道有一个三一挖掘机的指数，可以很好地反映基础建设和基础建设投资的情况。另外，还可以做到服务模型的创新以及产品研发的指导，通过动态实时的数据，指导我们更好地做产品的研发，能做到在外货款的管理。在产业链金融方面，我们也做了大量的产业链金融的实践。基于这样的背景，在2016年我们就成立了数根互联的企业，使命就是打造一个公共的工业互联网平台。

首先介绍为什么做这件事。把工业互联网放在更大的维度去看，我们觉得第一代PC机的互联，就是电脑的连接，改变了咨询和交易方式。接着是在七八年前，通过手机连接人与人，给我们的社交方式、生活方式带来了一次革命，现在我们每个人每天大概都会有几个小时花在手机上。再就是万物互联，这次会带来成百亿级物联对象的连接，将带来生产方式和分配方式的大革命。这意味着生产力和生产关系的变革，这一次与前两次不一样，前两次是连接咨询、连接人，这次万物互联是连接到真正的实体经济。这是我们的一个理解。

对于未来的制造业我们做了展望，我们认为会从现在离线的物理世界到实时连接的世界，所以制造的要素都会数字化。而且，实时在线可以通过大数据分析、人工智能，用软件定义所有的制造业。同时，由于所有的制造要素上网，构建起实时动态的产业链，可以实时动态地优化工业链。制造业的形态会发生巨大的变化，我们会出现平台型的组织，会出现跨边界虚拟的制造，会出现工业知识大规模的共享。这是我们对于未来制造的理解。

基于这样的理解可以看到，工业互联网平台会成为其中的核心，为什么？因为工业互联网平台可以解决几个未来制造业的基本问题。第一，解决万物互联的事情。首先是所有的机器设备要连接起来，需要这个平台去做万物互联。同时，连接上以后要建立数字化的镜像，这一步就是制造业"鲤鱼跃龙门"的"龙门"。互联网没有颠覆掉实体经济，就在于实体经济的物理对象没有建立数字化的镜像，一旦建立起了数字镜像，就可以被人工智能优化，所以才有大规模方式的运作逻辑的本质变化，才能做到由软件驱动，由软件定义。实现数字化软件驱动以后，一个新的商业模式就形成了，整个制造业的商业模式，无论是共享经济、C2M，还是产业链金融等都可以实现。未来制造业的形态里面，工业互联网的平台有以上五种核心功能。这也是为什么从2017年下半年开始国务院有指导意见，将大力发展工业互联网变成国家战略。在这么大的背景下，问一个问题，中国需要什么样的工业互联网平台？

第一，要工业和互联网的深度融合。我们对比美国和德国，会发现一个很有意思的现象，工业互联网在美国是由通用电气公司做，德国是由西门子公司做，也就说有工业背景的公司加上互联网就形成了一个工业互联网先驱领跑的姿态。所以，工业互联网必须有深厚的工业背景，因为工业的知识和能耗呈碎片化的趋势，而且有很深的行业能耗，学习路径非常长。但同时作为一个跟互联网深度融合的业态，要彻底地互联网化，要基于云、大数据、人工智能才会对制造业有很强的支撑，所以必须是深度融合。这两点非常难，因为基于工业的基因和基于互联网的两种基因不一样，工业OT的能耗和IT的能耗到现在还是一个鸿沟，这也是为什么到今天为止非常成功的工业互联网业态还很少见。

第二，一定要适合本土的需求。因为中国的制造业是全球最大的制造业，从做鞋等低端的制造一直到航天等顶级的制造，制造业的场景非常多，而且中国绝大多数的制造企业还处在2.0和3.0的时代，怎么样在这样的背景下为中国的制造企业打造一个适合他们需求、能解决他们问题的工业互联网平台，这个也是很重要的。

第三，现在是"变道超车"的时代。工业和互联网大规模融合，从中国的角度来看，与当初的PC互联网和移动互联网相比，这次世界各国基本上都处在同一起跑线上,加上中国制造的场景和拥有庞大的工业数据,所以在同一起跑线上具有"变道超车"的机会。

现在工业互联网平台的概念很多,处于一个热点和风口。但是,我想我们做的工业互联网不是简单云资源的使用,只是降低云存储的成本,也不是简单的软件 SaaS 化,这些只是解决软件的销售和使用方式问题,没有解决这个软件背后隐藏的运营问题。供需双方的多头撮合,能降低信息的不对称,但是不能使内部企业的运营逻辑转变。

中国的工业互联网需要有几个基本的特征。第一,能解决万物互联。工业互联网的第一个难关,是怎么把设备连接起来。我们有成千上万种不同的协议、不同的控制器接口、不同的 POC、不同的网关,怎么把设备连接起来,这是第一个槛。所以,首先要解决 IOT 物联的问题。第二,提供 CPS,就是信息物理系统。帮助实体经济把物理对象数字化,形成一个数字化镜像,这个难度非常大。机器设备、制造业的物理对象,如何用很好的数字模型完全映射真实运行的状况,而且反向作用于它,这是非常难的。第三,在线运营。不是新的动态数据源,很难给现在信息化时代的工业企业带来新的视角,也很难用数据来提高运营,这就需要新的技术导入,应该是通过这个平台打通以制造业和互联网技术为代表的所有 ICT 技术,大数据分析、云计算、人工智能、区块链,把新技术与实体经济的物理通道打通,把新的技术导入到新的实体里面。

第四,一定要创造价值。因为制造企业讲究价值,讲究看得见摸得着的好处,不能只讲云、只讲物,要看是不是提高效益、增加收入,这是制造企业做的事情。当然,是不是每一个企业、每一个行业都需要从底层开始构建工业互联网平台?我们的回答是否定的。如果想打造一个行业的工业互联网平台,必须从底层接入到通讯,到数据的处理,到维护架构,到容积等，这个过程需要大量的技术，超出一个制造企业能管理的范围，所以我们的结论是可以将它看成一个新业务、新工具。从企业来讲，到底是需要去构建一个底层的平台，还是尽快与工业平台打造自己的业务，提升竞争力和客户的价值，我们的行业企业也可以问这么一个问题。从现在所有的工业互联网的巨头来看，打造互联网的平台难度非常大，消耗资源非常多，需要的团队数量巨大。

树根互联就为中国打造世界级的工业互联网平台，解决了几个问题。第一个，工业与数字融合的问题。有强大的工业背景和能耗，如何同时打造完全的互联网化云平台，把互联网技术深度融合起来，这是我们主要做的一件事情。同时我们要服务于中国的需求，要服务于中国的制造企业，也要基于中国特殊的国情。另外一个，要提供全球服务能力，帮助中国制造走出国门，在全球参与竞争。还有一点，会驱动整个产业链金融的变化。因为IOT的数据就像我们已经熟悉的消费领域，会造成消费金融的巨大革命，在工业领域、IOT领域也会带来产业金融巨大的变化。最后一点，工业模式大的变化。

我们的具体做法就是打通"最后一公里"，我们提供端到端的技术，从物联接入到大数据的分析，再到应用出口，必须是端到端打通，才能服务于我们广大的制造企业。同时，我们要符合中国制造需求，要形成一个立即带来价值的应用帮助我们的制造企业使用云。同时门槛要非常低，不能寄希望于打造最高水平的，要能服务于IT技术薄弱的环境，还要通过SaaS的方式服务于我们的制造企业。同时，提供全球的服务能力，帮助中国"走出去"，进入到全球竞争中。当前，我们已经给欧洲企业提供了工业互联网平台的服务，其发展速度也非常快。中国的工业互联网刚刚诞生两年时间，已经开始出口到全球。

同时，基于IOT数据的产业金融是一个大趋势，我们在2016年底就研发出了UBI的产品，而且取得了专利。基于机器健康模型，通过精算师的合作打造一个动态、个性化的保险定价模型，同时建立广泛的合作生态。我们跟联通公司在互联通信领域构建物联网的技术基础，我们去年很荣幸跟中国联通签订了战略合作协议，发布了工业互联网云的应用，并在全国各地做推广。短短一年多的时间，已经有42个不同行业的跨行业应用，服务了近百家企业，在国内的工业互联网企业是遥遥领先的。这证明跨行业平台的、能为不同制造企业服务的公共平台是可以成立的。这在2016年和2017年还一直是巨大的问号，在工业界有没有跨行业平台，我们用实际行动证明了这点，也承担了多个国家级的项目，参与了物联网标准的制定。我们也是工业互联网产业联盟的副理事长单位，成为第一批可信认证的平台之一，并非常荣幸得到马凯副总理的点拨。

我的汇报到这里，希望有机会在服务贵州的制造企业，能与贵州同行，共同打造工业互联网平台的应用。

再次感谢组委会的邀请，谢谢大家！

基于可信计算的区块链安全

中国工程院院士 沈昌祥

各位领导,各位来宾:

很高兴今天有机会和大家交流区块链安全问题。区块链是一个新兴网络的应用,很具有生命力。区块链离不开安全,只有安全才能保证区块链繁荣,因此我们要谈谈区块链的安全问题何在。

区块链是一种利用密码学技术,将系统内有效交易进行编码的可附加账本,所以区块链应该是能做到每次交易必须有效,必须对数字资产的归属达成共识,过往的历史不能篡改的要求。区块链安全与其他重要的信息系统等同,要实现网络安全等级保护制度,应该从等级保护做好我们的区块链安全,业务应用信息安全、交易有效性要达到共识。还有系统服务资源安全不能篡改、不能阻断,请大家注意,我们等级保护从两个适度来解决安全问题。

这几年区块链发展过程中发生了很多重大的安全事件，2010年8月曾发生利用整数溢出漏洞凭空造出了1840亿个比特币，2016年5月也是庞大的科技队伍组织的区块链创业者技术开发社区、去中心的基金，后来做了半天，发现漏洞，不做了。最近勒索病毒横扫世界，很多报道说把区块链交易中心攻垮了，损失巨大，因此必须把区块链做好。

从以下几方面考虑：一是计算资源可信。区块链是在互联网基础上应用，下面的计算资源网络不可信是不行的；二是交易数据可控。无中心化是不错的，是理想状态，我们必须做到人人平等，不要一个人说话算数，相当于仲裁的影响。我们应该做到比特币等区块链数据能安全可信地存储与传输；三是交易过程可靠。交易过程中真实可信、不可伪造、可信共管，这个事情是相当难的。

怎么办呢？可信计算才能解决区块链的安全，大家经常听到"安全可信"，请注意《网络安全法》第16条强调推广安全可信的网络产品和服务。我们要考虑到安全原因何在，不是因为有漏洞，给漏洞打补丁，是因为我们涉及的IT硬件、软件由很多逻辑组成，逻辑是发散的，不可穷尽的。因此我们只要在有限目标下，把能完成任务的有关逻辑组合起来完成任务就可以了。因此存在大量无穷无尽的跟工作无关的缺陷和威胁没考虑，攻击是利用这些缺陷发现漏洞，就像人的免疫系统一样，是无穷无尽的漏洞或者说缺陷被攻击，是由免疫系统处理解决安全问题。我们以密码为基因，实施身份识别、状态度量、保密存储等，及时识别自己和非己成分，从而破坏与排斥进入机体。

区块链由计算机来做，一般都存在一些问题。PC机很简单，最可怕的是没有防护系统，以密码为基因，上面有控制模块，还有软件，要及时盘查。体系结构可信、操作行为可信、资源配置可信等。

构建可信安全管理中心支持下的主动免疫三重防护框架，区块链处理的机房、服务器要安全，资源管理相当于一个单位的保卫部门。数据安全也很重要，相当于一个单位的保密室，监控室相当于审计，这样能构成我们主动免疫的效果，实现进不去（攻击者进不去）→拿不到（非授权重要信息拿不到）→看不懂（窃取保密信息看不懂）→改不了（系统和信息改不了）→瘫不成（系统工作瘫不成）→赖不掉（攻击行为赖不掉）。因此攻击是对我们无效的，我们能达到及时发现、及时堵截。

资源服务平台要保证资源不能被破坏，可信策略要有关联性，发现异常要及时报告，这样才能使得我们交易的通信链路、网络安全、交易平台安全，运行的交易所也是安全的。其实很简单，等级保护要求有可信计算构成安全可信的区块链。

我的发言到此结束，谢谢大家！

区块链在养老产品登记领域的应用

大成基金管理有限公司首席经济学家、
中国人民银行金融研究所前所长　姚余栋

今天我再次来到贵阳，感觉贵阳的变化让人很惊讶，特别在大数据领域，我很荣幸可以参加这样一个关于区块链的高端对话。

今天想跟大家汇报交流的还是一个初步的想法，是关于怎么定义区块链的问题。大数据是不是革命，如果是革命，就不能仅仅只是跟随，要在潮头上做一些事情。今天主要探讨能不能把区块链应用在养老产品登记里面，作为一个经济工作者我一直关注养老的事，特别是我国养老的发展。

区块链我想大家已经比较熟知了，跟TCP/IP协议有所不同，它是一个价值网络，是一个价值的高速公路。像我们现在每个计算机、每个手机自动连接的实际上都是TCP/IP协议，你根本不用知道区块链的基本原理，而计算机自动连接，只是比这个协议更多了一层顶层协议。这个协议互联网发明的时候主要是做信息交流，但是无法保证互信。一个著名的例子就是，如果在二手车市场上，不知道二手车的质量，那么这个市场就消失了，如果大家都知道二手车的质量，那么这个市场就存在。二手车交易就是一个价值交换，我想这个跟互联网有一个很重要的差别，就是价值交换的唯一性、交易双方的互相信任性和交易发生的自发性，它可以自动执行，而无须第三方介入。这是一个跟互联网的信息交换不一样的地方，是一个很重要的附加值。所以区块链是一个价值传输协议，既是去中心化的，也可以有一个公开透明的数据库，而且每一个区块上都可以进行检索。未来的网络虽然强调分布式，但是随着网络的演进，完全去中心化也做不到，一定要有节点，就像今天的比特币一样，事实上也存在某种意义上对协议的修改。将来一定也会有去中心化，但是有些网络节点很重要，可以承担一定的监管和管理职能。

今天区块链在逐渐地发展，这个趋势也已经越来越明显了，这是一个价值的交换网络，那么它有什么样的应用场景？我想实际上大家已经探讨很多了，比如央行的票交所已经成功实施了电子票据在区块链上的流转，我们也看到很多银行把一些单据在区块链上交换了。今天想汇报的是我国正处于养老第三支柱发展的关键时期，还是希望把养老产品的登记使用区块链技术，做一个顶层设计，完成一个革命性的登记结果，以至于将来惠及所有的老百姓。今年2月，证监会发布的《养老目标证券投资基金指引（试行）》正式公布施行，4月发布《个人税收递延型商业养老保险产品开发指引》也是开展个人税收递延型商业养老保险试点的通知，由此可见第三支柱是很重要的，只有第三支柱才可以帮助中国去杠杆。

2020年到2050年，第三支柱个人养老账户中的资产积累一共有多少资金？我们做一个假设，如果2020年个税缴纳人数是1亿，2050年的时候是7亿，假如每月每人平均投入500元购买养老产品，一年是6000元，到2050年是70万亿元。也就是说，2050年养老的第三支柱可能积累的资产规模相当于今天的GDP总额，开始增长比较慢，后面是快速增长。如果按照国际经验，保险产品公募基金占一半，银行1/4，保险占1/4，由此可以预计到2030年的时候，个人养老账户中类似养老的公募基金是6.5万亿元，其中银行是3.25万亿元，保险是3.25万亿元。而到2050年资金就多到不可想象，公募基金是35万亿元，其中银行是17.5万亿元，产品这样扩张，产品登记就很重要了。养老钱是保命钱，养老的产品很重要，要有一个收益性，还要有安全性，让老龄化的投资者放心，所以，将来这个产品可能要分散到全球，买全球的金融资产，因为这个风险在全球是分散，所以这个产品的规模难以想象，能不能给投资者创建一个多部门共同建立、统一监管、避免监管套利、健康完善的养老市场，由此进行一个产品登记，凡是养老的，无论是基金、银行、保险、或其他的国外产品都能购买，所以养老产品登记很重要，需加强统一监管。

　　实施产品和合同流程需要透明。面向产品信息，就能知道金融产品的型号、名称、发布时间、截止时间。区块链可以实现透明，根据央行和多部委发布的资管新规要求，向上向下穿透：向上穿透至实际持有人，向下穿透至产品的底层资产，而且可以保证完整透明三体，还能以防诈骗。

　　同时个人养老是为老百姓提供的养老服务，对产品的安全性要求很高，如果有这样一个记录不可篡改、完整透明的产品登记系统，对中国老百姓来说，在上面买东西是非常安心的。也可以提高未来的流转效率。如果你买了基金，很难再买保险，买了保险，很难再买银行产品，如果我们有一个区块链的、跨部门的、跨产品的养老登记系统，就给中国老百姓造就一个超级养老账本，他很清楚这个账本里面多少配基金、多少配银行产品、多少配保险产品，而且整个过程都非常清晰，可以互相流转。这样一个技术，在国外还没有做到，包括在美国都是碎片化的第三支柱。所以到哪个基金公司去，只能买不同的产品，没法进行整合。

而我们国家第三支柱刚刚开始顶层设计，将来一定是全球最大的个人养老账户，可不可以一开始就使用区块链技术进行产品登记？以后我们就可以让全球的产品，无论是中国的产品、国外的产品还是跨境的产品都在上面显现，只要满足监管要求都可以溯源，老百姓有一个超级的养老账本，可以进行最佳配置，有效地分散风险。最后我想用我两年前在一个论坛上说的话作为结尾："生于互联网，死于区块链"。当时我主要感觉有个别互联网巨头，对区块链置若罔闻，现在发现巨头们纷纷进行区块链的应用，所以已经不需要再担忧这个情况了。我们不用怀疑，区块链作为比互联网更高层次的价值传输网络，规模比互联网更大，将来创造的经济价值、市场价值难以想象。在应用场景之中，我希望结合我们超老龄社会的来临，能在第三支柱顶层设计的关键时刻，超前地考虑应用区块链技术进行养老产品的登记系统的设计。

我的发言到此结束，谢谢大家！

走中国特色主义工业互联网道路

中国航天科工集团有限公司董事长　高红卫

尊敬的各位领导，各位来宾，女士们，先生们：

非常高兴有机会分享航天科工在工业互联网建设与运营方面的一些体会与看法。我演讲的题目是"走中国特色社会主义工业互联网道路"。

经过200多年的工业革命洗礼，人类先后经历了蒸汽机革命，发明了火车、铁路等技术；经历了内燃机革命，发明了船舶、海运等技术；经历了无线电电子革命，发明了电话、电报等技术，因为无线电与电子技术的广泛使用，催生了真空电子管、电子元器件技术；第二次世界大战以及冷战中的太空竞赛，推动了军事技术革命和太空技术革命，催生了半导体和集成电路产业革命。半导体和集成电路技术的成熟又催生了大型计算机、个人计算机、个人通信革命。大型计算机、个人电脑和个人通信革命很自然地催生了互联网革命和移动互联网革命。

当前，互联网革命和移动互联网革命正在催生全球消费方式和生产方式革命。消费方式包括了个人消费方式和公共服务的消费方式的革命；生产方式的革命包括了制造领域和非制造领域的生产革命。大家所熟知的各类电子商务平台是个人消费革命变革的基础，各类公共服务平台（也就是常说的电子政务等）是公共消费方式变革的基础；各类工业互联网平台是制造业生产方式变革的基础；而非制造类生产方式变革的平台将是非制造类生产方式变革的基础。什么是非制造类生产方式？它是指各种文化产品、科学研究等等。这四种平台方式的发明和普遍应用，宣告工业文明时代将逐渐地淡出历史，而信息文明时代将逐渐拉开大幕。

新中国成立后，我国搭上了工业革命的末班车，并且勇敢地乘上了互联网革命的快车，还通过自身努力，坐进了移动互联网革命的头等舱。每次技术革命浪潮都是以之前若干次技术革命为基础，当前工业化国家的竞争优势也都是建立在前几场技术革命基础之上。如果发展中国家长期采用追赶战略，永远只能跟在发达国家后面亦步亦趋，难以将发展主动权掌握在自己手上。比如说，美国及其盟友对中国实施最严格的禁运，会使得我们相当多新兴产业的耀眼光芒黯然失色，因为我们中国并没有扎实走完这些行业基础技术和核心产业革命的完整历程，在不可替代的关键领域还没有拿得出手的产品和技术。这就决定了我们国家的现代化注定不能走平常路，必须根据本国国情和时代潮流大趋势，做出科学判断，走出一条与发达国家殊途同归的发展之路。

在工业互联网领域，有三条道路可以选择：第一种是以完善的 CPS 为基础，逐步向上延伸到智能化生产线、智能化车间、智能化工厂，通过打造智能制造平台，向着工业4.0的目标前进，简称为"德国模式"。这种发展模式的实际效果将是自上而下递进上升的，最终实现兼容智能制造、协同制造、云制造三种业态的目标。第二种是在基本实现智能制造协作配套企业之间，以线下全球配套、全球协作、制造分工的布局为基础，打造全球化的协同制造和协同售后服务平台，继续保持全球制造业垂直分工体系的主导地位，简称"美国模式"。这种发展模式的实际效果将是抓中间，带两头，最终实现兼容智能制造、协同制造、云制造三种业态的目标。第三种是在绝大多数企业不具备智能制造能力，企业运营流程尚未完成信息化改造，且短时间内不可能完成智能化改造和企业流程信息化改造的前提下，我国的工业互联网如果照搬德国模式或者美国模式必然文不对题。因此，航天云网从设立之初就确定了如下发展路径：搭建工业领域的云平台，从打造云制造产业集群生态起步，先把分散在全国各个角落的市场主体资源配置与业务流程优化工作放在中心位置，从省钱、赚钱、生钱三个层次逐步递进，配合中国工业企业的逐步转型，沿着"自上而下逐步深化"的路径，最终实现从云制造到协同制造、从协同制造到智能制造的逆袭，实现与德国模式、美国模式殊途同归的目标。航天云网作为全球首批工业互联网平台，上线近三年来，始终坚持这一发展理念，交出了一份令人欣慰的答卷，初步验证了具有中国特色、自上而下、逐步深化的工业互联网发展路径的科学性、合理性。

航天云网采用"INDICS+CMSS"架构，目标是构建和发展以工业互联网为基础的云制造产业集群生态，兼容智能制造、协同制造和云制造三种现代制造形态，运用大数据和人工智能技术以及第三方商业和金融资源，服务于制造业技术创新、商业模式创新和管理创新，其内在商业驱动力为3M（即省钱、赚钱、生钱）。其内在的商业逻辑是促进技术创新、商业模式创新、企业管理创新关联互动，推动企业转型升级。其中，CMSS包括工业品营销与采购全流程服务支持系统、制造能力与生产性服务外协与协外全流程服务支持系统、企业间协同制造全流程支持系统、项目级和企业级智能制造全流程支持系统等四个方面。采用"一脑一舱两室"(即企业大脑,企业驾驶舱,云端业务工作室、云端应用工作室的业务界面)提供用户服务。"企业大脑"为科学决策层提供支撑与服务,"企业驾驶舱"为企业经营层的管理提供服务,"云端业务工作室"为产业提供销集群化业务、为周边业务提供支撑服务,"云端应用工作室"为定制设计、研发、实验、售后服务等提供支撑。

目前,航天云网云端注册企业用户165万户,发布协作和采购需求超过13万条,金额近4000亿元,协助与采购云端成交7.6万笔,共计1900余亿元。其中50%以上的业务小于2.25万元,80%的业务小于100万元。一共有近80万台设备接入平台,平均每天有近20万台设备在线。航天云网的APP以CMSS为载体,全面支撑智能制造、协同制造、云制造,可以面向制造全产业链提供生产全要素、全流程、全生命周期的APP支持,提供各种工业服务和解决方案。目前航天云网的APP总数达到了1526个,另外航天云网已经在境外的4个国家落地,有13000多家国外企业注册航天云网,在航天云网发布的需求超过13亿美元,成交量超过1亿美元。

样本企业数据表明,160余亿个注册用户总经营规模约为10万亿元人民币。平均每个企业的经营规模是625万元人民币,注册用户的85%以上属于小微企业,小型企业约占35%,微型企业约占50%。所以航天云网主要是面向中小微企业提供公共服务的社会化平台。目前已经有1万多个企业在云端协作配套成功,平均每家企业成交量为7单。以持续经营的小型企业为例,其典型业务规模为2.5万亿,一个小型企业每年成交360笔以上就可以发展壮大,因为如果企业利用云端协作方式增加业务量,可以将设备开工率从50%提升到85%左右,无需增加投资,就可以为云端企业增加30%左右的收入。

让我们勇敢地拥抱工业互联网,共同开创制造业的全球新时代。

谢谢大家!

COSMOPlat：新动能的播种机
——海尔工业互联网的探索与实践

海尔家电产业集团副总裁　陈录城

尊敬的各位领导，各位专家，女士们，先生们：

非常荣幸参加今天的工业互联网高端对话，我借此机会向在座的各位嘉宾汇报海尔在工业互联网这方面的探索。我汇报的题目是"COSMOPlat：新动能的播种机——海尔工业互联网的探索与实践"。

我的汇报分三个方面，首先是新时代下的机遇和挑战。在这个背景下，海尔探索的成果是什么？如何为企业转型赋能升级？这个成果怎么达成？我们怎么去携手共创产业的新生态？大家都知道，《中国制造2025》这个国家战略提出以后，我们的目标就是要打造制造强国和网络强国。在这个过程当中，我们要在全球占领智能制造的制高点和话语权。因此，工业互联网就变成了一个重要的抓手，它是我们整个制造业转型升级的一个新引擎，为新动能的转换提升了助推器，也就是说工业互联网是新动能转换的一个助推器，能帮助企业转型升级。

在工信部的大力支持和指导下，海尔打造了面向智能制造解决方案的COSMOPlat平台。这个平台是自主创新的、具有中国自主知识产权的工业互联网平台，它是全球首家引入用户全流程参与体验的平台，其核心就是大规模定制模式。现在用户的需求越来越个性化、越来越高端化，传统的大规模制造模式已经适应不了现代用户的需求，因此必须要由大规模制造向大规模定制转型，也就是由原来的以产品为中心转换到以用户为中心。为了实现这个模式的转换，必须对原有的工业体系进行颠覆，我们从三个方面入手：

第一，由原有的产品生命周期变成用户生命周期。原来产品卖到用户家里就算结束，现在产品变成了网器，可以持续地和用户连接，持续和用户交互，把消费者变成终身用户，变成全生命周期。

第二，全流程。原来流程是串联的，得到用户信息以后一层一层传递，效率非常低，响应速度非常慢。现在把流程彻底颠覆，变成并联，每个节点都和用户相连，都和用户直接对话，它可以在最快的时间之内响应用户的个性化需求。

第三，全球资源共创共赢的生态。因为要做工业互联网，不是一家企业能完成的事情，它要对整个工业体系进行重构，一定是开放的生态。

什么是大规模定制模式？让用户和工厂零距离，实现用户直达工厂、工厂直达用户。在这其中，用户可以全流程参与体验，也就是说实现的是产销合一，用户企业完全融为一体。这里面有三个颠覆点：

一是研发体系的颠覆。过去开发产品是调研然后开发，开发出来的产品能不能卖出去无人负责。现在是先有用户，由用户需求驱动产品研发，这就实现了产品创造是有人的，产品是有主的。

二是制造体系的颠覆。原来生产的产品由工厂发到用户家里，工厂的工作就结束了。而现在产品始终和用户、工厂每一个环节连着，和每个员工连着，可以实时感知用户的需求和体验。在这个过程当中，生产的产品都是有主的，这个产品下线以后不入库而是直接发到消费者家里。

三是营销体系的颠覆。原来是为用户选择产品、推销产品，这个产品卖不出去变成库存，库存就会打折，降低企业效应。研发体系、制造体系完全颠覆以后，由选择产品变成让用户参与交互、让用户参与制造，从而为用户创造价值。

再看一个例子，这是我们的自清洁空调，从自清洁到进家，不断迭代，这个过程是怎么实现的？一共有六个环节，由用户交互开始，一开始15万个用户对舒适、静音等话题很感兴趣，大家就进行了交互。交互过程中，包括用户在内的一流资源就会参与设计，一开始有675位用户参与设计，同时我们的供应商、设备商，在这个环节应该是并联的，大家都参与进来。设计完产品之后，在平台上进行虚拟体验，体验的过程当中，对产品的外观设计功能进行模拟，符合用户需求后，这个产品就可以进入开发，否则这个产品要重新进入用户的交互环节。经过了这个环节以后，就进入预售，用户可以事先买单，有1.1万个用户对这个产品投票，这些产品就进入制造环节。生产线的产品都会带上用户信息。到了用户家里以后，产品是网器，始终和用户连着，这时候就进行产品的体验与迭代，这时用户关注的是静音与清洁。进入第二个环节的迭代，用户达到56万、设计资源2万多个（包括供应商也增加了数倍）、产品方案56个，是第一次十几倍还多，这时候预售产品达到18万台。这就是由原来的产品为中心变成用户为中心、原来的企业自身驱动变成用户驱动带来的明显效果。然后再进行不断的循环，通过这个闭环实现用户的终身价值。目前这个平台在海尔已经得到了验证，用这个平台在全球达到了9个互联工厂，实现了69%的不入库率，直接发到用户家里，对企业来说实现了CCC认证费用的降低。

我们把这个平台云化、软件化，为社会服务，为其他企业服务，面向全球、全行业进行复制。不仅仅在家电行业，在家居、建材、电子甚至在农业方面，都可以应用这个平台。平台服务有三种场景：

第一，模式转型。可以把大规模定制模式复制到可以进行大规模定制的案例中。像房车，把普通房车变成智能房车，再变为智慧出行的体验平台。首先需要从它的采购环节、制造环节和服务环节入手建立起用户体验，由用户体验对房车进行产品迭代，从而将房车变成移动的智慧家庭，通过移动的智慧家庭连接用户，把房车的营地连上，最后形成的是一个生态，通过这个生态为各方创造的是最大化的价值。也就是说这个平台是增值平台，为各方资源提供增值的解决方案。

第二，产业资源配置。原来工业园区就是一个封闭的围墙，现在通过这个平台把原来一个企业的单打独斗变成了产业集聚的生态，在这个生态上创造最大化的价值。这是淄博建投园，我们把135家企业通过这个平台整合为20家，企业数减少了，但企业产值大大提升。也就是说，通过这个平台，不是为一个企业实现技术改造，而是通过达到一个专业的产业生态，为中小企业转型升级服务。

第三，提质增效。这里面有三个方面，一是设备生产商，二是设备使用商，三是终端用户使用设备，包括智慧家电等等。这个案例就是我们为酒店、医院、轨道交通实现远程大数据服务。把它们使用到中央空调数据采集上来，通过数据分析和监控，提供远程服务。对能耗进行有效控制，一年可以节省6200吨标准煤，同时对这些企业的好处是使它们使用的人员大大减少，效率也提高了。通过这个把原来简单的产品转型为服务，为用户提供增值。

同时平台也可以跨文化、跨国界地复制，我们为美国 GE Appliances 服务之后，它的利润增幅是以前的六倍，也就是说这个平台具有全球可复制性。目前这个平台交易额超过3000亿，定制的订单量超过4000万台，所聚集的用户资源是3.2亿，所服务的企业超过3.5万家，连接的终端设备（包括终端用户使用产品和企业使用的终端设备）超过2000万台。

我们在建平台的过程中，也在积极参与标准制定，因为只有标准才能占领话语权和制高点。目前 COSMOPlat 平台在国际上产生了广泛的影响力，包括德国、美国、日本等国家的一些行业专家媒体对这个平台都做出积极的评价，他们认为这个平台代表了全球制造工业的未来，因为它对体系和模式进行了颠覆。

这个平台有一个横向有端云结合的分布式架构，是一个多场景、广开源、泛连接的复合架构，在数据上把原来用户的个性化小数据集成后变成大数据，只有把个性化需求集成起来才可以实现大规模定制化的订单。这个平台有灵活部署的能力、生态聚合的能力、数据分析能力、泛在物连能力，这里面很重要的就是生态聚合，通过这个平台建立一个新的模式、新的动能。要建这个平台必须要开放，要依靠全球一流资源。今天在座的各位领导、各位企业家也是我们生态里很重要的合作伙伴，我们始终坚持开放互建的原则，共创共赢，让有关各方在平台上都能创造价值、分享价值。平台现在已经在全球11个行业、12个区域进行了复制，网站已经向全球开放，欢迎在座各位企业家朋友们到我们的平台上来，一起实现企业的转型升级。

COSMOPlat 平台的愿景就是要成为具有中国自主知识产权的世界级平台，要成为国家名片，要创造一个全球引领的大规模定制模式，成为新旧动能转换的播种机，加快中国企业的转型升级。

我今天演讲的内容到此结束，谢谢！

我国工业互联网的发展情况

中国信息通信研究院副院长　王志勤

各位来宾：

很高兴借此机会对我们国家工业互联网整体发展情况做简单的介绍。首先我想介绍什么是工业互联网。实际上工业互联网发展是面向整个工业智能化的发展趋势，要实现这样一个目标，首先需要建设一个网络基础设施，这样一个基础设施具有低时延、高可靠、广覆盖的特点。与此同时，我们更不能缺少高层的新兴业务与应用模式，刚才有很多企业谈了实践，可以看到通过工业互联网的平台，实现了很多运营优化以及产业协同与创新，它是一个很重要的基础设施。在此之上，延伸了很多新兴业务应用模式，由网络和应用，最终构建了全新的工业生态体系。也可以说工业互联网是一个全新的工业生态体系。

工业互联网适应于工业发展的转型升级，近期国家提出要实现质量变革、效率变革以及动力变革。首先在质量变革过程中，工业互联网能实现传统产业的转型升级，它创造了很多新的模式、新的业态，是支撑实现质量变革的一种有力方式。在效率变革方面，它实现了资源的优化，从具体实践上来看，可以实现制造工业和服务资源的连接。在资源配置方面，通过信息化手段，可以更加高效并且朝着弹性化、个性化发展，使得资源效率进一步提升。在动力变革方面，工业互联网一直是实现网络强国和制造强国的重要抓手与结合点，技术和产业两个方面的叠加与汇合，能让很多新的动能与新的核心竞争力实现，使得传统工业增加信息化发展的新动能。

在工业互联网的整个发展体系中，包括三大元素：一是网络，二是平台，三是安全。在网络方面，要构建全产业链的、全价值链泛在的深度互联网络，要能集成整个生产的全要素和各个环节，是一个非常具有挑战性的发展目标。在平台方面，它是承上启下的关键环节。就刚才介绍的大型企业来看，纷纷以构建打造平台体系作为工业互联网的抓手；就工业互联网发展的核心载体来说，可以实现大量工业数据的汇集，包括工业知识化和模块化。在这样的体系之下，能创造出更多工业互联网的创新点。在安全方面，安全是保障，在发展的同时，我们会及早部署和考虑整个工业互联网的安全体系。在安全防御、风险方面，需要及早地进行部署。

去年11月份，国务院印发了《关于深化"互联网＋先进制造业"发展工业互联网的指导意见》，在此之后，国家和各个地方产业发展具有更加明晰的发展方向与战略部署。在这个指导意见里，特别提出了四个方面，明确了指导思想，也提出了"三步走"的发展目标。重点任务方面也聚焦了网络、平台和安全三大要素，同时提出了一系列的保障支撑体系。

指导意见发布之后，在工信部指导下，联盟和企业正紧锣密鼓地积极推动整个工业互联网的发展，为深化实施这个战略，提出了"323"行动计划，同时也启动了整个工业互联网创新发展的一期工程。"323"的第一个"3"就是要打造三大体系，包括网络、平台、安全；"2"是推进两类应用，一个是以大型企业特别是龙头企业形成集成创新作为带动，另一个是促进更多的中小企业实现工业互联网的应用普及；第二个"3"是三大支撑，重点是从产业、生态构建、国际化合作三大方面推进整个支撑体系的构建。

为此，从国家层面进一步推进工业互联网专项工作组和战略咨询专家组的成立。工业互联网的专项工作组是在2018年2月份，由国家制造强国的整个领导小组成立的，有23个成员单位，其中在战略层面和全局层面有更多的谋划。2018年5月专门成立了工业互联网战略咨询专家委员会，聘请了很多院士及相关领域专家，共同组成了工业互联网战略咨询专家委员会，对未来技术产业和各方面战略的应用布局有更好的把握。在进一步推进整个战略的部署和实施落地方面，也在紧锣密鼓地制定一系列政策，包括工业互联网发展的行动计划，包括2018年重点工作计划，以及实施层面的配套文件政策，包括工业互联网平台标准以及安全方面的一些指导意见。

在推动产业生态体系建设过程中，我们制造了"1234"产业生态体系。我们希望进一步加强"一大联盟"，从中央或者国家层面，进一步打造好工业互联网产业联盟，联盟由中国信通院作为秘书处和理事长单位，成员已经达到630家，聚集了国内外非常权威和顶级的企业，共同推动产业发展。"两人阵营"是工业化和信息化的交融，以工业企业作为带动，ICT信息通信产业作为支撑，这两大阵营都是非常重要的。在实施路径方面，需要明确"三大突破点"，首先是在工厂内部，以打造智能工厂作为企业内部生产效率提升的重点典范，有一些测试床和测试案例，重点围绕智能工厂进行打造；第二是围绕智能产品服务和协同，通过平台构建起企业的外部价值链和产业链；第三是建立开放的生态平台运营体系。"四大模式"最早是工业互联网面向用户层面提出的,包括智能化生产、网络化协同、服务化的延伸以及个性化的定制。

具体谈谈四大要素的推进:

一是针对网络方面,进一步开展针对国内网络情况的摸底,对网络架构和实施路径进行研究。在企业外网侧重于运营商为主体,企业内部网络以工业企业作为主体,明确整个网络的建设规划、产业培育以及管理机制。

二是平台方面,它是一个非常关键的环节,推动工业企业更多发挥平台的作用,在平台建设方面持续推进。另外通过实验和测试带动整个平台能力提升。通过企业自身和行业共同推动,构建整个产业生态,推动整个平台应用的进一步推广。

三是安全保障方面。安全方面也分为四个方面,一是安全本身管理的制度,会出台进一步的指导性意见和责任体系等。二是安全标准方面,也是一个很好的支柱,在设备级以及评估方面都会出台相应的安全标准和体系。三是安全技术手段方面,希望国家和企业都会出台检测和监督平台,促进整个安全产业的发展。四是工业互联网的安全产业方面,希望在一些龙头企业和试点示范方面,进一步有所推进。

四是融合应用方面。刚才提出了两个模式,一个是大型企业作为龙头企业,能发挥企业自身的发展作用,提高整个工业互联网的创新和应用水平。从刚才很多介绍已经能看到企业自身有很强的动力,在产业链的资源整合、运营、管理,以及对客户、自身价值提升方面能很好地结合。还有一个方面就是中小企业,因为中小企业处在模拟向数字转型的过程中,实现数字化和网络化的过程还需要相当长的时间,需要帮助它们提升这方面的能力,同时也会采取很多鼓励政策,希望中小企业能向云端迁移。刚才很多企业也提出了很多带动性的政策,使得中小企业以比较低的成本实现和跨越数字化转型及智能化转型的门槛。

在构建三大支撑方面。主要是怎样构建协同创新生态。以工业互联网创新中心建设和产业示范基地建设作为抓手，在健全产业链条特别是在关键技术、标准、产业解决方案方面，重点聚焦重要的行业标准，在重量级的装备和软件方面推进，最终实现国际化。现在工业互联网产业联盟和美国、德国国际化组织以及很多企业都有合作。

工业互联网发展有很多方面和很多工作需要务实推进。去年我们探索实施了工业大数据的创新竞赛，主要是针对风电设备的故障预警和健康管理来实施，有1500人次参与竞赛，形成了很有价值的路径。今年，将举办第二届工业大数据的创新竞赛，包括主赛区和分赛区，规模和范围更大，所以也非常欢迎大家的积极参与。

最后，中国信通院包括工业互联网产业联盟非常希望和产业界一道，把握好工业互联网整个发展的历史机遇，能实现融合、协作和共赢，实现工业互联网整个跨越式的发展。

谢谢！

互联网主力军征战脱贫攻坚主战场

中国扶贫基金会副理事长兼秘书长 刘文奎

尊敬的各位领导，各位嘉宾：

今天我演讲的题目是"互联网主力军征战脱贫攻坚主战场"。这些年来的扶贫我深有感触，中国扶贫基金会成立29年来得到了社会各界，尤其是企业的支持和帮助。这两年来，更多的企业投入到扶贫的主战场，主力军的投入一个很重要的特征是不仅钱多了，而且企业家们的精力也在关注和投入扶贫。今天我没有想到马云先生到这个会场参加会，这说明真正的互联网主力军参与到脱贫攻坚的主战场了。所以我也借这个机会对参与脱贫攻坚的企业和企业家致以崇高的敬意，谢谢！

我主要汇报扶贫基金会在贵州做的一些扶贫工作。

现在的扶贫进入到攻坚阶段，精准扶贫、深度扶贫、产业扶贫是接下来这几年脱贫攻坚的重中之重。扶贫基金会主要的工作方向，按照中央的要求，主要在产业扶贫、健康扶贫、教育扶贫、特殊人群关爱（包括留守儿童）等领域发力。我们工作的侧重点，一是发挥社会力量加大脱贫攻坚平台的作用，引导更多的社会力量、新方法、新观念应用到脱贫攻坚工作之中；二是聚焦深度贫困；三是创新项目模式，力争能创新可持续发展的项目模式。

我们在这些年主要实施的项目集中在几个方向：第一是大数据，第二是产业扶贫，第三是教育扶贫，第四是"顶梁柱"健康扶贫项目。"顶梁柱"健康扶贫项目是一个典型的互联网主力军参与脱贫攻坚主战场的项目。"顶梁柱"对我们贫困家庭来说就是家庭的主要劳动力，一个家庭主要劳动力得病会带来两个困难，一是收入来源减少，二是看病要花钱，往往一个人得病，一个家庭就陷入贫困。这样的家庭有多少？占现在建档立卡户的44%，我们现在建档立卡户有3000多万，因病致贫、因病返贫的家庭大约有1000多万。怎么解决这些人的问题？用原来的方式解决很难，怎么才能在这么多人中找到得大病的人然后帮助他？很多以前做的健康立档项目虽然有政策、低保等各种保险，但是得病的农户不知道该找谁，不知道怎么办手续。

第一个项目是2017年我们和阿里巴巴公益、蚂蚁金服，包括蚂蚁保险合作，设立了"顶梁柱"公益保险脱贫项目。具体的做法是整县覆盖，一个县的贫困户中的主要劳动力全部投保，保费是自付费用的50%。现在国家精准扶贫政策力度很大，很多地方新农合加上各种保险，报销比例达到了85%~90%，即便这样，得了大病，医药费10万元、20万元，自己付费还要一两万元，对贫困户来说还是一个沉重的负担。我们的保单是50%，就可以让他的保险比例提高95%。这个项目从去年开始实施，第一个实验项目是在贵州习水县。项目经过半年，通过阿里的平台筹款达到了5000多万元,已经有100多万的建卡立档贫困户纳到项目之中。这个项目最大的特点就是便捷,全部投保之后贫困户经过培训,通过手机APP在网上就可以理赔,足不出户一个礼拜内就可以收到理赔款,真正做到"让数据多跑路,农民少跑腿"。这个项目计划在未来3年每年筹款1个亿,总共覆盖1000多万建档立卡贫困户,基本上占了3000多万建档立卡贫困户的40%。大数据的接入让扶贫增加了能力,让投保的建档立卡户增加了几倍。

第二个项目是美丽乡村项目,最早是在贵州雷山的反排村率先开始。这个项目将农民闲弃的房屋改造成高档民宿,通过互联网销售,给农民带来收入。这个项目最底层的设计是建合作社,让所有的村民都加入合作社,让人带着贫困户一起做,项目全村人都拥有,无论是硬件,还是软件,服务体验都比一般的农家乐,包括个人的民宿更好。这个在雷山试点成功之后,现已在全国13个点开始推广,未来我们希望这样的项目能覆盖更多的地方。在贵州还有另外三个新的项目地点也已经确定:黎平县的黄岗村、雷山县的白岩村、习水县的马村。

第三个项目是产业扶贫项目中的电商扶贫项目。电商扶贫项目大家都很重视,但是我们研究了之后,真正的电商扶贫在建档立卡上有几个问题,第一个就是"最后一公里"的问题,"最后一公里"不是说硬件,而是软件,是我们的农民怎么能形成规模,怎么解决增加独户小规模生产效率的问题;第二个是怎么解决农产品质量问题;第三个是怎么解决农产品品牌问题。我们做了一个实验,就是成立统一的品牌,利用扶贫基金会长期在农村积累的建立合作社、培训农民的优势,把农民组织起来建成合作社,按照统一的规程和标准生产出合格的农产品,再通过网络伙伴、网络平台把农产品以合理的价格销售出去。这个项目进度比较慢,做一个产品要一年的生产周期,虽然只做了6个农产品,但是效果比较明显。3年的时间累计受益农户1000户，3年培育6个农产品，户均收入达到3000元，农产品价格提高了1到2倍。今年在贵州计划会跟吉利集团合作，投资2000万元，在雷山建立一个茶叶产业基地。

第四个项目是留守儿童关爱的项目——"童伴妈妈"。大家知道贵州留守儿童比较多，父母不在产生了很多问题，尤其是安全问题。我们在留守儿童比较集中的村庄聘请全职的"童伴妈妈"，把全村的孩子集合起来，虽然父母不在家，"童伴妈妈"可以陪伴他们。这个项目在贵州实施了一年，效果非常好。这里有一个短片，是前一段时间中央电视台"新闻调查"栏目拍的。这个项目在贵州实施了一年，覆盖10个县，未来"童伴妈妈"在我们合作伙伴的支持下会继续扩大，让更多的留守儿童体验到妈妈的关爱。

由于时间关系后面这些项目就不再一一介绍了，包括开展的"加油计划"，这是整县实施的，第一个县是贵州的威宁，每年5000万，力图整体提高贫困县的教育水平。此外，还有"新长城"助学项目、爱心包裹项目、"筑巢行动"等，这些在贵州都有所实施。

最后想跟大家分享一下我们的标语——"坚持就会改变"。我从事扶贫工作20多年了，20多年前，我来过贵州，那时不会想到今天县县通高速。原来天无三日晴、地无三里平，谁也不会想到今天贵州贵阳会成为云计算、大数据等高科技产业的高地，所以我的感受就是：虽然扶贫最后的3年是打硬仗，有很多难题，尤其是脱贫之后怎么能可持续发展，让2020年之后能持续稳定地达到脱贫的状态，但是就像以前我们所做的那样，只要坚持就会改变。

再次感谢大家对扶贫基金会长期以来的支持。谢谢！

网络扶贫，传统企业赢在精准

蒙牛乳业集团执行总裁　石东伟

尊敬的各位领导，各位嘉宾，各位专家：

很高兴和大家相聚在美丽的贵州！过去提到贵州，我们最先想到的往往是美酒、美景，而现在一个新的热词和贵州建立了强关联，那就是"大数据"。阿里、华为、腾讯、苹果等国际知名企业，以及中国三大运营商都在贵州建立了数据中心。今天放眼全国，没有哪个省份能像贵州一样与大数据绑定得如此紧密。当然，还有一个热词和贵州也有关联，那就是"脱贫"，贵州已是我国脱贫攻坚的主战场之一。习近平总书记2018年2月在脱贫攻坚战的座谈会上说："今后3年要实现脱贫3000多万人，压力不小，难度不小，而且越往后遇到的越是难啃的硬骨头。"怎么才能啃好这块硬骨头？利用大数据产业优势将大数据与精准扶贫对接是一条必经之路。

今天在座的有许多互联网企业的领袖。我们是一家传统的乳制品制造企业，我坐在下面听各位企业家讲企业的精准扶贫理念的时候非常感动，我感受到了全社会的温暖。作为一家传统的实体经济企业，我们在利用互联网、利用大数据精准扶贫方面，同样也有自己的特点和优势，这种优势重点体现在"精准"二字上。

乳业拥有一条特别长的产业链，形象地说是"From Grass to Glass（从一棵草到一杯牛奶）"，这是一个非常丰富的生态。在这个产业链中间，许多环节是与农村、农业、农民密切结合的。乳业企业与"三农"结合得好不好，直接影响着乳制品的安全与质量，并深刻影响着农业发展、农村稳定和农民增收。为了优化与改进这条产业链中与"三农"的结合环节，蒙牛除了在资金、人才和专业技术方面加大投入外，还重点依靠互联网与信息化对其进行赋能。作为一家传统的制造型企业，我们也在和互联网、大数据做深度的融合。因为我们是一家和"三农"相关的企业，所以我们更加了解农牧民的迫切需要，也知道在哪里可以帮他们争取到更多机会。

我们认为，精准扶贫的关键在于向农牧民提供"造血功能"，走一条"授人以渔"的持续发展之路。互联网界对底层操作系统这一概念都不陌生，如果将一个人比喻成手机，那么他在工作中表现出来的各种能力就是APP，而意识、性格、情绪等是他的"底层操作系统"。能推动一个人向前发展的关键，是能力也是一种意识。"可持续扶贫"的关键，其实就是改变贫困人口、改变贫困地区的底层操作系统。这些东西改变了，才能将精准扶贫的成果转化为自身发展的动力和能力。蒙牛正是从这个角度入手开展扶贫的，我们利用互联网和信息化的方式参与"网络扶智"工程，积累了一些独特经验。

养殖奶牛，是一个脱贫攻坚的致富方法。但养牛是一件技术活，不仅需要专业知识，还需要丰富的经验，对于新入行的养牛人，这是一个很高的门槛。针对这个问题，2013年，蒙牛联合高校、研究机构和"中国—丹麦乳业技术合作中心"一同启动了"牧场主大学"公益项目。通过资金帮扶、技术服务、管理提升等措施，帮助从业者对牧场进行转型升级。截至2017年年底，蒙牛已经将10个标准化牧场（万头牛牧场），建设成了"牧场主大学"教学基地，累计开展无偿培训230场、培训学员8000人次，帮扶牧场提升效益8亿多元。

"牧场主大学"曾有一个真实的故事：一位山东养牛人，在山东参加了一次培训后，很快到邻县参加了另外一个培训．这个故事给了我们一个启发，为什么要让养牛人从一个省到另一个省呢，能不能利用互联网改善培训的局限性？2016年，中央网信办、国家发改委、国务院扶贫办联合出台的《网络扶贫行动计划》给了我们一个重要启示——为什么不把"牧场主大学"搬到互联网上，打破时空的局限、让更多养牛人受益呢？

我们组织技术团队，在移动互联网平台上开发了"牛人说"牧业知识分享平台，并在微信公众号上设置了入口，养牛人只需使用智能手机，就可以随时随地通过图文、语音等多种形式向顶级牧业专家提问，甚至接受相关专家的"会诊"。"牛人说"上线一年多的时间，已经累计完成2000多组问答，都是核心的养牛困点，累计服务养牛人20多万人次。"牛人说"上问答的内容，也早已超出了奶牛养殖的范畴，扩展到有关畜牧业的方方面面。"网络扶智"的目的是"授人以渔"，但这并不是蒙牛精准扶贫的终点。我们希望将扶贫对象发展为我们的利益共同体，让扶贫对象与蒙牛达成生态共赢，实现经济效益和社会效益的统一。

除了刚刚提到的"网络扶智"实践外，蒙牛研发了牧场数字化管理系统并进行试点使用，利用大数据技术来控制繁育、产奶、饲喂等模块的工作，帮助牧场、奶农更轻松、更有效地开展工作，这方面我们和阿里巴巴、阿里云做了非常好的合作。现在，蒙牛专属牧场中有一些奶牛已经装上传感器，帮助我们实时分析它们的行为、需求，甚至情绪波动，然后由一个后台进行智能喂养、挤奶等工作，为牧场赋能，逐步解放生产力、劳动力。这套系统成熟后，我们将在蒙牛所属牧场进行普及。我们决定将这些数据和研究成果与广大牧业从业者分享，促进大家增产增收，积极参与精准扶贫。蒙牛的初衷是能通过价值观提升、管理提升、信息共享等多元化、多方位的综合措施，推动更多的牧场向数字化、智能化转型升级，深化与广大农牧民组成的"命运共同体"，实现经济效益与社会效益的共生共赢，从根源上扶贫脱贫。

最后我想说，扶贫是一项攻坚战，需要长期的、共同的努力。在数字化、网络化、智能化的时代，精准扶贫需要的不仅是资金，更是智慧和技术。将扶贫和扶智相结合，引导内生发展机制；将经济效益和社会效益相结合，构建扶贫对象、成熟企业和社会的利益共同体，才是打赢扶贫仗、实现可持续发展的必由之路。蒙牛愿同在座的政府机构、互联网企业、社会各界紧密合作，一同为贵州、为我国夺取脱贫攻坚战的胜利贡献力量！

谢谢大家！

扶贫给人以鱼，脱贫授人以渔，而致富是造鱼塘

阿里巴巴董事局主席　马　云

刚才坐在那儿我很感动，很多观点让我很受启发，特别是这么多企业、这么多人投入了这么多的努力，我觉得深受鼓舞。中央提出全面脱贫、大力反腐，是我们国家这几年来最具理想主义色彩，也是难度最大、力度最大的两大创举。历代以来所有的仁人志士都希望解决贫穷问题、脱贫问题，大家都非常想找出好的方法。中国14亿人要全面脱贫，并且设定了时间表，这个任务之大、之艰巨、之伟大、之意义深远，是21世纪最了不起的创举。

我认为，扶贫、脱贫和致富是三个不同的东西。扶贫给人以鱼，脱贫授人以渔，而致富是给大家造鱼池、鱼塘，这是三件完全不同的事情。贫穷不是农民不努力，而是农业文明和商业文明没有完美地结合。贫困县贫困不是贫困县不努力，而是发展模式没有跟上。脱贫攻坚战，真正要消灭的不是穷人，要消灭的是贫困，而贫困在根源上有很多的问题，特别是教

育的不平衡、医疗健康资源的不充分。有时候我们希望看到的是孩子的教育得到平衡，如果得不到充分的重视和关注，那么很多年以后这些孩子依然是穷人，依然是贫困的，所以贫困不仅仅要解决今天穷人的问题，更要解决贫困的问题，要从教育、从医疗、从各方面的根源去解决问题，就像消灭疾病最主要的是在源头上进行消灭。

在过去，联产承包责任制解决了土地上种出来的东西属于谁的问题，大力激发了农民生产的积极性，而今天大数据、互联网要解决土地上种出来的东西卖给谁的问题。只有让土地增值，只有让农民觉得土地有利可图，他们才会回到土地。过去农民离乡背井，全部成了农民工，今后如何让土地增值，让农民回到家乡，变成农业工，形成真正的农业产业，这是我们最希望看到的。要实现"农村现代化"，就一定要把农村乡镇现代化做起来，而不是把城镇农业化，所以这方面我们必须要高度重视。

中国人过了50、60岁都想回到乡村，因为我们来自于乡村，来自于农村。所以只有把农村变得山清水秀，只有农村发展起来、农民富裕起来，农村真正像个乡村的时候，我们才能真正地落叶归根。所以贵州贵阳大力发展高科技、大力发展数据产业，既保护了绿水青山，同时也给贵阳，乃至全国、全世界的贫困地区都带来了巨大的希望。

我今天很高兴看到很多的大公司在分享自己做了什么。这几年来很多大公司都积极地参与了扶贫工作，但我希望更多能看到的不是我们做了什么，而是我们准备做什么，以及准备怎么做。因为这能给大家带来更多的启发。我觉得大公司的"大"不是利润大、收入大、市场份额大，而是责任大、担当大，人们希望你能担当更多的责任，希望你能做更多的事情。

阿里巴巴关注扶贫、关注脱贫、关注公益，不仅仅是为了别人好，也是为了自己好。阿里巴巴让我最担心的是未来是否能坚持这样的理想。如果想要阿里人坚持这样的理想，必须要阿里人参与公益。公益和慈善的区别是，慈善给别人东西，而公益给自己益处，只有让自己越来越好，别人才会慢慢好起来，慈善改变的是别人，而公益更能改变的是自己。今天你的几分钱、几块钱并不能改变什么事情，但是你参与的任何行动改变的是自己。所以我们希望更多人参与脱贫，更多人参与扶贫，更多阿里巴巴的员工也参与其中，只有我们自己的员工参与这些工作，从公益中体验自己、了解自己、知道自己有什么、要什么和放弃什么，这样的企业才能持久。所以做慈善也许是有能力，而做公益最重要的是自己获得了无穷的福报。

最后我祝福贵州，我相信贵州和贵阳未来会是中国最有意义、最富有的地方之一，因为他们懂得未来，他们愿意去努力，他们敢于挑战别人不敢做的事情，这也是我们脱贫和扶贫最大的希望所在，脱贫是给人以希望，而不仅仅是给人以钱财。

谢谢大家！

探索数字新生态

腾讯公司董事会主席兼首席执行官　马化腾

尊敬的各位领导，各位嘉宾，媒体朋友们：

这已经是我第四次来到贵阳参加数博会，在这四年里面贵阳有很多新的变化，其中我最大的感受就是这个城市越来越有活力、越来越年轻了。这个不单是一种感觉，我们可以从大数据进行统计分析。我们根据微信、QQ最近这几年的大数据统计分析，年轻用户的分布和流动情况，反应不同城市对年轻人的吸引力，发现2018年春节期间贵阳16岁至35岁年轻用户比例非常高，我们也观察到春节后贵阳仍然有不少年轻用户从其他城市流入。可以说基于这些大数据，在2018年的全国城市年轻指数排名中，贵阳成为全国最年轻的城市。

年轻人为什么喜欢这个城市呢？具体原因我现在也不知道，但是我们能看到的是贵州这几年的经济社会发展非常快，尤其是大数据产业更是实现了弯道超车。我最近和其他省很多领导沟通，他们都提到了"贵州模式"，并纷纷表示赞赏。过去大家觉得贵州山多交通不便，阴雨天气比较多，今天来看这些缺点反而成了得天独厚的优势。最近几年国内外不少互联网和科技企业纷纷在贵州建立重要的数据中心，大数据已经成为贵州的一个新名片。目前，腾讯在贵安新建的七星数据中心开始投入试运行，七星数据中心就建在两座山体之间，地理位置非常安全隐蔽，山洞温度较低，周边水电资源非常丰富，能降低能耗，未来腾讯要把最重要的数据存储在这里。目前大数据产业在贵阳集聚，未来将形成新的数字生态。

接下来我想谈谈对数字生态的看法。2015年中央政府报告首次出现"互联网+"，2017年提出"数字经济"，2018年更是提出了"数字中国"。我认为"互联网+"是手段，数字经济是结果，而数字中国或者说网络强国这是我们的目标，这些都是一脉相承的。之前我也用"一横一纵一新"三个角度描绘这个过程，今天我想从数字化进程的三个角度谈谈对数字生态的理解，分别是数字化的广度、深度和精度。

第一，数字化的广度。这两年我们看到数字化进程已经从经济领域迅速扩展到民生、政务等领域，正在覆盖经济社会的方方面面。我们把腾讯关注的数字经济的几个方面归纳为"五个生"——民生政务、生活消费、生命健康、生产制造和生态环保。数字化的广度正在前所未有的拓展，从过去对消费端toC的用户已经覆盖到toB端企业用户，甚至包括政府机构的toG端用户，腾讯希望为不同的C端、B端、G端用户做连接桥梁。

数字化广度首先要解决普惠的问题。举一个案例，大家熟悉的微信，今年春节全球月活跃用户突破10亿，可以说是中国第一个在全球超过10亿月活跃用户的互联网产品。尤其是微信将PC年代没有成为网民（比如说上了年纪的父母）变成互联网用户，让老年人开始分享数字生活的便利，这在10年前非常难以想象。此外我们通过信息无障碍等标准努力帮助残障人士使用互联网服务。从国家统计数据看，现在全国网民规模超过7.7亿，很大程度上得益于移动网民的增长。可以说中国网民的普及率已经超过全球的平均水平，但是我们看到还有一小部分中国人仍然在数字世界的门外，因此如何帮助他们更快跨越数字鸿沟，需要社会各方的努力。

我了解到贵州在这几年里，在网络基础设施上投入力度很大，目前行政村100%通4G网络，98%通光纤，这就是未来发展创新的基础。在工业时代，要想富先修路，在数字时代，要想富通网路。数字化的广度能给我们带来很多的创新机会，随着网络规模和用户增长，跨界创新不断发生在经济领域，在政务、民生方面也有很多机会，尤其是民生服务的应用有赖于政府的数字化和我们平台的广度。

我再举一个案例，这个案例就是"一机游"，这是云南的项目。我们现在正在跟云南省合作一部手机游云南的项目，以后手机打开APP、小程序或者公众号就可以轻松在云南旅游。这个项目没有先例，有很多创新点，比如提供游客在云南"吃、住、行、游、购"五大数字化解决方案，应用一边连接千万游客，另一边连接数10个政府部门和数10万商家，可以随时一键向监管部门投诉，各个商家的信用也会全面记录，这就解决了以前在旅游中宰客的问题。

还有一个在广东刚刚上线的"粤省事"的小程序，不需要安装APP，一次注册就可以一站式办理很多民生服务，比如各类证件办理以及社保、公积金查询等等，这是我们几百人利用几个月时间做的第一步成果，集合了100多项服务，把政府数据全部打通。

第二，数字化的深度。每个垂直领域都有非常深的数字化转型，需要数字技术和行业经验深度融合。我之前也提到了数字化创新需要下沉，进入到各行各业的"五脏六腑",在这个过程中我们希望能提供更加丰富有效的数字工具,帮助各行各业打通"七经八脉",让整个链条数据流通起来。举两个案例,第一个是工业互联网领域的案例。过去腾讯与三一重工、富士康等企业有深入的合作和探索,最近和华龙讯达合作的木星云工业互联网平台,在这次数博会上也有展示。平台利用各种信息技术手段分析工业生产的全链条数据,而且我们还打算把这些数据和企业微信打通,未来通过企业微信里的小程序平台可以随时掌控生产流程的每个环节。第二个是"互联网 + 教育"的例子,过去我们讲"互联网 + 教育"可能会提到把讲课视频放到网上,这些是属于基础的方法。未来我们有一个新的解决方案,我们在北京大学等数十个高校推出了"微校"解决方案,通过校园码可以把大学里面分散割裂的各个信息产品和体系打通,学生用手机刷二维码,就可以满足宿舍楼门禁、上课签到、过图书馆闸机、食堂消费等各种需求,数字化还可以深入影响我们教学的模式。

第三,数字化的精度。大家都有感受,现在数码相机、手机的像素越来越高,照片颗粒度越来越细,数字技术对物理世界的重塑精度也越来越高,我们有理由期望数字时代能实现工业时代难以达到的工艺水平。数字化的精度一方面有赖于我们在底层和前沿技术上的突破,另一方面也有赖于我们发扬"数字工匠精神",做出高水平的数字工具和产品。

分享一个"互联网 + 医疗"方面的案例。我们在医疗领域其实做了几年的探索,大家赶到医院挂号、排队、缴费等等需要浪费很多的时间,这几年我们和医院携手,从挂号支付环节数字化入手,通过微信解决患者就诊全流程。我们也和社保部门合作,在27个城市推出微信社保卡。这些应用为大家节省了很多时间。我们在广西探索全国首例处方流转服务,实现在院内开方、院外购药,甚至送药上门,用区块链解决了处方不被篡改的难题。去年，随着人工智能技术的成熟，我们推出"腾讯觅影"，把 AI 影像技术应用于诊疗环节。这样的服务目前已经覆盖食道癌、肺结节、糖网眼底等多种疾病筛查，能帮医生提高诊断效率，实现精准筛查，对提高边远地区基层医生诊疗水平非常有意义。

最后，做一个小结。数字化的广度、深度和精度是密不可分的，流动的数据、开放的网络和智能的系统是数字新生态必不可少的组成部分。广度让我们每个人都受益，深度可以助力创新，精度则可以提高生活品质。一句话，数字化将创新性地提高每个人的生活品质。

我的发言到此结束，谢谢大家！

定义未来,超越竞争

京东集团首席战略官　廖建文

尊敬的各位贵宾：

我今天给大家分享的题目是"定义未来,超越竞争"。关于数字新生态的广度、深度和精度,从我们零售或者电商来看,有一个概念叫"电商的下半场"。我个人认为,今天的数字经济已经走到了深水区,如果把数字经济放到相对长的历史时间来看,过去我们谈的是网络的概念,基于过去的数据、算力、算法等基础设施构建,今天才真正进入到智能商业时代。从智能商业时代看垂直行业的电商,我觉得电商在发生根本性的变化。

从企业战略来思考,我们应该是站在未来看现在,而不是站在现在看未来。我们往未来看3年,会觉得有很多的竞争对手;如果看未来7年以后,会觉得没有竞争对手,因为有很少的竞争对手会看到7年以后。从数字经济的未来来看,我们会发现,因为不同的企业对未来的终极判断不同,以至于它的企业战略也会不同。回到电商上,往未来看我们会看到什么?

第一,我觉得整个行业正在从"平台竞争"走向"供应链竞争"。一些伟大的零售企业,比如沃尔玛,最早起源于美国一个农村,它能走到今天是因为背后的核心竞争力——供应链。而Costco(好市多)已经走到了把SKU(存货单元)数量做到最大,把非常有竞争力的产品供应到前端。星巴克有一个业态创新就是把意大利酒吧模式应用到咖啡,从咖啡的选品、烘干等保证咖啡的品质。今天的ZARA为什么走货那么快、选品那么好?也是因为供应链。今天小米的铁人三项,其中很重要的一项就是因为供应链。

一个伟大的零售企业从来不是因为简单的流量,我们没有看到王府井、北京火车站有流量的地方出现一个伟大的企业,而是前端的零售业创新再加上后端的供应链造就了一个伟大的企业。走到互联网下半场时,整个供应链的效率和品质才能使一个企业走得更远。如果上半场是消费互联网的阶段,那下半场要走到产业端、供应链端才能走得更远。这就是京东一开始就在布局供应链而且将会持续布局供应链的原因,当然不仅是把供应链变成京东很重要的核心竞争力,同时在未来我们希望把供应链变成赋能品牌,支撑更多零售业创新。这不仅仅使我们在数字方面,更重要是在未来基础设施方面成为全社会的基础设施。

第二,整个竞争从"中心化"变成未来的"分布式"。我们可以看到,零售和其他行业的边界会变得越来越模糊,例如零售与内容的边界、零售与消费电子的边界,以及与未来无人车的边界,无人车可以是娱乐场景,也可以是工作场景,甚至可以是购物场景。多元化零售场景会使未来零售业态不再是简单的线上线下概念,而是无处不在的体验。VR、AR可以使我们每个个体都成为一个零售平台。我觉得你穿的西服不错,拍一个照,到线上去找交易场景，从这个角度讲，意味着零售业态将会更加多元化。但是很少有零售企业构建后面庞大的基础设施，这也是我们希望从一体化走到一体化的开放，为这些零售业的创新去赋能、去支撑的原因。

我非常喜欢两个字——"精"和"准"。数字化经济将使零售业颗粒度变得非常细，过去我们理解的颗粒度是一个门店的概念，是一群人的概念，是一批货的概念，或者是一个月的概念。今天的数字化颗粒度，尤其是走到未来物联网、区块链之后，颗粒度会变得非常细。数字化颗粒度变得细的结果不再是基于过去中心化的"人、货、场"的集中，而是把适当的产品在适当的时间、适当的场地给适当的人。换句话说，未来零售业将是一个精准匹配的概念，这才是我个人认为未来零售的终极目标。未来零售的"精"和"准"非常重要，"精"是代表颗粒度，代表每个人、每个时间、每个产品，不再是一个门店，而是每个SKU，是每5分钟、10分钟。未来这种精准匹配将重塑整个行业，所有的竞争都将重新开始。

从"消费互联网"到"消费与产业互联网融合"。当我们还在为过去20年消费互联网激动不已时，其实我们整个行业已经慢慢进入到产业互联网，消费互联网和产业互联网的融合将会成为下一个数字经济发展的重要方向。京东作为电商企业，我们的优势是基于对市场需要消费的理解回到生产端，要给生产端提供非常精准的信息，要生产多少？生产什么？生产到哪儿去？这意味着在下一个时代toB服务的兴起。从数字服务来看，数字化过程会慢慢走到移动和AI。今天中国toB服务市场刚刚开始，与美国对比，这块市场空间非常大，京东未来的第三条曲线增长就是在布局为toB企业端服务的业务。在电商下半场会有一批toB服务企业出现，包括今天我们做得对线下门店的赋能，很重要的一个形式就是用我们积累的数字化能力去改造传统企业。

从"产品经营"走到"用户经营"。对于零售来讲，商品的经营毫无疑问是非常重要的，但是走到下半场的时候，不仅是经营商品，更重要的是经营人，如何去占有用户的时间很重要。用户的经营代表了硬件化、社群化、内容化。所有的行业都有一个共同的目标，就是如何去更加深入地连接用户，占有用户的时间，不管是社交也好，还是内容也好。

第三，从"帝国"到"生态"。在整个数字经济中，下半场对数字经济的理解从竞争角度来讲与上半场完全不一样。在消费互联网时代，我们认为是平台集中效应在发挥竞争优势，走到下一个产业互联网和智能商业时代，会发现生态概念变得尤其重要。在所有智能商业中，数字协同、网络协同变得极其重要，任何一个企业不可能拥有一个全景的消费者数据，我们需要社交数据、消费数据、娱乐数据等等。走到下一个时代，通过数据协同才真正能打破过去那个时代的"数据孤岛"，更重要的是我们要重新去理解什么是竞争。微软的萨提亚·纳德拉写了一本书叫《刷新：重新发现商业与未来》，其中举了一个非常典型的例子：亚马孙跟微软竞争，微软也在跟Google竞争，这些大企业都在竞争，但是发现亚马孙用的搜索引擎是微软的Bing，而苹果电脑上面还用了很多微软的应用，这些大型企业之间在彼此竞争同时也在互相合作。后来有人会问他们，你们为什么会去合作呢？他们说其实我们是长期的朋友，只是我们都在为更好地服务于客户而竞争。换句话说，在下半场我们思考的问题应当是如何去给消费者更好的选择、更多的选择，而不是更少的选择，我认为这是我们真正应该去做的生态。

早期我们的电商互联网模式还是从外面引进来，今天互联网模式已经开始从中国走向全球，我们可以在全球各个市场看到中国的企业在提供全新的互联网创新模式。最典型的是今天中国的互联网支付已经远走在世界前列，而这种能力已经在往全球各市场输出。在全球各个市场我们已经能看到中国互联网企业走出国门，影响各个区域市场。我们京东也一样，未来的电商对于全球经济的影响不仅仅是电商模式的输出，更重要的是电商后面基础设施能力的输出，我们对供应链、消费者精准洞察的理解，包括后面的一些技术，输出这些可能远比输出一个简单的电商模式来得更加有意义。所以我认为，走到下半场的时候，从中国走向全球的企业会变得越来越多。

把前面讲的连接起来，从流量到精准、从消费互联网走到产业互联网、从中国到全球等等，就会发现，今天整个行业走到了一个拐点，这个拐点意味着下半场的游戏规则与上半场会有根本性的区别。对于每个企业来讲，我们真正的竞争对手不是友商，而是这个时代，我们处于一个非连续性变化的时代。所以，我们最大的挑战不是动荡本身，而是延续过去的逻辑。

谢谢大家！

观点再现

王永东[微软全球高级副总裁、微软(亚洲)互联网工程院院长兼微软亚太研发集团首席技术官]：如果人工智能在感知方面能够了解人类，并在认知、情感方面能够接近人类，那么人和人工智能的交流就会变得更有效，人工智能在我们生活中也能够起一个有益的作用。

张建伟（德国汉堡科学院院士）：在多模态的交互中，通过声音、图像、脑信号、触觉等等实现人机交互、多传感器融合。物理系统的人工智能挑战还非常大，我们试着用机器学习和高层传感器融合，来破解一些未来机器人的瓶颈问题。未来机器人虽然都是能走、能游、能飞，但是在灵巧操作方面还差太远。

邬贺铨（中国工程院院士）：数据的交易前提是数据确权，需要对数据有质量评定与估价。政府的数据如果可以开放则免费，不能开放则无论多少钱也不能卖，政府数据不存在提供给中介方交易的问题。

周汉华（中国社会科学院法学研究所研究员）：激励不相容的立法或制

度,实践中或许会成为摆设,或许会成为运动式执法、选择性执法(腐败)等的温床。个人信息保护的关键不在于模式差别或进路不同,也不在于是否一定要立法,而在于个人数据治理的制度设计是否科学。探索中国个人数据治理之道,必须超越欧美两种模式的简单对比或移植,避免简单立法的可能陷阱,首先要找到解决问题的正确方向。

杨义先(北京邮电大学信息安全中心主任、教授):人的因素其实是被全世界的安全界遗忘的一个重要的角落。大家都太重视技术,其实真正的安全应该是由人、设备、环境组成的一个生态链系统。这个生态系统中最结实的部分是设备,反而我们现在全世界的安全界把90%的精力花在了无数设备(包括软件、硬件)上,环境有些是不可控的,最薄弱的是人,反而把人忘记了。

李国志(IBM大中华区Watson物联网事业部总经理):万物物联是从上世纪90年代就提出来的概念,首先提的是感知、互联和智能。现在10年过去了,物联网数字化的技术本身发生了很多根本性的改变,产业市场发生了很多根本性的改变,所以看物联网方式不是以技术的角度看,更多是从整个物理世界和整个经济视角看,那么数字化本身的技术广度和深度与10年前已经完全不一样了。

王 刚(满帮集团的董事长兼CEO):万物互联的核心是心的连接,今天是一个不缺智慧的年代,但智慧有余,自备不足。所以今天我希望我们的团队能把自己从原来的40分挪到55分。这个组织就是从人性走向佛性,不鼓励狼性——行业竞争当中没有底线的竞争。我觉得将心比心是互相成全的文化，在成全别人的同时成全自己。

亚历山大·克雷蒙内斯（意法半导体副总裁）：物联网是一个不断发展壮大的技术市场。首先，需要实现物理器械的相互互联，然后进行数据采集、数据处理，通过数据生成信息，再通过信息来修改处理的模型，最后进行更加精确的信息采集。

梁立华（中央网信办信息服务管理局局长）：区块链作为一项新技术，针对数字交易中的信任问题，采用分布式账本、共识机制、智能合约等技术，形成一套安全可追溯的分布式数据库。区块链与大数据、云计算、人工智能等新一代信息技术的联动，将推动互联网技术传播及存储管理模式的变革，为全球数字经济发展带来新的经济动力和发展源泉。区块链技术是一把"双刃剑"，滥用区块链技术将会给国家政治安全和经济安全带来风险和挑战。

李 颖（工业和信息化部信软司巡视员）：区块链是一种不依赖第三方进行网络数据存储验证与传递的技术解决方案，是多种底层IT技术的集成创新应用，凭借信息安全、信息透明性高等优势，区块链将加速社会数字化的进程，促进数字经济的平稳快速增长。工业和信息化部信息化和软件服务业司作为区块链行业管理部门，将积极采取有效措施，推动国内区块链产业研究、技术研发、应用推广等工作。

陈永庆（中央电视台财经频道副总监）：区块链是近两年经济界非常火爆的一个词，区块链成为目前全世界最受瞩目的工具之一，并在我们生活中扮演着越来越重要的角色。推进区块链的健康发展有四个核心问题值得我们思考：一是如何全面看待区块链应有的社会价值；二是如何用正确的方式来推动区块链的发展；三是如何有效控制区块链发展过程中所出现的风险；四是如何选择适合行业作为区块链的应用场景。

陈　坚（贵州省政协副主席）：近年来我国区块链的应用和发展迅速增长，贵州在国内最早占据了区块链发展的风口，率先成为国内制定区块链专项战略规划推动区块链产业落地发展的地区。贵州以国家大数据（贵州）综合试验区建设为契机，与中国电子技术研究院密切合作，共同研究和推动地方区块链标准的制定工作，区块链标准的制定将有效促进贵州区块链产业的健康发展。

徐　昊（中共贵阳市委常委、贵阳市人民政府常务副市长）：可以用四句话对区块链进行最简洁的解释和描述：一是区块链是信息革命的拐点；二是区块链是数字经济的基石；三是区块链是新一代互联网的战略支撑技术；四是区块链是用一种自证清白的方式建立一种去中介化的信任机制。

张首晟（斯坦福大学物理系讲座教授、美国国家科学院院士、美国艺术与科学学院院士、中科院外籍院士）：互联网交换的是信息，区块链交换的是价值。区块链的核心思想是需要所有节点都达成共识后才能进行记账。例如全世界网民在一起写一本书，已经写 N 页之后怎么加 N+1 页，这时就可以运用区块链的共识机制，N+1 页的作者只有得到参与写作的所有节点达成共识之后，才能有权把 N+1 页加进去。

陈　磊（迅雷集团首席执行官、网心科技首席执行官）：区块链可以简单地理解为共识记账本。共识记账本有三个好处：一是账本记录不会出错；二是账本公开透明；三是账本一经记录便不可篡改。区块链是科技领域的一个重要突破，区块链的应用能够为社会各领域建立起一套无须第三方背书的信任机制。

元　道（中关村区块链联盟理事长、世纪互联创始人、中国互联网协会常务理事）：区块链是与互联网平行的世界，互联网由两个部分组成，一是全世界都可以共建共享的互联网基础设施，二是互联网企业独享的互联网平台，而区块链的核心作用之一就是把互联网平台的核心功能下沉，以去中心化的形式，把独享变成共建共享共有的基础设施，让所有人都可以站在同一起跑线上，创造出比互联网规模大十倍、百倍的新蓝海。

刘　杰（工业和信息化部信息通信管理局副局长）：一是加强多方联动。工信部将与各地加强对接，建立产学研用联动机制，共同推进核心技术研发、重大项目实施、产业示范项目、扩大推广等重点工作。特别是工业互联网属于基础性、全局性、战略性工程，特别要充分发挥市场在资源配置中的作用，同时还要优化产业环境、保护知识产权、强化基础设施。二是加强跨界合作。要加强互联网企业与制造企业协同，进一步将制造大国和网络大国优势发挥出来，以更开放、更多元、更务实、更包容的方式，推动两大主体深入合作，将互联网企业技术优势、市场优势、资源优势与制造企业的行业经验、专业经验紧密结合，做实做强工业互联网。

孙丕恕（浪潮集团有限公司董事长兼CEO）：我认为讲工业互联网需

要三个基本能力：第一个，云平台能力。既然叫互联网，就得有云的支撑。第二个，要对企业讲工业互联网，对企业信息化熟悉。第三个，企业有很多是制造业企业，必须具备先进制造业模式经验。

王春文［通用电气（GE）数字集团亚太区总裁、首席商务官］：在数字化过程中，数字化颠覆性改变着每个行业。很多上百年的零售店或者其他行业，都被互联网技术完全颠覆性打破。它不是从技术上打破，而是从生态以及商业模式上打破。

Andreas Hube［思爱普（SAP）副总裁］：在工业4.0时代，企业很有可能盲目地为了工业4.0而做工业4.0。中国有40个代表团来到SAP的总部，这40家企业都在问，如何才能实现工业4.0？我现在是工业2.0怎么实现4.0？我觉得这个问题问错了。正确的问题是我要去哪儿？我的目的是什么？痛点是什么？有了这个痛点应该怎么解决？如何根据这个痛点去寻找之前没想过的商业模式？

闵万里（阿里云机器智能首席科学家）：为什么工业互联网的发展没有像移动互联网这么迅猛，核心的差别在哪里？移动互联网连接的是人，人是有内生性需求的，人的需求会不断刺激互联网模式创新、数据创新、业务创新等等。今天工业互联网中连接的是机器，机器是没有内生性、自发性创新需求的，对新事务的渴望没有激发出来。我们最担心的是人像机器一样机械的思考。

范扬国［西门子（中国）有限公司数字化工厂集团及过程工业和驱动

集团战略部总经理]：中国未来的发展还是要培育各领域的人才。当这些人才凝聚在一起，互相之间有更多交流的话，我相信会爆发出新的火花，互相的合作不只是国内，也可能是全球性的，真正结合大家的强项，做出来的东西将会是全新的，是之前大家都想不到的，如果能加速的话就会带来更好的成果。

慕德贵（中共贵州省委常委、省委宣传部部长）：通过大数据助力实现"扶真贫"，推动"扶贫云"与"国土资源云""教育云"等云平台的融合，对全省所有贫困人口、贫困地区进行实时观测、动态监测，精准评估扶贫项目进展、资源利用、政策落实等情况，进而动态调配资源、规划部署工作。提升扶贫资源、资金和项目的精准度、有效性，让贫困地区群众在互联网、大数据共建共享中有更多的获得感。

洪天云（国务院扶贫开发领导小组办公室副主任）：期望贵州省充分发挥大数据的优势，更好的服务、推动脱贫攻坚，在"大数据＋精准扶贫"方面进一步探索创新，建立健全脱贫攻坚识别、帮扶、监管、评估完整的业务流程，建立健全扶贫资金项目事前预警、事中监控、事后评估的体系，充分发挥信息公开、社会参与和监督的作用，充分发挥提高工作效率，在提高精准扶贫水平，提高精准扶贫质量等方面创造新的贵族经验。

张　望（中央网信办信息化发展局副局长）：推进网络扶贫工作，要全面贯彻习近平新时代中国特色社会主义思想，特别是精准扶贫思想，进一步挖掘互联网和信息化的潜力，以更大的力度、更实的措施推动网络扶贫五大工程向纵深拓展。一是聚焦精准脱贫；二是聚焦深度贫困地区和重点贫困群体；三是加强东西部协作；四是注重激发内生动力；五是充分发挥社会力量作用。

马　利（中国互联网发展基金会理事长）：随着互联网的深度普及，不断地改变着人民的生产生活方式，从政府到企业到个人都要适应这种变化。近年来，依托互联网贵州孕育出了大数据产业，实践证明，大数据产业的发展在带动经济转型升级的同时，也为破解脱贫攻坚的难题提供了新的路径。

胡晓明（阿里巴巴集团资深副总裁、阿里云总裁）：脱贫是中国共产党非常具有理想主义情怀的一个理想，也是解决不平衡不充分的重要战役，所以在这个过程中我们对此的理解是不仅仅让先进变得更强大，同时也希望落后的地方更有特色。阿里巴巴在参与扶贫的过程是希望通过技术授人以渔，真正的扶贫是造血，而不只是输血，通过撬动阿里生态的力量，发挥阿里技术的力量让他们进入到产业发展中脱贫致富。

马　斌（腾讯集团副总裁）：改革开放以来，互联网产业在良好的政策环境中高速发展，腾讯的成长也离不开政府的支持。而当前，我国经济已由高速增长阶段转向高质量发展阶段，实体经济和公共服务机构正在成为数字化进程中的主角，腾讯希望专注做好连接和零配件，为大家提供最有效的"数字接口"和最完备的"数字工具箱"，成为各行各业最好的"数字化助手"。

马宁宇（贵州省人民政府副秘书长、贵州省大数据发展管理局局长）：

中国的数字经济将进入快车道，这个过程中有三个突出的特征需要我们关注，一是融合，二是跨界，三是平台化。政府在数字生态系统中扮演的角色，首先是创建包容试错的环境，其次是做融合的助推器，最后是做企业的服务员和市场的裁判员。

朱恒源（清华大学全球产业4.5研究院副院长）：对于区域发展来讲，尤其是相对比较落后的地区，需要在地方产业还没发展起来时就提前布局好，需要政府大力引导来使产业聚集，从而使产业进入由点发到散发到全面爆发的阶段。未来数字经济要发展起来核心有三点：第一，培养数字基础能力；第二，加强学科交叉融合；第三，加强业界和大学在培养人才上的合作。

汪　建（华大基因董事长）：生命科学、生命经济或者数字人生，是建立在农业革命、工业革命、数字革命之上的一个全新的模式，这种全新的生态系统建设需要政府来呼风唤雨、给予阳光雨露、引领发展。贵州的整个教育和科研比起东部地区还有很大的提升空间，不仅仅要引进立竿见影的产业，长期来看还要气沉丹田，做好跟自己发展相关的基础科研。同时西部地区在经济发展的时候，要充分考虑人民健康等重大的社会隐患，把这两个结合起来，西部地区是可以实现快速发展的。

王永雄（美国两院院士、医渡云首席数据科学顾问）：医疗大数据具有很高的医学价值，但是产生这些价值需要大量的样本。目前医疗大数据面临着两大挑战，一是基础数据的不可计算和不联通，二是产业环境缺共享、缺社会认同和缺法律监管。医渡云的DPAP平台建立了强大的大数据敏感数据管理功能，能为医疗数据创新提供良好的产业生态。

董盟君（人民网舆情数据中心执行主任）：健康医疗大数据应用潜力巨大，带来了其市场规模的高速增长。但是，目前健康医疗大数据应用面临着数据复杂、用户隐私，以及如何从海量数据中找出规律和重要因素等问题及挑战。在医疗大数据应用方面，人民网成立了人民健康网络有限公司，通过共建共享带动盘活大数据上下产业。

孙　阳（中日友好医院院长）：在互联网医院建设方面，中日友好医院将建设5G互联网医院，申请国家级互联网医院示范单位，以患者为中心，围绕居民健康服务、医疗机构服务、院际协调服务、管理协调服务，运用大数据、云计算等信息技术，重构医院的信息流，并进行推广。

大数据
国家治理

— 构筑公共资源交易五全服务新格局
— 推进政府治理体系和治理能力现代化
— 懂得大数据　用好大数据　助力深化
　公共资源交易改革发展
— 大数据应用提升社会治理能力和水平

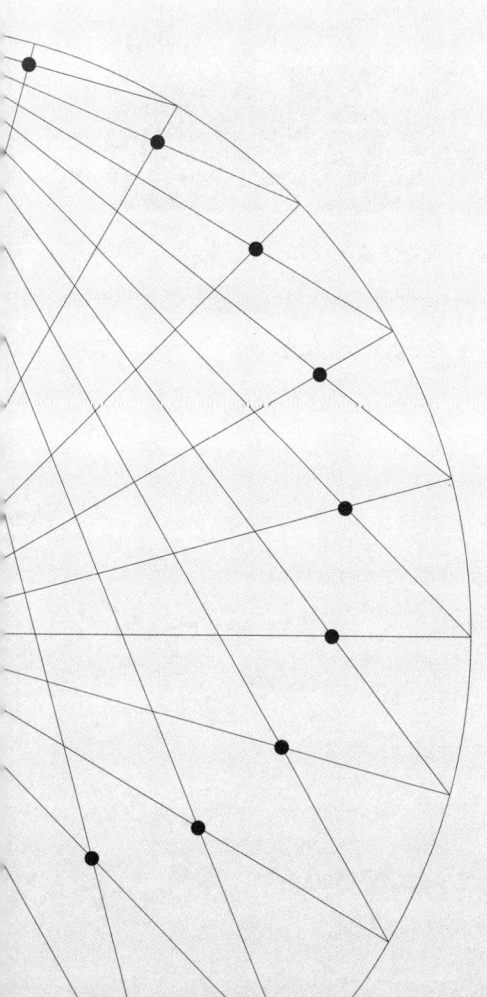

2018年5月27日，2018数博会"公共资源交易大数据论坛"现场。

2018年5月26日，2018数博会"政务信息系统整合共享论坛"现场。

2018年5月27日,2018数博会"数字中国:新时代 新动能 新体制论坛"现场。

以大数据助力国家治理现代化

大数据战略重点实验室

大数据不仅是一场技术革命，一场经济变革，也是一场国家治理的变革，正有力地推动着国家治理体系和治理能力走向现代化，日益成为社会管理、政府治理的"幕僚高参"。为此，党的十九大报告明确提出"推进国家治理体系和治理能力现代化"的时代命题。2017年12月8日，习近平总书记在中共中央政治局第二次集体学习时专门着重强调，要运用大数据提升国家治理现代化水平。

在此背景下，2018中国国际大数据产业博览会（简称"数博会"）结合大数据国家治理设置"大数据国家治理"交流板块，板块主要涵盖7个论坛和活动，包括公共资源交易大数据论坛、大数据与公共服务论坛、政府数据开放与创新发展论坛、数字中国：新时代新动能新体制论坛、政务信息系统整合共享论坛、《贵阳市健康医疗大数据应用发展条例（草案)》专家论证会、大数据安全地方立法高层咨询论证会。众多大数据领军人物、企业家、专家学者齐聚一堂，共同就大数据国家治理展开了深度演讲与讨论，为合理运用大数据推动国家治理体系和治理能力现代化指明了道路和方向。

一、实现国家治理现代化，必须加快政务信息共享打通信息壁垒

2016年4月19日，习近平总书记在网络安全和信息化工作座谈会上重点强调"要以信息化推进国家治理体系和治理能力现代化，统筹发展电子政务，构建一体化在线服务平台，分级分类推进新型智慧城市建设，打通信息壁垒，构建全国信息资源共享体系，更好用信息化手段感知社会态势、畅通沟通渠道、辅助科学决策"。这一精准的论断，充分说明政务信息的开放和流动、使用和共享，能帮助治理主体准确预测经济社会发展趋势、社会公共服务需求、有效实施事前控制，进一步降低治理成本、提高治理效率，从而进一步提升国家治理的整体效能。为此，同年9月5日，国务院为全面推动信息资源的共享、开放，印发了《政务信息资源共享管理暂行办法》。这是我国第一份关于政务信息资源共享的规范性文件，将改变我国政务信息共享"无据可依"的历史，有效打破"信息孤岛"和"数据烟囱"，大大提升政务信息共享管理和约束效力，使政务信息共享工作进一步制度化、规范化和程序化，推动我国政务信息化建设进入"集约整合、全面互联、开放共享、协同共治"的新阶段，有效加快国家治理体系和治理能力现代化进程。

政务信息的共享，必须借助大数据等新一代信息技术。经过多年努力，我国政务信息资源建设取得重要进展，政府部门已经成为最大的信息数据

生产、收集、使用和发布单位。但因跨部门共享机制不健全、政策制度滞后等原因，不愿共享、不敢共享、不会共享等问题突出，影响了数据资源共享应用的整体效能。为此，国家信息中心周民副主任提出一方面要加强平台技术创新，加快构建贯通全国，贯通国家、省、地市三级数据共享交换平台，对政务信息系统共享整合工作形成全方位、立体化的平台支撑；另一方面要加快机制体制创新，着力整合共享工作中好的工作机制和组织方法并转化为常态工作机制，加强专业化社会力量深度参与整合共享工作的创新机制研究。清华大学国家治理研究院院长、教授孟庆国专门针对平台建设问题，指出应当围绕服务平台、服务内容、服务形式以及支持保障四个方面加强平台建设，让服务能力更高效、用户办事体验更舒适、更满意。上海市经济和信息化委员会信息化推进处负责人徐彬分享了上海市政务信息共享开放的做法和经验。即按照"试点先行""全面推进""制度完备"三个阶段，围绕顶层设计、平台打造、数据利用和模式创新等方面统筹推进各项工作，一是加强顶层设计和统筹协调，二是持续优化数据资源服务载体，三是深化公共数据资源综合利用，四是探索创新数据开放模式。贵阳市信息产业发展中心高级工程师黄明峰介绍了贵阳市政府数据开放平台的理念是构建平台、数据、业务、管理、安全"五位一体"的市区一体化数据开放架构。贵阳政府数据开放模式分为主动开放、依申请开放、数据工场式开放、契约式开放几种模式。贵阳数据开放已经形成了包括深度化的数据标准化及治理、多维度的数据标准化、全环节的数据质量管控、高效的组织实施、多轮集中和上门培训指导、创新的数据价值宣传、健全的政策保障体系等。

　　政务信息的共享，必须统一数据标准。数据标准的统一不仅仅在于共享和开放，更为深层次的意义在于一旦充分挖掘数据的价值，将实现社会治理的精准化和精细化。世界银行发展数据部首席经济学家 Amparo Ballivian 认为共享开放数据有四个受益点，一是提升公共服务能力，二是分享经济和创新，三是提升政府的可参与性，四是开放式共享的创新模式。如何实现数据标准的统一，周民副主任提出要明确数据共享开放的内容和边界。国家标准委工业二部戴红主任就政务信息系统整合共享标准化工作作了详细介绍。一是联合印发政务信息系统的定义和范围的标准草案。二是优化了电子政务标准化的组织架构，在全国信标委的组织下成立了电子政务信息共享标准工作专题组，初步形成电子政务标准总体组建方案。三是加强开展电子政务信息共享标准化工作，组织编制了电子政务数据开放共享标准体系，组织编制了国家电子政务标准体系建设指南，修订了一批支撑电子政务信息共享、业务协同所需的基础性、关键性、共享性标准。四是组织关键技术国家标准研制，开展相关的能力建设，六项电子证照国家标准的计划获得批复立项，三项信息技术大数据开放共享系列国家标准的计划获得批复立项，推动形成数据管理能力成熟度评估模型的国家标准。

  政务信息的共享，数据权属是前提。实现政务数据共享交换，必须先理顺政务数据的"三权"关系，即归属权、使用权、共享管理权。基于这"三权"，孟庆国指出，建立职责清晰，可控、可信、可追溯的政务数据整合交换机制是关键。为此，要建立数据"三权"共享机制，打造基于"三权"分置的政府数据交换共享的规管新模式，而智能合约与区块链技术是创新性实现数据规管机制的可行手段和基础设施。迅雷集团 CEO、网心科技 CEO 陈磊指出，区块链在共享计算中解决的核心问题之一就是信任机制，即让分享资源的用户和使用资源的企业之间建立了信任；解决的核心问题之二就激励机制，即在封闭场景内，兑换共享计算有关的产品和服务，形成激励。

政务信息的共享，数据交易是关键。公共资源交易数据与一般经济社会运行数据相比，具有真实性、及时性、关联性的显著特征。为此，国家发展改革委法规司杨洁司长指出，"数字＋公共资源"可助力促进公共资源交易创新发展，体现了汇聚。应进一步完善公共资源交易数据共享平台体系，用数据说话、用数据决策、用数据创新，引领招标、投标、采购、产权交易等公共资源交易领域和行业创新发展。"数字＋政务"可助力强化公共资源交易全流程监管，体现了慧治。应进一步抓好公共数据的开放共享服务，为行政监管提供高效的监测预警，为政府决策提供科学的大数据支撑，推进公共资源交易领域的治理现代化。"数字＋服务"可助力提升公共资源交易服务质量，体现了惠民。应进一步深度挖掘应用交易大数据，让企业少跑腿、数据多跑路，为各方主体提供高效、优质、便捷的交易服务，增添群众和企业的获得感。加拿大新经济学家唐·塔普斯科特指出，公共资源交易的最终问题在于信任。区块链对于公共资源交易来讲，它可以为公共资源的交易实现安全、透明和责任以及建立信任等目的。中国招标投标协会会长、原国家发展改革委副秘书长兼法规司司长任珑结合市场交易公共资源的特点，系统指出要加快建立并完善全国一体互联与开放共享的市场交易大数据公共服务体系，从而打破市场大数据交互共享的行政与技术壁垒，助推招标采购大数据融合运用，促进行业的健康转型发展。即：运用市场大数据推进招标采购全流程电子交易市场化、专业化、智能化发展；运用招标竞争机制和大数据成果，有效发挥市场在资源配置中的决定性作用，确立市场主体交易地位；运用市场交易大数据助力政府对公共资源交易的放管服改革；依托一体聚合和公开共享的交易大数据公共服务体系，创新电子化在线监督方式，助推行政监督向事中、事后以及数字化监督转变，并与社会公众监督有效结合。

二、实现国家治理现代化，必须加快数据融合创新治理模式

数据融合共享，其意义在于不断挖掘数据的价值。而数据价值又在于可以推动社会治理思维的变革、社会治理手段的改进、政府决策技术的进步、风险掌控能力的提升、公共管理流程的再造、社会协同治理的进阶。大数据是实现数据整合共享最重要、最有力的推手。在大数据思维下，基于大数据的科学决策、精细管理、精准服务将成为常态，将大大推动政府管理理念和社会治理模式进步，推进法治政府、创新政府、廉洁政府、智慧政府和服务型政府建设，逐步实现治理能力现代化。

数据融合创新助推政府决策科学化。中国科学院心理研究所研究员朱廷劭指出，建立基于网络数据的社会心态预测模型，可以实现社会心态分析，进而了解民众心理，实现更好的科学社会治理与政府公共服务。因此，政府应借助大数据手段，利用数据关联分析、数学建模、虚拟仿真乃至人工智能等技术，在基于广泛、大量数据的基础上进行模块化分析和政策模拟，为决策提供更为系统、准确、科学的参考依据，为决策实施提供更为全面、可靠的实时跟踪，推动政府决策由过去的经验型、估计型向数据分析型转变，最终实现政府决策机制再造。

数据融合创新助推政务管理精准化。北京博晨技术有限公司署理 CEO 林钜昌提出以区块链为工具，改进外部组织／政府／的决策流程和系统，更好地解决民生与效率之间的矛盾，更好地维护社会的利益平衡。因此，政府应借助大数据手段进行政务管理，通过数据的"留痕"、关联分析，对诸如市场监管、违法失信、消费维权等各类数据进行交叉融合，精准掌握企业、个人等各类主体的真实状况，准确把握、及时发现问题，从而进一步提升政府监督管理的精准性和针对性。同时，通过深度数据挖掘分析，

对市场主体的行为动向和违规违法风险进行预测预警,促使政府在跨部门数据共享和联合行动的基础上,实时响应、处理公共事件和公众诉求,对各类违法行为实施精准打击,实现从事中干预、事后反应向事前预测、超前预判转变。

数据融合创新助推公共服务多样化。第十二届全国政协委员、国家行政学院原副院长、中国行政体制改革研究会原副会长周文彰强调要大力推进社会事业数字化,推动社保、医保、就业信息的全国互联互通,大力发展网络教育、远程医疗、网络文化,为人民提供用得上、用得起的数字产品。同时,他进一步指出要加快欠发达地区、农村地区互联网建设步伐,减少城乡、区域间的"数字鸿沟",充分发挥互联网在推进精准扶贫、脱贫方面的积极作用。为此,政府应借助大数据手段,在降低公共服务成本的同时,为多样化服务开辟广阔空间,从而倒逼政府服务模式创新,使医疗、养老、扶贫、社会救助等公共服务更加精准化、人性化,使智慧医疗、智慧教育、智慧养老等成为现实。

三、实现国家治理现代化,必须加快研究数权法律制度

正如习近平总书记在中共中央政治局第二次集体学习时指出的"要制定数据资源确权、开放、流通、交易相关制度,完善数据产权保护制度",数权保护已成为经济社会发展的关键,类比物权法对于现实文明发展的积极作用,数权法的尽快制定和颁布,对于解决数据资源权益保护存在的问题,保障数据当事人合法权益,维护数字文明新秩序具有重要的现实意义。

2018数博会上,虽然组织召开了大数据安全地方立法高层咨询论证会、《贵阳市健康医疗大数据应用发展条例(草案)》专家论证会,但这仅仅是

从"点"（从大数据安全、健康医疗大数据应用等方面）上切入，而并未从"面"（数权法的角度）上进行深入的探讨。可以说，建立起一套完整的数权法律体系还有很长一段路要走。因为，开放数据和数据流动往往带来众多风险，个人信息的过度收集和滥用对数据主体的隐私、企业、社会乃至国家的安全带来巨大挑战，从而引发对数据共享、隐私保护与社会公正的广泛关注和深层忧虑，并成为全球数据治理的一大难题。为此，大数据战略重点实验室主任连玉明教授从顶层设计层面提出了对数权法的整体认识和思考。

人权、物权、数权是人类未来生活的三项基本权利。从法律上证明"我的和你的"，是权利关系的首要问题。这其中涉及数权，也涉及人权。经过几百年的发展，人类社会正进入大数据时代，数据人将从假设变成现实，数据关系反映在个人生活、企业运作和国家安全等方方面面。一个新的既有别于传统的物，又超越了传统的人的东西开始进入法律关系的视野，这就是"数"。数因时代而生，时代又被数创造。它跳出了传统法律意义上的权利义务关系，体现出一种跨界和融合的特征。它不再是传统的"反对所有占有者占有它的权利"。数据的流动和共享，正成为这个时代的本质。更为重要的是，基于保护人类固有的尊严的原则，数权是人权层面上一项新的基本权利。按照GDPR的表述，自然人在个人数据处理方面获得保护是一项基本权利。这一精神激励我们透过"人权论""物权论"的语境去探讨数权的基础理论，并通过对人权、物权的观照，揭示数权在法哲学上的正当性依据，进一步说明数权、数权制度和数权法创设的可能性、必要性和必然性。这里所说的数权，突破了人格学说、隐私学说、物权学说、债权学说、知识产权学说对数据保护的局限，成为数据语境下的新权益。这个新权益包括数据主权、个人数据权和数据共享权。数权与人权、物权构成人类未来生活的三项基本权利。

数权是人格权和财产权的综合体。数据既具有人格属性，又具有财产属性，但同时又与人格权、财产权有所不同。数据人格权的核心价值是维护数据主体之为人的尊严。大数据时代，个人会在各式各样的数据系统中留下"数据脚印"，通过关联分析还原一个人的特征，形成"数据人"。承认数据人格权就是强调数据主体依法享有自由不受剥夺、名誉不受侮辱、隐私不被窥探、信息不被滥用等权利。同时，"数据有价"已成为全社会的共识，因而有必要赋予数据财产权并依法保护。数据财产作为新的财产客体，应当具备确定性、可控制性、独立性、价值性和稀缺性这五个法律特征。数据人格权和数据财产权共同构成数权的两大核心权利。

数权的主体是特定权利人，数权的客体是特定数据集。在具体的数权法律关系中，权利人是指特定的权利人。数权拥有不同的权利形态，如数据采集权、数据可携权、数据使用权、数据收益权、数据修改权等。因此，需要结合具体的数权形态和规定内容确定具体的数权人。对于数权的客体而言，单一独立存在的数据不具有任何价值，只有按一定的规则组合成具有独立价值的数据集才有特定的价值，不能将数据集中的单个数据作为分别的数权客体对待。因此，数权的客体是特定的数据集。

数权突破了"一物一权"和"物必有体"的局限，往往表现为一数多权。"一物一权"是物权支配性的本质特征。物的形态随着科技的进步逐渐丰富，伴随物权类型的不断增加，所有权的权能分离日趋复杂化。"一物一权"在现实中受到了"一物多权""多物一权"的冲击。人类对物的利用程度和形式不断变化，"一物多权""多物一权"在审判实践中也取得法律上的一些间接默认与模糊许可。随着时代发展和科技进步，当物的成本下降甚至接近零成本时，物的独享变得不再必要。对于富足而零边际成本的数据资源来说更是如此，其天然的非物权客体性和多元主体性决定了"数尽其用"的基本原则。

数权具有私权属性、公权属性和主权属性。数权天然的具有一种利他的、共享之权的属性，是私权和公权冲突与博弈中的一种存在。数权一旦从自然权利上升为一种共有和"公意"，那么，它就必然超越它本身的形态，而成为一种社会权利。大数据时代，人们都作为一种数据人而存在的话，那么，这个由数据人组成的主权者群体，必然需要一种制度，保证人人都能以数据公民的自由的形式和在私有权利确获保障的过程中重新获得因放弃自然权利而失去的那些东西。亦如 GDPR 中所述："保护个人数据的权利不是一项绝对权利，应考虑其在社会的作用并应当根据比例性原则与其他基本权利保持平衡。"换句话说，保护数据主体权利的同时仍应为技术创新和产业发展留下空间，这也恰恰是民法"物尽其用"的精髓所在。既然数据已经成为数字经济的关键生产要素，那么我们就需要明确数据所有权和使用权如何分离。数据权利、数据权属是核心问题，是一个比数权保护本身更重要的问题。在民法的眼睛里，每个人都是国家本身。这就是界定数权非常重要的一个哲学框架。个人的主权，社会的主权，互联网企业巨头的主权，以及国家的数据主权，都应该是同样的一种善，但他们也会发生冲突，在西方政治思想史上把它们视为同等重要，但是更重要的是法律人会捍卫的个人主权。

数权制度的五个基本维度。法律制度是社会理想与社会现实这二者的协调者，或者说它处于规范和现实之间难以明确界定的居间区。数权制度更是如此。其意义不仅在于维护和实现正义，而且还须致力于创造秩序，即通过数权关系和数权规则结合而成的且能对数权关系实现有效的组合、调节和保护的制度安排，最大程度降低数据交易费用，提高数据资源配置效率。这就要求我们围绕数权构建一套制度体系与运行规则,包括数权法定制度、数据所有权制度、公益数权制度、用益数权制度和共享制度。这五大维度的核心,则是基于安全、风险防范等价值目标而确立的个人数据保护制度。但个人数据保护不能仅限于考虑私权的保护,需要超越"同意"或"知情"模式,兼顾对产业发展和社会公正更加开放、包容和友好的态度,保持规则的动态和弹性,更好(但不是更多)通过自下而上、分布式的规则产生机制,建立起更加符合特定价值目标的配套制度,形成更加符合现实需要的数据保护规制和法律体系。

共享权是数权的本质。重混是人类未来生活的时代特征。而重混对权力结构和权利结构的冲击使人们不得不重新审视社会,以及重构新的数字秩序。数权是数字秩序内在活力的源泉,数权的主张是推动秩序重构的重要力量。这种力量标志着传统权力的衰退、新型权利的扩展和个人主权的让渡。利他主义越来越成为人类未来共同生活的共识。个人的"自然权利"是法治社会的基石。但我们总是要在保护不可剥夺的个人权利的同时,更进一步探索在一种主权性的集体"公意(general will)"的至高无上性中探寻数字社会生活的终极规范。数权作为基于数据人假设的未来之权,它也具有这样一种"公意"。当数据人走下经济的象牙塔,共享成为数字秩序的核心,数权的本质才能得到彰显。

数权法是调整数据权属、数据权利、数据利用和数据保护的法律规范。数据确权是数权保护的逻辑起点,是建立数据规则的前提条件。数据权利是数权立法的重要组成部分,一部没有权利内容的法律无法激起人们对它的渴望。在立法中,应当赋予数据主体相应的权利,如数据知情权、数据更正权、数据被遗忘权、数据采集权、数据可携带权、数据使用权、数据收益权、数据共享权、数据救济权等。不仅要有数据的所有权人控制、使用、收益等权利的规定,也要有他人利用数据的权利的规定,如用益数权、公益数权、共享权等。数据的价值在于利用,在坚持数尽其用原则前提下,开发数据政用、商用、民用价值,催生全治理链、全产业链、全服务链"三链融合"的数据利用模式。保护责任是法律、法规、规章必不可少的重要组成部分,如果一部法律缺乏保护责任的规定,该法律所规定的权利和义务就是一些形同虚设的规则。数据采集、存储、传输、使用等环节都需要强化安全治理,防止数据被攻击、泄露、窃取、篡改和非法使用。此外,数据事关国家安全和公共利益,需要在国家层面对数据主权加以保护。

数权法重构数字文明新秩序。数字文明时代是一个基于大数据、物联网、人工智能、量子信息、区块链等新兴技术的智能化时代。这个时代,数权思潮空前活跃,数据的实时流动、共享构成一个数据化的生态圈,整个社会生产关系被打上了数据关系的烙印,政治、经济、文化、科技等等得以全面改造,这将引发整个社会发展模式和利益分配模式前所未有的变革和重构。表面看来,现有法律体系的外部框架的确已经非常辉煌,从《查士丁尼国法大全》《拿破仑法典》到《德国民法典》等立法创制,法律制度在芸芸众生眼里已相当完备,似乎已完备到可以满足人类对有秩序有组织的生活需要,满足人类重复令其满意的经验或安排的欲望以及对某些情形做出调适性反应的冲动。然而,面对基于甚至是18世纪的法律和21世纪的现实的矛盾,在涉及民法、经济法、行政法、刑法、诉讼法、国际法等诸多领域,数权法究竟如何跨界,这基本上还处于一个三岔口的状态。但无论如何,数权法是数据有序流通之必需、数据再利用之前提、个人隐私与数据利用之平衡,是构造数字世界空间的法律帝国这个"方圆"世界的基本材料。数权法将是数字文明时代规则的新坐标、治理的新范式和文明的新起点,必将重构数字文明新秩序。

数权法是工业文明迈向数字文明的重要基石。从农业文明到工业文明再到数字文明，法律将实现从"人法"到"物法"再到"数法"的跃迁。数字文明为数权法的创生提供了价值原点与革新动力，数权法也为数字文明的制度维系和秩序增进提供了存在依据。数权法的意蕴凝结在数字文明的秩序范式之中，并成为维系和增进这一文明秩序的规范基础。从这个意义上，数权法是文明跃迁的产物，也将是人类从工业文明向数字文明变革的基石。

数权是一种相对独立的权利。数权、数权制度、数权法及更多相关问题已经成为一个紧扣时代且叙事宏大的法学命题。数权法研究是一项具有开创性、划时代的工作，是无论如何都绕不开的社会或学术之重大问题，即使我们现在不去触碰，后人也必须要去研究。因此，我们将保持这样一种初心、一种战略定力；不是基于现在，而是基于未来；更多地从假设出发，大胆假设小心求证、跨界融合。

构筑公共资源交易五全服务新格局，推进政府治理体系和治理能力现代化

贵州省人民政府副省长　魏国楠

尊敬的各位嘉宾，女士们，先生们，朋友们：

　　大数据作为信息化发展的新阶段，与经济发展、社会治理、国家管理和人民群众日常生活越来越密切，在国家发改委、国家信息中心的大力支持和指导下，我们在此举办公共资源交易大数据论坛，共商公共资源交易领域大数据应用和发展大计。在此，我谨代表贵州省人民政府对各位的莅临表示热烈的欢迎，向国家发改委以及国家各部委、各兄弟省区市长期以来对贵州经济社会发展的关心与支持表示诚挚的感谢！

　　近年来，贵州省牢记嘱托、感恩奋进，坚持以习近平新时代中国特色社会主义思想为指导，认真贯彻落实中央和省委决策部署，统筹推进"五位一体"总体布局，协调推进"四个全面"战略布局，落实新发展理念，守好发展和生态两条底线，强力推进大扶贫、大数据、大生态三大战略行

动,主动适应新常态,积极应对新挑战,有效化解新矛盾,经济增速连续7年居全国前三位,经济总量和人均生产总值均实现赶超进位的历史性突破。贵州,站在了历史发展的新起点,迈入了新阶段,走进了新时代。

这些年,贵州省把发展大数据作为弯道取直、后发赶超的战略引擎,数博会升格为国家级博览会,建成云上贵州,成为国家电子政务云数据中心体系南方节点。三大电信运营商等国家级行业数据中心建成,华为、高通、苹果等国内外知名企业成功落地,货车帮、白山云等本土企业茁壮成长,大数据成为世界认识贵州的新名片。

贵州省在2016年明确成为国家公共资源交易平台整合试点以来,始终把探索推进公共资源交易大数据应用、构建智能化公共资源交易服务模式作为打造公开、公平、公正、规范、高效、廉洁交易平台的重要手段。两年多来,在国家发展改革委等国家部委悉心指导下,我们深入贯彻国务院关于整合建立统一公共资源交易平台的精神,依托大数据技术,加快构筑全省统一公共资源交易平台体系,着力推进公共资源交易法制化、规范化、透明化,提高公共资源配置的效率和效益。经过不懈努力,我们初步构筑了一张网络覆盖、一套流程交易、一个规则主导、一证全省通用、一库专家共享、一线风险防控、一省数据汇聚的"互联网+"智能化公共资源交易五全服务新格局,用大数据提升交易效率,净化交易市场,优化交易环境,平台的优质运行为市场配置资源提供了保障,为政府推进政府治理体系和治理能力现代化探索取得了显著成效。资源配置中,市场决定作用和政府调控作用得到充分发挥。

创新永远在路上,我们将把此次论坛作为贵州公共交易工作创新、改革和发展的重要机遇,把思想和行动统一到党中央和国务院的决策部署上来,深入实施大数据战略行动,与全国各兄弟省区市一起共同推进公共资源交易大数据共用共享，破除数据流动技术壁垒，降低交易成本，打造更加阳光透明、更加便捷高效的公共资源交易平台，让社会公众共享大数据发展成果，为全国全面推开有关改革创新做出贵州贡献。

最后，预祝公共资源交易大数据论坛圆满成功，祝各位领导、专家在黔期间身体健康、工作顺利。

谢谢。

懂得大数据，用好大数据，
助力深化公共资源交易改革发展

国家发展和改革委员会法规司司长　杨　洁

尊敬的各位嘉宾，各位朋友：

　　大数据是当今发展最为迅速、创新最为活跃的新技术，世界各国在前沿技术研发、数据开放共享、隐私安全保护等方面都做了前瞻性的布局，都把经济数字化作为创新发展的新动能。可以说，发展数字经济大势已成，中国也不例外，网购、移动支付、共享经济等数字经济新业态、新模式蓬勃发展，已经走在了世界前列。

　　党中央、国务院高度重视大数据发展，习近平总书记对大数据发展多次做出重要指示。习近平总书记近期再次强调，"建设现代化经济体系离不开大数据发展和应用，要加快形成以创新为主要引领和支撑的数字经济。加快数字中国建设，以信息化培育新动能，用新动能推动新发展，以新发展创造新辉煌"。李克强总理多次做出部署，要求推动数字经济、平台经济发展，以新产业蓬勃发展、新动能持续壮大、新人才不断涌现，为经济转型升级提供有力支撑。

2018数博会以"数化万物·智在融合"为主题，而"公共资源交易大数据"聚焦"汇聚、慧治、惠民"主题。对此我理解的就是，把公共资源与大数据两大主题紧密连接起来，要牢固树立大数据思维，准确把握数字经济的发展方向，将汇聚、慧治、惠民与大数据发展的要求嵌入到公共资源交易全过程，推动公共资源阳光交易，打造统一规范、公开透明、服务高效、监督到位的公共资源交易平台。

下面，我想同大家简要交流三点体会和看法。

一是"数字＋公共资源"助力促进公共资源交易创新发展。大数据是现代化建设的新动能，"数字＋公共资源"体现了汇聚，要求进一步完善公共资源交易数据共享平台体系，依托交易平台，全面汇聚各类交易信息，形成全流程信息数据链、用数据说话、用数据决策、用数据创新，引领招标、投标、采购、产权交易等公共资源交易领域和行业创新发展。目前，全国公共资源交易纵横连通平台体系基本形成，从2017年元旦以来，全国公共资源交易平台正式上线运行，纵向贯通32个省级平台、81个地市级平台，还有570多个交易系统，汇聚交易、主体、专家、信用、监管五大类数据，覆盖招投标、政府采购、土地使用权和矿业权、国有资产权等交易领域，累计发布交易信息近1200万条。从地方层面看，不少省市区公共资源交易信息在统一平台体系上实现省、市、县三级共享。比如云南省建成全省"一张网全覆盖、一个窗口通办、一套规则规范、一库专家共享、一套标准服务、一证全省通用、一个系统监控"，实现省州市县同步推进全程电子化交易。

电子招标投标交易平台加快发展。20个省区市实现交易全流程网上运行,"互联网+"的广泛应用,推动了招标投标公共服务平台快速发展。目前,全国建立了约2000个各种类型的电子招标投标平台,大部分的省级电子招标公共服务平台实现了与国家公共服务平台的互联互通,可以说覆盖各行业各领域的全国电子招标投标公共服务平台体系基本形成。依托交易平台体系,各级公共服务平台不断优化服务供给,开发提供信息发布、CA证书互认、主体注册共享、政策法规数据库等公共服务产品,电子招标采购已经进入了互联共享、机制创新、深度应用新阶段。

二是"数字+政务"助力强化公共资源交易全流程监管。大数据是21世纪的"钻石矿","数字+政务"体现慧治,要求进一步抓好公共数据的开放共享服务,利用公共资源交易形成的大数据,开展数据关联比对和统计分析,动态监测平台交易运行,研判行业发展和投资态势,实现交易事项在线办理、市场主体信息在线获取、行业监督指令在线下达,做到实时智能预警围标串标等违规行为,为行政监管提供高效的监测预警,为政府决策提供科学的大数据支撑,推进公共资源交易领域的治理现代化。

电子招标投标监督管理更加智能高效。各地各行业加快建设电子招标行业的行政监督平台,积极推进"互联网+监督"。比如利用交易全透明实施全程监督,一些交易平台让交易流程数据都实时动态显示,所有正在进行交易状况都能一目了然,实现了全过程透明化运行和实时动态监督。再比如依托交易大数据实现智能管理,有的地方通过招标投标交易大数据,能发现交易主体之间的关联关系以及异常交易行为,能预测GDP及宏观经济走势,为宏观调控和行政监管提供了重要数据支撑。

各地方积极探索监管技术信息化、监管手段多样化。比如山东省,全过程监督交易活动,及时汇总、整合监管、违法失信、投诉举报等各种数据,并在公共交易服务平台上向社会公开。福建省将公共资源电子交易系统与司法、审计、税务、行业监督管理部门的网络监管系统横向联通，促进监管的协同。江苏省公布失信主体名单，鼓励市场主体自主选择使用信用记录，做到了信用归集共享、联合惩戒制度化和常态化。湖北省对全流程电子化交易电子文档实时归档、实时上传，整个交易过程全程留痕。湖南省实行MAC地址确认，能及时发现和遏制围标串标、暗箱操作等违法违规行为。深圳市利用大数据完成工程建设项目分布、全国施工企业在深圳中标情况、市场主体投标效果、企业招标倾向性、招投标价格数据等可视化分析，提高管理信息化和科学化水平。江苏南京市起用公共资源不见面开标大厅2.0系统，形成了"部门监管、纪检监察、中心见证、公众监督"的合力监管，打造"不见面交易"体系。

三是"数字+服务"助力提升公共资源交易服务质量。大数据是信息化发展的新阶段，"数字+服务"体现惠民，要求进一步深度挖掘应用交易大数据，深度开发网上商城、手机交易APP等各种便民利企服务，开展CA跨区域互认，高效完成信息发布、评标评审、结算交割等交易环节，让企业少跑腿、数据多跑路，为各方主体提供高效、优质、便捷的交易服务，增添群众和企业的获得感。

近年来，各地积极创新交易方式、主动优化服务、提升服务质量和水平做得非常好。如浙江省建成了自助服务系统、手机APP等，推进公共交易领域"最多跑一次"改革。广东省开发专家桌面操作系统，同步实现远程异地评标评审，专家资源"全省一库、各地通用"。甘肃省在全省范围内提供网上免费下载标书，减少企业投标成本。辽宁省大连市推行网上不见面开标，开标场景全程可视化，招标人、投标人只需登录网上开标大庭，就可以进行各项交易操作。山东省潍坊市在全国率先推出手机投标报名交易通APP，投标企业可以通过手机在线进行投标报名和资讯查询。

各位领导,各位朋友:

贵州省是我国第一个国家级大数据综合试验区,《贵州省数字经济发展规划(2017—2020年)》是全国第一个省级数字经济发展专项规划。贵州省委、省政府认真贯彻落实党中央和国务院决策部署,大力推动数字经济,加快发展,大数据已经成为贵州一张靓丽的名片。我相信,作为首个国家大数据综合试验区,贵州大数据产业一定能助力改造提升实体经济,拓展数字经济新空间。

贵州省凭借我国大数据产业发展高地的优势和条件,2016年12月建成全国首个公共资源大数据应用服务平台,聚焦解决公共资源交易中的痛点、难点、堵点,打造数字铁笼,利用精准、实时鲜活的交易数据开展大数据的分析应用,形成了"人在干、数在算、云在转"的大数据智能化监管格局。贵州省公共资源交易中心在全国率先实现了公共资源交易全程透明、规范、可溯化运行。今年5月,贵州和海南又成功开展了跨省异地评标,有效解决了本地专家类型不全、分布不均、特殊专家资源稀缺、同地同化等问题,保障了项目评审质量,促进了公共资源交易的公平竞争。

习近平总书记明确要求,要懂得大数据,用好大数据,使大数据在各项工作中发挥更大的作用。我们希望贵州省公共资源交易中心在获取数据、分析数据、应用数据方面继续在全国发挥示范引领作用。具体怎么做,我们有三点建议。一是打造交易大数据治理示范平台,要用好公共资源交易形成的海量数据,在消除电子档案、数据规范、互认共享等制度障碍方面探索创新,开发更多惠企便民数字产品,着力实现更大范围的数据融合。二是打造交易大数据全流程共享示范平台,要推进大数据与公共资源交易领域深度融合,夯实"网络通"、加快"数据通"、深化"业务通",率先破解制约全流程电子化的体制机制障碍。并加快评标专家远程抽取、远程异地评标评审，着力开展更深层次的数据挖掘应用。三是打造交易大数据综合监管示范平台，在建立健全全省统一的电子化监管平台基础上，充分运用互联网、大数据等现代信息技术，实现公共资源交易活动源头可溯、过程可查、效果可评、责任可追，提升公共资源交易管理的智慧化、精准化水平，着力构建公开、公平、公正的阳光交易平台。

总之，随着全球数字化、网络化、智能化深入发展，大数据已经成为驱动发展的新型生产要素。下一步，国家发改委法规司将会同有关方面，深入学习和贯彻落实习近平总书记网络强国战略思想，按照高质量发展的要求，充分发挥数据的基础资源作用和创新引擎作用，释放数字对经济发展的放大、叠加、倍增作用，持续推进公共资源交易领域数字化转型，构建数字治理新模式。同时，也希望各个公共资源交易中心能多交流、多探讨，上下一起相互借鉴学习，从善于获取数据、分析数据、运用数据的实践中，共同开发大数据资源的价值蓝海，使大数据在公共资源交易在各项工作中发挥更大的作用，合力推进我国公共资源交易领域治理体系和治理能力现代化。

最后，祝大会圆满成功，谢谢大家！

大数据应用提升社会治理能力和水平

中国行政管理学会副会长、信息公开与政务服务研究会会长、
国务院办公厅原政府信息公开办公室主任　段国华

尊敬各位专家朋友，女士们，先生们：

本次论坛是2018中国国际大数据产业博览会的核心论坛之一，是为政府部门、高校、科研院所、企业搭建学习交流、合作研究的平台，以增进认知、凝聚共识，促进大数据与公共服务深度融合，顺应时代要求，提升公共服务质量，更好地满足人民群众的新期待。2017年我们在这里举办了题目为《数据开放共享与政府管埋创新》的论坛，与会的领导、专家、学者紧扣主题、深入研讨，交流了经验，激发了灵感，深化了思想，收获了友谊，推动了政府管理、产业发展和学术创新等各项工作的开展，也促进了"政产学研"的深度融合与协同发展。今天，我们再次聚首围绕"大数据与公共服务"展开研讨，必将有新的、更大的收获。

2017年12月，习近平总书记在中共中央政治局就实施国家大数据战略

进行第二次集体学习时指出,要运用大数据提升国家治理现代化水平,推进政府管理和社会治理模式创新,实现政府决策科学化、社会治理精准化、公共服务高效化,并特别强调要坚持以人民为中心的发展思想,运用大数据促进保障和改善民生,推进"互联网+教育""互联网+医疗""互联网+文化"等,让"百姓少跑腿,数据多跑路",不断提升公共服务均等化、普惠化、便利化水平。

我们都切身感受到在党和政府的领导下,经多方共同努力、协同共进,大数据应用的各项事业都在积极进展,大数据已经实实在在地走进了我们的生活,大数据也正在并将更为深刻地改变着我们的生活。在公共服务领域,民众已经感受到了大数据的便捷,得到了大数据带来的许多实惠。坚持以人民为中心的发展思想,运用大数据促进保障和改善民生,让老百姓和企业有更多的便利感和切切实实的获得感,也让政府有更加便捷有效的途径和手段,进一步提升包括公共服务在内的社会治理能力和水平,是大数据战略的根本所在。

在具体工作中,我们要坚持问题导向,推进教育、就业、医疗卫生、住房等领域的大数据应用,弥补民生短板。要加强精准扶贫、生态环境领域的大数据运用,为打赢脱贫攻坚战、建设美丽中国助力。要让大数据更好地服务社会,造福民众,不断满足人民对美好生活的向往。

中国行政管理学会作为国务院办公厅主管的研究行政管理实践,为政府管理提供参与咨询服务的学术性团体,一直以行动积极落实国务委员兼国务院秘书长肖捷同志提出的"建设新型公共管理制度"的要求,迎接大数据时代的到来,密切关注大数据与公共服务这一领域的理论和实践情况,通过组织学术研讨、课题研究、开发论文等方式,着力推动这一具有时代性的实践探索不断走向深入。我们在2017年成功举办数据开放共享与政府管理创新论坛之后，今年以更大的热情、更高的标准再次组织大数据与公共服务论坛，再接再厉将这一平台打造成推动大数据事业发展、促进政产学研深度融合的新高地。

各位领导、各位嘉宾：

大数据研究方兴未艾，大数据应用正当其时。让我们在习近平新时代中国特色社会主义思想和党的十九大精神指引下，不懈努力，共同把大数据与公共服务的协同融合工作做好、做实，以人民为中心，为实施国家大数据战略、加快建设数字中国做出新的贡献。

祝论坛圆满成功，祝各位嘉宾幸福、事业有成。

谢谢大家！

推动政务公开,优化政务服务

国务院办公厅政府信息与政务公开办公室副主任　李　辉

尊敬的女士们,先生们:

感谢主办方的邀请,我很荣幸出席今天的论坛。

当前,大数据已成为推动经济社会发展的重要力量,也是推动政府"放管服"改革、进一步加快政府行政职能转变的重要力量。近年来,国务院办公厅信息公开办在推动政务公开、优化政务服务等方面主要开展了三项工作:

第一项是运用信息化手段推进政务公开。我们坚持把互联网作为政务公开的第一渠道,把政府网站作为政务公开的第一平台,政府信息做到能上网尽上网。2017年全国政府网站共发布政府信息3.4亿多条,制作专题36万多个,发布解读稿件86万余篇,回应公众关切100余万次。我们坚持以"公开为常态,不公开为例外",全面推进政府公务的决策、执行、管理、服务和结果公开。2017年我们开展了全国100县基层政务公开标准化、规范化试点，围绕着环境治理、扶贫、救灾等25个方面推动基层政府形成可复制、可推广、可考核的标准规范。同中央网信办、发展改革委积极推进公共信息资源开放，并于年初印发了《公共信息资源开放试点工作方案》，试点工作以充分释放数据红利为目标，推动国家治理体系和治理能力走向现代化。

第二项是围绕立体便民，加快推进"互联网＋政务服务"。2016年，国务院印发《关于加快推进"互联网＋政务服务"工作的指导意见》，对工作做出了全面部署。各地区扎实推进，依托政府门户网站搭建政务服务网上平台，积极创新政务服务新模式。同时，我办还印发了《政府网站发展指引》，大力推进政府网站集约化建设，实现所有网站信息数据连通共享，办事资源集中统筹，政务服务一站式办结。一大批基础薄弱、无力维护的网站完成了整合迁移，"僵尸""睡眠"网站的现象得到了有效清理，全国政府网站的整体水平不断提升。从2016年第一季度开始，每个季度对全国政府网站进行抽查，合格率从2016年第一季度的81%提高到2018年第一季度的95%。

第三项是加强网络问政，打造听民意、知民愿、聚明智的新平台。网络空间是人民生产生活的新空间，更是党和政府凝聚共识的新空间。目前，我办已建立了公开解读回应、联动发布网络舆情的研判处置机制。2017年，我们共发布国务院政策文件235件，组织解读文章2100多篇。中国政府网开设了"我向总理说句话"网络问政平台，全年收到和处理网民留言数达116万余条。同时，我们也督促各地区、各部门依托政府门户网站搭建统一的互动交流平台，整合各类政务热线，拓展互动的入口，利用大数据对网民舆情进行分析研判，及时感知公众的所思所想，为政府决策提供参考，形成网上网下开放的政民之间的良性互动。

最后，再次感谢主办方提供的宝贵机会。参加本次论坛的都是全国公共服务领域的著名专家，希望大家借这次机会充分交流、互相启发，深入研讨在大数据时代如何推进政务公开、如何开展政务服务、如何更好地打造数字政府。

最后预祝本次论坛取得圆满成功。

谢谢大家！

开放数据的收益和影响

世界银行发展数据部首席经济学家 Amparo Ballivian

政府开放数据是为了更好地服务民众，让大家能够获得更便捷的政府服务，提升绩效水平，以及其他各种类型的服务和提高社会效率。开放大概有两个层面：技术层面和法律层面。技术层面的开放包括免费、在线、可访问和机器可读，这是最简单的部分。法律层面需要开放授权，但是这是最难的部分，开放数据不等于公开数据。

只有开放数据才能实现数据共享，半封闭的数据或者只是公开共享的数据是无法实现数据共享的。应用开发只能通过开放数据，因为技术的开放使得它成为一种可能。只有开放数据给了权力才能对数据再加工利用。所以如果开放数据网站上没有开放授权，但是数据已经可以机读，不要抱怨没人来用，是因为还不够开放。

开放数据主要谈三个受益点：一是提升公共服务的能力，二是分享经济和创新，三是参与式的政府。还有第四个受益，开放是共享的一种创新模式，要做共享可以用开放来做。

给大家看几个开放数据最著名的案例。第一个是天气的数据，不涉及任何的隐私和政府敏感的问题，本身是一种公开的信息，所以它做开放是最简单的，临门一脚就可以做。也许你认为天气数据太小，但实际上是非常重要的，农民、市民和各类经济发展，都需要用到天气数据。第二个是GPS的数据，也非常重要。GPS数据和天气数据一样，本身不牵涉任何的隐私和商业秘密，每个人每天都在使用这样的开放数据。第三个是医疗数据，使用其可以更好地了解医疗，在美国的案例中，用来对比不同的医疗服务，患者可以选择更好的医院接受医疗服务。

接下来是市民透明化的一些案例。这是非常经典的关于政府收支数据的可视化项目。一是尼日利亚关于政府预算的可视化项目，把政府的采购数据开放到线上。二是不同的机构，怎么去套用开放出来的能源数据。三是在墨西哥人们开放数据去打击贪腐。最后是英国最著名的案例，随手拍到窨井盖掉了、路灯坏了后报给政府，类似于罪案数据，随手一拍报给警察局，可以帮助警方优化警力。

之后是众包，通过努力把民众的数据筹集起来。政府怎么能够把支出做得更好，也可以众包大家对政府政策上改革的建议，或者是运用众包的方式提高政府的数据质量。开放数据是创新的"石油"。美国最著名的一个案例叫Zillow，是美国的一家房地产公司，使用政府开放的数据帮助租买房子，用这种开放的数据来帮助分析房产。开放数据还可以被用于金融分析，包括体育数据。

在尼日利亚某个比较贫困的州，利用开放数据引导企业更好的投资。从麦肯锡四年前做的报告，可估算在美国市场中开放的数据量为3万兆～5

万兆。这只是一个初步的估计，不是一个准数。如果大家想看更多的案例，欢迎去我们网站：Opendataimpactmap.org，这是我们支持的一个项目，包括97个国家和1788个不同的组织机构提交的案例。你们可以通过网站进行搜索，无论是地域，还是行业都有相关的案例数据。

今天谈了技术的开放、法律的开放，更重要的是在实践上能够真正促进开放数据的受益、可用。比如利用移动互联网、语言组织、社交媒体等不同的路径来提升数据的开放。需求牵引数据的开放。

谢谢大家！

中国政府数据开放现状、趋势与挑战

复旦大学数字与移动治理实验室主任、
国际关系与公共事务学院副教授　郑　磊

欢迎大家来到"开放数林"大会。昨天我们已经有一个发布会介绍了数据的报告,所以今天不会特别仔细讲这个报告,会更多解读一下报告中到底发现了什么,以及这个报告到底是怎么做的。

首先感谢一下 Amparo Ballivian,4年前我们邀请 Amparo Ballivian 来复旦大学参加过国内最早的几个关于数据开放的研讨会。Amparo Ballivian 的主要工作是在世界银行推动各个国家开放数据,她认为开放数据会为各国,特别是发展中国家带来很多利益。Amparo Ballivian 马上要退休了,她在退休之前还能接受邀请来做报告,我们非常开心。4年前我们还是一颗小种子,现在长成一棵小树。

非常感谢徐昊常务副市长。两年前徐昊常务副市长在一个会场上对我说:"我们知道你们在做评估,你们能不能把这个评估指数在数博会上发布。

我们支持你们把开放数据指数做出来并且连续到贵阳发布。"从那时到现在也就两年多时间，我们不断看到这个评估指标体系的发展，也看到中国开放数据本身的发展。

下面简单介绍一下开放数据一年来的现状、趋势和挑战。第一次报告在2017年数博会上发布，第二次报告在2017年12月份在北京发布，这次是第三次发布报告，也是维度最全的一部报告。

为什么这样做评估，需要先讲一下怎么认识开放数据的？当时我们从世界银行学到"开放数据是一个生态体系"，我们也真正把这个概念运用到评估中。政府作为数据的供给侧开放数据，让利用者利用这些数据并给社会公众带来价值。就像刚才嘉宾们讲的价值，当政府看到能够帮助监管、改善服务、带来经济发展等价值后，政府就更愿意开放，从而形成一个正向循环。评估的时候，试图让评估指标，引导政府开放，引导利用者来利用并且用好，产生这样一个循环结果，这是我们的基本理念。

在这个理念的基础上，我们取了"开放数林"这个名称。真正的意思是这是一片森林，森林是一个生态体系，里面有树、各种动物、土壤、阳光雨露。请领导为种子浇水，就是政策上的支持，要有土壤，树才能长大，也就是开放的森林。让这个林子不断变大、变密。

这个评估指标怎么产生呢？从多个角度设计评估指标。首先研究开放数据的基本原则，就像刚才 Amparo Ballivian 讲的法律性开放和技术性开放，学习世界银行、联合国开放数据宪章和中国相关政策中对开放数据的要求、标准，然后再学习国际上怎么评估，用什么评估指标，再看中国目前的实践。很多的指标来自中国的创新，有的做法在中国某些地方进行了突破，非常好，可能国际上没有这个指标，但是我们就列为指标。基于这样，最后邀请专家们，包括学术界专家和数据利用者们，对指标进行优化。一个月前，我们在复旦大学开了一次头脑风暴会，大家想想还有什么应该评估以及如何评估。通过这样的方法，设计了评估框架，同时请专家们打分，我们把中国能找到的开放数据和数据领域的专家基本上都请到了。4月1日在上海，专家们基本上都到了，今天有一半都到了现场，非常感谢专家们的支持。专家们在会上给了很多意见，这些专家基本上是跨界的，有公共管理学界、有图书馆情报学界、有计算机各方面领域的多学科的专家，还有来自政府和企业、第三方研究机构的，而在4月1日没有邀请任何地方政府，因为被评估方不应该参加这个会议，我们完全是第三方的，让政府站在一个干净的视角来研究应该怎样评估。

  4月1日在实验室开的头脑风暴会，我们把老师们分成很多小组，分别讨论了很多问题，讨论完以后把精彩的观点写成词条汇聚到白板上，进行同类项合并，分成几大类别，再进行投票，显现出一些重要的点。其中很多都强调数据质量非常重要，不能光看数量还要看质量。关于功能，不是只看有没有功能，要看功能的体验好不好。不能只看数据开放，还要看数据利用。在会上，专家们汇聚了很多非常好的观点，把观点综合起来放到指标里面，再把这个指标体系发回给专家，再评分设权重，最后才设立了今天这个评估指标体系。

一、评估体系

  评估指标体系分为三个大的维度。第一个维度，即最底层的底子，这是今年最大的创新，其实就是基础层（准备度），体现为法规政策准备好没有，组织保障准备好没有，领导支持准备好没有。第二个维度，即面子层，有没有开一个平台，这个平台的体验好不好，是不是方便公众获得数据，展现应用，同时能够跟数据开放方形成一个反馈的关系，通过提意见，提数据需求，提想法来给数据作评价等。第三个维度，即最核心的里子，有没有真正干货的东西，数据要符合技术性开放和可机读格式等要求。大家看权重，最重要的是里子50%、面子25%、底子25%，现在底子稍微设的低一点，因为大部分地方底子都很薄，如果指标偏高，很多地方会是零分。每个一级指标下面有二级指标和三级指标。比如数据层，有数据数量、数据质量、数据标准、数据覆盖面、数据可持续性等。平台层，有平台概览、平台导引、数据获取、工具获取、利用成果展示、互动交流、个性化整合等。准备度有领导力、组织保障和法规政策。

二、新增指标

（一）数据容量

2018年跟2017年比最大的变化在数据层，2017年主要是数据集，你有一个就算一个，但是后面发现有的数据集很大，一个数据集横向有十几个字段，纵向有几十万条，有的数据集就一行。2017年是"从无到有"，有一个数据就不错了，而今年要看数据容量，要数据集真正有干货。

（二）数据质量

数据质量有没有出现问题，比如有没有真正的优质数据，优质数据是把容量中最高的1%抽出来，认为这是最高密度的数据，有些地方完全没有开放优质数据。

新增"无问题数据"指标，即有没有重复创建、生硬格式转化、无效的数据，这些都是专家会上讨论出来的。大家说应设置一个黑名单，但凡出现这样的问题，这一项就是0分。我们曾经一个个去找哪些是真的，哪些是假的。今年最大的评估难度是要很仔细去看有没有多算，1000项要逐个检查，由于一些地方开始对指标做假，打擦边球，因此检查起来就很费劲。往往一个数据集打开没东西，是PDF，后来专家说不要这么查，应该反过来，发现1个就是0分，1000项中出现1个检查就结束，评为0分，责任在政府不是我们。重复创建是指一个数据集在这里出现，又在那里出现，换一个马甲，但凡发现一起"换马甲"就没有分了。

三、新增维度

在平台层的功能上，从有没有功能到有没有体验，有没有真正产生互动。互动本身，从能不能回答问题到回答的速度有多快，是敷衍回答还是真正回答。

个性化的整合，看有没有把功能围绕个人中心整合在一起。如关注一个文件，不用每一次重新找，可以订阅，从此该数据更新都可以看到，这样会很方便。

开放数据目录对于用户很重要，目前只有贵阳开放了数据目录。

分级分类获取，这是2017年以来新的方向。政府在数据能否开放上有所顾虑，要么不能开放，要么开放有风险，其实可以根据安全敏感性分为几档。有些地方如果已经进行分级分类就会得很高的分，分级分类可能把真正的数据开放出来。

多种利用成果，有没有展现利用成果，不仅仅是APP，也有科研产品，如老师们用政府开放数据写论文，媒体用政府开放数据报道新闻，这些都是在推动数据的解读和传播。

准备度是今年完全新加的，以上是对于维度上的解释。

四、整体情况

评估范围包括8个省级地区，38个副省级、地市级地区，通过各种渠道了解有没有谁开了新的平台等，这是评估范围的清单。评估数据集总行数为7.1千万、总列数14.8万。

2012年全国第一个平台（上海平台）上线以后，前几年变化很慢，2015年以后快速增长，尤其是2017年数博会之后增长更是迅速，形势非常好，所以出现了"开放数林、蔚然成林"的形势。

从时间轴来看，评估平台最早上线的是上海，然后是北京、湛江、武汉、无锡、浙江、青岛、贵州、广东、宁夏等更多的省市。2018年上半年4个月，整个山东省的评估平台全面上线，是全国唯一全面上线的省。

形成一些群落，广东与长三角、山东形成了三个最大的数林群，叫群落。同时也形成一些"绿洲"，如哈尔滨、宁夏，像沙漠中的绿洲。这是绿洲型和群落型两种类型。

行政层级，地市级31个，副省级有一半，省级有31个中的8个。

数据容量最高的是广州。数据集总量最高并不是广州，但是优质数量的总量最高的是广州。在容量上进入全国前1%的贵阳有31个，哈尔滨12个，上海12个。

（一）数据层

在前10位优质数据排行中，第一个是工商登记信息，条数有201万条，字段有23个。例如，广州商事主体个体年报基本信息，数据集的条数很多；

东莞的数据集，密密麻麻，这些才是高密度开放的数据。

举一些负面例子。一个只有3个字段、2行数据的数据集，根本没有必要以数据集的形式开放，做信息公开就可以了。北京仿真中心数据只有一行。这些都是碎片化数据，把一个城市的医院分成好多区，可以做成一个数据集，区只是一个字段。

生硬格式转化，数据没有可机读的格式，就把WORD的文件硬纳入Excel框架里面，没有意义，这是伪装结构化。

空数据集。现在发现1起就是0分。

开放授权，目前达标率比较高，免费获取、非歧视性、自由利用、自由传播与分享，2017年没有地方达标，今年有5个达标，但此标准较低。真的开放是要进行授权的。举个外国的例子，有一个数据集，每一个数据集下有一个授权，每一个数据集有一个合同，这个数据集可以怎么用，不可以怎么用，说得清清楚楚，一旦接受这一点就接受这个承诺，这才是分级分类。当然不可能全部开放，也不可能不开放。给大家一个信号，哪一个城市先给数据集开放授权，它的评估指数就会得高分，因为这在中国起了一个很好的带头作用。

元数据完整性，2017年评估关于数据集有没有时间、地点、采集部门、字段、主题等。今年开始评估API资源描述情况，接口是关于数据以及数据调用的说明，便于调用高价值的API，一是数据量高，二是变换速度较快的数据适合用API而不是下载的方式，需有基本的背景。

全国开放数据最多的部门仍然是统计局。统计数据不是原始数据，统计数据是归集数据，而开放数据需是原始数据。全国总开放数据最大的是统计数据的话，开放数据就走歪了，查统计年鉴就可以了，何必要开放数据。做了一个深入的分析，把统计局数据集的比例占全市比例最高的和数据容量这两个变量做了一个比较，发现统计局的比例越高的数据容量越低，这说明统计局的数据都不怎么样，反而是那些统计局总量占比例比较低的，数据容量越高，说明数据是来自业务部门，不是统计数据。

从每个地方的高需求关键词采点率来看，总量开放少的部门真正参与的主题特别少，只在很少的领域开放了数据，而不是在一个比较宽的范围内。

持续增长。数据上线之后，有没有持续增加新的数据集。2017年是每半年作为一个时间段，半年更新过数据集的，就不算是"僵尸网站"。今年稍微收缩一下时间，变成一个季度。有些城市自从上线以后一直持续更新数据，获得的评估指数分数也比较高，说明这棵"树木"在不断增长。

RDF格式，是否对每一个数据集有固定的链接。这是今年新增的指标，国际上有一个很著名的指标叫"五星指标"，2017年只评了三星，今年只有贵阳做到RDF格式。

（二）平台层

数据目录。关于注册登录的方式，解释一下，有些地方无需注册或者通过第三方登录即可下载数据；有些地方要求通过电子邮箱注册；有些地方要求提供手机号码；有些地方要求提供身份证实名制。我们主张的不是一律都不要，或一律都严。一律最严要求的，门槛太高了。最好的模式是，在网站上同时出现多种模式，分级分类，根据敏感度和安全性不同，要求越来越高。一个上海公共厕所清单应该免费直接拿走，不需要做任何注册，但是敏感性就要注册，要求越来越高，最高要求不仅要实名还要审查。

数据可视化工具，有没有提供一些工具帮助大家使用这些数据，进行可视化解读等。

数据请求，非常重要，包括功能的位置是否显著，是不是申请数据还要注册登录，是不是公开反馈结果，及回复时效和质量。

数据纠错功能。拿到数据后发现数据有错，有没有纠正错误的功能，这个很重要，政府也希望被告知哪些地方有错需要改进。

个性化整合，有个人账户，把功能、应用整合到一起，就像淘宝个人账户。

（三）准备度

法规与政策。各地法规政策基本上以这样的名词出现，"推进、规划、实施"，到地方性法规层面的只有贵州贵阳，其他是地方政府规章、规范性文件和其他普通政策，支持力度是不一样的。专门针对数据开放的法规，在贵阳、上海、青岛都有发现。但是总体来说，这些政策有一个共同的特点，就是散、弱、空、同。散见在不同的文件当中；力度都比较弱；内容比较空，很模糊，说大原则，没有操作性；互相抄来抄去。

组织保障。发现了好几种模式，但力度不一样。一种是地方成立了一级委办局，如贵阳的大数据委、贵州的大数据局。少部分地方是二级局，叫大数据局，但还是处级。最多的地方以信息化推进处来推动，还有一些地方就交给信息中心，完全靠一个事业单位，基本上推不动。

培育生态体系。有没有培育生态体系，有没有搞一些比赛、宣传活动，让整个社会了解开放数据、参与开放数据，目前做得最好的就是上海，全国最早举办比赛的。

五、指数榜单与排名

省级排名是上海、贵州、山东，地市级（含副省级）排名是贵阳、哈尔滨、青岛、广州、济南。

指数空间分布。山东是全部上线，满足基本标准。这个模式比较好，统一标准、集中建设、基本达标，但是有点担心这种模式会抑制地方创新。因为所有地方都在一个平台上，功能都一模一样，如果接下来一个地方想多加一些功能，是不是允许，会不会非要经过省平台同意才能加入进去。另外一个模式在广东，虽然各地级市水平参差不齐，有的做得好，有的做得不好，但好处是没有抑制创新。更好的模式应该是，给一个底线，至少要达到此标准，底线之上允许自由生长，不要把高枝剪掉。现在担心在山东把高枝剪掉，山东以前出现过一些高枝，被整合到省里面去，平台不如以前了。

长势的分析。最好的空间，指数高，成长性快，叫"竹林"，竹子长得很快；排名很高，但是速度开始下降，叫"乔木"；长得比较慢，比较矮，叫"灌木"。今年能够进前10名非常不容易，2017年19个，今年46个，含金量完全不一样了。

三个维度的关系。准备度、平台层跟数据层三个维度之间有没有什么联系？准备度跟数据层有很高的相关性，一个地方数据层做得好，一定有一个准备基础，有法制的保障，有体制机制的保障。平台层不一定，因为平台层可以没有数据，但很漂亮，做一个好看的盘子是很容易的，平台层跟准备层关系不那么紧密。贵阳的几个层面分数都很高，而有些地方有高有低，发现了好几种不同的数种。上海和贵阳的均衡发展得比较好，叫"乔木型"，根基很好。准备度是根基好不好，平台层是树干好不好，数据层是树叶有没有。乔木是根也好，树干很粗壮，树叶密密麻麻。佛山数据层好、平台层也好，但是准备度不高，担心后劲不足，属于"水培型"，长在水里面，根系不是很好。威海属于"仙人掌型"，准备度、平台层不错，但没有数据，有可能因为刚刚上线。东莞是"绿萝型"，根基、树叶不错，但是平台跟不上，没有一个很粗壮的树干。"盆景型"如乌海，平台层很好，树干很漂亮，但叶子剪掉了，根很小长不大，树干很好，两头都很低，叫作"新栽型"。还有浙江的"树根型"，两头都很好，准备度很好，但是平台跟数据都不怎么样，类似这样的模型是一棵老树根没有发芽。"柳条型"，属于数据很好，树叶很多，但是没有根基，同时平台很弱，观音菩萨的杨柳枝插在瓶里面，没有根，树枝不好，但叶子是很好的。各地如果听到这些描述不要生气，只是友情提醒。因为举例的这些城市，至少是有一个方面不错。还有一些城市三个维度都弱的，只能叫"种子型"。

总结一下，全国2017年到今年广度在增加，深度和速度在提升，质量在提升，体验在增加，基础在夯实。问题在哪里？一是还有很多空白区域；二是有些城市开始出现不进则退；三是差距巨大，参差不齐；四是模仿趋同，开始互相模仿，不去创新，连错的地方都一起抄错；五是观望作秀，要么就是观望，要么作秀，做一个假的，其实没有数据。

六、建议

一是及时造林，后来居上，提高"开放数林"的开放率。一般认为东部沿海地区基础是不弱的，但东部地区还有这么多空白点，西部地区做得很好。贵阳在这里起了一个非常好的带头作用，基础可能没有沿海好，但是努力做到了全国最好，这是一个很好的例子。

二是竞相并生，枝杈相连，保护"开放数林"多样性。不要一模一样，要有更多的特色。我们的评估指标可允许特色，但凡有特色，就把特色作为附加分加上去，希望各地政府不要把特色剪掉，保证多样性。不同的平台可以有特色，平台之间互相链接，数据之间有共同的标准，能够合并在一起，融合之后能够形成创新。建议广东这棵树是提升底线水平，山东这棵树千万不要剪高枝。

三是保持树形，监测态势，促进"开放数林"可持续生长。特别是基础层打得好，才有可能可持续增长。

四是不断修剪，精耕细作，满足用户对"开放数林"的向往。开放数据的目标是为了满足人民对美好数据的向往，应该往这个方向努力。

明年怎么样？直接告诉大家，底子打好了，面子有了，里子亮了，接下来是果子。一棵树长大了不结果不行，数据开放有没有产生应用，明年肯定评应用，现在难度是怎么评应用，我们会尽量评应用。在上次专家会上，专家们已经对利用层想出了很多指标，但是今年来不及评估。整个评估指标的一个基本规则是标杆一点点提升，目前评估指标并不完美。

最后简单说明下，从这一期开始，纸质报告以后一年发布一次，每个季度会在网站上更新数据发布指数。网站上是动态的，点击进去以后可以看到具体的维度。如果想跟别人进行比较，就选择比较，可以同时比较几个城市，选择之后会马上显示各城市的指标分数，这是动态的。今天上线了，名称叫"如果你开放了数据怎么样"，这是一个巧合，当时就说"森林的数据、开放的数据"，所以大家记住 Ifopendata.fudan.edu.cn 每一个季度更新一次数据，以后可能是每月更新一次数据。

感谢联合发布方：复旦大学、提升政府治理能力大数据应用技术国家工程实验室。很荣幸国家信息中心数字中国研究院今年加入我们并且给了我们很多建议。还有很多合作方，有些是抓数据、做平台，有些给资金，有些帮呐喊，有些帮做设计。感谢我们的团队，非常努力，但确实还有瑕疵，昨天早上最后一稿发现印刷错误，临时贴了小标签，5万字总有看眼花的时候,如果大家发现有问题,请及时反馈给我们。

由于时间关系今天的介绍就到此结束,后天早上还有线下交流沙龙,大家有什么意见,都可以告诉我们,后天期待跟大家在"小数林交流",地点位于大成精舍酒店。期待您的建议、意见和反馈。

谢谢!

政务信息整合共享中的"三权"分置与实现机制

清华大学国家治理研究院执行院长、公共管理学院教授　孟庆国

尊敬的各位领导，各位嘉宾：

感谢会议主办方给我这次发言的机会。我今天想谈一谈政务数据的整合共享问题。在政府信息整合共享中，数据是核心，是关键。特别是在我国政府的架构下，面临职责同构、条块分割等很多组织机构自身的一些特征，在这种特征下如何实现政务数据的整合与共享？主要想从三个方面给大家做一个交流，前两个比较简单，重点是讨论第三个问题。

实际上我们说数据的整合共享是个老问题，从我国信息化产生以来，这些问题一直存在。到今天，我们在强调"互联网＋政务服务"，强调如何提升政府服务的整合能力的时候，这些问题尤其显得重要。对于整合共享，国家出台了很多的文件，国务院也专门召开了会议，甚至总理亲自部署这方面的工作，说明这个工作确实很重要，也到了非常关键的时候了。

这些工作的推进，对于解决信息共享，有什么样的重要意义？通过共享交换平台来实现共享交换机制，是目前一个最主要的形式。实际上，现在所面对的各部门的数据，不共享会带来很多问题，比如说数据采集的问题，如何实现资源的合理配置问题，如何实现有效监管问题，包括大数据的应用等等，都是无从谈起。政务数据不能共享，目前面临体制机制方面的问题非常多，这些问题大家都很关注，都很了解，我不再展开。

这里我们梳理一下，是"一无、二难、三不"，即共享无基础，责任难划分、约束难突破，共享内容不明确、共享标准不统一、安全保障不完善。共享的标准多种多样，实际上在各个政府部门推进政务信息共享交换的时候，更多是采取一对一的方式。什么是一对一呢？部门之间有信息共享的需要，可以去沟通。实际上这不是机制化和体制化的共享安排，更多是靠两个部门之间的领导关系，或者业务上协同的迫切需要，采取一事一议的方式。这个共享不能持续，因为如果一换领导，领导的思路一变，这个共享就断了。搭建一个集中式的共享交换平台，这种选择我们认为也存在一种问题，比如说共享数据不明确。很多时候为共享而共享，把各个部门的数据集合起来，不管有没有用，不管有没有整合的价值。另外各个部门数据的质量也不一样，数据标准不一样，数据的属性差异非常大，把这些数据生硬放在一起，能不能产生价值？靠共享平台整合数据的时候，很多部门的意愿不强烈，不愿意把自己掌握的数据拿出来。另外，数据的有效性也无法保障，因为在数据交换中多次的中转，往往可能带来很多的问题，等等。

在讨论数据共享的时候，可能有很多东西要事先说清楚。比如数据的权属问题，这个数据是部门基于自身需要采集的，把它拿出来，有没有问题。都是政府部门，政府的数据是不是都应该放在一起。所以要不要解决权属问题？另外要不要解决信任问题，比如数据拿出来，但担心数据他用，会有风险问题，最后还要承担责任，这样共享的意愿就不是很强烈。数据共享后怎么用的问题，要不要建立一个可追溯的机制，能不能做到数据的可持续使用等等。这些问题，在信息整合共享的时候，要考虑清楚。所以基于这些前期的工作，一些问题的分析判断，我们提出了一个共享的机制。当然这种机制是我的一家之言，不见得对，欢迎大家批评。

我们提出数据的"三权"，什么是"三权"？政府部门实现数据共享，要明确权责。这三权分别是归属权、使用权、共享管理权。共享管理权对于实现政府部门的信息共享非常重要，需要明确的一个权属机制。基于这三权，能不能实现数据的整合？所谓的归属权，部门有需要，对数据进行采集，采集而不使用，这些部门的数据不是你这个部门所有，你只是承担了这方面的职能，开展了这方面数据的归集，基于归集，应该给予什么样的权利？所以归集权是一个部门承担数据的搜集、整理、维护、更新等工作，对数据资源的内容要负责，可以根据自身的需要来使用，来支配数据资源。这些权利是不是应该给数据的使用部门说清楚，使其放心。使用权好理解，这个数据到交换平台上，或者拿出来以后，机构或者部门在使用这些数据的时候，要承担什么样的责任？使用既不能毫无限制，也不能有太多约束。我们提出基于需要有几种可能的分类：一是可用不可见，二是可用可见但是不能存储，三是可用可见可存储但是不能他用，四是可用可见可存储也可以他用。基于不同的数据类型和数据项，要对数据的使用进行清晰的界定。

如果这些权利不界定清楚，可能会带来很多问题。其中一个是数据的贡献方，一个是数据的使用方，谁来主导这两个部门实现数据的共享交换？往往还有中间的机制，搭建了共享平台，平台有什么责任？对平台要不要共享交换？现在又提区块链，靠虚拟化来实现数据的共享交换，对区块链这种机制有没有类似共享交换权的概念在里面？所以共享交换权是决定数据能否共享，怎么共享的一个基本规定。在政务数据共享过程当中，应该由共享管理权的部门深入调研，对数据共享中出现的争议问题进行处置和裁决，应该赋予相应的机制，比如对于不按规则存储、维护、使用数据的部门进行责任追溯。

另外，这种共享管理权可以由有数据归属权的部门掌握，也可以委托给第三方部门，或者大数据局等。基于明确三权的前提下，能不能通过三权分置的方式实现共享？作为数据的掌握方，称为数据归属方，有归属权，怎么来实现开放使用，怎么来实现交换共享？对于使用权，数据使用部门，清晰界定其权责。在两者之间需要共享交换的时候，这种共享交换方或者第三方，或者是一个虚拟的区块链机制等等，来实现共享交换权的定义和配置。实际上大家讲区块链，去中心化的机制，并不是说本身没有一个权利归属，所谓的智能合约很多情况下就是解决这种共享交换机制。所以基于这种智能合约的分布式的共享交换是不是有可能？比如说，一个企业在办入关的时候，背后涉及很多部门，海关、税务、边检、金融等部门都需要共同的来对入关的过程进行配合和管理。中间数据的共享交换，能不能建立一种机制，各家部门有各家部门的数据，各家有各家数据所有的归属权。作为一个使用方，比如海关，在通关的时候需要使用数据，要不要明确它的使用权。通过共享交换机制可以建立一个实体的共享交换平台，也可以用区块链实现。不管是实体机制还是区块链机制，都要把共享管理权说清楚。实体的好说，一个大数据局，一个社会资源管理中心，对数据有一些专门的定义，它有一些什么样的权利，数据在共享过程当中能够有效地开发使用。区块链是靠一种智能合约，把这些约定，这些权责关系通过程序的方式建立一个自动化的界定机制，来实现基于数据共享管理权的共享交换。这种机制如果能够建立起来的话，那无论刚才讲的那四类的哪种机制，都能够很好的实现。具体哪一项业务需要可见、可用，要进行约定。哪些数据只是可用，其他的都不行，也可以事先约定好，通过智能合约的方式，实现数据的整合共享。

实际上，要建立一个基于共享管理权的数据的归管机制。现在各个地方都在成立大数据的管理部门，成立数据共享交换的管理部门，首先对这个管理部门要有什么样的数据的归管权利，要进行清晰的界定。这个工作需要进一步的精细化，要把工作做得更细，甚至还要借助区块链加以实现。这种机制一旦建立起来，共享交换可能突破原有的一些障碍，继续往前推进。我们初步做了一些思考，要明确政务数据使用过程中的权责边界，实现使用全过程的可追溯，紧密结合实际工作的需要，不是笼统地搭一个共享平台，简单的集聚数据，而没有任何价值。另外，这种智能化、可持续的长效共享机制是未来的趋势。

最后简单小结一下，实现政务数据共享交换，必须先理顺政务数据的三权关系。这个三权关系，我们特别提出了一个共享交换平台，能不能基于这三权，建立职责清晰，可控、可信、可追溯的一个政务数据整合交换机制是关键。智能合约和区块链技术，在某种层面上是创新，是实现这一数据归管机制的一个可行的方向或者可行的手段或者是基础设施。打造三权分置的数据共享模式，值得大家去关注，我们也可以一起去探讨。以上是我的观点，有不对的，请大家批评。

谢谢大家！

以应用为导向,推动系统整合与共享

交通运输部科技司副司长　洪晓枫

非常荣幸,能够在这儿和大家交流和分享。过去的一年,是我国网信事业极不平凡的一年。网络强国战略思想已经形成,数字中国、智慧社会建设不断加快,信息化为中华民族带来千载难逢的机遇,大数据是信息化发展的新阶段等重要论断成为我们做好新时代网信事业的坚强指引。政务服务"一网通办""只进一扇门""最多跑一次"等工作目标,成为我们进一步深入推进政务信息系统整合共享的更高要求,这都成为政务信息系统整合共享的明确方向。

在今年的全国交通运输工作会议上,明确了交通强国建设的四梁八柱,拉开了交通强国建设的序幕。其中明确提出要构建以数据为关键要素的数字化、网络化、智能化的智慧交通体系。这也说明,以数据为关键要素的新时代交通运输建设工作已是交通运输建设中的关键内容,而其中的政务信息系统整合共享工作是推进新时代交通运输工作的基础性工作，也是更好发挥交通运输政府部门作用的集中体现。我们认为，不整合就难以形成发展合力，不共享就难以提升治理能力，不开放就难以增添创新动力，不应用就难以持续发展活力，不安全就难以确保发展定力。

经过一段时间的探索努力，我们取得了一定的工作成效。一是，加强了工作的统筹。不断加强网信工作的领导，强化技术统筹力度，提出国家综合交通运输平台一个平台的整合思路，为我部未来一段时期政务信息化建立了相对稳定的顶层设计。二是，深入推进共享。成功完成了162个系统的清理整合，发布了2017年版的信息资源目录，共纳入信息资源523项，信息项6934次。到目前为止，完成170项信息资源和140余万条数据的录入。向国家数据共享平台接入了旅游、客运车辆动静态的数据。同时，也从国家平台接入了企业法人库的数据，为交通行业提供服务，已经有21个省份获得了即将开展手机平台的建设，交通运输政务信息系统资源共享体系的建设全面铺开。三是，创新开放模式。投入政企合作模式，建立了综合交通出行大数据开放云平台，这个平台也是我国首个交通运输领域的公共信息资源开放平台。目前平台已经有70个单位开放了100余项数据和100余个数据接口，支持了贵州、广州等多个大数据创新合作，有效激活了社会各方面创新创业的动力。四是，注重应用效果。建立了综合交通运输大数据应用中心。基于整合共享数据，开展综合交通运输大数据分析和有关业务协同应用工作，以应用为导向的理念一直贯穿于我们的工作。五是，强化安全保障。实施了一系列网络安全方面的管理制度文件，开展了交通运输网络安全评估和监测预警平台的建设，管理和技术双管齐下，在保障我部整体网络安全的同时，也重点关注整合共享工作中的安全问题。

统筹、共享、开放、应用、安全是我们开展政务信息系统整合共享工作的五个关键词,也成为未来我们开展政务信息系统整合共享工作的基本理念和工作方向。

在我们的工作中,也有这样几个体会。一是,领导重视是关键。从我们的工作过程来看,整合共享工作,必须要成为一把手工程。我们的网信领导小组是由我们的杨书记和李部长共同担任的双组长,对这项工作给予了极大关注和支持,网信工作形成了党政齐抓共管的总格局。有这样的领导力度,才促使政务信息系统整合共享工作得以有力推进并取得初步成效。二是,机制上要有约束。没有规矩不成方圆,在推进工作过程中,我们非常重视制度的建设,以明确的要求来约束工作的严格开展。以《关于推进交通运输行业数据资源开放共享的实施意见》《政务信息资源共享管理暂行办法》《政务信息资源目录编制指南》《政务信息系统整合共享实施方案》等文件为指导,要做到管理精细化可操作,共享责任落到实处。通过这种方式,使得各个业务部门更加认识到整合共享工作的重要性,也使工作更具规范性和约束性,有效破解了以往整合工作中叫得响、落地难的问题。三是,一个平台的框架。以往政务信息系统建设大多以一个工程解决一个系统的事,"各家自扫门前雪",缺乏顶层设计指导下的整体考虑,这也是以往系统分散难以整合的根本原因。为此我们提出建设一个国家综合交通运输信息平台,构建决策、支持与评价,调度与应急指挥,政务办公管理与服务,信息资源共享与开放,网络安全与运维等五大核心功能,强化统一门户入口,统一信息资源,统一基础条件,统一安全防控,统一标准规范,六个方面的技术统筹,从而整体推进整合共享工作。这个平台不是一个完整的系统工程,而是一种理念。不是传统意义上的一个物理系统,而是要从一个平台的视角去审视整个系统的关系,有了这样的框架,使得我们的工作目标和思路更清晰,也使领导和各个业务部门更加理解和认同我们的工作。四是，应用是导向。应用永远是信息化工作的最终目标，整合共享也不例外。这项工作中，一开始就非常关注整合共享的应用导向问题。这里讲几个我们所做的工作。一是，国家综合交通运输平台的大数据分析展示。我们从满足行业宏观决策管理需求的角度出发，建设了集国民经济运行数据，部内各司局船只主要数据，路网监控、海事监控等视频动态数据，以及百度、出行服务等社会数据为一体的部级大数据展示平台。主要用户是部领导，是为部领导服务。平台通过明确标识数据资源提供的部门，一方面有效提高了各个部门数据整合接入的积极性，另一方面，由于平台直接提供给部领导使用，对于数据的准确性，时效性要求很高，反过来也对各类业务数据的质量提升有了很大的促进作用。二是，水运、海事领导的证照信息的共享工作。水运管理部门在日常业务中经常需要查阅海事局颁发的相关证照。以前是行政相对人在办理业务时携带相关的证件原本，由水运管理部门录入信息核查，这给行政相对人带来了一定的麻烦，业务人员的录入工作也非常大。我们按照放管服的工作要求，开展了水运、海事领域证照信息共享，目前已经实现水运局、海事局、船只社三个单位22项证照资源的共享。通过信息共享，使得水运管理部门能够在线核实相关证件信息，减少了行政相对人和业务管理人员的麻烦，取得了良好的效果。三是，中心云平台的开放应用。中心云平台不仅在开放数据上做尝试，同时一些地方依托这个平台，也在政企数据融合应用方面进行了有益的探索。比如江苏省依托本省数据和互联网数据，开展了一体化出行大数据分析，有效支撑了相关地区交通规划的优化，做到了数据不为所有，但为所用。再比如在四川茂县地质灾害九寨沟地震抢险中，四川省将有关公路出行和阻断数据发布到百度高德地图上，对灾害地区的交通有序引导工作起到了积极作用，使老百姓能更直接地感受到政府数据带来的便利。四是，综合交通大数据应用试点工作。我们借鉴国家政务信息系统整合共享推进的经验，正在推进交通运输信息资源整合改革试点工作，从铺开面、亮出点、牵上线的思路出发，提出了跨区域业务协同应用，跨领域业务综合应用，整合共享能力提升和政企数据融合等四个方面的试点方向，推动各省各地方单位以应用为导向，充分发挥政务信息资源整合共享的应用作用。

后续我们还有很多的工作要做。正如前面所说的，我们政务信息系统整合共享工作主要就是抓好统筹、共享、开放、应用、安全五大方面的工作。一是，我们要以统筹强基，继续坚定一个平台的视角，精细化进行技术平台设计，建立全行业政务信息资源目录，逐步推进现有信息系统对接互通，强化新建信息系统技术审查，建立违反统筹要求的通报问责制度，夯实整合共享工作的基础。二是，以共享促改革，我们将瞄准解决业务信息不通不畅，治理效能不高，百姓办事不便的问题，大力推进信息共享，有效促进政务改革，使更多事项在网上办理，从而使"让数据多跑路，让百姓少跑腿"的目标入心入脑。三是，以开放制度为重点，将研究交通运输公共信息资源开放制度，积极稳妥推进重点领域公共信息资源的开放，在合法合规的条件下，尽可能扩大开放内容和范围。四是，以应用为导向，将推广有关的应用经验和样板，加快推进交通运输领域政务信息资源整合共享应用试点，着力解决好业务需求与整合共享的紧密衔接关系。五是，以安全作为保障。将研究制定交通运输关键信息基础设施安全规划，组织开展行业网络安全检查，试点网络产品和服务安全检查，避免以安全为名消极应对整合共享工作。

以上是我们推进整个共享工作的一些做法和想法，对照党中央、国务院的要求，对比其他部委和省市，我们还有很多工作不足，需要改进，需要推动。我真诚地希望在座的各位专家、各位领导、各个单位能够帮助我们，共同把我们这项工作做好、做扎实。

谢谢大家。

观点再现

任　珑（中国招标投标协会会长、国家发展改革委原副秘书长兼法规司司长）：一是加快建立完善全国一体互联与开放共享的市场交易大数据公共服务体系，打破市场大数据交互共享的行政与技术壁垒；二是运用市场大数据推进招标采购全流程电子交易市场化、专业化、智能化发展；三是充分运用市场交易大数据助力政府对公共资源交易的放管服改革。

郑志彬（华为技术有限公司战略部副总裁、全球智慧城市业务部总经理）：数据、流程和算法相互作用带来数字社会无限想象空间，作为核心要素的资源交易是促进社会发展的重要驱动力。分享三点思考，一是流程已是资产，如何作为买卖交易的对象；二是算法作为驱动社会进步的重要力量，如何交易流通；三是AI已经到来，算法交易将带来巨大经济价值。

刘　谦（广联达科技股份有限公司董事、高级副总裁）：大数据应用要回到最终的服务对象，有这样几个角色，一是行业角色，二是企业角色，三是人员角色。

张　洪（贵州省公共资源交易中心党组书记、主任）：从纵向方面，省市县公共资源交易平台交易数据源源不断汇聚到公共资源交易公共服务平台；横向上打通了和行业行政主管部门的数据通道，实现了数据交互。同时，通过购买方式购买了外界的数据，各方数据汇聚后，通过数据加工、清洗，又实时传输到国家公共资源交易平台。海量数据的汇聚，为我们开展公共资源交易大数据分析应用奠定了基础。

袁惠民［中共贵州省委党校（贵州行政学院）常务副校（院）长］：在基层治理中相关干部要克服不懂、不敢的误区，积极利用互联网思维与大数据手段助力公共服务，让决策更加合理透明、服务更加精准有效。

贾　康（中国财政学会副会长兼秘书长）：在促进金融体系健康可持续发展的过程中，征信的意义不可忽视，要让有技术实力和大数据能力的机构进入征信市场，并需要尽快完成征信市场化的顶层设计。

汪玉凯（国家信息化专家咨询委员会委员、国家行政学院教授）：当前我国政务大数据应用还存在许多突出问题，今后要以国家大数据战略与"互联网＋政务服务"的布局为引领，持续推进相关领域改革，最终实现政府公共服务模式变革。

米加宁（哈尔滨工业大学公共管理学院教授）：要实现公共管理学科的现代化，必须要跟上数据科学发展、社会科学转型与管理学科进步等三方面的趋势。

潘永花（阿里研究院数据经济研究中心秘书长）：要以打通数据为关键，

落实以"人"为本的原则,运用互联网思维驱动创新,最终实现"让百姓少跑腿,让数据多跑路"的服务目标。

朱廷劭(中国科学院心理研究所研究员):运用大数据进行舆情分析,搭建社会媒体的公众社会心态感知框架,建立基于网络数据的社会心态预测模型,可以实现社会心态分析,进而了解民众心理,实现更好的科学社会治理与政府公共服务。

董新建(山东省电子商务协会会长、邦尼集团有限公司董事长):当前我国已经成为大数据最重要的市场,面对大数据时代信息高度个性化的现实,我们今后应面向行业定制解决方案。

饶晓亭(贵州省人民政府政务服务中心主任):贵州省"全省统建一张网"的大数据应用,要力求实现智能登陆、智能审批、智能客服、智能监督、智能分析"五个智能"。

赵宏伟[天津市人民政府行政审批(审改)办党委书记、主任]:应深化机构改革,重新梳理职权边界,并通过推进简政放权,切实提高审批服务效率。要强化过程监管,完善社会信用体系建设,同时要着眼于运用大数据手段,切实提高政府政务服务效率。

刘　方(交通运输部科学研究院交通信息研究中心主任):当前我国高速公路通行数据分析应用主要用于管理决策与民生服务,今后将以需求为导向,依托综合交通运输大数据应用中心建设,探索交通行业大数据融合,在数据的融合和碰撞中激发创新。

杨凤春（北京大学电子政务研究院院长）：只有通过体制机制的调整以及基于信息化、智慧化的变革才能实现政府作业方式的根本改进。

桂　华（国家节能中心综合业务处处长）：运用大数据能够极大提升节能监察工作效能，挖掘带有前瞻性和预判性的大数据分析结果，可有效推进地方政府做出更为科学、合理的决策。

张勇进（国家信息中心大数据发展部副处长、湖南湘西州人民政府副秘书长）：当前我国存在思想认识、上级部门与下级政府间、政府与部门间、政府各层级之间、公共数据服务缺失与技术等几个方面的堵点。

吴胜巧（浙江省温州市大数据中心主任）：要引入"一站导引、一窗受理、一网通办、一库共享、一端服务"等创新型方式，解决百姓办事无效跑、程序难、材料多等问题。

樊　博（上海交通大学国际与公共事务学院副院长）：要做出更加完整的顶层规划，促进机制体制改革，运用大数据手段，实现更好的政务服务。

罗　磊（贵州人和致远数据服务有限公司董事长）：要用数据和思维挖掘人性化需求，帮助农村农民更有尊严的脱贫。

张　鼎（上海城室科技产品经理）：政府开放的数据可以促进个体深入

了解城市、提升兴趣，促进企业完善设计路线、提升价值，促进政府提升全域旅游和文化旅游。

李若瑶（贵州光奕科科技有限公司副总经理）：政府数据向社会开放能够提升政府治理能力、激活产业创新动力和激发社会创新潜能。

陈　瑶（上海对外经贸大学工商管理学院副教授）：一是政府的数据开放可应用于政府管理、城市规划、市场监管等政府治理实践中，解决社会治理的现实痛点。二是实际需求驱动、解决现实问题的政府数据开放，比纯研究驱动更能落地。三是举办政府数据开放大赛，是主管部门开拓思路、引进技术、改进政府治理的有效途径。四是政府主导的数据工作室模式，在确保安全的情况下，集中数据、集中产学研团队，有利于创造性释放大数据能量。

黄明峰（贵州省贵阳市信息产业发展中心教授级高级工程师）：贵阳市政府数据开放平台的理念是构建平台、数据、业务、管理、安全"五位一体"的市区一体化数据开放架构。贵阳政府数据开放模式分为主动开放、依申请开放、数据工场式开放、契约式开放几种模式。贵阳数据开放做了许多卓有成效的工作，包括深度化的数据标准化及治理、多维度的数据标准化、全环节的数据质量管控、高效的组织实施、多轮集中和上门培训指导、创新的数据价值宣传、健全的政策保障体系等。

刘冬梅（交通部公路科学研究院智能交通中心副主任工程师、教授级高工）：综合交通出行大数据开放云平台是全国首个交通运输领域数据开放平台。"出行云"平台通过3年建设和1年的运营，建立了"3+2+1+N"的数据开放模式，即出行数据开放、应用服务开放、决策支持服务三大核心功能，成员单位、使用用户两类用户体系，一批价值数据和若干创新应用。

牟其林（提升政府治理能力大数据应用技术国家工程实验室副主任）： 信息技术的快速发展，为政府数据开放带来了必要的条件，同时政府数据开放的内部需求和外部需求也日趋强烈。一方面社会公众和企业希望政府开放更多的数据，从中挖掘数据价值；另一方面政府也希望通过数据开放吸引社会力量参与社会治理，利用大数据减少政府部门的管理成本，优化政府行政流程。

周文彰（国家行政学院原副院长、中国行政体制改革研究会原副会长）： 应该审时度势进行谋划，超前布局，积极主动，推动实施国家大数据战略，加快建设数字中国，更好地服务我们经济社会发展和人民生活的改善。一是加强网络基础设施建设，推进数据资源整合和开放共享。二要加快信息技术在各个领域的应用，推进互联网与实体经济的深度融合。三要大力推进社会事业数字化，为人民提供用得上，用得起的数字产品。四要加快欠发达地区农村地区互联网建设步伐，减少城乡区域间的"数字鸿沟"。

吕述望（中国科学院信息安全国家重点实验室教授、北京知识安全工程中心主任）： 数字世界包含三大特点，流淌的是数字序列、传递的是知识包、使用的是知识阅读器。数字世界安全最重要的是保证主权安全，加强国内自主开发能力，保证我国网络空间话语权。

**王　露（中国行政体制改革研究会常务副秘书长、中国信息协会军民

融合专业委员会副主任）：缺少统一的网络安全主管机构、缺乏网络安全审查机构、对数据管控力度不足等问题导致我国自主数字生态发展不健全。创新自主数字生态，一要提升党对网络空间的领导力，二要健全数据资产管理体制机制，三要健全网络安全协同管理机制，四要深化科技体制改革，五要探索具有中国特色的数字中国建设思路。

李　进（软通智慧科技有限公司首席运营官）：未来智慧城市产业将会从智能化、平台化向分享化与生态化发展。建设新型智慧城市，要推动人、物、组织的全面互联互通，构建"大数据＋政务服务""物联网＋社会治理""大视频＋公共安全""云计算＋产业服务""互联网＋数字生活"的智慧城市生态链。

陈鸣明（贵州省人大常委会副主任、秘书长）：政务信息系统整合共享是党中央、国务院的大事，是打通"放管服"经脉的重要举措，是服务民生的关键路径。

周　民（国家信息中心副主任）：整合共享工作是一项复杂的系统工程，也是一个难啃的硬骨头。在看到取得成绩的同时，我们也必须清楚地认识到，整合共享工作离党中央、国务院的期盼还有较大的差距，同人民群众办事创业的实际需求仍然有较大的不足。

戴　红（国家标准化管理委员会工业标准二部主任）：标准化是推动政务信息系统整合共享的基础和前提，通过标准化可以推动政务信息系统互联互通，政务数据开放共享，业务协同一致，通过标准化提高电子政务技术的协调性，提高整体效能，推动政务信息系统整合的有力支撑具有重要的意义。

王　江（国家信息中心公共技术服务部副主任）：抓紧推进政务信息的整合共享，利用好大数据，利用好政务数据，提升国家治理能力现代化。

金弘蔓（海关总署综合统计司副司长）：政府部门就应该做制度的建设者、制定者，做新数据使用的推动者，做诚信建设和数据共享的引领者。

刘晓明（国家地理空间信息中心常务副主任）：地理空间信息作为基础信息库，要更好地为各行业、为国民经济发展和创新，更多的创造普遍服务、标准服务。

姜文艺（山东省人民政府办公厅巡视员）：下一步，我们将认真贯彻此次会议精神，按照国家的统一部署，积极学习借鉴兄弟省（区、市）的好经验、好做法，以与企业群众关系密切的高频事项和群众办事100项堵点问题为切入点，积极承接国家下放的数据接口，强化数据支撑，切实用好大数据、管好大数据，高标准打造"数字山东"，为政务信息共享和改革贡献力量。

金加和（浙江省人民政府办公厅信息中心副主任）：政务服务，我们最终还是要回到政府的核心，政务服务最终是要打造一个应用生态，最终实现智慧政府的目标。通过最多跑一次改革，推进政府数字化转型，构建"互联网＋政务服务"应用生态，打造全天候、数字化、无缝隙的智慧政府，实现政府的治理能力现代化和服务治理体系现代化，让人民群众有更好、更多的获得感和幸福感。

张　颖（北京大学软件工程研究所副研究员）：在我们即将到来或者现在正在开始的数据时代，急需一种数据互操作，实现整个应用数据实体的共享融合。在大数据时代，黑盒路线已经成为研究主流和创新焦点。

张　雷（贵州省大数据发展管理局数据资源管理与安全处处长）：贵州大数据建设到了今天还是存在很多问题，比如数据共享开放水平不高。有些部门担心自己的信息一旦共享以后，影响了利益的实现，所以不愿意主动共享。二是有些部门数据购买过程中，数据购买的隐私秘密难以把握，担心共享出去的数据带来不利的影响和后果，而抵触共享数据。三是现有部门的数字化工作组织体制不适应大数据的发展要求。共享服务一盘棋统筹不够。

刘　俊（贵州省贵阳市人大常委会副主任）：近年来贵阳通过健康云平台、远程医疗、互联网医院建设及应用，健康医疗大数据发展取得了初步成效，但仍存在健康医疗数据边界、范围和数据汇聚后的管理维护职责不明确，医疗卫生机构和健康医疗服务企业向全民健康信息平台汇聚数据积极性不高，数据采集不规范，数据互联互通、分析应用不够，医疗检查检验结果互通互认规定不明确，安全保护的有关规定、规范和标准细致性不到位等问题，贵阳开展大数据健康医疗管理地方立法，以期为我国健康医疗大数据的发展应用提供有益探索。

杨义先（北京邮电大学信息安全中心主任、教授）：一是要小而专，即找准痛点进行立法；二是建立试验、反馈、微调、迭代的立法模式，形成有指导意义的法律法规；三是要明晰政府的责任边界，将责任有限化。

大数据与民生

—— 推进美国硅谷与中国数谷相得益彰、交相辉映
—— 数据在心,食药放心
—— 工业大数据特性与分析方法

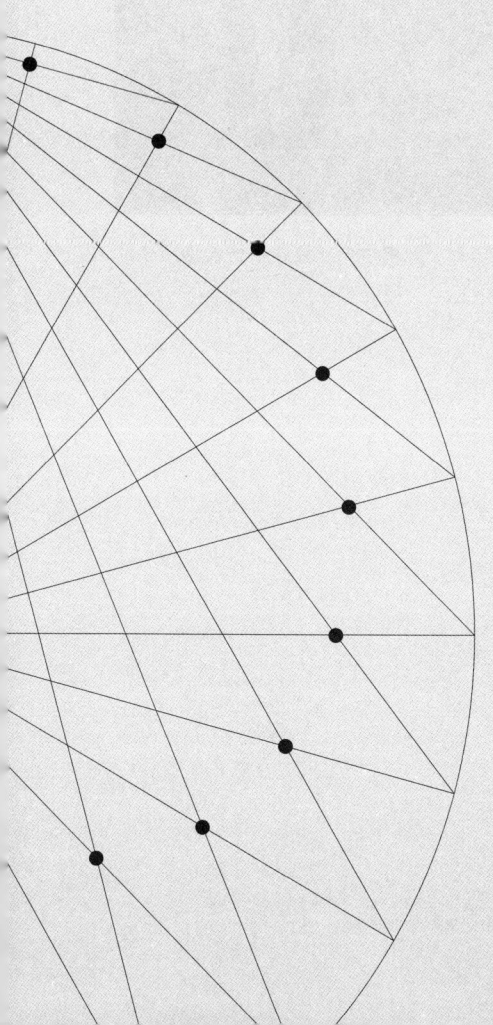

2018年5月25日,2018数博会"第二届社会民生福利大数据应用高峰论坛暨数据科学前沿国际学术研讨会"现场。

2018年5月25日,2018数博会"基于大数据的食品药品安全治理现代化论坛"现场。

2018年5月27日，2018数博会"生命大数据高峰论坛——数聚生命·数惠未来论坛"现场。

数据惠民，让百姓更有获得感

大数据战略重点实验室

"治国有常，而利民为本。"习近平总书记在省部级主要领导干部专题研讨班上重要讲话中强调，要"牢牢把握人民群众对美好生活的向往"。这一重要论述，集中体现了以人民为中心的发展思想。2017年12月8日，习近平总书记在中共中央政治局第二次集体学习时指出："要运用大数据促进保障和改善民生，大数据在保障和改善民生方面大有作为。"如何利用大数据发现民生需求、解决民生问题，为人民群众的美好生活赋能，将大数据与民生福利相结合成为大数据时代下的重大议题。

当前，大数据已成为推动经济社会发展的重要力量，同时也是解决民生问题的重要支撑。大数据应用能够加快民生服务的普惠化，深化大数据应用已成为惠民利民的必然选择。发挥大数据的价值真正做到取之于民用之于民，已经成为新时代改善民生的关键之一。"智慧交通"让百姓出行更方便,"智慧医疗"让百姓看病更轻松……随着"数据孤岛"的壁垒逐渐被打破,人们对大数据的认识日益加深,对大数据运用的需求也日益强烈,也为大数据与民生服务的深度融合提出了新的时代课题。

大数据在增进民生福祉扮演着越来越重要的角色背景下,针对大数据与民生问题,2018中国国际大数据产业博览会先后举办了第二届社会民生福利大数据应用高峰论坛暨数据科学前沿国际学术研讨会、基于大数据的食品药品安全治理现代化、融新态·通未来——交通及物流产业大数据伙伴2018论坛、生命大数据高峰论坛——数聚生命·智惠未来、数化健康·智绘未来、信息通信大数据服务实体经济创新实践高峰论坛、智慧医疗·数据先行等7场论坛。来自国内外的学界泰斗、业界精英齐聚贵阳,就大数据与民生等问题展开交流,建言献策,为推动运用大数据保障和改善民生发挥了积极作用。

一、推进民生领域数字化,挖掘民生数据新价值

数字化是现代社会发展的趋势。《国家信息化发展战略纲要》提出"加快建设数字中国"。《"十三五"国家信息化规划》将"数字中国建设取得显著成效"作为我国信息化发展的总目标。党的十九大报告强调,以技术创新为"数字中国"提供支撑。2018年《政府工作报告》提出,以提速降费为"数字中国"建设加油助力。"数字中国"成为我国大数据发展的重要目标。作为"数字中国"建设的重要组成部分,推进民生领域数字化、挖掘民生数据新价值,对于加快建设"数字中国"具有重要意义。2018数博会举办了数化健康·智绘未来论坛,探索民生数据在医疗健康领域的价值。

经过多年在医疗卫生领域的信息化建设,我国已经积累了大量的医疗

数据，为医疗大数据建设打下了坚实基础。随着制度的更新与政策的推出，大数据与医学的结合将成为现代医学发展的坚实力量，推动着医疗健康产业的快速发展。中国解剖学会理事长、国际数字医学会主席张绍祥认为，所有的一切都可通过数字技术实现数字化，数字医学是现代医学发展共同的方向，也是现代医学发展共同的特点，包括远程医疗、网上医院都在数字医学基础上发展起来的。所谓数字医学，是指用数字化的手段来了解人体内部的结构，辅助诊断和治疗，使医学诊断更加准确、治疗更加精确、服务更加良好。数字医学是21世纪医学发展的专家，人工智能（AI）一定会在医学领域里面发挥重要作用。

随着医疗大数据的发展，人类能预测疾病的发展趋势，提高治疗的精确度、准确度和灵敏度，控制治疗风险，避免漏诊和耽误治疗等。而药品作为治疗的主要部分，药品安全是治疗成功的关键因素。休斯顿卫理工会研究所、康奈尔大学教授余美祥指出，药品的数字化管理系统包括仪器设备管理协同系统、药品生产系统、药品分析系统、药品质量管理、药品工具管理系统和人工培训管理系统等组成。药品生产的数字化管理，不仅方便了监管部门的监察管理工作，也极大地避免了诸多不确定因素的干扰，有助于提高药品质量。因此，药品的生产流通和使用的各个部门都必须要有相应的系统。同时，随着人工智能在医药管理领域的应用，药品的信息化管理和使用将会得到加强。

当前，民生领域数字化正在蓬勃发展，催生了一大批数字化服务提供商。这些服务提供商将会是数字化领域非常重要的构成部分。浪潮软件集团运营商事业本部副总经理林巍认为，在数字化转型大背景下，所有行业都要拥抱数字化，数字化已经成为生存问题。但数字化转型需要拥有一定的基础，所以迫切需要新的运营商提供好的数字化服务，以便更好地抓住市场的机会。同时，面向数字化，运营商需要做好数字化转型的支撑，不仅仅只做数据连接或数据管道，还要抓住云网协同能力、智慧能力与连接赋能，让服务更高效，让数字化更好地满足社会经济发展、民生服务的需要。

二、聚焦大数据深度融合，打造民生产业新模式

"融合是新时代大数据发展的最大特征和价值所在，为新发展理念落地生根提供了无限可能，必将打开人们认识世界、改造世界的新大门，对社会生产方式、生活方式和社会治理模式都将产生重大而深远的影响。"数字化为融合发展创造了无限的机会，融合过程将催生无限的创新。只有融合，才能让数据释放价值、爆发力量。融合并非高不可攀，各地区、各部门、各行业、各企业都可以在与大数据融合中找到转型升级的路径，拓展创新发展的空间。以大数据服务社会广大民生，推动大数据与群众衣食住行、日常生活、健康医疗和社会公共服务等相融合，充分挖掘民生大数据的价值，促进产业提质增效升级，为百姓、企业、产业、社会的进步和发展贡献力量，更好地解决民生"痛点""堵点""难点"问题。2018数博会举行了交通及物流产业大数据伙伴2018论坛和信息通信大数据服务实体经济创新实践高峰论坛，都聚焦到大数据与产业深度融合，共同探讨产业高质量发展问题。

以互联网、大数据、人工智能为代表的新一代信息技术蓬勃发展，大数据应用加速与经济社会各个领域深度融合。交通数据需要与其他领域数据融合，才能产生更大的价值。中国电子科技集团首席科学家左毅强调，今后的交通管理不再是分散、分业务、分领域、分区域的，而是大交通管理的时代，需要构建一个安全、智能、高效的新一代交通运输管理体系。它的主要目标

分三步走：互联、互通、互操作。第一步就是将不同行业、不同区域、不同的基础设施互联。第二步要进行数据的互通，大数据时代必须进行数据的互通才可能产生相应的效益。第三步作为管理层面，一定是业务上可以互操作，最终实现空中、道路、水上、轨道交通的一体化的运营管理。

当前大数据技术发展突飞猛进，技术已经不是制约融合发展的主要因素，反而诚信问题将会阻碍技术推动融合的进程。中国物流与采购联合会网络事业部主任晏庆华认为，在大数据时代，信用结构发生了很大的变化，物流行业的交易模式也由原来的信息服务转变成信用服务。从市场需求讲，市场需要更精准、更高效的物流体验，物流行业已经从过去价格的竞争变成了价值的竞争。只有让物流行业内外数据融合，把企业信用数据联合起来，促使整个产业的融合跨上新的台阶，才能真正实现大数据的精准应用。

实体经济是一个国家国民经济的重要基础和重要支柱，而大数据是具有战略性、科学性、先导性和创新性的新兴产业，是先进的生产要素。大数据与实体经济深度融合，必将推动实体经济更好地实现质量变革、效率变革和动力变革。四川创意信息技术股份有限公司副总裁张应福分析，实体经济转型有四个步骤：第一步是要找到合适的市场定位；第二步是引入较好的技术，大数据、人工智能等技术是实体经济主要的发展动力来源；第三步是要重视数据的价值，数据只有关联才能产生价值，实体经济要稳中求进，必须把企业的数据、政府的数据和社会上的数据融合起来，才能达到倍增的结果；最后一步是要打通客户的沟通，提升客户体验。

三、探索民生大数据应用，创新民生服务新业态

2017年12月，习近平总书记在中共中央政治局就实施国家大数据战略

进行第二次集体学习时指出:"要坚持问题导向,抓住民生领域的突出矛盾和问题,强化民生服务,弥补民生短板,推进教育、就业、社保、医药卫生、住房、交通等领域大数据普及应用,深度开发各类便民应用。"大数据作为重要的基础性战略资源,核心价值在于应用,在于其赋值和赋能作用,在于对大量数据的分析和挖掘后所带来的决策支撑,为我们的生产生活、经营管理、社会治理、民生服务等各方面带来高效、便捷、精准的服务。2018数博会举办了第二届社会民生福利大数据应用高峰论坛暨数据科学前沿国际学术研讨会、智慧医疗·数据先行论坛、生命大数据高峰论坛——数聚生命,智惠未来,探讨大数据在民生领域的应用价值,让大数据更好服务民生。

在医疗健康行业,人工智能技术逐渐成为影响医疗行业发展、提升医疗服务水平的重要因素。人工智能对医疗行业的改造包括生产力的提高、生产方式的改变、底层技术的驱动和上层应用的丰富。北京邮电大学信息理论与技术中心主任贺志强认为,AI将会介入医疗的三个领域:一是诊疗;二是治疗;三是预防。同时,应用"人工智能+医疗"要满足三个条件:第一是医疗行业的数据。随着医院电子化和信息化的发展,医院积累了丰富的数据资源。第二是技术的问题,即高性能的算法。从2012年开始,以深度学习的算法获得很大的成功,医学人工智能在算法上面取得了重大突破。第三是计算能力。芯片具有计算能力的,同时云架构让数据实现了更好地共享,更好地去做计算能力的共享和提升。总的来说,现在面临的看病难、看病贵等问题能通过AI技术进行局部解决。

2017年6月,科技部等6部门联合印发《"十三五"卫生与健康科技创新专项规划》,将医学人工智能技术作为重点任务进行推动。贵州医科大学附属医院眼科副主任、复旦大学眼科副教授洪佳旭表示,现在的医疗人工智能太过于强调影像学，而影像学在整个疾病诊断过程中只是很少的一部分。医生只有做出正确的诊断，才会给出下一步的治疗方案。而AI在医疗人工领域的应用最终会走到"互联网＋"或者"AI＋"。目前人工智能更多的是服务医生，而不是替代医生。另一方面，人工智能医学在发展当中有个误区，就是太注重数据量的挖掘。从医生的角度，重要的是算法构建的模式，而不是数据量的问题。同时，还存在一个数据壁垒的问题，因为不同的医院使用的数据格式可能是不同的。

呼吸系统疾病是临床最常见的疾病之一，随着吸烟人口增加、空气污染严重，呼吸系统疾病所带来的负担不断增长。通过医疗大数据的建设，能快速协调组织病人、病种数据，降低研究周期。但现在相关医疗数据的建设体系还远远不够，通过医疗大数据的分析建设有助于克服轻临床重基础、医疗资源分散、系统组织相对较少等问题。国家呼吸系统疾病临床医学研究中心副主任、广州呼吸健康研究院副院长郑劲平表示，医疗大数据的建设需要建立基于自动识别技术的数据采集系统，进行数据采集、清洗、标准化处理、归类、应用，最终实现数据共享，所有共享到这个数据库里的人都可以应用。同时，通过大数据中心建设，可以进行数据的描述性分析、主题分析、随机分析、探索性分析等，归纳、汇总相关的应用，建立一系列发生发展预测模型，为疾病治疗、预防以及以后发展愈合做出非常重要的帮助。

医疗大数据的应用主要指的是将各个层次的医疗信息和数据，利用大数据技术进行挖掘和分析，为医疗服务的提升提供有价值的依据，使医疗行业运营更高效，服务更精准，最终降低患者的医疗支出。四川大学华西医院中国循证医学中心主任、IDEAL中国中心主任、国际药物经济学与结果研究协会（ISPOR）华西分会主席孙鑫就医疗大数据的应用提出了三点建议：第一，借鉴弗莱明翰的模式而不是借鉴病种，心血管研究要落脚在国内人群到底存在什么问题上；第二，除了做加法之外，还要考虑做减法的问题，研究做多做大，有可能带来做杂等问题，这需要通过做减法实现做精、做准以及产生高质量的研究；第三，临床研究是多学科的合作，因此一定要形成一个大团队、多学科的合作共赢的机制，让各方都积极参与进来。

四、大数据助力智慧建设，开创社会治理新未来

2015年8月，国务院正式发布《促进大数据发展行动纲要》，强调要"打造精准治理、多方协作的社会治理新模式"。大数据正在深刻影响世界各国的经济发展、社会治理、国家管理以及人民生活。2017年12月，习近平总书记在主持中共中央政治局第二次集体学习时强调，数据发展日新月异，要利用大数据提升国家治理现代化水平，推进政府管理和社会治理的模式创新，实现政府决策科学化，社会治理精准化，公共服务高效化，更好服务我国的经济社会发展和人民群众生活的改善。2018年3月，国务院政府工作报告明确提出，要创新食品药品监管方式，注重用互联网、大数据等提升监管效能，加快实现全程留痕，信息可追溯，通过大数据的监管让问题产品无处藏身，让不法者难逃法网，让消费者买得放心、吃得安全。运用大数据有效提升治理现代化水平已经成为监管者、研究者以及相关企业协会、学会等各方必须破解的重要问题。2018数博会举办了基于大数据的食品药品安全治理现代化论坛、信息通信大数据服务实体经济创新实践高峰论坛、融新态·通未来——交通及物流产业大数据伙伴2018论坛，聚焦大数据智慧建设，探讨运用大数据全面提升社会治理水平等相关议题。

食品药品安全关系每一个人的身体健康和生命安全，是最大的民生、最基本的公共安全。通过大数据监管治理，实现食品药品安全风险的识别，掌握动态的变化规律，精准的预警预测违法信息的溯源查处，用技防代替人防，让人民群众吃得更放心、用药更安全、生活更舒心。中国食品药品监管数据中心主任黄果认为，智能监管的策划人必须要比普通的监管者更智慧。如果把智慧定位为网络、数据、交换、规则，其难点是如何桥接到监管上。在食品药品监管发展过程中，存在三个问题。第一个问题是要求高，要采用国际标准进行监管；第二个问题是产业太大，从研发开始国际化大生产、大流通，这对智慧监管是非常大的难题；第三个问题是新，目前的信息技术发展太快，设备软件的升级换代太快。

社会治理创新是经济社会转型的内在要求，也是提升国家治理现代化水平的要求。随着大数据时代的到来，传统型社会治理模式在治理理念、主体、方式等方面面临着诸多挑战。中国联通智慧足迹数据科技有限公司副总裁赵华认为，大数据可以推动社会治理完成五个转变：帮助政府从粗放管理到精细化、从政府管制到社会共治、从窗口式服务到自助全天候服务、从被动响应到主动预见、从风险隐蔽到风险防范。同时，大数据在助力社会治理需要面向三个对象解决三个问题：面向企业，需要调整产业结构布局，助力企业竞争力的提升、科技的提升，从而为企业提供有竞争力的产业环境；面向市民，需要解决市民的基本诉求，提供安全稳定的生活环境，绿色健康便捷的公共服务，从而创造有吸引力的生活环境；面向政府，需要解决城市病，包括交通的拥堵，城市的污染，能源的匮乏等。

大数据正在促进交通行业的创新发展，智慧交通正在从技术、模式、空间等诸多方面改变传统交通业的方式和效率水平，让中国交通变得更加智能、高效、便捷，转型升级的空间巨大。天津大学法学院院长孙佑海介绍了智慧交通目前存在的问题：一是对智慧交通的认识还不够成熟；二是顶层设计不够完善；三是关键技术问题没有得到很好的解决；四是地方保护障碍比较多；五是各个地区智慧交通的发展不够均衡；六是大数据智慧交通存在的问题也比较多，行业标准不够统一，难以确保智慧交通系统基础设施的稳定性与可靠性；七是增加隐私泄漏的风险；八是增加了信息安全的风险；九是旧的设施还没有改造，新的设施还在运行当中，新旧设施的不匹配增加了一些新的风险；十是立法工作跟不上，希望通过法制来解决智慧交通发展中的问题。

交通运输对物流业的发展提供了基础的关键支撑和保障，而公路基础设施的日益完善也不断夯实了现代物流发展的硬环境，同时智慧路网的发展为现代物流业的发展优化了高效的软环境。一软一硬两种环境的发展，为物流业降本增效提供了积极有效的支撑和保证。交通运输部路网监测与应急处置中心主任李作敏认为，公路网是有形的网，是千万条公路组成的物理基础服务设施，是庞大的物流网络。互联网是基于数字网络的一张虚拟网，要做好两种服务的有效提升，提升智慧路网建设感知、协调、互动的水平，更好的保障路网安全、百姓出行便捷高效，提升物流效率，进一步促进物流业降本增效。今后的智慧路网管理，物流业的高效发展都需要云计算、大数据、物联网、移动互联、人工智能、区块链等新技术的应用，不断提高全国路网的监测与管理水平，提高全要素生产效率和综合效能，促进物流业的降本增效。

2015年8月，国务院印发的《促进大数据发展行动纲要》指出，"构建以人为本、惠及全民的民生服务新体系。围绕服务型政府建设，在公用事业、市政管理、城乡环境、农村生活、健康医疗、减灾救灾、社会救助、养老服务、劳动就业、社会保障、文化教育、交通旅游、质量安全、消费维权、社区服务等领域全面推广大数据应用,利用大数据洞察民生需求,优化资源配置,丰富服务内容,拓展服务渠道,扩大服务范围,提高服务质量,提升城市辐射能力,推动公共服务向基层延伸,缩小城乡、区域差距,促进形成公平普惠、便捷高效的民生服务体系,不断满足人民群众日益增长的个性化、多样化需求。"大数据的民用价值主要体现在大数据的全服务链上,核心是以大数据改善民生服务水平,让数据多跑路、群众少跑腿。围绕更好地解决民生痛点、堵点和难点,推动大数据与老百姓衣食住行、生老病死、安居乐业等服务相融合,打造大数据全服务链,着力解决普惠性民生问题,让公众有更多数据"获得感"。

以数据促进便民、利民。在民生事务中,通过将包括社保、教育、交通、医疗、民政、基建、工商、气象等数据予以整合、共享、开放,深入了解民众的利益诉求和关注点,深刻洞察民众的服务需求,深度开发各类便民应用。基于数据关联分析、可视化模拟等技术,对重大民生事项实现提前预测,及时处置或化解舆情危机和突发事件,变模糊被动的后端治理为见微知著的前端治理。

以数据促进公正、高效。通过政府各部门横向、纵向之间数据的融通,打通政府数据服务民生"最后一公里",促进"放、管、服"改革,规范履行行政审批、政务服务窗口的职能职责,推进政务服务规范化建设,构建全覆盖、全联通、全方位、全天候、全过程的"五全"政务服务模式。创新优化公共服务方式,减少前置审批,强化事中、事后监管。为公众提供最丰富、最全程、最便捷的公共服务,促进民生服务的均等化、精细化和普惠化。

大数据时代,民生服务也是民声服务。要通过数据分析,及时了解百姓诉求,多些百姓点菜,少些政府配餐。可以说,民生大数据恰似百姓心中的那份菜单,背后折射的正是百姓的殷殷期待。只有通过"大数据＋大民生",充分挖掘数据背后的民声,丰富服务种类、提高服务质量,才能不断满足人民群众日益增长的个性化、多样化需求,加快民生服务普惠化,构建以人为本、惠及全民的民生服务新体系,让百姓切实受益,让未来更有温度。

推进美国硅谷与中国数谷
相得益彰、交相辉映

中共贵阳市委副书记、贵阳市人民政府市长　陈　晏

各位来宾，女士们，先生们：

在2018中国国际大数据产业博览会开幕前夕，我们相聚在爽爽的贵阳，共同举行贵阳市人民政府与美国加州伯克利大学合作办学协议以及贵阳市与美国加州伯克利市结为友好城市合作备忘录签约仪式，积极推动双方务实合作。在此，受中共贵州省委常委、贵阳市委书记赵德明同志的委托，我代表贵阳市委、市政府向大家的到来表示诚挚的欢迎。

美国加州伯克利大学作为世界顶级大学，在数据科学、大数据等众多领域具有卓越的研发能力和非凡的创新能力，师资力量雄厚，学术成果丰硕，在全球大数据领域处于领先地位，拥有我们打造"中国数谷"迫切需要的优质资源。2016年，贵阳市与工信部电子一所、美国加州伯克利大学共同筹建了贵州伯克利大数据创新研究中心，拉开了三方战略合作的序幕。

贵州伯克利大数据创新研究中心自成立以来，围绕大数据学科建设、人才培养、科学研发、成果转化等方面做了大量工作，为促进贵阳市与美国加州伯克利大学在大数据服务民生、合作办学等方面发挥了重要作用。

2018年2月，我与刘金智洁副校长召开视频会议，就推动合作项目尽快落地交换了意见、达成了共识。我们将共同签署合作办学协议和贵阳市与美国加州伯克利市友好备忘录，进一步深化、细化、实化双方合作内容，这必将推动我们的合作进入一个新阶段，迈上一个新台阶。

我们十分珍视和看重与美国加州伯克利大学的合作，希望双方本着互利互惠共赢发展的原则，以今天的签约为新的起点，进一步加强沟通对接和协调联动，制订时间表，绘制施工图，落实责任人，以最大的力度、最快的速度、最优的服务推动协议事项落地见效。我们将全力以赴，为美国加州伯克利大学在贵阳的发展创造条件，确保如期兑现承诺，早日实现合作办学，早日与美国加州伯克利市结为友好城市。加快引进美国加州伯克利大学的优质教育资源、培训资源、人才资源，加快与美国加州伯克利市开展经贸、文化等方面的交流合作，助力贵阳建设国家大数据综合试验区的核心区，服务贵州大数据战略行动，为建设数字中国做出积极贡献。

希望美国加州伯克利大学和我们同向发力、携手共进，清单化、具体化，推动合作事项落细、落小、落实，愿知识之光普照大地的伯克利校训在贵州大地开花结果。签约仪式结束以后还将继续举行第二届社会民生福利大数据应用高峰论坛暨数据科学前沿国际学术研讨会。今天参加论坛的都是大数据民生领域的专家学者，借此机会我向大家简要介绍贵阳大数据服务民生的相关情况。贵阳作为中国西部的省会城市，近年来在省委省政府的坚强领导下围绕国家大数据战略，紧扣打造"中国数谷"的目标，高一格、快一步、深一层推进大数据战略行动，以大数据引领政用、商用、民用，致力于建设公平共享创新型中心城市。特别是在大数据保障和改善民生方面，我们进行了大量的创新和实践，取得了累累硕果。

我们利用大数据开展精准扶贫。我们搭建了"筑民生"综合平台，向市民提供185项不出家门的服务，市民通过一个网、一个号、一个窗就可以获得更加安全便捷的民生服务。我们积极发展远程医疗，搭建了贵阳市人口健康信息云平台，实现乡镇卫生院、社区卫生服务中心远程医疗全覆盖，让老百姓在家门口就可以享受大医院大专家的诊疗服务。我们利用大数据提高社会治理能力，特别是通过人像大数据系统实现案件防范、人口管理、便民服务等多方面的效率提升。现在贵阳80%已破案件都运用了人像大数据系统，"两抢一盗"日发率大幅降至每天0.32起。2017年，全市人民群众安全感上升到98.43%，创10年来最高纪录。

贵阳市的大数据民生应用是中国大数据民生应用的缩影，类似的案例在全国还有很多，可以为关心大数据民生领域的各位专家学者提供丰富的研究素材。希望大家围绕聚焦数据科学、深化双方合作、瞄准民生应用、助力精准脱贫的论坛主题，畅所欲言，集思广益，交流碰撞出更多的创新火花，为大数据增进各国人民福祉贡献智慧和力量。同时，也祝愿贵阳市与美国加州伯克利大学的合作再上一层楼，再结新硕果，共同推进美国硅谷与中国数谷相得益彰、交相辉映，让双方的合作成果更好地造福两国人民。

谢谢大家！

数据在心，食药放心

中国工程院院士　邬贺铨

各位领导，各位专家：

我发言的题目是"数据在心，食药放心"。食品安全的定义有广义和狭义。广义的食品安全包括价格的可承受性、食品的可供应性、自然资源与弹性。可承受性是指可不可以承受、买不买得起；可供应性是指能不能提供；自然资源与弹性是指长远发展怎么样。当然，狭义的定义包含在广义的里面。狭义的食品安全主要是指质量与安全，包括多样性、营养、微量元素和蛋白质等食品本身的安全。所以，世界联盟组织关于食品安全的定义是广义的，而世界卫生组织给出的食品安全是狭义的。总之，狭义的食品安全就是食物之中有没有影响人健康的问题，而广义的食品安全是从社会经济的广泛角度来说明的。

按世界卫生组织的估计，2015年全世界每年因为食源性疾病导致6亿人生病，42万人死亡。从2012年起，中国在113个国家里面，排名第45位，基本上是稳定的。2016年排第42位，2017年又回到第45位。这不是因为我们得分变差，而是其他国家进步更快了。狭义的食品安全里面我们大概是70分，在全球排第38位。

食品药品安全大数据具有它的一些特性。首先是多样性，食品药品都有多样性，它们分离出很多方法。其次是颗粒性，食品里面包括含量、营养成分和添加剂等，还有非结构化的数据，医药和药品也有非结构化的数据，医药数据碎片化，有成分、临床数据、不良反应、禁忌、用法用量等。但食药大数据的共同性是合法性，即这个产品是不是有批文的，按照什么标准生产，在什么地方生产。还有时效性，食品药品都有生产日期、保质期以及贮藏要求。还有可追溯性，不单是生产，还要追溯到生产、加工、运输、包装、储运。另外是生命性，民以食为天，食品安全的影响面很广，药可以救命，但吃错药是要命的，所以整个医药大数据是从无数的生命得到的。还有执法性，食品数据可以作为打假和食品安全事件的法律依据。当然，药品还有隐私性，用什么药涉及患者的隐私，用药也是一种医疗纠纷的依据。

食品药品安全检测会产生非结构化的大数据，比如通过无人机、卫星、光谱的遥感可以观察田间有没有黄曲霉素，小麦有没有真菌的毒素。动物食品，要通过各种微生物分析、免疫分析，色谱、质谱也是非结构化的。生产加工过程中，利用光谱仪的紫外线成像，监测加工是不是时间太长？温度过高？有没有产生有毒的物质。另外，食品供应链是细菌的测序，要进行DNA和RNA测序。中药安全监测也利用多种色谱法来支持。这些数据都是非结构化的大数据。药品本身的大数据可以用于药品打假和溯源。据世界卫生组织统计，在发展中国家销售的药品30%是假的，在全球是

10%，每年有70万人死于假药。据食品海关统计，全球市场假药大概每年有200亿美元。美国的一家公司，在药品里面贴了PIN码的标签，数据会传到公司的数据中心，顾客可以获得验证码，把验证码发出去就可以知道药品的真假，它的整个过程是加密的，公司也可以掌握整个药品的情况。

在未来，区块链和交易合约在食品药品安全中也会有广泛的应用。食品和药品的整个流通过程的每一次流通、每一个环节都是一个交易，有交易纪录和时间轴。交易信息打一个包，这个包里面加上一组数据，叫哈希值。所谓哈希值，是交易信息按照一定的规则计算出来的摘要，无论交易期限有多长，摘要不会发生变化。根据这个摘要和同一个数，区块包和区块里面信息的比对，进而发现信息有没有改变。整个交易涉及很多环节，如运输、后台的支付、金融、供应方等等，所以每一笔交易都是另一个环节。而这个区块存储，它的数据包同样是覆盖了所有节点，如果某一个节点出来的区块跟别人的不一样，那很容易被发现。另外，前一个区块跟后一个区块通过哈希值关联起来，甚至可以改某一个区块，但是不可能追溯改到前面的区块，所以区块链本身在未来是有可适性的。世界卫生组织发文称，区块链技术在打击假药和优化药品供应链方面将发挥了重要的作用。

食品药品安全大数据需要建立共享和开放的机制，目前我们国家还没有真正的医疗大数据，现有医疗数据的来源结构很多样，没有统一标准，共享的机制和隐私保护是不健全的，医疗数据的利用率还太低。2010年到2015年，美国的食药监局和哈佛大学合作提出"哨点计划"，以哈佛大学作为协调中心，协调18个数据合作机构。药品监督管理局、医院医药企业等每个方面的数据都不够，他们不愿意把数据全部贡献出来，他们需要什么数据可以提出来，然后协调中心根据需求研发出数据抽取转化的标准化模型，分给合作方，参与合作机构都按照需求提供他们挖掘好的数据，由协调中心把结果综合起来提供给各方。这样的方式避免了过去笼统地把所有数据都收齐，那样很多单位是有顾忌的。同时也打破了数据不能共享利用的问题，实现了协调中心指导下的有限共享，没有改变所有权，也没有调动所有的数据，但提供了有用的分析。

此外，美国的药监局做了一个"开放的FDA"，它公开食品、药品、医疗器械和化妆品有关不良反应、召回、标识等方面的数据。仅仅成立了一年多，注册用户便超过6000个，2万多个系统，有超过2000万次的数据调用，很多的用户还专门开发了运用这些数据的软件，同时上传到这个网站，通过手机就可以获得药监局所有的数据服务。

最后，引用第十三届全国人大一次会议的政府工作报告的一句话："创新食品药品的监管方式，注重用互联网、大数据提升监管的效能，加快实现全程留痕、信息可追溯，让问题产品无处藏身、不法销售者难逃法网，让消费者买得放心、吃得安心。"

谢谢大家！

工业大数据特性与分析方法

——关键技术与发展趋势

中国工程院院士 谭建荣

各位领导,各位专家:

现在数据越来越多,但是如何处理这些数据仍是一大难题。今天我就结合我在大数据企业应用方面的学习研究,做题目为"工业大数据特性与分析方法——关键技术与发展趋势"的报告。

大数据是新一代信息技术,虽然四十多年前就有人提出了大数据的概念,但在最近几年大数据才成为关键技术和热点。新一代信息技术的特点有四个:从互联网到物联网技术的发展、从虚拟现实技术到增强现实技术的发展、从网格计算到云计算的发展、从机器学习到深度学习的发展。在这一系列发展过程当中,产生了四个关键的领域:一是人机互联,二是混合现实,三是大数据,网格计算到云计算就是围绕大数据形成而产生的,四是人工智能,通过深度学习,人工智能成为一个新的热点。因此,新一代信息技术，大数据起到了关键作用。大数据的模式识别、虚拟现实交互技术、感知技术、学习技术、决策技术正在深入影响我们的生产、生活和学习。制造业在交互技术、感知技术、学习技术和决策技术的应用下，正在向数字化、智能化、拟人化方向发展。我们知道，工业大数据思维是为制造业服务的，制造业是人类赖以生存和发展的基础产业，世界各国对制造业的发展高度重视，纷纷出台了一系列振兴制造业的计划，其中就有知名的"三大战略"计划。首先是美国的"先进制造业国家战略计划"，强调三大优先突破技术：先进制造的感知控制技术、智能制造技术平台、先进材料制造。德国的"工业4.0"，其主题是智能工厂、智能生产和智能物流。在这样的背景下，我国开始实施"中国制造2025"，其三大核心问题就是数字化制造、网络化制造和智能化制造。

"中国制造2025"起源于中国工程院的三大咨询研究项目。首先是中国工程院院长周济提出的"制造强国发展战略"，强调智能制造、工业强基和绿色制造。中国科学院原院长路甬祥提出的"创新设计发展战略"，强调技术创新、产品创新和模式创新。路院长用几十年的时间仔细研究我国制造业发展，他认为，中国制造业要从制造大国走向制造强国，创新设计是关键。改革开放以来，我国的制造业有了很大的发展，但是相当多的产品仍以仿制为主，真正创新的产品并不多。因此，我们要成为制造强国就必须技术创新、产品创新、模式创新。2016年，中国工程院原常务副院长、浙江大学原校长潘云鹤提出了"中国人工智能2.0"，强调要围绕大数据智能、互联网群体智能、跨媒体智能、人机混合增强智能、自主智能系统等新一代方向。

众所周知，制造业是人类赖以生存和发展的基础产业，制造业发展要创造出产品。对机械工业来说，就是要为各行各业提供装备，产品装备经历了机械化、电气化、智能化几个阶段。我们经常说,一代产品是一代工艺,一代工艺需要一代装备,一代装备还需要一代服务。当前我们更加关注产品的来源,因为一代产品需要一代设计,一代设计就需要一代研究,那么研究就需要大数据的支持。

目前,由于市场变化快,很多制造企业发展过程中存在一定的困难。这里所说的市场变化主要是以下四大变化:一是由过去的批量化生产向现在的定制化生产转变;二是由过去的单一产品生产向现在的多品种生产转变;三是由过去的产品生产周期较长向现在的产品更新周期短转变,其中最明显的就是手机,苹果、华为、中兴等公司一年半载就要推出一个新产品,更新周期很短;四是由过去的大众化、中低端产品向现在的高端化产品转变。基于这些变化,我们就需要依托工业大数据对市场进行分析,更好地指导我们产品的生产和设计。

2012年,GE公司率先提出工业大数据的概念。GE公司是制造业领域最具创新性的企业,它引领了制造业的发展方向。它有几个关键性的产品在世界上具有非常领先的地位,第一个是大功率的航空发动机,第二个是高端医疗仪器。过去如果胸口痛,也就拍个X光片,现在需要做CT,还要做PET。这种高端的医疗仪器是GPS的天下,G就是GE、P就是飞利浦、S就是西门子。所以,GE在20世纪90年代就提出制造服务的理念,要把制造业拓展到制造服务业。制造服务业更赚钱,效益更好。在这样的背景下,2012年GE率先提出了工业大数据的概念。

制造业的创新包括产品创新、制造基础创新和产业模式创新三个层次。数字化、网络化、智能化创新是工业大数据的必然来源。要搞数字化和信息化,就必然产生大量的数据。所以,工业大数据的主要来源有四个方面:一是数据化设计;二是自动化制造;三是网络化监测;四是物联化管理。

工业大数据贯穿于设计、制造、使用、维修、回收等各个环节。制造企业要用数据来进行产品设计、组织生产，最后才是销售和为用户服务。在这个过程当中，产品设计的依据是工业大数据，同时在设计过程中又会形成新的数据，既是数据的使用者，又是数据的生产者。

工业大数据可以分为四大类型。第一类是需求大数据，市场需要什么样的产品、谁是产品用户、产品卖给谁，都可以通过工业大数据进行分析挖掘。第二类是产品大数据，围绕无数产品形成一系列的数据。第三类是制造大数据，在制造过程中形成大量的数据。第四类是使用大数据，包括产品的用户体验、满意度、用户地域分布等。通过这四类大数据分析可以得出，工业大数据有四大特点：一是语义性，每个数据都附带了一定程度的物理意义或使用意义，比如高压锅的压力、电饭煲的电压等等；二是时效性，有些数据现在很有用，但过一段时间就失效了；三是异构性，数据结构非常复杂，既有图像、图片、图形，又有数据、函数、自由曲面等等，所以异构性是工业大数据非常突出的特点；四是多域性，工业大数据涉及物理、化学、力学等领域。同时，工业大数据发展也有四个方向，即从低密、低价值向关联化发展，从批量化向个性化发展，从延时性向实时化发展，从结构化向异构化发展。

几年前我就提出，贵阳发展大数据必须要解决两个关键问题。一是谁愿意把数据存储到贵阳，比如联通、电信的数据能不能放到贵阳？再比如北京301医院、上海华东医院、瑞金医院等医疗机构的核磁共振、CT等医疗大数据能不能放到贵阳？如果北京、上海这些著名医院的医疗大数据不肯放在这里，那医疗大数据的先进性就是一个问题。二是大数据行业的高新技术人才是否愿意到贵阳工作，现在各个企业、各个行业、各个部门都拥有很多数据，数据的价值需要高新技术人员挖掘。

大数据的价值怎么挖掘？工业大数据应用有哪些关键技术？我总结了几点：

第一，工业大数据的分类技术。现在数据很多，如何来进行分类呢？把大数据按不同的原则进行分类，会有不同的结果。人口按照年龄层可以分为老年、中年、青年，按照学历可以分为博士、硕士、本科，还可以按照职业、民族、区域等进行分类。不同的分类，可以得到不同的结论，不同的结论汇聚起来，就可以发现很多东西。比如现在中国已经进入了老龄化社会，特别是沿海地区老龄化非常严重，就要加大医院和康复机构的建设力度，这是大数据给我们的启示。再如，前几年实行计划生育，儿童数量在减少，幼儿园和小学的数量可以随之进行调整。最近放开二胎政策，一年要多增长几百万新生儿，几年以后要上幼儿园、小学，现在就可以提前进行规划。所以，大数据的分类技术是非常关键的。

第二，工业大数据的建模技术。一堆没有建模的数据是一盘散沙，要使数据变得有价值，必须要数据建模。数据建模的概念最早是我国提出的，20世纪90年代就有博士生进行数据建模研究，哪种模型适合哪一类数据？有了这个模型，数据才能共享、传输，才能贡献出有价值的知识。以前我们担心没有数据或者数据少，大数据发展变成无米之炊，现在我们担心数据太多、存储量大，要找出它的规律需要付出很大的代价。这个时候，数据模型就是关键，有了这个模型，我们可以把和这个模型相符的数据保留起来，偏离模型的数据可以抛弃。数据越来越多，对服务器及存储量的要求也越来越高，而且服务器几年就要更新一次。所以，我们要在算法、模型方面下功夫，对数据有取舍，才能把它的价值充分发挥出来。

第三，工业大数据的聚类技术。什么是聚类技术呢？蚂蚁就是一个聚集的过程，哪里有糖就往哪里聚集。现在朋友圈也是一个聚集，你跟什么人聚集就反映你是一个什么档次的人。通过聚类，矛盾的主要方面能充分反映出来。

第四，工业大数据的匹配技术。数据匹配比较关键，我们这么多的数据，怎么样进行匹配、按照什么规则进行匹配都非常重要。

第五，工业大数据的优化技术。在茫茫大海里，有很多能到达预定目标的路线，但是哪条路线是最优化的？通过大数据分析，我们就能找出最优化的路线。现在百度、高德的导航都做得非常好，它的原理就是大数据优化，怎么优化？比如到贵阳飞机场的路很多，可以根据实时车流量，选择耗时最少的路，这就是一个优化问题。在大数据当中，这个优化跟以前有明确目标函数的优化有很大的不同，以前还是优化模型，假定它是一个连续函数，找出它的最优点比较容易。而在大数据背景下，茫茫大海找一条最优路径，是有一定难度的。所以也有一定的算法，包括优化的辨识算法、调度算法等等。

第六，工业大数据的可视化技术。数据太多，趋势变化看不出来，可以把它可视化。比如中央气象台可以做一个云图，云往哪里推，哪里就要下雨，大家都看得懂。因此工业大数据可视化的关键技术非常重要。

以上就是我总结的六项关键技术，围绕这六项技术的应用，我们也开发了一些系统，在这里向大家做一个简要汇报。

第一，大数据驱动高档电梯个性化定制。房地产的发展促进了电梯行业快速发展。二十年前，我就涉足这个行业，发现每家的电梯、行程、高低、轿厢宽窄都不一样，都是个性化定制。一是通过大数据分析，根据电梯速度、载重量、倾斜角度、高度等不同的用户需要，可以派生出几百个品种型号，根据参数、部件配置变化又可以形成数千种规格的产品。每个单体产品包含200多个可变基本参数和几千种零部件，各个参数之间如何关联影响，所以就开启了大数据时代高端电梯个性化需求产品设计系统，以满足用户对电梯的个性化需求。二是大数据派生进化，三是中层次的智能制定，四是实时的动态分析。

第二，数控机床大数据设计资源共享平台。以前的设计都是一大本手册，所有数据都需要现场翻阅，非常费时费力，所以需要这么一个平台。当前，我国的机床行业不景气，因为以前的机床行业都是仿制设计，真正自主创新设计的产品几乎没有。为什么没有？缺乏设计的工具、设计机床麻烦、工作量大、水平不够、知识面不够等都是重要原因。现在我们开发了一个设计资源共享平台，为机床的设计提供了有力的资源。整个系统包括通用机械设计手册、专用机床设计、模糊查询检索等等，内容非常丰富，为我国机床工业自主设计、创新设计提供了有力的工具。

第三，工业大数据在故障监测中的运用。我们可以通过对机床电主轴的震动、跳动、位移、电流等数据的分析，能预测电主轴什么时候会出现故障，这对企业非常重要。

最后，欢迎贵州的各位领导、大数据的各位专家、制造企业到杭州，到浙江大学进行技术交流与项目合作。

我的报告到此结束，谢谢大家！

区块链与公共服务

美国加州伯克利市议员、副市长 本·巴特利特

我来自创新之城——伯克利市,今天给大家介绍一篇论文,这篇论文可以解释为什么在区块链方面有那么多的投资兴趣以及政策方面的变化。

我们是第一个从特朗普"边境墙"剥离出来的城市,因为我们觉得它对经济是有分裂作用的,我们需要考虑到包容性问题。在伯克利市约有1400人没有办法建房子,我们和工会一起为这些露宿街头的人们用预制板来搭建移动房屋。我们知道未来机器人有可能会取代人们的工作岗位,目前"机器人项目"在我们许多城市都已经开始扎根落户了。健康、卫生问题在社会当中也是非常严重的,我们和大学技术提供者、非营利组织以及创新创业机构在卫生健康方面有合作。

现在的区块链其实是一个带来新价值的机会,它是一个数据库,是一个直接沟通交流、交互的工具。我们在区块链方面做了很多研究。美国那

些无家可归的人可能会有零价值危机，他们什么都没有，没有物产，没有土地，非常贫穷，这些人就是零资产人士，这一部分人群现在越来越多。所以我们希望通过区块链搭建一个机制，去解决这样一种零资产的极端贫穷的情况。第一个是在伯克利卖出的微债券，为贫穷人口提供一些资产。这个智慧路径一共有三个部分，首先是资产类别，就是微债券区块链平台能够直接给消费者10多个债券，过去债券最低的价值很可能是5000美元，现在我们发行的微债券有5美元、1美元，一般人都可以买这个微债券来产生收益，同时也可以筹资为社会住房项目提供贡献。第二个是我们准备筹集2000万美元，激励更多的资金投资绿色基础设施，如太阳能、风能等等。但是由于投资没有税收的激励措施，且缺乏法律法规的支撑，所以没有办法激励大家去投资一些技术不太好的基础设施。但是区块链可以让我们有智能的合同，能够从零开始再到工业链，协商一系列的合同，在所有的环节中都可以通过区块链制定智慧合同，实现背后的资金支持，使得这些绿色基础设施的项目最后得以完成。

最后，因为现在有大量的数据，所以我们有投资以及创造资本的机会。通常每个美国人的数据都会被交易100多次，如果你是一个年轻人，还有一台智能手机，那么你的数据每天很有可能会被交易10万次，这些交易能够使你被动地拥有一些收入。就因为这个，你每个月可以赚200美元。家庭、社区等等都能够一起合作，提供一些安全的、脱敏的数据，这些数据很有可能就是抵押的资产，可以用来投资。在世界范围内，资本的非流通性其实是因为背后没有资产的支持，而要有这些资产的支持，就必须利用数据、技术来解决这个问题，智慧的路径就是基于区块链来解决这个问题。

还有一些例子，"一带一路"倡议其实是人类历史上一个最大的资源流动，它的成功能够释放财富的潜力，使得世界一半的贫穷人口走出贫穷。

因为"一带一路"走过的地方，所带来的技术以及财富能够解决当地零资产的问题，这是智慧路径最好的一个表现方式。"一带一路"倡议如果去了东非和肯尼亚，去帮他们建桥或造路，或者打造贸易的基础设施，都可以带来巨大的财富和市场。

中国人说"要致富，先修路"。通过区块链来实现智慧路径，然后通过一系列的智慧合同融资，使得肯尼亚的人可以花2毛钱、5毛钱或者2块钱，由区块链来实现生物智能的绑定，确保实现当地支付，通过合力来支持他们建设当地的基础设施。同时因为是本地人民支持本地基础设施的建设，最后建起来也会造福社会。我在伯克利就是推动这个项目，在伯克利市就有类似的基础设施，零资产人士可以花一部分钱来买这些资产，他们所提供的资金就是本地一个流通化的货币，可以是一个虚拟货币，也可以是一个网络货币，通过区块链来实现。相信通过这种首次公开发行货币或ICO，能让每个人出资支持本地项目，同时又能够反馈社会，这样的项目在未来是有无限前景的。

谢谢！

中国高速铁路发展及展望

中国科学院院士 翟婉明

各位嘉宾，各位同仁：

我今天讲一下未来交通大数据应用前景广阔的一个领域——高铁。我简要给各位分享一下我们中国高速铁路发展的总体情况和下一步的展望。

首先介绍我们高铁的提速情况，持续到20世纪90年代初，我们铁路的最高运行速度只有80到90公里每小时，一直处于落后的状况。然后，国家实施了中国铁路提速的战略，从1997年4月1日的第一次提速，到2007年4月18日，整整10年间进行了原规划的5次提速，提高到最高时速160公里。后来进行了第6次提速，提到时速250公里，这就进入了高铁的领域。原来铁路的状况是线路差，安全性不容乐观，拥堵的矛盾非常突出。1997年第一次提速，我们只在京沪、京广、京哈三大线路试验，最多有每小时140公里的速度，大多数是每小时120公里，这三大干线是经济繁荣发展的地带，提速解决了很多问题。紧接着进行了第二、三、四、五次提速，最高速度提到了每小时160公里，第6次提速实现了最高速度250公里每小时。在原来每小时80公里、90公里的基础上提到了每小时250公里，这个速度差在世界范围内的增幅是最高的。我们非常自豪，并且所有的提速完全是中国自己研究实践出来的。

2008年奥运会召开之前，京津城际铁路开通，中国铁路迈入了高铁时代。这里面介绍几个第一，第一条高铁是京津城际铁路，虽然只有113公里，但是我们实现了350公里每小时的运营速度。第一条长距离高铁路线是武汉到广州，全程超过1000公里，我们运营速度也是每小时350公里，这无论是在当时和现在，我们的运营速度都是世界上最高的。我们最高标准的高铁是京沪高速铁路，这条线路也是世界上最高标准的高速铁路。还有一个第一也值得一提，就是在严寒地区修建的哈大高铁，这个是世界上在高寒冷地区修建成功的路线，我们原来的运营速度在冬季最高为每小时200公里，夏季为每小时300公里，为什么呢？因为寒冷天气，基础地基的冻胀现象非常突出，冻胀以后使得有几何误差，高速情况下轮轨的动力性能就会发生变化，轻则影响到乘车的舒适性，重则影响到行车的安全性。由于这样一个难度，所以推迟了一年开通运营，前几年都是按照冬季每小时200公里的速度运营，到了2015年以后，我们取得了经验，加上技术的改进，现在冬夏的速度都是每小时300公里。

中国最长的高铁线路是北京、武汉、深圳、香港这条线，全程超过2000公里，这条线是欧洲国家里程加起来的总和。从1995年到目前，短短的20年间，我们从原来可怜的151公里每小时的速度，通过提速和反复试验，实现了最高418公里每小时的速度记录。如果把世界上高铁实验速度摆在一起看，我们处在世界第二位。

我再介绍一下路网。早期时候国家的《中长期铁路网规划（2008年调整）》就提出了建设"四横四纵"客运专线，四纵为京沪高速铁路、京港客运专线、京哈客运专线、杭福深客运专线（东南沿海客运专线）；四横为沪汉蓉高速铁路、徐兰客运专线、沪昆高速铁路、青太客运专线。三个城际客运系统就是长三角、珠三角和环渤海地区，开通了以后老百姓反映非常好，它实现了我们半小时的生活经济圈，非常便利。然后各个地方纷纷提出也要修建，最后连续两次调整中长期规划，老百姓受益匪浅，应该说是一件大好事。到目前为止，我们运营的高铁总里程超过25000公里，超过了其他国家所有高速铁路的总里程，这是非常振奋和自豪的。

再简要介绍一下高速列车。我们以前没有高速列车。2007年我们引进国外先进的系统，把它编成12345型车，它的速度在200到250公里每小时，就是为第6次提速用的。2008年也是以引进为主，我们在引进消化吸收的基础上做了很多创新。我们大家熟知的380，现在也有很多地方在运营。2017年我们成功的投入运营复兴号，这个是400AF48，叫中国标准动车组，这个完全是由我们中国自己研发设计制造试验，然后成功投入运营的。2017年9月21日投入到京沪线运营，实现了350公里每小时的运营时速，这个意义很大。温州事故以后我们将速度降到了每小时300公里，国外则从300公里每小时提到了320公里每小时，而现在我们实现了350公里每小时，中国现在已经是世界上高速铁路运营速度最高的国家。试验速度是考核技术特征，运营速度是考核总体水平，因此，运营时速350公里是很重要的事件。

我再把未来我们高铁的发展给大家展望一下。由于这么多年高铁的发展和社会需求，以及老百姓的反映，国务院又进行了一次中长期铁路路网规划的调整，明确提出了要构建世界最完善的高速铁路网。

第一，到2020年，我们高铁总量里程进一步提升到3万公里，到2025年，提升到3.8万公里。其中最大的改变是我刚才说的"四纵四横"高铁主干线，提升为"八纵八横"主通道，这个八纵在原来的基础上加了四纵，原来的四横又加了四横。整个主干网非常密集，覆盖了整个中东西部，涉及成都、重庆、昆明、兰州等城市，对中国整个交通的疏解，社会经济的提升，出行的方便都产生了较大的影响。

第二，我认为我们现在已经到了要长期安全稳定运营的阶段，这个问题就是要提升运营维护标准的技术水平，这是一个大的任务。这首先就是运维标准体系的建立，我们有各种规定，这个要慢慢研究实践出台。其次是跟大数据相关，就是要建立完善中国高速铁路的安全检测、监测与预警体系，这是一个庞大的高铁网。我们每天高速列车有5000列之多，总里程25000公里。高速的、长时间的运营，我们怎么保证安全？要靠我们现代科学技术，靠人工智能、大数据综合处理。我们作为高铁大国、强国，下一步我们怎么引领，高速铁路到底跑多快比较合适？法国试出了574公里的试验速度，但是没运营。经济安全、合理的速度是多少？我们作为中国高铁的研究和实践者，现在正在研究400公里每小时的高速动车组。这有一个关键问题是运营安全性、稳定性，还不要忘了经济性和可持续性。最后，要确保高速列车在任何环境、任何位置都长期保证安全。长期保障安全是一项很重要的任务，我们要靠建立完善的运维体系、安全预警体系来实现，这里面大数据应用的前景是广阔的。

第三，以后我们的高铁要更加绿色环保。速度是一方面，同时也要科学客观地认识速度不是唯一的目标，我们要解决空气噪声、能耗的问题。环保绿色可持续是条件，在这个基础上要实现多快的速度都可以。中国高铁要研究的技术还有很多,我们的目标也是国家的梦想,让中国高铁走向世界、引领世界,这是我们的梦想。

谢谢大家!

推进数字中国建设，开启万物互联新时代

中国通信企业协会会长　苗建华

尊敬的各位领导，各位嘉宾：

非常感谢中国国际大数据产业博览会让我们有缘齐聚爽爽的贵阳，在这里首先我代表中国通信企业协会欢迎各位远道而来的以色列贵宾，欢迎各位专家学者、企业界的代表出席信息通信大数据服务实体经济创新实践高峰论坛。

众所周知，以色列是著名的以创新创业为突出特色的国家，在国际上享有盛名。以色列有800多万人口，2.57万平方公里的国土面积，是世界高科技企业密度最高、创新成果最为显著的国家之一。特别是以色列的生物医疗技术、消费型机器人技术、航空航天技术等位列世界前列，半导体、物联网和人工智能的颠覆性创新影响了整个世界，也给中国带来了很多新鲜的经验。中国也是全球科技创新领先的国家之一，当前在以云计算、大

数据、物联网、人工智能、工业互联网为代表的新一代信息技术的产业，如高档数控机床、机器人、航天航空装备、先进轨道交通装备、海洋工程装备以及高技术船舶、节能与创新节能汽车、新能源汽车等领域都取得了较大的创新成果。随着全球消费类电子、汽车电子等行业快速从欧美和日韩市场向中国转移，以色列顶层颠覆性的创新技术与中国市场的协同效应越加明显。科技赋予了产业发展强有力的新动能，也为中国和以色列两国之间的合作，带来了美好的前景。

党的十九大报告明确提出，推动互联网、大数据、人工智能和实体经济的深度融合，建设数字中国。习近平总书记就实施国家大数据战略主持中央政治局第二次集体学习时再次强调，要构建以数据为关键要素的数字经济，加快完善数字基础设施，推进数据资源整合和开放共享，保障数据安全，强化大数据产业应用，提升政府数据治理水平，建设现代化经济体系，加快建设数字中国。

大家知道，实体经济是一个国家国民经济重要的基础和重要的支柱，而大数据是具有战略性、科学性、先导性和创新性的新兴产业，是先进的生产要素。大数据与实体经济深度融合，必将推动实体经济更好地实现中央提出的三大变革，即质量变革、效率变革和动力变革，这也是我们举办本次论坛的目的之一。

随着国家网络强国的战略实施，信息通讯业在国民经济中的基础性、战略性、先导性地位更加凸显。这里我也向在座的各位嘉宾介绍几组数据，来说明中国信息通讯业发展的状况，也说明我们和以色列之间的合作有着广阔的空间。第一，截至2017年年底，中国已拥有3G和4G基站462万个，遍布中国城乡。第二，在全国地级以上城市，均实现了光纤化城市，也就是建成了光网城市，光纤覆盖率达75%~85%。第三，中国的移动电话用户是14.7亿，其中4G用户10.6亿，占比72%。第四，截至2018年3月，中国的互联网用户是16.8亿，其中移动互联网用户是13.2亿，城市入户带宽平均在50M~100M，广州、上海、杭州等城市已经实现了千兆入户。此外，每户月均的流量消费大体上突破了3G，网上零售额总计突破了7.8万亿，移动支付交易额总规模达到150万亿。这样一组数据说明了中国信息通讯的基础设施建设不断加快，推动了信息通讯业快速发展，推动了云计算、大数据、物联网、人工智能快速发展，广泛融入经济发展、社会管理和人民生活的各个领域。第五，截至2017年12月底，中国的信息消费规模达到了4.5万亿。其中大数据产业本身的规模达到了4700亿，同比增长了30%，带动了数字经济规模化快速发展。2017年12月底，中国的数字经济的规模达到27.2万亿，同比增长20.3%，占GDP比重达32.9%。说明我国的数字经济发展速度是非常快的。

通过这些数据可以看到，中国信息通信行业数据资源丰富，基础设施完善，在发展云计算、大数据、人工智能和区块链等新技术方面具有天然优势。贵州省和贵阳市人民政府认真贯彻中央建设数字中国的发展战略，充分利用贵州地理气候环境优势，积极建造数据中心，大力推动数字经济的发展，好的环境和政策也为其数字经济发展引来了金凤凰。运营商大数据中心在贵阳落地，奠定了大数据产业发展的基础。

以三大运营商为例，中国电信云计算中心在贵阳用地500亩，总投资70亿；中国移动数据中心项目地275亩，总投资20亿；中国联通云计算基地用地500亩，总投资50亿。三大运营商数据中心在贵阳相继建成之后，将使贵阳周边特定城区集聚20万~30万的机架，上百万台服务器，数据存储规模可达EB以上，成为国内乃至全球最大的数据集聚地之一。这必将在贵州形成以"云"为基础，辐射周边的产业园区集群，带动战略性新兴产业全面、系统、有序的发展。随着5G时代的到来，全新的信息通信技术及应用必将改变社会形态，进一步推动社会进步，促进各行各业的发展。无所不在的宽带网络以及以大数据为代表的智能应用，进一步提升人民生活质量，满足人们信息消费的需要。

5G同人工智能、大数据紧密结合，将开启一个万物互联的新时代。人们都说4G改变了生活，5G会改变社会。在我们各个基础运营商的范围内，提出了各自的一些发展理念，比如说中国电信提出打造"生态魔方"的理念，包括智能连接、物联网、新兴ICT、智慧家庭，互联网金融演绎出多姿多彩新生态模式，引领智能未来新生活。中国移动在自然灾害、智能预警、5G全景视频、数字家庭以及智能抄表、智能家居、物流追踪、智能穿戴等领域率先开展应用。中国联通重点发力5G外场实验，5G控制无人机，5G技术在应急通信、智慧工厂、智能交通、智能安防、人脸识别等场景应用，都为我们展现出信息通信技术在新时代的美好前景。

以色列的信息通信技术在全球居领先水平，中以双方在技术市场上有着充分的合作空间，中以人民传统友谊继往开来，这让我们对今后的合作更加充满期待。今天，中以双方齐聚贵阳，共同探讨大数据发展面临的挑战与机遇，探讨技术与市场的合作，相信必将结出丰硕的成果。

最后预祝本次论坛圆满成功，祝各位中外嘉宾在贵阳一切顺利安康。

谢谢大家！

食品安全治理现代化模式探讨
——以大数据倒逼食品安全治理模式转型

联合国项目事务署食品安全高级顾问　马　东

尊敬的各位来宾，女士们，先生们：

对于每一次与食品安全相关的论坛，都是一次难得的交流。凡从事食品安全相关工作的人都知道，WHO（世界卫生组织）在谈到食品控制时，会提到三个模块：一是风险评估；二是风险管理；三是风险交流。风险交流应该是更为重要的。今天我演讲的主题是《食品安全治理现代化模式探讨——以大数据倒逼食品安全治理模式转型》。

我们经常在各种媒体上看到关于市场抽样产品合格率的报告。在中国，我们现在面临的并不是食品安全的问题，而是消费者的交流问题。我用三个"最"来表示：最尴尬的是监管部门，最焦虑的是消费者，最无奈的是经营者。我们谈到食品合格率，它能够告诉我什么呢？第一个，是不是可以消除消费者对食品安全的焦虑感？第二个，是不是可以消除主管部门对食品安全问题的困惑？从调研情况来看，它的回答都是 NO，所以要考虑食品抽检的目的到底是什么？我们现在看到每次抽检报告出来之后都是精准的惩罚，这种导向叫问题导向。其实，我们对市场抽检的真正目的就是回答下面四个问题：法律的严谨性、标准的科学性、取样的合理性、评价的客观性。只有回答了这四个问题，我们才能够逐步消除消费者对食品安全的困惑。

首先，我想说一点，不是所有的数据都叫大数据，因为大数据一定是有生命力的。我们现在数据的问题主要出在数据的质量上，第一，数据来源不够广泛，获得数据的途径缺乏规范，即我们如何拿到数据其实是缺乏规范的。第二，数据不够完整，数据收集的方式缺乏规范，这些都是刚才各位专家谈到的关于数据管理的规范标准。第三，数据代表性差，样品基于问题而非基于风险。前段时间我也参与了一些评估报告，我发现我们更多的是关注在所谓的覆盖率上，而不是它的风险概率上。大家各自为政，各个部门的数据不能共享。后面是数据质量的水平，没有统一编码，数据的归纳和分类多样，每个单位、每个部门，尤其是监管部门，都有各自的方法，没有形成成熟的编码方法论，造成权威性差。我们看到欧美特别是日本，已经形成比较完善的编码方法，对于我们来讲，这就是现在面临的非常大的挑战。所以，数据得出来的报告不被消费者所认可。市场抽样应该一是基于风险的，而不是基于问题；二是监管数据基于规范，然后对数据进行归类；三是统计分析是基于统计的统一编码进行分析。

其次，监管问责是非常重要的，因为我们做的任何监管其实都应是对风险的评估，而不是对问题的惩罚。如果有统一编码就可以对数据产生规范性的分析，找出数据的异常，产生异常报告。然后规范数据，基于问责倒逼变革。我们现在很多的部门很难进行数据之间的共享，我们应该怎么做呢？如果有统一的编码，那么得出来的分析报告就可以统一进行分析，产生数据的价值，基于变革提升价值，然后数据才可以变成战略资产，实现健康中国战略，人民满意，最后形成一个闭环。其实，在座的只要稍稍有一些统计学的常识的话，都可以知道有一些数据在分析之后可以找出来它的点，比如取样点、取样数量等等，跟合格率的关系。可以通过这种异常报告对提供数据的单位提出问责。所以，我们现在的监督机构也在进行变革，怎么样通过倒逼机制推进，因为我们现在发现用行政命令的手段很难往前推进，就得是用现在的技术——大数据来倒逼变革。

对数据编码有三个维度：属性、空间、时间。使任何的样品通过编码就得到唯一的结果，如果是基于风险，我们就需要识别出风险因子，包括产业链的位置、企业的规模、产品分销的范围、产品的类别、企业成立时间、过去3年的监管结果、过去3年的违法行为、过去3年的投诉举报、行政监管的风险级别。这个级别跟什么相关呢？跟它的数据的可靠性相关。如果数据不可靠，那么监管水平就给它比较低的分数，对这个地区未来监控的要求就必须提高。一旦确定了风险因子，我们同时就把它从高、中、低进行定性，根据抽样场所、产品类别、问题种类、企业状态、监测水平等进行定性。然后就开始定量，从定性到定量是为了做什么呢？做数学模型的设计。统一数据编码是社会价值，可以将上亿条的数据变成战略资产，我们现在积累与食品健康相关的数据达到十几亿条甚至几十亿条。有利于数据统计技术对数据的处理，剔除虚假数据。我希望我们未来在统计时，这些虚假的数据比例越来越少，它可以作为国家监管部门的一个指标，为食品安全治理法制建设提供科学依据，建立智能化的生产评估模型，从关注问题到关注风险，一旦发现食品安全事件可以充分体现刚才说的三个原则。

统一数据有它的经济价值，以有限的行政资源达到治理的目的。因为我们可以看到现在花大量的资金人力都没有获得消费者对我们的认可，一旦基于风险，消费者不是看到合格报告，而是看到风险趋势的报告。如果我们的方法和模型设计得比较好，我们取样不需要全部取，取其中一部分的样品就能够知道整个全局的风险。然后经营者与监管者可以共享数据，降低经营者食品安全的管理成本。针对某些地区的污染存在的特异性，可以作为区域产业转型的依据。所以未来的食品安全指数，我们希望有一个中国自己的食品安全指数。另外，行业的标准化、规范化，提高农民的收入都很重要。我们看到的食品安全和安全食品是两个概念，食品安全是一个法制的概念，安全食品是一个管理的概念。经营者是负责安全食品，监管者负责的是食品安全。另外，我认为政府应该拿出很大的资源、资金做公众教育，提高公众的理性。

最后，我们要建立基于属性特征、空间特征、时间特征的编码系统，然后根据风险因子确定上一轮的风险水平，确定它的抽样渠道，包括省、市、县监管能力、产品风险、产品类别，制定基于风险的三级抽样标准，公开数据并按照统一编码分类分析，最后得出风险评估报告。风险报告输出的是什么呢？就是绩效指标、风险预警、政策引导、高层决策、法规标准、食品安全指数，等等。

我的演讲就到这里，谢谢大家！

法治如何促进智慧交通发展并有效控制风险

天津大学法学院院长 孙佑海

各位嘉宾好!

我今天发言的主题是"法治如何促进智慧交通发展并有效控制风险"。我主要讲几个方面,第一,智慧交通法治发展的背景;第二,智慧交通方面存在的问题;第三,是智慧交通立法的必要性和可行性;第四,介绍一下智慧交通立法最新的进展和评价;第五,下一步法律助力智慧交通发展的几点建议。

第一,关于背景问题。首先,国家释放的智慧红利为发展提供了良好的机遇。其次,新一代信息技术的发展为智慧交通提供了强大的技术支撑。再者,智慧交通为全面深化交通改革提供了重要的技术手段。比如我们过去对出租车的管理,利益问题非常突出,怎么改都很困难,但是我们现在通过技术的手段把过去的一些堡垒给攻克了。智慧交通是解决现有交通问题的重要突破口，如保障交通安全、缓解拥堵、减少交通事故的发生。

第二，简单介绍一下智慧交通目前存在的问题。一是对智慧交通的认识还不够成熟。有的地方的领导比较重视，但是有的地方的领导重视程度不够。二是顶层设计不够完善，走到哪儿、打到哪儿、算到哪儿。头痛医头、脚痛医脚的比较多，治标不治本的问题比较多。三是关键技术问题没有得到很好的解决，这次中兴事件反映出实际上我们好多关键技术问题还是依赖于国外发达国家。四是地方保护障碍也比较多，很多新的技术很好，但是会影响到我的这个地方的发展，我就不让你进来，缺乏法制保障。五是各个地区智慧交通的发展不够均衡，广州、上海、北京发展得比较好。六是大数据智慧交通存在的问题也比较多，行业标准不够统一，难以确保智慧交通系统基础设施的稳定性与可靠性。增加隐私泄漏的风险，交通信息包含了一些敏感信息，这个也是很大的难题。增加了信息安全的风险，跟刚才说的有一定的联系，但这个是从安全风险的角度来说的，刚刚是泄漏的问题，现在是安全的问题，交通事故的问题。以及旧的设施还没有改造掉，新的设施还在运行当中，新旧设施的不匹配增加了一些新的风险。七是立法工作跟不上，所以出现的问题也比较多，我们要加强立法，及时升级、规范，加以保障，这是十分重要的。

第三，我简要讲一下立法的必要性和可行性。举个例子，自动驾驶的车辆在路上测试，这是目前大家比较急需解决的问题。我们现在造了好多车，但我们自己的车没有测试系统，而美国加州有法规，这个钱让人家挣了，我们自己拿到数据也比较困难。很多地方政府已经开展了这方面的工作，上海、重庆、北京制定了测试的规定，还有相应的管理细则，在这方面发挥了很好的带头作用。国外这方面的立法经验也比较多,欧盟有一些工作做得很好,联合国修订了维也纳旧的法规,为我国制定规范创造了有利的条件。

第四,我介绍一下我们的新发展。总的指导思想是我们要用法治的标准,一手抓应用,一手定规范。第一个,由工信部、公安部、交通部联合制定了关于自动驾驶上路测试的规范,由总则、测试主体、测试驾驶人、驾驶的车辆、程序和管理等六章组成。管理规范适用于在中国进行的网联汽车道路测试,包括30个等级。第二个,对测试主体提出了要求,包括单位性质、业务范畴、测试评价能力、远程控制能力、记录分析能力以及符合法律法规的其他条件。对测试驾驶人也提出了要求,比如要签订正式的合同、经过自动驾驶的培训、没有重大交通事故等八个方面的要求。对测试车辆也提出了注册登记、保险、数据记录和实时回转等六项基本要求。第三个,提出测试的申请和审核的程序,为发挥地方政府在道路交通测试当中的职责和作用,管理规范规定,由省级政府和相关主管部门选择测试路段并公布,提出申请测试基本材料,明确各个方面的信息。第四个,对测试手段做详细的要求。第五个,对交通违法事故的处理提出要求,总的来说,事故处理办法还是按照现行的。在我们国家智慧交通历史上,这是很重要的规范。

最后,在这个问题上我们下一步的建议是:一是大力发展智慧交通不动摇;二是有效节约资源,保护安全;三是把握道路测试的安全底线,落实各项配套措施;四是协同推进基础设施建设。

总结一下我以上的发言:第一,我们在大力发展智慧交通的时候,要看到问题还有很多;第二,我们要通过法治来解决智慧交通发展中的问题,法治发挥的作用是非常明显的;第三,我们在保障智慧交通发展立法方面，存在的问题还是很多，我们要做的工作还很多，希望大家都来重视和支持它。

谢谢！

观点再现

庞国芳（中国工程院院士）：21世纪是信息化时代，而当前信息化在食品农药残留检测技术发展方面有三个挑战，第一个是农药残留检测如何实现电子化；第二个是农药残留大数据报告如何生成自动化；第三个是农药残留风险溯源。

曲凤宏（全国政协常委，农工党十六届中央专职副主席兼秘书长、监督委员会副主任）：大数据已成为推动经济社会发展的重要力量和解决民生问题的重要支撑。在健康医疗领域，我国正处于数字化健康产业快速发展的战略期，随着人口老龄化不断加剧和人民生活水平不断提高，我国已从被动诊治转向主动预防。2018年，医疗产业将达到200亿元，这为我国发展新型健康技术，创新诊疗和健康管理新模式，提供了重要支撑。

王世杰（贵州省人民政府副省长）：食品药品安全关系最广大人民群众的切身利益，是最基本的民生问题，也是全面建设小康社会的重要标志。近年来，贵州省委省政府高度重视食品药品安全工作，搭建了基于大数据的食品安全平台，平台覆盖了食品生产、流通、餐饮、检验检测、消费、监管等各个环节；构建了食品药品安全的智慧监管、互联网＋检验检测、查询认证等体系，并牵头成立了全国性的食品安全第三方检验检测机构联盟。

张光奇（贵州省政协副主席）：大健康发展迎来了历史最好的机遇。随着时代的步伐，我们贵州从人才培养、大数据建设等多个方面进行了大健康布局，并全力推进六项大健康计划，涵盖医养健管的体系。以医疗健康和生态环境为发展主题，贵州将在保证信息安全的前提下，整合应用医疗健康大数据，努力提升基础医疗水平，为群众谋福利。

王红红（贵州省教育厅副厅长）：科普教育，全民在支持，教育是全社会的事业，需要学校、家庭、社会密切配合。社会力量，特别是文化、科技、体育机构积极为学生了解社会、参与实践提供了条件，为青少年提供了更多更优质的科技资源和实践平台。

王　帅（贵州省卫计委信息中心总工程师）：健康医疗大数据中心建设并不是一蹴而就的，在这个过程中，建设是基础，管理是手段，应用才是目的，所以要坚持建、管、用并行。要坚持统筹规划，正视信息化建设的现状与基础，还要着眼于未来，对现有资源进行统筹，坚持以全面构建统一权威互联互通的全民健康信息平台为核心，以健康医疗数据汇聚、融通和应用为重点，以信息标准体系和安全体系为支撑，全面构建健康医疗大数据中心及体系。

孙志明（中共贵阳市委常委、贵阳市人民政府副市长）：中国有句俗话叫"要致富先修路"，这句话在一定程度上指导了我们改革开放。发展大数据同样要"先修路","修路"就是建设数据中心,让数据有地方存,加宽宽带输出出口,让数据流动得更快、更流畅,这样才有致富发展的基础。

魏定梅(贵阳市人民政府副市长):食品药品安全关系民生,关系每个人的健康。在大数据蓬勃发展的今天,贵阳用数据决策、数据管理、数据创新的思路,搭建起了以数据铁笼、食品安全云为核心的智慧监管体系,持续探索利用大数据改革食品药品安全治理监管。通过大数据监管治理,实现了食品药品安全风险的识别,掌握动态的变化规律,精准地预警预测违法信息溯源,让人民群众吃得更放心,用药更安全,生活更舒心。

刘金智洁(美国国家院士、美国加州大学伯克利分校教务副校长):国际教育合作对提升学生的交流协调能力和创新研究能力很有帮助,加州伯克利大学将继续深化与贵阳的合作,充分发挥数据研究和数据教学等方面的优势,提供优质的教师资源,推进合作办学,积极为贵州、贵阳大数据事业发展做贡献。

大卫·卡勒(美国国家院士、美国加州大学伯克利分校数据科学学院执行院长):大数据应用使得社会结构的每一个方面都得到了变化,因为我们可以在社会中影响每个人,为每个人提供质量更优、更高的服务。另外人们生活中每个环节都得到了互联互通,留下的数据痕迹,不仅帮助我们工作生活,也提升了我们对世界的理解,我们对自己的理解,以及世界对我们的理解。

Keonakhone Saysuliane(老挝人民民主共和国科技部数据技术司

司长）： 老挝政府意识到数字技术以及大数据的应用可以成为社会经济发展的重要手段，尤其在国家向工业化和现代化过渡时期，它可以帮助政府提高服务质量和管理水平。目前，老挝正制定国家数字技术政策，内容涉及基础设施、研发和行业应用、人力资源开发、法律框架和标准化、本地化等方面。当前，老挝政府已组织开发了众多应用程序，以鼓励推动数字技术应用，提高政府的工作效率，并建立了数据中心。

艾晔乐（以色列驻成都总领事馆商务领事）： 在科技创新方面，以色列有四点做法。第一，不断尝试创新的想法，虽然规模不大，但是具有全球化的视野。第二，找到了一些适当的方案，这些创新想法是推动不断前进的动力。第三，鼓励冒险，承担风险。在这点上，重要的是对于失败的容忍，能够容忍失败，才能鼓励大家冒风险。第四，支持性的环境，政府要不断打造适合营商的环境来吸引投资。

崔忠付（中国物流与采购联合会副会长兼秘书长）： 我国是名副其实的物流大国，要成为物流强国还有很长的路要走。我国物流总费用占 GDP 的比例与发达国家相比仍有较大差距，我们要在物流方面取得进展，但是不平衡、不充分、供给侧还不能满足人民日益增长美好生活的需要，因此，我国物流的转型升级迫在眉睫。

李作敏（交通运输部路网监测与应急处置中心党委书记、主任）： 一方面，交通运输为物流业的发展提供了基础的关键的支撑和保障，而公路基础设施的日益完善也不断夯实了现代物流发展的硬条件。另一方面，智慧路网的发展为现代发展优化了高效的软环境。一软一硬两种条件的发展，为物流业降本增效提供了积极有效的支撑和保证。

陈金发（国家农业农村部农产品质量安全中心副主任）：当前中心最重要的工作就是农产品质量追溯。中心将以国家追溯平台为基础，重点追溯环境、品种、产量、收获时间、结果评价、投入品使用控制点等六个方面，其中关键是耕地、水、气这些基础情况。另外，社会合力也是保障农产品质量的重点，即增强政府公共服务能力，发挥科研力量有效支撑作用，引导生产经营者的行为转变，提振公众消费信心等。

晏庆华（中国物流与采购联合会网络事业部主任）：诚信贯穿物流的各个环节，目前互联网都是陌生人的交易，诚信问题会阻碍交通运输和物流产业融合的进程。通过信用体系建设实现物流行业互联互通融合共享，能够帮助企业提升技术、减少物流成本、提高效率。同时，信用体系建设需要政府、市场协会和第三方运营机构共同协作，政府作为监管机构，市场协会制定物流行业诚信标准，第三方运营机构负责具体的诚信运营服务。

张绍祥（中国解剖学会理事长、国际数字医学会主席）：大数据、大健康，最终都是为人体服务，使得每个人身体上、心理上、精神上更健康。所有的一切，包括现在定位数字技术，都变成了数字化。现代医学发展的趋势也是数字医学，包括远程医疗、网上医院。所以，数字医学是现代医学发展共同的方向，也是现代医学发展共同的特点。

郭云沛（中国医药企业管理协会会长、中国医药报社副总编）：我国幅员辽阔，医疗机构对数据平台的选择差异导致信息碎片化严重，无法实现真正的数据统一,因此,加快建立统一全面的医疗健康大数据人物迫在眉睫。"大数据+大健康"将成为医疗健康坚实力量,推动医疗健康产业的快速发展。

赵　华(中国联通智慧足迹数据科技有限公司副总经理):大数据推动社会治理到底能做什么事?我认为可以完成五个转变:帮助政府从粗放管理到精细化管理;从政府管制到社会共治;从窗口式服务到自助全天候服务;从被动响应到主动预见;从风险隐蔽到风险防范。

熊永恒(中国电信集团系统集成有限责任公司贵州分公司副总经理):数字经济有两种产业形态,一种是消费者数字经济,另一种是行业数字经济。五年前我们更多是讲消费者的数字经济,比如互联网购物,京东、淘宝等公司的兴起更多是倾向于消费。但是实际上互联网大数据更多是和产业的深度融合,这个就是行业大数据,行业大数据是实体经济和信息化的结合。

吴少祯(中国健康传媒集团有限公司董事长):大数据正影响着当今世界发展、社会治理、国家管理和人民生活。利用大数据有效提升食品药品安全治理现代化水平,已成为食品药品安全监管者、研究者和相关企业、协会、学会等各方共同关注的重要问题。

左　毅(中国电子科技集团首席科学家):今后的交通管理不再是分散、分业务、分领域、分区域的状态,而是"大交通"管理时代。未来构建一个安全、智能、高效的新一代交通运输管理体系需要分三步走,第一步,互联,将不同行业、不同区域、不同基础设施互联;第二步,互通,实现交通运输数据的共享互通;第三步,互操作,在业务上实现空中、道路、水上、轨道交通的一体化运营管理。

孙立英(美国食品药品监督管理局研究员):食品安全的根本是法规,监管部门要持续保证相关法规的完整性。数据广泛存在于指南、培训、管理、审批、使用、警戒、监控、分析等,大数据就是将所有元素整合起来,并保证数据公开,以确保可信度。

聂 宇(美国西北大学终身正教授、综合交通大数据应用技术国家工程实验室贵阳研发中心首席科学家):如果要构建智慧运力大脑,就要对运力进行深度分析,通过构建司机行为复建库,在这基础上可以构造实时运力分析引擎。通过对运货线路规划,寻求收益最大,考虑匹配效率,描述竞价行为,用超路径表达。

余美祥(休斯顿卫理工会研究所、康奈尔大学教授):医疗数据可以是简单的症状描述信息,也可以是负责诊断的数据,一个数据就是一个很复杂的数据包。利用这些医疗数据,以及既往的医疗大数据,系统就可以建立计算模式,预测疾病的发展趋势,在系统里全面筛查出那些难治疗的疾病并进行风险控制,主要目的是减少病人的数量。人工智能在疾病诊断中的应用,可以提高精确度、准确度和灵敏度,避免漏诊和耽误治疗。

David Lindeman(伯克利社会利益信息技术研究中心健康部主任):希望能够通过AI机器人或深度学习技术,搭建起创新生态系统,加强人与人之间的深度联系。如伯克利大学将本科生、研究生、博士生、博士后和教研人员联系起来，让他们在一个大环境中，通过创业创新的教育，获得更多商业化的技术，使其研究结果让社会受益。

林建宁（南方医药经济研究所所长）： 研究所对我国药品互联网销售的情况分析数据显示，到2016年大部分的电商医药企业还处于亏损状态，政策制约是医药电商发展滞后的主要原因。随着药品相关政策放开潜力变大，中国将迎来药品互联网的春天，我们有理由相信未来药品监管将进一步完善。

金　鑫（深圳华大基因股份有限公司研发部副总监）： 基因是生命的根本，基因大数据的研究有助于我们从根本上理解生老病死。华大基因近年来积累了超过1200万份的基因数据，据此构建了有史以来最高精度的中国人群基因频率数据库、致病基因突变库，以及包含多个少数民族在内的精细遗传结构图。

杨　梦（华大基因科技有限公司区块链负责人）： 生命大数据是比金融数据、电商数据更宝贵和更有价值的数据。这些数据不是来自别的平台，都是来源于个人自身。以前采用的数据共享方式让生命价值无法流通。在工业信息时代，我们追求成本和效率的同时，如果没有可量化、可交易的平台，让生命价值得以传承、得以流通，我们难以实现人人健康100岁的梦想。

王　灿（复星国际执行董事、高级副总裁兼首席财务官，复星科技创新中心联席主任）： 技术融合的目的是提升医疗水平、信息共通共享，以及业务高效协同，智能科技打造健康产业链，健康产业链形成健康产业集群。

科技和创新都是为健康生活而服务，复星集团将集政府与合作伙伴之力，致力为中国乃至全世界人民带来健康生活。

王占宏（北京数衍科技有限公司创始人兼CEO）： 实时终端交易数据就是每一次消费拿到的小票。随着技术进步，终端交易数据可以显示商家是否获得经营许可证、经营的范围是否合规，经营的产品是否合格。如果产品不合格，打印的交易小票上会显示某商品是不合格商品或不能确保为正品，消费者就会停止购买行为，这样就能阻止存在安全隐患的食品药品销售。在保障食品药品安全中，区块链技术将发挥很大作用。区块链最大的价值就是共享，将各个数据"孤岛"连通，就可以形成有中国特色的区块链。

栾润峰（北京金和网络股份有限公司董事长兼总裁）： 我们今天讲的食品安全首先要老百姓的心理上认同这个安全，是否有办法让我们的老百姓、监管部门、政府、责任者等多个维度的主体都可以来自己掌握数据，让这些数据看得见并且摸得着。我们的数据要让每一个人产生感觉，不能产生感觉的数据不可能是大数据。

雷茂锋（腾讯微信支付运营中心副总经理）： 未来公交、铁路、高速要做到数字化经营，利用微信把人、车，还有各种相关的数据连接起来，把所有各种各样的出行场景变成可视化、可分析的，通过大数据的能力去做好未来城市的规划、交通的规划，同时可以延伸很多商业、交通管理的创新应用，如微信购买火车票、高速扫码支付、停车扫码支付、无感加油，等等。

叶进武（盈纳集团创始人兼董事长）：目前银行征信在货车司机领域比较空白，司机这个群体，可以说在互联网金融和科技金融上都属于比较偏冷门的群体。但是司机有一个特点，就是用工具在努力工作，所以评估司机信用最核心的就是评估他们的积极努力程度。传统金融服务可能是通过评估征信、资产抵押物和大型企业信用来提供。未来我们可能针对这些勤劳的司机采取创新的评估，勤劳就是他们的资本。

丛雪松（华泰财产保险有限公司董事长兼首席执行官）：保险行业就是从最开始保护货主安全和承运工具安全而来，是为国民经济、企业发展、社会经济发展保驾护航的。根据数据统计显示，一个车主平均1.5台车，这台车是司机全家的生命。在车、货、人的场景下，当车发生重大损毁时，保险能够真正起到保驾护航的作用。

林　巍（浪潮软件集团运营商事业本部副总经理）：在数字化转型大背景下，所有行业都要拥抱数字化，迫切地需要新的运营商提供好的数字化服务。在数字化经济转型中，通信运营商要提供三大能力服务：一是云能力，即要实现云网协同，鼓励数据存储在云端；二是连接能力，万物互联时代，只有把数据连接管理能力、分析能力以及行业沉淀的能力聚合起来，才能实现快速创新；三是数据赋能，数据赋能使运营商的数据更有价值。

张应福（四川创意信息技术股份有限公司副总裁）：信息技术和实体经济融合实现实体经济转型的步骤主要有：一是要找到合适的市场定位；二是大数据、人工智能的技术是我们发展动力的主要来源，所以要引入比较好的技术；三是要重视数据的价值，数据关联后，其价值就要会产生倍增的效力；四是要打通客户的沟通，提升客户体验。实体经济发展中遇到了四个瓶颈：一是虚拟经济对实体经济的挤压；二是实体经济的刚性成本还在上升；三是实体经济的内生动力发展不足；四是体制机制上的制约。

马　敏（北京医鸣技术有限公司CEO）：每一个医疗器械厂家的数据都是不同结构、不同格式的，同样一种疾病不同医生有不同的叫法。用传统方法很难将患者数据融合在同一张数据表里，这是一个突出的"痛点"，因为缺乏术语标准，这些文本信息必须要处理为结构化信息才能加以应用和统计。对此医鸣公司利用自己的自然语言识别专利技术，实现了数据采集方面的突破，把有价值的文本信息变成结构化、可利用的数据，准确性达到了95%左右。

Sean O-Byrne（美国安捷伦公司云信息产品营销经理）：安捷伦公司希望为客户提供增值服务。为此，安捷伦公司做出了诸多努力，如质谱分析系统、提供各种信息化的软件解决方案及数据分析、储存等服务，同时根据客户的IT能力定制个性化的服务方案。安捷伦公司希望帮助各类客户完成他们的目标，如ECM-XT、建立色谱数据系统等。未来，安捷伦公司还希望能够给客户提供更丰富的、全产业链的产品，并且能够帮助他们在扩展需求以及软件更新方面提供自动化的支持和服务。

Simon Chen（Check Point软件技术有限公司中国区总经理）：信息安全问题可以分四代：第一代是杀毒软件。遇到的安全问题是病毒，就出现了杀毒软件；第二代是防火墙。随着英特尔的发展，安全威胁大多来自互联网，所以就发明了防火墙；第三代是IPS（入侵防御系统）。随着业务的发展，很多黑客可以通过系统漏洞入侵业务系统，所以就有了IPS；第四代是沙箱技术。第四代很多安全威胁来自于一些应用内容，从而催生了沙箱技术。

杨　仑（拜耳全球研发中心副总监、高级大数据科学家）：医药大数据可以帮助我们解决生老病死当中的一些关键问题，进而帮助新药研发，延长生命，提高生活质量，而这其中也存在"痛点"。新药研发的过程包括"研"与"发"，"研"就是临床前所有东西，"发"就是临床后的所有东西，整个过程要花10年到15年时间，对于正在等待治疗的患者来说，周期太长。整个过程当中产生了大量数据，也许能利用已有数据，结合人工智能，加快这个过程，让病人尽早用上药物。

技术产业创新

— 能源大数据与信息物理融合能源系统安全优化
— 云上开发,构筑软件产业竞争力
— 区块链的价值传递与场景应用

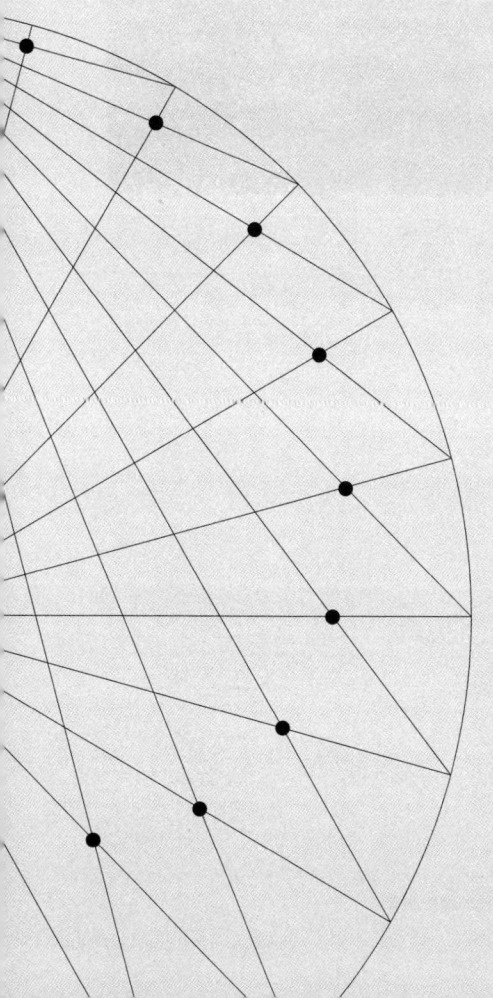

2018年5月28日,2018数博会"数字中国智库论坛"现场。

2018年5月28日，2018数博会"区块链应用高峰论坛暨DemoDay"现场。

2018年5月27日,2018数博会"大数据标准化引领实体经济高质量发展论坛"现场。

2018年5月25日,2018数博会"第三届大数据科学与工程国际会议"现场。

创新引领，同谋两化融合新发展

大数据战略重点实验室

当今世界新一轮科技革命和产业变革蓬勃兴起，大数据与云计算、物联网、人工智能等新一代信息技术的结合，正在迅速且日益深刻地改变人们的生产和生活方式。党的十九大报告明确指出，要推动互联网、大数据、人工智能和实体经济深度融合，建设网络强国、数字中国和智慧社会。2017年12月，习近平总书记在中央政治局第二次集体学习时强调推动实施国家大数据战略行动，加快完善数据基础设施建设，推动数据资源整合和开放共享；保障数据安全，加快建设数字中国，更好地服务我国经济社会发展，改善人民生活。把握世界科技革命的历史机遇，利用大数据改造升级传统产业，培育壮大新兴产业，加快经济发展中新旧动能的转换。这符合我国经济发展的客观需求，对实现创新驱动发展具有重大意义。

在此背景下，2018数博会将技术产业创新作为七大重要板块之一，围绕"技术产业创新"主题,举办了"ARM 服务器产业生态高峰论坛""大数据标准化引领实体经济高质量发展、智能制造论坛——数据驱动智造""智领中国·创赢未来——工业互联网视角下的大数据与智能制造高峰论坛""第三届大数据科学与工程国际会议、建造智慧社会·助推数字经济·服务美好生活——中国通服智慧社会产品发布暨产业生态合作高峰论坛""'云行智雨,只为美好生活'——云到边缘计算产业趋势分享会""创新、洞见、第三届大数据与传媒产业峰会——智媒体时代的大数据应用"等22个与技术产业创新相关的论坛。邀请到了来自国内外的政界领导、科研院校的专家学者,以及致力于技术产业创新领域发展的企业界代表,他们分别从战略、政策、学术、技术、产业、标准等多个视角为大家做了精彩的报告和演讲,与大家共同探讨大数据与产业创新的前沿问题,共谋大数据时代技术与产业融合发展的良策,对推动我国乃至全球技术产业创新可持续发展具有重要意义。

一、赋能制造业转型升级,推动智能制造提质增效

当前,随着互联网、大数据、云计算、物联网、人工智能等前沿科技的普及应用,智能交通、智慧农业、智慧医疗、智慧物流、智能制造、机器人等逐步渗透到社会经济的各方各面,人类生产与生活方式正在发生深刻的变化。习近平总书记在党的十九大上指出,要推动互联网、大数据、人工智能和实体经济的深度融合。发展大数据、人工智能等产业已上升为国家战略,成为新一轮产业变革的核心驱动力,智能制造是实现这一变革的路径。智能制造,是借助人工智能对制造涉及的各个环节实现"感知"和"判断",包括设计、制造、管理、报废处理等全过程。智能制造结合大

数据分析与处理，可以进一步优化制造流程，节约制造资源，提高管理效益，降低生产成本。

5月27日，"智领中国·创赢未来——工业互联网视角下的大数据与智能制造高峰论坛"在贵阳举行，探讨工业互联网视角下大数据与智能制造深度融合的方法与路径，促进大数据产业与制造业的交流与合作，进一步推动工业互联网布局，振兴实体经济，为"制造强国"贡献力量。

工业互联网给中国制造带来的不仅仅是生产方式的变革，还是凝聚了工业发展新理念、新模式的工业文化内核的重塑和再生。工业和信息化部工业文化发展中心主任罗民强调，当前新一轮科技革命和产业变革蓬勃兴起，软件定义、数据驱动、平台支撑、服务增值、智能主导的特征日益明显。工业互联网作为新一代信息技术与制造业深度融合所形成的新型业态与应用模式，作为互联网从消费领域向生产领域，从虚拟经济向实体经济拓展的核心载体，不仅是世界各国抢占未来发展战略的制高点，也是推动我国制造业质量变革、效率变革和动力变革，实现高质量发展的关键支撑。

以互联网为核心的新一轮科技和产业革命蓄势待发，人工智能、虚拟现实等新技术日新月异，虚拟经济与实体经济的结合，将给人们的生产方式和生活方式带来革命性变化。智能产业的变革已经从虚拟经济延伸到实体经济。联想集团副总裁、首席研究员、大数据事业部总经理田日辉认为，从第一次产业革命到第四次产业革命，通过物联网、人工智能、大数据等技术，网络化地实现了企业级的协同，为智能制造创造了新模式，释放了生产力。工业互联网是实现产业智能化的重要途径，核心是通过数据智能驱动方式来构建新的生态，实现智能化的生产、网络化的协同，然后才是产品的个性化定制、新服务模式的产生。

数字制造到智能制造，是制造业发展的必然趋势。中国工程院院士谭建荣指出，人工智能2.0主要是包括大数据智能、互联网群体智能、跨媒体智能和人机协同的混合智能。智能自主无人系统可以应用在智慧城市、智慧制造、智慧医疗三个领域。无论是美国的"先进制造业国家战略计划"，德国的"工业4.0"，还是我国开始实施的"中国制造2025"，都把智能制造作为主要抓手，通过智能制造来进行企业转型升级，提升企业的技术含量、管理含量。

二、区块链赋能产业互联，促进实体经济加速发展

随着区块链作为新一轮科技革命和产业变革席卷全球，区块链技术在国际上被认为是最有潜力、最具想象力的一种技术革新。区块链自2008年诞生至今已有10年的历史，并逐步形成了区块链1.0、区块链2.0和区块链3.0的概念。区块链进入3.0时代，将着力赋能实体经济。工信部信息中心日前发布的《2018年中国区块链产业发展白皮书》指出，未来3年区块链技术将在实体经济中广泛落地，成为数字中国建设的重要支撑。区块链概念自2008年被提出来之后，其内涵和外延在近几年里越来越丰富。与传统IT技术相比，区块链技术的进步更多地依赖于产业界的创新驱动，而技术的成熟也会"反哺"产业应用，从而形成良性循环。

5月25日，"区块链技术应用与产业融合发展论坛"在贵阳举行，论坛从技术研发、法律监管、投资孵化、硬件制造、媒体推广等方面深入探讨了区块链技术应用创新如何才能更好地实现产业落地、全球区块链产业布局等问题，以期挖掘区块链技术与应用价值，加强行业交流与推广，促进区块链及智能化未来产业的建设。

区块链技术包含人工智能筛选、去中心化网络、智能合约交易、产品

溯源方向等技术。作为一项孕育着巨大创新机遇的底层技术，区块链早已得到互联网行业巨头的垂青和应用。Smart Up 聪明链创办人邬润辉认为区块链对实体经济有三个比较大的贡献，一是基于技术层面可以促进企业管理、降低成本，二是区块链技术可以提高产业链协同的效率、协调上下游关系、提升上下游效率，三是可以共同建立一个让所有人参与其中的信用体。他指出，Smart Up 是全球性区块链孵化平台，可为个人和企业连接全球资源与资金平台，具可信任、防篡改、可监管、去中心化、高效、隐私与保密等特点，具有智能征信、领投全球融资、资源配对三大核心功能，能更好地帮助传统企业完成区块链技术转型升级。

人人行科技股份有限公司高级副总裁翁晓奇指出，将区块链技术应用于债权登记场景上，一是能去货币发行中心、去资金供应中心；二是能从节点关系上将网络直联，把用户借贷需求通过广播找到信任他的人；三是区块链提供了分布式记账，保证了不可篡改性和司法性。最后，他呼吁业界应该理性看待区块链，不仅要看到好的一面，同时也要看到局限性，只有通过不断努力和技术升级才能突破目前的瓶颈。

区块链技术自诞生起至今，其应用已从数字虚拟货币，逐步渗透至社会的各行各业，并开始展现出其"构建信任"的价值。咔咔房链科技有限公司 CEO 谭博超认为，区块链可以大幅度提高人与人之间的信任，让信任更容易建立，带给我们更美好的社会。未来区块链世界有六大类机会，分别是硬件、公有链、Dapp、交易所、媒体方面、基金方面。区块链时代，通过智能合约可以大规模提供协作关系，让这个过程会变得比较简单。

三、加快企业数字化转型，培育发展新经济新动能

当前，云计算、大数据、人工智能、量子计算等数字技术方兴未艾，全球正快速进入数字经济时代，企业数字化转型的浪潮已经到来。Gartner预测，到2020年，大部分公司75%的业务将会是数字化的，或正走在数字化转型的路上。《"十三五"国家信息化规划》明确提出，到2020年，"数字中国"建设取得显著成效，信息化能力跻身国际前列。数字化转型对中国企业而言是一个巨大的机遇，是企业管理进化的黄金时期。而2018年，将是企业全面拥抱数字化转型的一年，围绕企业数字化转型的新技术、新业态、新模式将呈现爆发之势。

5月27日，"两化融合深度行（贵州站）分论坛"在贵阳举行，论坛围绕"推动互联网、大数据、人工智能和实体经济深度融合，加快企业数字化转型，推动经济发展新旧动能转换"主题，探讨了企业如何实现数字化转型、平台如何助力企业数字化转型等问题。该论坛为如何准确把握新时代背景下两化融合的新使命、新要求和新特征提供了借鉴，同时也为下一步推进两化融合创新发展、支撑"两个强国"建设顺利实施提供了参考。

随着大数据技术在各行各业的广泛应用，未来人类社会将演变成一个以"万物感知、万物互联、万物智能"为特征的智能社会。在这个伟大的历史进程中，物理世界与数字世界深度融合，大数据技术将全面重构传统产业，给各行各业带来颠覆性变化。所有企业都必须进行数字化转型，才能抓住不断涌现的新机会、持续前进不掉队。企业数字化转型需要进行全面的变革，其中最重要的是企业核心业务的转型升级。埃森哲大中华区主席朱伟认为，数字化发展和转型不是一个奢侈品，而是必需品。这些年来，随着中国生产要素价格上涨，市场需求随着整个GDP发展走软，传统企

业发展模式由于人的市场规模优势已经走到尽头，企业转型升级刻不容缓，企业必须提升自身竞争力，积极拥抱新机遇新动能。

工业经济向数字经济转型过渡是一个不断演进的长期历史进程，不同的阶段会有不同的使命、目标、任务和模式。两化融合服务联盟秘书长周剑认为，数字经济时代，数据已越来越成为驱动经济社会发展的关键生产要素和新引擎。互联网、大数据、人工智能和实体经济深度融合是两化深度融合的新阶段，是建设制造强国和网络强国的融合点。他指出，要加快推进全面连接，为企业数字化转型提供广阔的创新空间；要培育开发价值生态构建能力，打通企业数字化转型的任督二脉；要打造生态圈，全面赋能企业数字化转型。

数字化转型最重要的是企业的战略转型，数字化转型不是目的，是手段。广东盘古信息 CTO 刘鹏认为，数字化与工业化和信息化有了更紧密的结合，进一步拉近了距离，企业从传统的生产范围开始向两端延伸，传统生产周期也会发生新的变化，原来的批量生产模式将会迈向定制化生产模式。我们需要建立更快速、更低成本、更高效率的生产反应体系，帮助我们建立新的数字化工厂。

四、发挥标准化引领作用，开启两化融合有效路径

两化融合是我国长期坚持的重要战略部署，也是我国建设制造强国的主线。习近平总书记指出，实施标准化战略，以标准助力创新发展、协调发展、绿色发展、开放发展、共享发展。李克强总理强调，以标准全面提升推动产业升级，形成新的竞争优势，促进经济中高速增长、迈向中高端水平。新时期，标准作为构建经济社会秩序的指导和依据，在支撑经济发

展方式转变、推进供给侧结构性改革中的作用愈加显著。以两化融合管理体系标准为引领，系统地推进两化融合、强化企业变革管理，已成为提升企业核心竞争力、加快产业转型升级和创新发展的有效途径。

5月27日，"大数据标准化引领实体经济高质量发展论坛"在贵阳举办。论坛围绕政策法规、技术实践和产业应用等角度深入探讨了大数据落地后对标准化的挑战问题，加快推进大数据与实体经济的深度融合，助力产业创新发展。

目前，国内大数据市场的应用需求处于爆发期，对我国大数据标准化工作提出了更高要求。国家标准化管理委员会工业二部主任戴红提出，大数据标准化工作要始终围绕推动数据融合、打通数据壁垒、建立数据资源共享体系等重点；要强化标准体系规划布局和发展路线研究，发挥标准的规范引领作用；要加强创新技术与标准化、产业化的有效互动和相互促进，及时凝练创新成果，特别是在促进大数据与实体经济深度融合方面，提升大数据标准化工作的先进性、科学性和适用性；要充分利用我国资源和市场优势，找准发力点，推动我国大数据标准的国际化进程，将创新成果融入国际标准，推动提升我国大数据国际竞争力和影响力。

目前，国内各行业对数据管理重要性的认识不断增强，对数据开放及数据服务的需求不断增强，数据治理成为今后数据管理的工作重点。中国电子技术标准化研究院副院长孙文龙认为，要根据大数据技术应用发展的需求和趋势，结合大数据对各行业领域的支撑发展需求，不断完善大数据标准体系，推动关键急需标准的制定。同时，对面向政府和行业领域的需求，要将标准化工作从基础共性标准向行业领域标准延伸拓展，以促进实体经济发展、提升数据治理能力。

随着大数据与实体经济的深度融合，及大数据战略资源地位的日益凸显，数据的管理、安全、隐私保护、共享开放机制等都成为大家关注的热点，建立完善的数据治理体系是我们当前的紧迫任务。中国科学院院士梅宏强调，数据作为战略资源，其归属、估值、交易和管理已纳入人类社会的一般性资产，在法律层面明确数据的确权、流通、交易、保护具有重要的基础意义。对于当前大数据管理面临的诸多问题，需统一标准，建立完善的执行机制和灵活的行业治理机制，为国家掌握数据安全和维护用户权益提供抓手。

能源大数据与信息物理融合能源系统安全优化

中国科学院院士 管晓宏

能源大数据是非常重要的,所以我今天想把这个问题和大家分享一下。不管任何时候,机理和数据还是要结合的,高质量和低质量都要重视。接下来,我讲一些机理和数据都共同重要的东西。

全球的能源危机迫在眉睫,人类社会主要依赖化石能源的能耗模式将难以为继。习近平总书记说金山银山不如绿水青山,贵州天气特别好,在这里讲有一定的意义。

环境治理非常复杂,包括政府机制、各种各样的措施、技术等。为什么今天会造成这么严重的雾霾?我们看一下能源结构,全世界大国里面只有中国的煤炭消耗是70%,这是5年之前的数据,但是现在也差不多。丹麦是一个欧洲小国,现在的可再生新能源,风能、太阳能已经占50%以上,并且计划到2050年,100%使用可再生能源,不再使用化石能源,石油、煤炭等。中国50%消耗的煤是用来发电，但用煤发电不但脏而且效益不高。中国煤炭工业的数据，按照教科书上的统计，效率是30%，也就是一吨煤的储量只有0.3吨挖出来，其余还留在地里面。发电是受卡诺循环的限制，效率最高也就是40%左右，所以60%又变成热之后扔掉，再加上10%的煤炭损耗、10%的输配电损耗，实际使用能耗10%都不到。冬天做城市热力管网，余热可以利用一下，但是夏天根本没有用处。所以在这里面使用端的节能超过10倍的放大作用。

能源大数据的分析，优化能源电力系统的规划和运行，是实现节能减排，并不改变设备和工艺，不大量增加投资，以最小成本解决或缓解能源环境问题最有效、最无争议的途径。

以电能供应侧节能调度举例。如果要供应100兆瓦，2个机组是理想的假设，有三种运行模式：第一种，机组1发出70兆瓦，机组2发出30兆瓦，所有损耗忽略不计，每个机组都有非线性的煤耗曲线。第二种是倒过来，机组1发30兆瓦，机组2发70兆瓦，这是两种供电模式。有一个空载煤耗，有各种各样的约束，你开机之后不能从零开始，有最小发电量，即空载煤耗。第三种办法是机组1关掉，只用机组2。这三种模式，设备、系统任何东西都没有改变，运行模式2就比运行模式1节能5%，运行模式3比运行模式1节能10%。

再看需求或者是负载端。我们知道，因为每个煤耗曲线都非线性的，总的需求煤耗曲线也是非线性。假设白天和晚上加起来一共需要200兆瓦时的能源供应，白天用得多、晚上用得少，白天用140兆瓦，晚上用60兆瓦，这是一种模式。假如能在使用的时候控制一下，让白天和晚上生产用电一样多，很多情况下是可以做到的，晚上多上班就可以了。假如说可以控制，两个时段的需求都是一样的，都是100兆瓦时，加起来一点都没少用，但是对于供应侧，这个节能就是需求模式2比需求模式1节能，供应侧节能12%，任何东西都没有改变。

所以整体规划和优化运行能源供需系统是新形势下解决能源问题的重要途径之一。这样包括充分利用可再生新能源，多种不同的"水火风光"，水电、火电、风电、太阳能协调使用。装好了，硬件设备都不改，只是运行模式改一改。

需求侧能源系统要提效节能，楼宇能耗美国占40%，我国占30%，还有就是交通。另外就是需求侧的问题，需求侧响应、供需配合，让需求追逐可再生新能源。这其中究竟有多大的空间？我的博士论文正好是介绍20世纪90年代初发电调度的。发电、楼宇供能、高耗能企业、供需配合，大概总计有10.5%的总煤耗节能空间，咱们只说煤耗，10%就是天文数字，相当于每年节约标准煤4亿吨。我国在巴黎气候协定中提到，到2025年减排20亿吨标煤，如果去做了，5年时间都不用，而且还可以节煤、节钱，实现我国的国际承诺。

怎么能做到？就是运用信息物理融合系统。几年以前我到欧洲考察，第四次工业革命的基础是信息物理融合系统。信息物理融合能源系统能够全面感知环境与能源信息，支持信息流和能源流的双向流动、能源供需的优化配合，为能源系统供需的整体优化控制与决策奠定了基础。信息获取大数据的处理包括了可再生能源的感知和接入，生产制造过程能耗的信息感知与计量、需求预测。

信息物理融合楼宇能源系统要获取环境、人员、设备等信息，做网络化决策和控制以及信息融合。另外，智慧城市的能源供应，有人做过初步的研究，北京市超过100米的建筑大概有2000多座，如果所有的楼上都装了类似的风能发电机组，将是一个大工程。楼上风能发电机组和大草原上风电机组完全不一样，需要建立广域的传感器网络基础设施，同步获取气象、水文、可再生能源发电以及家居、楼宇、企业与城市能源需求。这就是数据质量的问题，如果不是同步获取，数据很大，但是用处不是特别大。

这里要建立基于区域信息同步感知的风电功率随机特性分析与预测，这是跨学科的东西，最后希望形成信息物理融合能源系统，有传统的煤油气信息、水资源信息、可再生新能源信息、气象与大气环流的信息、家庭终端能源需求信息、楼宇终端能源需求信息、工业终端能源需求信息，这些现在是没有的，我们希望将来建立这样的系统。

信息是关键，数据也是关键。我们正在做国家的重点研发计划，提出"三个平台一个中心"，即规划平台、运行仿真平台、交易仿真平台、大数据中心。支持数据、分析、计算几个大的维度，所以能源系统的解决离不开大数据。

因此，我的报告主要内容包括信息物理能源系统的随机特性大数据分析、安全节能优化、综合安全等相关的问题。

第一，信息物理能源系统的随机特性大数据分析。中国的风能在2017年底，已达到164GW，大概为8个三峡电站，装机容量加起来超过世界上所有国家的装机容量，绝对是世界第一。但是，由于高度不确定导致真正发出来的平均负荷率仅达到20%左右。真正满负载用上的只有不到20%，而且离风电基地相当远，只有上海有海上的风电是超过10GW的风电基地。

内蒙古有7个风电厂，不是同时达到最大或者是同时达到最小，分析这里面的数据，就很有意思。大气运动和地形运动，要的是同一时刻，并不是某一台风电机组的发电，而是总体加起来，呈现这样的特性就有互补的作用，跟统计之后有大数定理起作用，不确定性减少了，这对利用风能是有用的。

我们这些年通过与大气物理学家和气象学家合作,把气象预报的方程用我们比较熟悉的方法去分析风电厂群之间的关系,分析了内蒙古7个厂群,发现风电厂之间确实有负相关的作用,负相关对我们非常有利,有了负相关,不确定性小了,有了这个特性对我们利用它也有利。我们研究分析发现不确定性确实是有所减少。所以这个东西对电力控制中心的运行,对分析里面的特性,以及设计风电厂都特别有意义,因为在设计和选址的时候,可以尽量选择负相关的地方。

风电大数据分析主要困难有以下三个方面:第一,目前预测风电无论是基于机理模型或基于数据驱动的办法,与区域负荷或需求小于2%的误差相比,风电预测4小时以上的预测误差非常大,有的甚至是超过一个数量级的误差,达到10%的误差,但是符合预测就是1%的误差。我在电力公司工作过,所以我补充一点,好多东西标定的质量很差。第二,没有同步获取风电和相关环境数据,数据很大但用处可能不大。因为风电、太阳能取决于环境,这些东西是气象部门提供,发电的数据又是归属于电力部门,这两个数据没有同步。基于这个原因,电力部门自己做气象台了,我们国网公司做了小的中央气象局以便进行相关的基础性布局。第三,高不确定性阻碍了风电的充分利用,需要更好地了解风电场群的相关性和风力发电的总体特征。

风电的潜能。有人利用大气物理学的办法,做了纯粹的理论分析,如果把所有地方都装上风电机组,大概是现在人类总需求的6倍。因为风是地球自转产生的,所以这是可持续的。但是从工程角度分析,大数据角度分析,其实情况可能不是那么一回事。美国东部的四大州,假设说所有能源都是风电供给,大区域、小区域与外部风电交换,进行有序的储能。但是风能不能精益地存储,如果使用储能技术,那么电价立马涨三四倍。所以实际情况不像物理学家分析的那么乐观。

信息物理能源系统的安全节能优化。大规模的能源电力网络系统的优化，包含了数百种的发电机组、多种发电资源、数千个网络、上百个决策变量和约束的优化问题。在山顶建水库，晚上发电，打上1度电的水，只能发出0.75度电。这是唯一经济规模储能变化，变成水的势能，跟风电、太阳能的配合非常有利。数学上看起来问题很简单，但是实际上，就这个安全约束，几十万、上百万的太多了。因为几百个机组，一个电网里面几千条线，一周168个小时，这就有很多了。

能源电力系统怎么优化？存在计算复杂性的挑战。10个工作组合计算时间是0.5秒，20个工作组合计算时间近2000年。我们知道，风水配合是非常有利于提高风电的利用率，相当于储存了不确定的风能，水电机组响应非常快，水留在水库里面，仍然是势能，把能确定的风能存在水库里面，但受到系统安全瓶颈的限制，即受输电网络安全的约束限制，发不出来。

西北电网常态下大部分安全约束冗余，酒泉风电基地和其他的解体电能基地配合的时候，粗的是750千伏，细的是330千伏，能不能不求解就知道哪些约束是冗余的？因为上百万的约束，任何一种计算方法不可能处理这么多，100万的矩阵都做不到。通过寻求优化问题找到界定可行域和冗余的约束顶点，红色变化上的约束可行域是阴影的地方，找到边界点，约束之间有距离，就可以看成约束是冗余的。接下来连起来，求这个顶点，这是线性规划的问题。最后接着简化到线性规划问题，可以求得解析解，得到解析的充分条件，不求解可以判定系统的安全性，发现几十条线路的安全约束，大大的简化、优化问题，这是公认的难题。过去都是经验的变化，只考虑这几个约束，因为处理不了那么多，现在拿这个东西上去一判定，这是解析条件，几乎不用怎么计算，就可以得出是不是冗余。用 IEEE

标准系统检验，80%到90%的安全约束都是冗余的。我国风电最大的问题是可再生新能源，每年弃风、弃水的量，大致是一个中等省份一年的总用电量，这是非常痛心的事情。看电视上播放水库放水，那放的不完全是水，那是人民币，那是没发电就把水放出来了，人民币放掉了。

从供需配合上来讲，电动汽车充电系统成为主要的用能需求，现在靠价格调整的办法可以解决一部分问题，但是需求侧在响应，晚上充电的价格最便宜，所有人都在晚上一点钟充电，又形成新的瓶颈，应考虑分布式、集中功能的优化策略。

基于舒适度的楼宇能源系统节能优化，最节能的方式是给楼宇的用户提供节能舒适的环境，需求侧要能源系统进行节能调度。这是涉及大量的大数据分析和优化算法的问题，可再生能源的调度是多阶段、随机匹配的问题，有多尺度、多级决策的控制问题，目前还没有相关的系统化模型和方法。所以接下来都需要研究的大部分都是数据的问题。

信息物理能源系统的综合安全。电网N-k安全性评估问题，当能量瞬间转移到其他线路上，每个线路都是有保护的，原来传输的能源流转移到其他线路上，会不会造成其他线路也瞬时过载，造成链锁效应而崩溃？以30母线为例，这个线路突然发生工程故障立马过载，发电机组从系统当中被切除，于是一个个相继的切除，最后造成系统解链、崩溃。实际当中也发生过，美国、加拿大，2003年发生大的停电事故是机组故障，一个线路故障，EMS报警失灵，最后造成531台发电机组解列，停电之后一片漆黑。

通常企业都是要做预案的，预案管理、预案应急控制，能不能预先找到，知道这种情况发生时，采取什么应急措施化解掉。事后分析，切除5%不到的负荷就可以保护，事前不知道，没有碰到过这种情况，这个靠人工智能学习也很难解决，因为发生事故的概率很低，相关数据很少，靠学习是学习不到的。工业界目前采取 N-1 的标准，拿到一个线路算其他线路是不是安全，但是 2003 年美东大停电是与 K 大于等于 2 有关，为什么采取这个标准？是因为穷举算法的量是指数上升，当 N 大于等于 1000，K 大于 2 的时候，"维数灾难"导致穷举计算。

现在的思路就是把原来复杂的安全性判定，用简单的边界代替复杂的边界，或者是不等式分成组，如果知道一个不等式满足其他一组就满足，就充分性来讲，一个不等式约束，一组都满足，就可以大大地减少安全约束的计算量。

相当于有冗余约束，前面的理论消除掉，有不安全的区域，那么找到了充分条件，小于就是安全区域，大于就是不安全区域，如果两个都不满足，是有可能发生，但是发生的概率非常小。仍然用穷举算法去做，就像机场做的防爆检查，实际上就是化学传感器的特定物检验，如果这个是阴性所有人都可以放行，如果是阳性一个个都得检，这样做可以提高是因为利用了领域知识，这非常重要。为什么？就是 50 个人里面带爆炸物的概率太低了，99.99% 的概率都是好人，因为恐怖分子毕竟是少数。假如一半是恐怖分子，一个一个检和一堆人只检一次节约不了时间。

我们证明穷解可以非常高效地找到，并且通过合理的分组，就可以大大地提高计算机效率，拿这个去算标准系统、实际系统。波兰的系统所有的参数都是公开的，穷举要 300 秒，新方法 1 秒都不到，所以计算量减少了 2 到 3 个数量级，为制定新的工业标准提供了新的理论基础。

为什么用波兰系统？因为参数公开，所有人都可以重复计算。接下来还要找定位、防御"系统崩溃"关键点和路径。大数据既有好处也有隐私的问题，信息安全问题越来越突出。比如智能电表实时读数，获得数据后就能知道你们家哪些电器开了，你们家有没有人，这是非常严重的问题。

电力设备的全面信息化，信息系统的脆弱性，电力系统的"可控物理崩溃"，带来智能电网安全的新问题。因为信息物理融合能源系统也是人机系统，这是非常有意思的机器学习的问题。

结论就是，在大数据分析的基础上，实现信息物理融合能源安全优化是国家重大需求和国际学术前沿，有重大的社会经济效益。在高不确定性可再生新能源和需求接入情况下，保证信息物理融合能源系统安全性至关重要。能源大数据分析、信息物理融合能源系统安全优化和综合安全的研究，将为新世纪的能源革命和《中国制造2025》做出贡献。

这是我今天的演讲，欢迎在座的老师、领导、专家指导，谢谢！

推动互联网、大数据和人工智能与广电的深度融合

国家广播电视总局科技委副主任　杜百川

尊敬的各位领导，各位来宾，女士们，先生们：

党的十九大报告和习近平主席致2018中国国际大数据产业博览会贺信里都提到要加快互联网、大数据、人工智能和实体经济的深度融合，我今天的报告就想阐述一下互联网、大数据、人工智能怎么和广电的深度融合。

党的十九大报告说得很清楚，互联网、大数据、人工智能与广电最后的目标是建设数字中国和智慧社会。这些概念当中，究竟是什么联系？我想发表一下我自己的看法，也就是说智慧社会、大数据、人工智能之间有什么联系？什么是智慧社会？2015年美国大数据的代表人物 Alex 出版了著作《智慧社会大数据与社会物理学》，专门论述了智慧社会。社会物理学派对于现实问题的探索，遵从一定的模式并具较严的逻辑，在寻求机制的过程中形成了如下的基本认知框架：一是承认无论是自然系统还是人文系

统，无一例外地随时随地都呈现出差异的绝对性，二是要存在各种的差异或者差异集合，必然产生广义的梯度，毛泽东在《矛盾论》中也说到这一点，就必然会产生广义的力，只要有广义的力就必然产生广义的流。社会物理学着重探索广义流的存在形式、演化方向、行进速率、表现强度、相互关系、响应程度、反馈特征及其敏感性、稳定性，从而刻画自然社会经济复杂巨系统的时空轨迹。

这方面的概念全世界有很多，比如说德国提出工业4.0，它把工业划分为四个阶段，第一次工业革命借助蒸汽机引入机器生产，第二次工业革命运用电力进行大规模的生产，第三次工业革命借助电子和IT应用进入自动的生产，目前是4.0，就是物网结合的系统，强调物理和网络的联合。

日本提出了"社会5.0"，它把社会分成五个阶段，即狩猎社会、农耕社会、工业社会、信息社会和超智慧社会。这个是物网融合的过程，我认为实际上，我们现在主要的空间可以分成三个空间，第一个是物理空间，包括了物联、车联人联和智联；第二个是网络空间，人们在这个里面进行表达，这个包括了隐私和安全保护；第三个是社会层面，包括了家庭、社区、政治、军事、国家。这三个层面包括了媒体、通信、互联网、Email、博客、微信、对这些层面进行相互的联系，刚才说的想法流影响了这三个层面的拟合程度或者是矛盾的程度，或者是不矛盾的程度，最后我们的目的是什么？比如说我们可以有舆情监测、舆论导向、精准扶贫、精准广告、智能商务、智能制造、智能物流、智慧城市和数字经济，这几个东西在这个阶段可以把它混合在一起，而深度空间如果可以精准拟合的技术基础就是在ICT它的基础设施加上云计算、大数据和人工智能。也就是说，我认为可以把我们现在所提到的这些概念全部集合，表现出相互之间的关系。

现在的发展趋势就是物理和网络空间紧密的联系，随着ITC的运用，手机已经成为每个人的必备，在带来便利的同时也使个人的信息、标记和轨迹更加清楚。随着物联网的快速发展，所有物的标记也非常的清楚，随着智慧医疗和保健的发展，人的生物特性，包括人脸识别、指纹识别、瞳孔识别，甚至有的是 DNA 识别等等，这样就在网络空间当中形成了一个数字个人，数字个人越来越清晰。随着技术的生物化，生物的技术化，数字孪生越来越清晰地出现在我们的网络空间当中，也使得我们在做一些东西的时候会利用这个东西，这个里面同时也会造成信息的不对称和数字鸿沟。数字领域的差异主要成因是信息不对称，包括了上下不对称，左右不对称、能力不对称和发展不平衡的不对称。上下不对称即上面知道的情况比较多，宏观的东西比较多，下面知道的具体情况比较多，造成了决策、执行当中的矛盾；左右不对称即越来越多圈子的形成、微信的运用，包括算法的应用造成了不同圈子之间信息交流不通畅；能力的不对称即网络速度的差异造成的不对称，这个需要利用我们的手中的权力把它消除的问题。发展不平衡的不对称，或者是技术的发展一般是领先于个人的发展，领先于业务的发展，领先于政策的制定，政策的制定落实与业务、商务和技术的发展，这些也会引起一些滞后的问题。智慧社会的主要技术支撑主要是依靠物联网、云平台、大数据和人工分析，这个能够决定我们能否把刚才的三个层面精准地拟合在一起。

广电在智慧社会当中的作用是什么？建设创新型国家的目标就是刚才说的建设科技强国、质量强国、航天强国、网络强国、交通强国、数字中国和智慧社会，从智慧经济、智慧城市，智慧社区和智慧社会，说明我们智慧不仅要解决社区问题、家庭问题，还要解决社会的问题。物理和社会信息的深度空间要靠智能和智慧精准拟合才可以快速发展，加快智慧广电的建设，利用智能和智慧实现万物和实体的高效互联，在信息空间加强舆论和信息的引导和对位，提高精准化的社会和个性化的服务，减少数字鸿沟，我想这三个大的部分就是广电在智慧社会中的作用。

今年全国新闻出版广播影视工作会议强调，要加快优化升级、推动事业高质量发展，包括以改革高质量发展为突破口，以创新为高质量发展驱动力。这个里面提到了坚持机制创新、节目创新、业态创新，非常具体地明确了要加速智慧广电生态建设，积极探索新产品、新功能、新模式、新业态，开拓探索智慧家庭、超高清智慧终端、混合现实娱乐平台等新产品新服务，建设综合性、智慧化、融合型的泛媒体。我觉得这个任务说得非常清楚，跟我们刚才说的智慧社会非常契合。

那么，如何充分利用大数据分析和人工智能建设智能的广电平台是我们面临的一个任务。2017年12月8日，习近平在中共中央政治局第二次集体学习时指出，要实施国家大数据战略和加快建设数字中国。同时，2017年国务院也印发了《新一代人工智能发展规划》，提出了三步走的目标。我们可以看到，大数据处理就是从刚才我们所说的三个空间对数据进行整合、管理、传感、处理和分析，最后得出我们的应用，这才是大数据的处理。数据实际上要从收集到可操作的知识这么一个提炼的过程，具体我们也不详细介绍了。

AI和大数据处理实际上是整个的两个方面，也就是说有了大数据，没有AI实际上也是不行的。AI现在发展非常快，AI增长高于摩尔定律。根据一份报告显示，2012年以来，AI训练运行中所使用的计算力呈指数增长，每3.5个月增长一倍，我们知道摩尔定律是18个月到24个月。也就是说，自2012年以来，这个指标已经增长了30万倍，或者有一些突破就是近一两年的事情，而且还会加速突破。AI算力增长可以分为四个时代，第一个时代是2012年之前；第二个时代是2012年到2014年，多个GPU也不常见；第三个时代是2014年到2016年，大规模使用10到100个 GPU，性能大概是5到10个 TFLOPS；第四个时代是2016年到2017年，允许更大算法并行，并且有大批量架构搜索和专家迭代，大大增加了计算的能力。同时有几个巨大的突破，其中一个是语言到文字的机器转换率差错率下降到了5%以下，而且现在已经有非常准确的速率。具体的不同机器的学习方法有自动的、经典的学习、也有监督的和没有监督的学习，还有深度学习。

另外，我们可以看一下牛津大学最近的一个统计报告。报道对中美在 AI 主要的驱动比较，它有一个 AI 的潜力指数，在硬件方面，2015年国际半导体产量市场份额，中国大概占世界的4%，美国占50%，2017年美国 FPGA 的芯片中国占7.6%，美国大概占42.4%，但是中国的移动用户占世界的20%，美国只有5.5%，所以在应用方面美国是落后我们的。在研究和算法方面，AI 的专家数量中国占13.1%，美国大概占26.2%，研究和算法在2015年 AAAI（the Association for the Advance of Artificial Intelligence，美国人工智能协会）的国际会议上发表的论文数，中国占20.5%，美国占48.4%，总的评分中国是7%，美国是33%，这个是目前的状况，如果根据我们国家发布的三个阶段，最后可能赶上或者超过美国。

AI 的基础架构有一些开放的基础架构，整个百度、腾讯和其他开放架构利用开放 AI 平台的星标和叉标的项目数量。叉标是可以自己改，星标是就是关注，不管你是否关注最后都会有，从这个角度看，谷歌目前最大，相对来说使用量还是美国的比较多一点。

所以，广电应如何建？我们举一个例子，百度的人工智能平台，包括了天算、天像、天工、百度大脑和语音平台，其他的阿里、腾讯前两年刚刚宣布他们的 AI 也对公众开放。相对来说，广电的大数据和人工智能也已经开始，实际上已经贯穿到制作、集成、传输、分发和接收所有的部分。

我们可以看到，在网络舆论和舆情领域实际上是一个攻防战，网络舆论有四个阶段，首先是爆发，其次是反应，然后是二次，最后是治理。这四个过程当中都会有一系列 AI 的参与。在鉴黄方面我们也开始用深度学习来分析海量视频的违规，然后用户画像的精准投放，打造千人千面的大智慧运营平台。然后还有可寻址电视，目前这是最新的一个，也就是说我们可以根据目标把广告送到相应的用户，可以很精准做到这一点，也叫可编程电视。

还有原创内容的发现，以及发现类似的内容，使用机器学习预测内容的价值，智能操作系统，包括云平台的智能化，广电现在开展了很多云平台的建设，包括了国际台、贵州台、江苏台、云南台、重庆台、四川台、辽宁台、湖南台等等。这个里面贵州做得比较好，贵州有一个有线智慧云平台，它把整个电视、宽带、智慧乡村结合在一起，包括了智慧农村政务、智慧医疗等，实现了整个乡村镇所和家庭的联系，同时还打通了省、市、县的远程医疗系统。

最后提一点，就是数据的滥用和数据隐私的问题。比如前一段时间大家关注的顺风车司机看到了不该看到的信息，还有剑桥分析用脸书的数据。最近出现了一个新的治理法规，欧洲的 GDPR (General Data Protection Regulation，通用数据保护条例)。GDPR 与以前的法规有什么不同？就是对数据处理都要个人同意，你必须告诉这个数据是怎么保护和处理的，这个跟 AI 有一定的关系。有人会说，因为深度学习里面不知道这个机器是怎么处理的，是不是就不符合 GDPR 的规范，这个问题现在还在讨论。最后也可以有一些其他的办法，比如说加拿大开始试验区块链的身份识别，也就是说，有医院、银行和政府对个人做一个身份钱包，你在贷款的时候只要我的信用是超过了多少分，就可以做到这一点。我的信息我做主，经过了银行、政府部门对你的信用在区块链进行了认证，你在用的时候，要用到几个就出示几个。从这个角度来说，大数据处理需要有两个方面，一个是加快应用，另一个是加快保护。

  谢谢！

人类技术变革历程与未来新技术格局

俄罗斯区块链与数字货币委员会副总裁　叶甫根尼·卡塔

我是来自俄罗斯区块链与数字货币委员会的叶甫根尼·卡塔。在做演讲之前，我希望借此机会和大家一起回顾一下关于技术变革的历史。我们所处的世界正在经历着很多技术方面的变革，不论是区块链还是大数据。下面我带领大家简单回顾一下这些技术变革的历史。

时至今日，人类技术变革大致经历了几次变革。一是工业技术变革。在技术变革之前没有资本主义，当时年平均工业生产值只占总量的0.01%，所以你需要等100年才能够增长1%，我们显然不可能等这么长时间。因此，如果你想赚钱，可能就会拿起剑，把邻居杀了抢他的钱，这就是资本主义一开始的雏形——掠夺增长。在18世纪60年代，英国发生了工业革命，出现了纺织业。当时整个世界财富有5000亿元左右，还不到1万亿元，但增长率提高了很多，复合年增长率达到了0.54%。在1800年前后，出现了精准的冶金技术，能冶炼出重载冶金部件，后来又出现了钢铁产业、煤炭产业。二是电气技术变革。电机代替了蒸汽机，以及铜等有机化学也出现了。三是汽车自动化技术变革，20世纪20年代，随着汽车制造成本的大规模降低，油气需求的快速增长，资本驱动的投资快速增长，包括酒店业、旅游业、航空业都已经开始繁荣发展。四是芯片技术变革，20世纪七八十年代，所有机器变得越来越小，晶体管出现了，硅谷引领了变革，使得通信变得更加有效率。我们可以看到，基本上每一次技术革命都是50年一次的周期，它都会助力后续很长的经济周期，而最近的两次技术革命创造了很多的财富，可以说80%世界的财富正是在才过去的50年当中积累起来的。随着毛利率已经开始下降，过度竞争、产能过剩等问题也陆续出现，显示这个技术周期已经进入了"冬季"窗口，因此，芯片技术变革影响周期已经基本上快要结束了。现在我们看到有一种新技术变革的趋势出现，即由数据驱动得技术变革。我认为下一次技术革命不管是区块链，还是其他的技术，到2070年会创造超过330万亿美元的GDP，现在有很多产品和服务之前是没有的，我们甚至很难去想象，但将来会有这样的产品和服务出现，所以未来的机遇是非常大的。

每一次技术的变革不仅仅会带来技术方面的变化，而且还将带来组织架构的变革。在第一次工业革命的时候，工人在工厂里每天工作10个小时，有监工监督他们的工作。到后来又看到有一些公司往各个地方分派员工。随着技术发展，特别是电报和电话的普及，让在不同地方工作的人可以协作起来，所以组织架构也更加分散化。而接下来在由数据驱动的技术变革中，一些组织会是一种分布式发展的生产方式，举个例子，个人怎么可能和维基百科竞争，它就是一种分布式架构。

基于新的技术的格局会出现一些新的社会秩序，现在整个世界就出现了一种新的秩序。我不知道大家是否理解，这里我稍微解释一下。在过去的技术周期里，每一次周期结束的时候，总会有一个新的世界秩序出现，每一次也会出现金融危机，基本上每一次金融危机都会更加的严重。因为在过渡期都会出现这样的危机，主要的原因是因为新的生产模式需要很多的资本，需要很多的造势去推翻之前的模式，它也会造成一些法律、法规方面的变革，才能够让新的生产模式在新的环境下得以生存和发展。所以在过渡期会有很多冲突，也会有一些生产过剩，比如说建了很多冗余的基础设施，如铁路，这些投入资本需要回收，当这个周期结束的时候，肯定要有人为此买单，这就使得整个社会体系受到一定的冲击。所以一般在一个周期结束的时候，会有很高的失业率，会锁定资本，还有货币竞争，这基本上就是一个周期结束的特征。可以看到，每一次周期结束之后，会有一些新的秩序出现，他们必须去瞄准一些新的领域。

我所代表的俄罗斯区块链与数字货币委员会是由俄罗斯总统普京作为牵头人的一个协会。我们的责任主要是进行融资吸引、技术交流等，我们的波士顿咨询分部主要和一些投资银行进行合作。今天，我之所以来到这里，是因为中国是俄罗斯主要的合作伙伴，欧亚也是很重要的合作平台，其在金融、技术等各方面的合作上都很关键，并且它能够推动突破性技术的发展，在其他各方面都可以进行很多合作。

下面谈谈未来一些较大的机会，同时这些机会也是我们应该重点注意的问题：一是反洗钱方面的问题。大家知道隐私有好的一面也有坏的一面，很多违法洗钱活动会涉及隐私，监管方要了解如何解决这些问题。二是监管落后、不能跟上市场的变化。大家可能会说，更加成功的国家擅长于技术创新、更加崇尚自由化，但监管也要跟上技术的发展。三是技术竞争问题。当前世界各国正在使用技术竞争进行资源争夺，这就是我们所面临的竞争世界。如何看待和解决这些问题呢？从俄罗斯的角度来讲，有这些解决方案：一是投资与颠覆性的技术。俄罗斯正在从政府实体基金模式、区域性投资基金的模式和私人投资基金模式三个领域努力打造投资基金。二是孵化器与教育。我们和俄罗斯排名前20的大学进行合作，创造了整个国内孵化器网络，建立了500个项目，让超过10万名IT领域的学生参与其中，也可以进一步开展孵化项目了。三是通过法律技术与健全法规进行保障。

未来，俄中两国还有很多合作的前景和可能。在此祝大家万事如意！

谢谢大家！

中国传统产业将取代 BAT 成为数字经济的旗手

中关村大数据产业联盟秘书长　赵国栋

首先,我们来看看互联网公司的发展脉络,看看互联网跟实体经济互相影响的趋势关系。在纵轴上看连接的关系是越来越强,在水平轴上服务的属性越来越重。一开始,百度、谷歌只是单纯的搜索引擎,用户搜完就可以离开;亚马孙出现之后,需要注册用户信息,留下地址;再到微信和Facebook,人们不断把自己在现实中的关系往网上牵引。互联网的发展趋势就是关系不断变强,连接越来越紧密,这是连接维度的变化。

再看服务维度。百度、谷歌开始只是给用户提供一个页面,到亚马孙线上买书的时候,又延伸出物流服务,再发展下去就到了线上支付……从简单的分类目录、信息检索,到提供商品交易、电子支付,互联网提供的服务越来越多、网上服务活动越来越便捷,支撑这些的是越来越庞大的线下服务体系。

消费界是吃喝玩乐的领域，空间相当拥挤，以 BAT 为代表的互联网公司，在此取得了非常大的成就；而产业界，农业、工业、服务业领域，几乎是一片空白，现在有一家公司虽然规模比较小，但已经开始迈出了第一步，这就是农信互联。我们认为未来定义数字经济，改变经济版图的力量这个模式。

我们认为，连接比服务重要。比如说我们用微信，就能解决社交、购物、出行的问题。这个时候，BAT 流量为王。一旦到了产业端，服务的需求超过连接的需求，连接的优势就会被逆转。比如农信互联为养殖户提供简单的生猪实时行情的服务。这个服务的背后是整个"国家生猪交易市场"支持的实时交易机制，以及生猪价格指数的编制，这种能力远远超出了纯粹互联网公司的能力。

在互联网、大数据、人工智能和实体经济深度融合的历史阶段，是行业服务而非人际互联成为产业决胜的胜负手。也就是说服务比连接更重要。谁更擅长行业服务呢？无疑是一直浸润在传统产业的新兴公司。他们将取代 BAT，综合运用数字科技、信息技术、互联网络，提供数字化、系统化、生态化的行业公共品服务，跨产业、大幅度降低摩擦成本和要素成本，提高生产效率和运营效率，从根本上改变了产业结构。这些公司才昭示数字经济的未来。

"产业十年必有王者兴。"这是周期规律使然。如日中天，下一刻就是日中则昃。与其仰望不如赞美，与其赞美，不如寻找初升的太阳。联盟以落实国家战略、构建数字生态、倡导数据伦理、探寻数字文明为宗旨，致力于用大数据促进一、二、三产业的融合。我们认为推动一个行业的发展需要三方面的力量：社会资本（联盟、协会等组织）、人力资本（企业）、金融资本（金融机构）。社会资本往往起着重新配置和调动人力资本与金融资本的作用，就是决定这些资源怎么留下来的问题，我们的联盟其实就是在做社会资本，其功能主要在于促进跨行业、跨地域、跨部门、跨系统的大范围合作。

我们认为现在和过去完全不同的领域在于，有了大数据之后，产业、服务业加上互联网以及所谓新兴的高科技，他们会形成一个整体，这个整体我们命名为"数字生态"。我们的联盟就是在推动数字生态的形成。我们认为，只有跨越金融、通讯、物流、交易市场，通过大数据这个纽带，真正地融入产业中去，帮助实体经济转型升级，才是未来最大的产业机遇，也是未来最广阔的发展路径。

"十三五"规划建议首次提出实施国家大数据战略之后，很多顶尖基金找到我们的联盟，希望与联盟共同发起基金，支持有潜力、值得投资、服务于国家战略核心的大数据企业。联盟将紧紧围绕构建数字生态做文章，整合资本的力量"做产业"，把那些有可能改变产业结构，把引领产业升级的核心企业找出来，进行生态赋能型投资，利用联盟系统化的资源运营能力，介入到公司战略和并购整合的业务中去，一起去改变这个行业，为数字生态做贡献。

目前，我们的联盟在通讯领域投了和君纵达，在生态领域投了农信互联，联盟会逐渐投全这个生态，我们希望生态中每个企业都有我们的投资去主力完成。下一步我们投资的思路，从农业开始。农业又切了几个环节，种养、农产品、商品、品牌，从种养的大农业，到品牌到大消费、大健康。

有句话与大家分享，我认为经济本来就是一个整体。之所以被划分成一个一个不同的行业，不是因为行业的本质如此，而是受到企业家认知能力的限制。能在多大范围上把相关产业看成一个整体，决定了企业战略格局的上限。我们在多大范围上当作整体来看待它、处置它、帮助它，这个时候就有多大视野范围来做。所以我们始终站在数字生态的角度来看待这个行业、看待公司的成长。

未来成为数字经济主角的肯定是像和君纵达、农信互联那样深耕行业、融合技术，形成生态运营能力的"产业生态运营商"。因为他们在切切实实地致力于提升"劳动生产率"，致力于推动供给侧结构性的变革，而这恰恰是传统互联网公司多年以来的盲区。

我希望从此以后，本土的创业者，尤其是传统行业的创业者，坚定信心。未来属于那些"泥腿子"、挽着裤腿儿、光着双脚、立于产业大地上的人；未来属于那些运用互联网、大数据和人工智能改造传统行业，升级传统行业的人。他们朴实无华，以问题为导向，立足中国，融通世界，这些人才是数字经济时代的希望。

谢谢大家！

云上开发，构筑软件产业竞争力

华为云首席战略官　宋哲炫

各位来宾，很高兴有这个机会和大家在这里分享我对软件产业的一点思考。

我想起来前几天和一个同事聊天，他想给自己孩子报一个学习班。是报一个程序编写的班还是绘画班呢？我给他说报写代码。为什么有这样的一个建议？实际上跟我们做战略分析分不开。因为从国家来看，整个软件产业已经成为我们国家基础性产业，比如工信部苗圩部长也讲，软件是新一代信息技术产业的灵魂，是改造提升传统产业、培育发展新经济的重要动能。实际上很多软件业白皮书中也证明了这一点，最近的一本软件白皮书也提到，中国目前大概有900万程序开发人员，每年软件产业的增速在27%，全国超过千亿产值城市超过20个，而且在不断地增长，软件产业占国家GDP的比重也很高。从这些数字来看，软件产业在飞速发展，所以掌握软件这项技能对未来一定有好处。甚至有人认为，未来所有企业都会大量使用数据、软件来提升自己企业的效率，让自己企业走向智能化、自动化。所以掌握这个技能对未来就业和工作都有极大的帮助。有一个看法，就是软件决定一切的时代已经到来，我不是完全赞同这个看法，但是说明人们对软件产业的高度发展充满了信心。

从战略角度看，那软件未来发展到底是个什么样的形态，它的趋势是什么？针对这点有很多不同的看法，但是有一点共识，就是未来"云"会成为软件承载的主体。美国的Gartner认为，2020年云计算将成为最主流的IT形态。云计算对软件的改变是什么？我们认为不是简单地从传统的服务器搬动软件的一个过程，实际上它对软件的架构，对软件设计的理念，甚至对软件的一些设计思想都会带来转变，可能它的基础模型都是基于云的模式。它可以带来什么好处呢？实际上用户的需求可以很快得到体现，用户体验大幅度提升，软件的迭代周期会变短，软件效率也会得到高速的发展。从这个角度看，云会成为我们软件最普遍的一个承载方式。那我们现在的程序员是否已经准备好了呢？很不幸，并没有准备好，很多产业报告认为中国目前软件企业还是小作坊的形式生产，一些企业的规模比较小，中国大概超过三分之二的企业人数不超过50人，还有很多低水平重复地开发。我不完全赞同这个报告的看法。

从人数来看，我个人认为，一个软件企业无论人多人少都能够做出很好的软件来。举个例子，微软公司今年招12万人，当然是非常大的公司，做出来的软件大家用着都很舒服，但是做出最漂亮的BASIC的时候公司只有9个人，销售额超过1.5亿的DOS操作系统的时候，也不过才100人。所以对于一个企业来说，一个产品做得好不好，跟人数没关系。但是为什么报告说很多软件企业还是小作坊的形式生产呢？我去很多软件公司调研，之所以认为软件是以作坊式生产，我发现很大一部分原因是很多公司还在做一些简单重复的劳动。比如说有一些软件公司，还在自己搭建软件开发框架、自己在开发通信协议，有的甚至算法、数据结构都还要自己写。实际上这些工具、软件都已经有大量的开源、商业代码可以使用，但是他们就觉得不放心，我坐的车这个轮子还是要我自己做，轮子做好之后跟车更匹配，效果更好。实际情况是什么样子？这些开源的商业代码都已经放在线上很长时间了，被很多系统使用了，经过大量的挑战、识别、修改。你自己做的软件水平就一定能够超越这些现成版本吗？不一定。另外，还有很多安全问题，安全问题是经过不断的攻击之后找出漏洞，代码修改。企业自己写的一些软件能保证都解决安全问题吗？倒过来说，即使你认为你写的软件模块比业界通用的都好，但是你的竞争力在哪？绝对不是通用的、标准的模块，你的竞争力一定是在自己独特、创新点上，而你把功夫都投在简单、重复的平台性工作上，你怎么能够聚焦在创新点呢？所以作为一个软件企业，千万不要重复地造轮子，一定要站在前人的肩膀上，聚焦在自己的创新点上，在这上面突破，成为业界独特的软件公司，这才是一个软件公司成长的不二法门。

谈完软件人员，我们再看看软件园区。现在很多软件园区，我们认为是软件公司的婆家。现在的软件园区都聚焦在政策优惠，给你地，给你楼，给你办公场所，吸引软件公司到园区来成立公司，开发业务。但是一个好的软件园区不应该仅仅只提供好的硬件支撑，还应该提供好的软件支撑平台，比如提供一些云平台，提供一些软件开发平台，让程序员和软件公司来了就可以写代码，写出来质量高的软件，这才是一个好的软件园区。这里我要提到一个云化的软件开发平台。我用华为自身的案例给大家简单介绍一下什么是云化的软件开发。

华为在过去30年投入了大量的研发资金，做了一个软件开发的基础，在华为内部已经成为一个非常大的软件公司，我们的研发人员超过70%都在写代码。在过去30年，华为也经历了从小型的作坊开始成长的过程。最初的各个部门自己写软件，大家单干，后来我们把一些软件开发的经验积累，逐步积淀，留在这个平台上。这个平台上包括一个统一的基础设施，包括过去积累的工具、一些软件开发的流程、一些技术，它包括软件开发的全周期，从你的设计、应用、测试到交付都在上面。有了这个平台之后，华为18万员工可以在统一的平台上协作工作。当时提了"六个一"的指标，就是一分钟可以提供一个构建，十分钟完成本地测试，一小时部署，一分钟就可以完成软件本地构建，十分钟完成本地测试，一小时可以部署，一分钟可以进行故障恢复，每周可以迭代一次，一个月可以把用户需求闭环。这"六个一"不是对一个小型的手机APP的要求，是对华为大型的系统软件的要求，这些都有数千万行代码，甚至上亿的代码。

有了这个平台之后，华为开发软件的效率大幅度提升，现在基本上大家都不需要自己去重新去造一些轮子，就在这些轮子上面，各自把各自的代码开发出来。很多软件公司参观了华为之后，对华为这套开发平台非常感兴趣，也希望能够使用这些技术。随着华为云的成立，华为把这套东西以解决方案的形式对外开放，我们叫作华为云软件开发解决方案。它做了哪些事情呢？首先为用户做了一个软件平台，开发软件环境需要有开发测试，内生产环节，软件公司必须要做到每个环境独立，光把环境搭建起来，大家可以考虑一下工作量有多大。而我们提供的软件开发解决方案，在这个平台上涵盖了项目管理、配置管理、代码检查、编译构建、环境准备、测试、部署、发布的整套流程。特别是代码检查，包括动态检查、静态检查等，有的时候把代码提交上去，通过静态扫描就可以发现代码中的问题，这些扫描就是一些软件公司常用的工具。30年来，华为公司开发了很多代码扫描工具，我们把这些工具放在软件开发的平台上，你只要把代码提交，就自动代入这些工具把代码扫描，把潜在的风险报告给你，快速地指出问题。在这个平台上，我们针对特定应用的开发场景，比如移动应用、Web应用、App的应用等等，这些应用还有专门的模块调用，把这些也封装成服务，让用户不用再去写自己的基本东西，而是把这些逻辑实现就可以了。说到底，就是把华为过去开发的理念、开发的工具，我们研发的实践通过这个解决方案分享出来。

为什么说华为云这种软件开发解决方案帮助企业实现敏捷的开发呢？举几个例子，首先，它是一个基于云的方案。一个开发团队，不管多少人，大家只要打开浏览器、接上网，就可以接入软件开发平台。甚至在不同地域，通过我们的工具进行交互、进行联合设计、讨论问题、提交代码。其次，高效协同的概念。这个软件开发的解决方案，最初是给华为全球100多个地区的人一起使用的平台，把高效跨地域协作集成到一个网络中，其中包括社交的一些配套工具等，让用户能够很好地配合起来。最后，我们集成了很多工具，包括代码工具、项目决策工具，可以看你的项目是不是出现偏差，哪个地方出现偏差，到底有什么问题，等等。这一类的工具可以帮助项目管理人员做出很好的决策，包括人工智能技术，等等。这些都集成到软件开发平台，让我们现有的技术为程序员服务，不需要大家再重新开发一套。

有几个数字说一下，用了这个软件开发解决方案，编译的效率提升90%以上，上线速度提升50%，总缺陷率下降20%。这个软件开发解决方案，在华为内部、外部得到了广泛的使用。华为武汉研究所的某个项目，使用了软件开发解决方案，在上面开发了一个包模块的监控调测平台，当时我们在谈软件开发的项目问题，代码量大概几百万行。我问项目经理能不能做到每天对软件进行迭代。项目经理说，现在可以做到每分钟迭代，只要任何人提交代码，就可以自动生成后台，然后就走这个流程，把代码从编译、检测、集成测试全套做完。从理论上讲，只要任何人在不同的地方提交软件代码，就可以发布新的版本，这种开发的速度在以前的传统开发模式当中是很难想象的。他们也尝试用微服务框架来做自己的产品。如果还是用传统的结构或方式来做，要达到这个效率是有困难的。当然微服务这个技术很多程序员也在看，对代码的结构性有很深的印象，华为未来也会把基于微服务框架的工具集成于软件开发解决工具中，让大家能够很好地用起来。有了这套东西之后，可以随时出版本，随时可以生成全新的迭代，效率和以前不可同日而语。

这是内部的案例，我们再看外部的案例。甲壳虫科技是一个创新公司，它们的产品主要是在环保行业，目前在北京、安徽、贵州、云南都有它们的产品。因为他们是服务于政府和监管机构等等，一些监管机构经常会给他们提需求或者需求变更，做程序员、做项目最怕就是需求变更，一般刚做一个版本，人家说要改这个地方，你就又要重新做设计变更，所以他们经常没有办法按时交付项目，就是在项目交付过程中也不停地发生这样那样的变更。这是他们现在面临的最大困难。为了解决这个问题他们也尝试了很多工具，协作工具等，但是发现这些工具存在配合问题，这些工具与那些工具配合不起来，数据打不通。还有自己开发框架，但是自己开发框架面临难度又比较大，而且经常没办法配到完整的框架，只能解决其中的一些小问题，所以他们困惑很多。后来他们把程序放到华为云软件开发解决方案上面，并做了一些改进，自此之后，他们需求变更时间降低了一半，架构时间只有原来的10%，然后项目交付周期也更快，一方面给用户很好的体验，可以随时改，让你满意，而且开发成本降低了。这个说明，千万不要试图自己去组装，这些部件都已经存在了，只需要用好这些部件，站在前人的肩膀上，就可以把自己的优势发挥出来。实际上这样的案例有很多，基本上都是原来很痛苦，用了这个平台之后，一下发现流程打通了，用起来很爽也很快。

我们这个软件开发平台，已经和全国多个软件开发园区建立了合作关系，软件园区用这个软件开发平台，由它支撑在落户园区的软件企业。目前在大连、青岛、福州、西安等地都已经入驻了，已经服务了超过7000家企业，超过7万名软件开发人员。另外，我们也意识到现在软件开发的瓶颈是人员的技能，所以我们也与很多高校有配合，把这些技能、理念推广到北京大学、大连理工大学等50多所高校。我们会持续做这些事情，一方面让用户开发软件更简单，另一方面也配合大学为国家提供更多软件开发全新理念的人才。

在贵阳，华为云也建立了一个联合创新中心，在今年年初入驻，到目前4个多月来，已经为70多家贵州企业对接，20多家企业已经搬上了云，预计到年底，大概超过200家企业可以通过这个创新中心解决。

所以我认为，华为云软件开发解决方案是重新定义未来软件产业。怎么叫重新定义？首先，我们重新定义一个软件平台。我们通过平台帮你去做很多复杂的工作，让你可以聚焦在核心业务上。其次，我们重新定义了软件园区。我们认为一个软件园区，不仅仅是一个办公场所，更重要的是提供软件需求的平台。有一个园区的领导跟我说，自从装了这个软件开发解决方案以后，他们真的可以叫作软件园区了，他们招商也更容易。最后，我们也重新定义了软件企业的竞争力。我们可以自豪地讲，华为云软件开发解决方案是目前业界基于云上软件开发解决方案的领导者，我们希望软件企业能够真正学会站在前人的肩膀上，聚焦自己的业务创新。对软件开发这件事情来说，如果太封闭、太保守，等同于落后，一定要保持开放的心态，别人有的拿过来用，别人没有的我自己做，在有特点、有创新点的地方做出自己的优势，才能成为真正优秀的软件企业。

我的分享就到这里，谢谢大家！

区块链的价值传递与场景应用

中共贵阳市委常委、市人民政府常务副市长　徐　昊

感谢论坛主办单位邀请我出席这场专业论坛。在本届数博会上，区块链成了一个很火热的亮点，这和当前行业发展的趋势相吻合，我也很乐意参加今天的论坛。本届数博会到目前为止很顺利，也很精彩，得到了业内各位参会嘉宾和朋友的一致称赞。我认为，区块链作为未来互联网发展的一个新兴领域，有必要分享各方共同的观点和看法，这有利于共同推动这项技术更好的应用，有利于推动互联网秩序健康的发展。

我代表数博会组委会和贵阳市人民政府向区块链应用高峰论坛的举办，向论坛的承办单位和参会的各位嘉宾表示热烈的欢迎和衷心的感谢！我借此机会和大家分享我们对区块链的认识以及未来区块链和贵阳发展的关系。

第一个观点，区块链开启了价值互联网的新篇章。也就是说，互联网进入了区块链时代，我们也称之为价值互联网时代。大家都在想，这是一

个什么样的价值？在这次区块链的高峰对话中，我谈了一个观点，就是由于区块链技术的出现，我们能够把在线下现实世界中的各种活动、各种关系以及各种规则和制度，很好地映射到线上，我称之为全息投影。区块链是全息投影中最关键的技术，也正是因为如此，我们称区块链传递了价值。我认为这个价值包含两种含义，一方面，它传递着商业价值，这也是目前为什么越来越多的投资人，越来越多的从业者会进入区块链领域，正是他们看到了这是一个巨大的新兴蓝海。另外一方面，区块链也在传递着价值观，因为任何商业价值的背后都隐含着某种价值观。而正确的价值观是引导区块链，我不太愿意把区块链称为一个行业，我不认为它将来是一个行业，我认为区块链未来无处不在。正是因为如此，我认为所有区块链的从业人士，要传递出一个正确的价值观，这样才能把商业价值和社会价值有机的统一为一体，这才是区块链未来能够健康发展的根本所在。

  第二个观点，关于区块链的应用。在互联网的发展当中，我们都谈到了场景，认为场景是任何一种模式，或者任何一种技术，甚至算法等纯技术的问题需要得到验证和实现的最关键因素。我认为场景是区块链能够发展的关键或者引领，因为有场景的驱动我们才能够更好地推动这项技术不断走向成熟，进而推动整个区块链能够和我们的经济社会各方面完美融合。关于区块链的应用，现在大家谈论得最多的是金融，但最近也暴露出了区块链领域中的种种乱象。在习近平主席向本届数博会发来的贺信中，专门提到当前以互联网、大数据、人工智能为代表的新一代信息技术日新月异，给各国的经济社会发展、国家管理、社会治理、人民生活带来重大而深远的影响。促进大数据产业的健康发展，要处理好数据安全、网络空间治理等方面的挑战。在贺信当中，习近平主席提出的一些领域和重点，也是未来区块链在应用过程中要着力推进和着力破解的难点。所以，我不太愿意把区块链和金融、货币连在一起，因为如果总是这样谈论区块链，我认为会把区块链引入歧途，或者无意中局限了区块链的意义和作用。区块链的发展和应用面临着广阔的空间，而这个空间习近平主席在贺信中已经清楚地给我们指出了。我认为贺信不仅为互联网、大数据、人工智能的发展，也为区块链的发展指明了方向，提供了遵循。

从贵阳来讲，我们在2016年推出了《贵阳区块链发展和应用》白皮书，推出了区块链在12个领域的应用场景。可能在座的各位新老朋友也都注意到，区块链并没有成为我们宣传当中的一个热点，反而从白皮书发布之后，贵阳在区块链领域相对归于一种沉寂。沉寂的原因在于区块链的发展还处于初期，还有很多技术非常不成熟，它还处于一个发芽的阶段，这个阶段需要我们倍加呵护、倍加培育，需要花更大的心力。在这个过程中我们不能浮躁，需要静下心来，更深层次地认识区块链，考虑怎么更好地发展区块链，怎么把区块链技术和现实的经济社会发展、人民生活，以及社会治理，包括网络治理等方面更好地融合。所以我们希望在区块链的应用方面要进一步拓展自己的视野和范围，更加"蹄疾而步稳"。我认为，只要把握好推动区块链发展的初心，坚守我们发展区块链的定力，未来区块链这项新兴的、战略性的支撑技术一定能够在互联网领域、大数据领域取得健康的发展，发挥它巨大的作用。

场景对于很多企业来讲，技术和场景，或者模式和场景，就像锤子和钉子。锤子指的是我们有新的技术、新的模型，而钉子就是这个场景。现在的情况是很多锤子找不到合适的钉子，这是一个困扰我们的难题。所以，希望业内的各位朋友到农村去，到工厂去，到广阔天地去，那里有区块链发展的无限空间。

最后预祝论坛取得圆满成功，谢谢！

专业出版社大数据应用的思索与实践

大地出版传媒集团党委书记、社长　顾晓华

尊敬的各位领导，各位嘉宾，女士们，先生们：

　　作为一个专业出版机构，结合这个主题，我给大家汇报一下我们专业出版社大数据应用的一些实践和思考。借此机会，我先介绍一下大地出版传媒集团。大地出版传媒集团由自然资源部主管主办，以中国大地出版社、地质出版社为核心企业，包括地质印刷厂、中地开元、中地数媒、大地书苑等7家下属企业。目前拥有1个国家级科技与标准重点实验室、2家国家高新技术企业，2个高端专业智库、4个产学研一体化科研创新基地，主要涵盖出版、影视、科技、智库、科研、特色小镇等多个业务板块，多次承接国家级、省部级科研课题、报告、标准和会议论坛。

　　以"知识化、IP化、平台化、产业化"的"四化"出版集团为转型发展方向，服务自然资源中心工作，巩固强化传统出版主业，着力构建出版、影视、动漫、科技等全产业链的大出版、大文化框架；实施"双驱动"战略，致力于推进出版集团数字化转型升级与融合发展；实现文化与资本对接，打造全版权运营、宽领域探索、全方位落地的"1+N"宇宙生命文旅特色小镇和地球科学文化创意产业园。

下面我们重点围绕数据类型、数据价值体系、大数据应用于新闻出版业的原理等三个方面，介绍一下专业出版机构的大数据应用。

第一是数据类型。按照大出版、大文化、全产业链的发展思路，目前专业出版机构主要围绕"知识化、IP化、平台化、产业化"的"四化"建设来实施转型发展。新闻出版业数据类型主要分为用户数据、内容数据和交互数据。就新闻出版业而言，亚马孙的创始人杰夫·贝索斯一直都知道力量存在于数据中。他花了近20年的时间，史无前例地积累了大量关于个人和集体购买习惯的统计数据，其中包括两亿活跃买家的详细个人信息。

在大数据产业链的构成中，大数据拥有者、大数据技术提供商、大数据专家——拥有大数据思维的个人和企业、数据中间商，这三个角色当中，出版机构拥有着大数据拥有者和大数据专家的双重角色和身份。

用户数据、内容数据与交互数据的提法，源于新闻出版广电总局所组织的"十三五"科技预研究课题——《大数据相关技术在新闻出版领域应用预研究报告》。作为专业出版机构，要以内容数据建设为主，本着标准化、全面性和创新性的原则来构建自身的数字内容资产系统；要以用户建设数据为突破，尽早建立自身的客户关系管理系统；要以交互数据的采集和分析方向为方向，通过研发影响力大、用户忠诚度高的平台，尽可能地收集交互数据，逐步打造营销决策分析系统。

第二是价值体系。新闻出版企业的产品具备直接价值、数字化价值和数据化价值，这三个层次的价值体系构成了大数据应用于新闻出版的内容前提。

其一，直接价值。直接价值，是指经过新闻出版单位策划、编辑、审校、印制过程形成的纸质产品所产生的价值。其二，数字化价值。数字化价值，是指在新闻出版业转型升级过程当中，通过对质纸产品数字化、碎片化的过程，而产生的数字图书（馆）、专业数据库所贡献的价值。其三，数据化价值。数据化价值，是指在数字化、碎片化的基础上，对数字化、碎片化的资源进行多维度、立体化的知识标引，充分运用云计算技术，通过大数据模型构建和数据服务层研发，所产生和输出的二次数据所创造的价值。

第三是大数据应用于新闻出版业的原理。大数据应用于新闻出版业的原理包括：以数据作为生产要素，进行数据采集、知识标引、知识计算、模型建构和提供大数据服务。一是数据采集，数据采集是大数据应用的起点。大数据技术要求我们把所有的文字、图片、视听资料、游戏动漫都当作数据来对待，把数据作为生产要素看待，数据从生产流程一端输入，从另一端产生出我们想要的二次数据、创新数据，实现数据的潜在数据挖掘。就新闻出版业而言，数据采集的类型，包括用户数据、交互数据和内容数据，其中内容数据是重中之重。数据采集的路径大致有三种：存量数据转化、在制数据建设和增量数据采集。

二是知识标引。知识标引是大数据应用的技术基础。在采集完海量的数据资源以后，紧接着面临的是对这些数据进行清洗、挖掘和标引工作。数据标引是整个大数据应用的基础，也是大数据发挥预测、预警价值，实现知识发现和数据创新的成败所在。新闻出版业的标引，侧重于知识标引和行业应用标引，一方面服务于学科研究，另一方面服务于国民经济各行业的应用，为开展知识服务奠定基础。完成学科知识标引任务，需要做好两项准备性工作：知识元的建构和知识体系研发。知识元，是指不可再分割的具有完备知识表达的知识单位。知识体系研发，则是关乎所采集的大量数据能否贴上标签,为将来计算、统计、数据提取提供基础的重要任务;同时,知识体系也是数据加工企业据以标引内容数据的依据和标准。应用知识标引是指根据行业应用知识体系,对采集的海量数据按照特定行业的工作环节、职能定位进行标引。应用知识标引是出版大数据服务于国民经济各个行业的关键性步骤,也是大数据前期市场调研的必然结果,同时关乎所生产的大数据知识产品能否切实满足目标用户的实际需求。

三是知识计算。知识计算是大数据应用的技术关键。在对海量数据进行采集和标引之后,便需要进行知识计算,通过属性计算、关系计算、实例计算等多种途径产生二次数据,推断出隐性知识。这也是我们想要的大数据精华——纸质产品的数据化价值体现。

四是模型构建。模型构建是大数据应用的思维突破。大数据思维的最重要体现便是如何构建大数据的模型,这对于任何行业的大数据建设而言,都是头等重要的大事。新闻出版业基本涵盖了我国学科体系13门学科的所有知识范围,为此,大数据建模将会呈现出各种各样的差异性和特殊性,其复杂程度也将有所不同。但是,无论差异多大,大数据建模的两个方向将是恒定的——学科体系建模和行业应用建模。学科体系建模有着相对成熟的理论基础和知识体系,其操作难度相对不大;而行业应用建模,则需要深入各行各业,深入把握各个行业和职业的工作环节、业务流程的特点规律,在此基础上,围绕用户需求构建相应的大数据模型。

五是数字教育与知识服务。数字教育与知识服务是大数据应用的服务层次。大数据服务既包括服务于新闻出版业本身的数据服务,也包括服务于国民经济各行业的数据服务。企业级的大数据平台,完全可以为选题策划、编辑审校、印制财务和发行运营提供数据支撑和决策参考;同时,企业级大数据平台所汇集的海量数据资源,又可以为目标用户提供外部的知识服务，进而实现纸质产品的二次数据价值。

在对外提供大数据服务时，出版业所提供的大数据服务既包括提供一般性数据服务，如数据查询、数据下载、数据可视化、数据交换和购置等，也包括为出版转型升级的特定领域提供服务，例如数字教育、知识服务和移动阅读领域等。

大数据与数字教育。从 MOOC 到 SPOC 业态的升级，要想取得较高的通过率，需要借助大数据技术，实现数据回传、捕获学生的个性化学习问题，进而才能采取有效的针对性措施，以实现预期的理想课程效果。大数据与知识服务。首先，大数据为扩展性知识服务的开展采集了海量的知识数据、用户数据和交互数据，为精准营销和定制化推送提供了前提和可能；其次，大数据为定制化知识服务提供了个性化知识解决方案，能够满足特定群体、特定个人的绝大部分知识需求；最后，大数据平台和知识服务平台都需要知识标引，包括学科性的知识标引和应用性的知识标引，这也是二者可以实现融合的底层资源可行性所在。

地球科学和土地科学都是比较专业，目前我们开发了中国地质专业大数据知识服务平台。这个平台已建成的地质专业知识体系涵盖学科数量23个，知识体系层级4~7层，词条数量38042个，内容数据200多万条，建立了近1000万条知识关联关系，能够实时采集注册、登录用户的阅读、点评、购买等交互数据。平台正处于向国土资源行业大规模推广、大范围营销的过程中，我们期待着大数据技术能够为各行各业提供更高质量、更有效率、更加公平、更可持续的知识服务和精神文化食粮。

谢谢大家！

HTAP在数据企业中的必要性

易鲸捷美国研究院院长　丁　洪

我是来自易鲸捷的丁洪。格雷（Jim Gray）跟我们公司有点渊源，因为我们公司的技术团队就是从格雷创立的第一个公司延伸出来的。格雷创立的第一个公司是Tandem，现在易鲸捷团队里还有6位资深工程师就是当时格雷的学生。今天我想和大家探讨和分享一下，HTAP在大数据领域今后的发展方向。

HTAP的必要性就是今后大数据发展的必要性。现在的架构，包括很多公司IOT的架构，数据库或数据整个的流程，大体都是存在很大挑战的。从本身数据需求量的角度来说，大家知道到2020年，数据量要爆发。这个爆发的原因有两个，一个是我们个人产生的数据，到时候人口是50亿左右。另外更厉害的是由1200亿机器、传感器产生的数据，所以最后每年都是按翻番的数据量往上增。到2020年数据量可能会达到60Zettabytes，这个数据量是很大的。所以在过去近五年的时间,我们都在讨论大数据,讨论所谓企业大数据。企业的运营数据也好、机器产生的数据也好,在产生大数据的时候,我们怎么去处理对大数据的需求?有市场的需求、有个人的需求,企业也有企业本身的需求。大家都想能够利用数据第一时间点反馈用户的需求、应对市场的竞争,这个实际上是很大的驱动力,表现在以下三个方面:

第一,实时,这是非常关键的。如果数据不能做到实时,价值会大幅度下跌。

第二,因为采取数据和管理数据的目的是应用数据,要把数据的价值挖掘出来,这就是智能的情况,本身数据的智能是非常重要的。刚才说到开放、开源,就是开放经济、开源经济,这样没有一个提供商能够捆绑应用的,这也是非常重要的。在此基础上,从大数据本身来说,我们管理数据,要做到怎么样?提供怎样的技术才能更好地、更有效地管理大数据?大数据的特性和传统结构化数据是不完全一样的。另外就是今后的企业竞争是靠能力和实时性来挖掘数据价值。如果按传统的结构来说,企业的响应速度,对数据价值的挖掘就会受到很大的影响。有一个俗语说:"任何数据、任何负载",就是说从数据管理的角度出发,能够管理任何数据、任何负载,这是非常重要的。

第三,传统的整个系统,只是建一个系统,解决当时的业务。当时业务变化和扩展的时候,没办法再进另外一个系统。不管是用升级的方式还是扩容的方式,一般都是建另外一个系统,因此扩展性和对以后业务市场的不可预测性是非常重要的。所以今后的技术一定对可扩展性有很大的要求。

根据这三个方面的驱动,根据同行的交流以及我们对客户的了解，实际上现在有一个很强烈的趋势，就是所谓的数据企业，即 Data Enterprise。很多新型的企业，它的模型、盈利的办法或者创业都是以数据为基础的。这种新型的企业叫数据企业，它有几个方面衡量。

第一，它对数据的掌握、价值的挖掘。所谓的总体消耗成本，就是所谓的 TCO，是衡量它非常重要的指标。

第二，这个企业是靠数据驱动的。不管是人力部门、财务部门、市场部门，还是服务部门，都是靠数据来驱动的。

第三，企业的本身的价值，它的成功与否都是按本身数据价值的挖掘、数据服务来衡量的，这点也是非常重要的。所以数据企业是一个非常重要的领域。这些年我们一直在谈，谁拥有数据，谁有能力把数据的价值挖掘出来，以后前景就是由他掌握。

互联网企业就是数据企业。互联网拥有了很好的数据，但要怎么利用它呢？数据企业实际上就是新型的实体，这个实体非常重要。无论是商业性的还是社会性的，包括政府部门、智慧城市，它的价值都是取决于它对数据的挖掘和数据价值的体现。这一点是我们公司一个主要的方向，也是我们公司一个强有力的理念。

数据企业不断延伸，包括一些传统企业，都认可数据价值。与此同时，现有的架构、IT 的架构，确实是捆绑了或者说是限制了它的发展。要建一套数据运营系统，数据每天晚上转到商业智能系统，再转到深度挖掘。整个过程是数据价值的挖掘，要通过多个层面反馈到运营系统，这就遇到了很大问题。不但存在数据的多备份，还存在 SLA(service-level agreement，服务品质协议)，或者说对数据本身反应的一系列问题。所以我们把这种模式称为将数据带向应用。这种架构和现象，对于大数据环境是非常致命的弱点。因为在大数据的环境下，数据是从传统的 GB 到 TB

再到PB。中国联通是100个PB，这个架构是很难满足要求的。另外不光是数据量大，我们的业务也从原来的按小时、按天计算的这种反应速度到秒级、毫秒级，这种要求也是非常苛刻的。所以从技术的角度来说，研究大数据、给大数据提供解决方案，这些都是不可回避的挑战。

在这种情况下，数据库和大数据技术的行业就衍生了很多概念和发展方向。HTAP就是一个方向的代表，其实这是很有道理的。我罗列了几个国际上有名的分析公司，包括Gartner或是Forrester，它们都已经在最近几年不断提出跟HTAP类似的看法和对于市场的预测。451Research预测，从2017年开始到2021年，整个数据管理技术的发展、市场发展有三分之一是要朝融合方向去发展的，也就是朝所谓的HTAP方向发展。

中国联通的整个IT、整个互联网大数据架构，是非常令人振奋的。因为这解决了我前面提到的问题，能够迎合现在的方向，也就是我们怎么样把应用带给数据，而不是把数据带给应用。中间从架构上有个重点就是应用一定要容器化。我们也在给几个客户打造这种架构，整个下面数据的管理是分布式的。因为不管是单个企业、整个的生态链还是整个行业，很多数据是互通的。为什么区块链这么受重视？因为大家都知道，区块链刚开始的应用案例是从银行行业出来的。任何一笔交易经过银行，银行都把数据抓在手里不公开，所以没有人有这个可持度。但是其实每一笔交易，每一个账户的改变，里面共同的数据是很多的。每家银行都花很多钱去处理同样的数据，然后把自己的数据保护起来，这实际上对整个数据管理、对社会发展是非常不利的。所以为什么区块链现在受到很大的重视，这种分布式的架构是非常符合需求的。除了本身的架构，数据管理这个技术的要求实际上不是单一的性能，也不是单一的功能，而是多维的。如果一个数据库技术和数据平台不能满足多维的需求，或者不能满足多层次的挑战，实际上是不成熟的。

谈了这么多，大家都知道数据非常重要，那么是不是数据就能代表一切？从数据企业的角度来说，数据只是基础，真正要把数据用好，或是朝着数据企业的方向发展，以下四个方面是非常重要的：一是，要有企业观，就是"数据+"企业的观点。因为没有企业观，数据价值就挖掘不出来。二是，企业自己要知道怎么去计算、怎么去测量、怎么去加大数据的资本，即所谓的资本化。三是，数据是非常重要的资产也是非常敏感的资产，数据本身的治理是非常重要的。四是，企业现在做传统的行业，立即转型成为数据企业不是那么容易的。企业本身的成熟度和就绪度要能够达到标准，包括开放度、成熟度和经济效益。

我认为今后真正影响数据企业的不单单是数据，如果要想打造智慧城市和未来城市，真正发挥作用的是怎么样能够安全地、实时地发觉和处理数据，能够产生价值，这个能力才是最关键的。所以这也是易鲸捷在做所有决定的基础，包括每款产品的发布、产品的科研、产品解决用户的问题，即我们怎么样能够支持客户更快更有效地挖掘数据的价值。因为管理海量数据和多类型数据对我们来说已经不是挑战，真正的挑战是怎么最快地挖掘数据价值。下面我就简单介绍几个案例。

第一个案例，我们在给用户提供服务的时候发现，这个场景的复杂度，海量的数据，以及它要解决实时数据价值的处理和数据挖掘的实时性，这个系统可以很庞大，达到几千个节点，未来能够实时使数据的移动尽量减少。这时候就产生很大的挑战，正好我们很荣幸和Intel合作，把数据应用Intel的替代存储介质，不管是性能、功能的比较，还是说采用这种先进性和高速和功能性，以及Intel在管理软件，就达到这样的目的，我们称之为面向大数据的一体机架构。它可以管理、处理热数据、温数据、冷数据、黑数据,能够支持多种业务。这对于我们来说,是要实现数据企业的初步模板。

第二个案例,传统的电子商务,阿里、腾讯都是很有代表的。怎样把这些大规模的、超大规模的电子商务做到智能化,在网上浏览、订购的过程中,打广告也好,给提示也好,如果推送的内容跟你想的、需求的还是有很大的差距,这个智能程度就是有待提高的。我们在做一些案例测试的时候,实际上也是超大规模的。怎样利用大数据,能够闭环地、实时地分析出用户真正需要什么,不但是用户本人,还包括他周围的社交圈都是我们要解决的问题。因为很多都需要智能化分析,这就牵扯到互联网,电子商务实际上就是一个数据企业。

第三个案例是物联网。物联网简单的定义就是把数据传感器拿进来,对数据做初步分析,然后做所谓的报警,后面进行离线的深度分析,这是非常简单、非常传统的架构方式。我们跟很多客户和合作伙伴聊过,发现他们往往是采用大数据的架构,然后边上配一个传统的关系数据库。真正互联网里面,资产、传感器、设备等这些数据,是hadoop这样的系统不能管理的。因为这些都是不断变更的,状态也好、本身的增加删除也好,都在不断变更。这些数据放在传统的关系数据库当中去管理,再拿到物联网的数据平台上去,这是非常复杂的,达不到实时数据价值挖掘的架构。在这个情况下,无论是资产管理还是数据库本身,我们都要做事物和分析的高度融合,以此来实现管理。不但如此,热数据、温数据、冷数据进来之后,我们对大量的历史数据和实时数据都可以进行深度的分析。这些分析的结果就会直接反馈到客户的运营中去。大家都知道人工智能有几步,第一步是掌握数据源在什么地方,第二步是知道这个数据源,对这个业务有自己的算法。找出这两点之后进行学习,要建立模型,模型建完之后要放到实际运营中去应用。我们的整个数据平台是可以支撑客户需求的，只要有数据源，有数据，我们就可以帮客户进行学习和模型改善。这其实是准备工作，最关键的还是把人工智能模型应用到实时的数据。

最后借这个机会给大家推荐两本书。一本是我们公司 CTO 写的，美国出版社出版的《In Search of Database Nirvana》，另一本是世界顶级分析师写的，专门讲 HTAP 的重要性，大家有兴趣的话可以查一查。

谢谢大家！

观点再现

沈昌祥（中国工程院院士）：我们要发展具有"五可一有"的核心技术产品。"五可"是"可知"，对合作方开放全部源代码，要心里有数，不能盲从；"可编"，要基于对源代码的理解，能自主编写代码；"可重构"，面向具体的应用场景和安全需求，对核心技术要素进行重构，形成定制化的新的体系结构；"可信"，通过可信计算技术增强自主系统免疫性，防范漏洞影响系统安全性，使国产化真正落地；"可用"，确保自主操作系统"可用"，从而做到对国外产品的替代。"一有"是要对最终系统拥有自主知识产权。

刘子豪（京东集团副总裁）：现在是一个数据的时代，中国数字经济的比例占国民经济大概30%左右，在发达国家，比如说美国、日本，大约是60%左右。换言之，中国的数字经济目前还处在起步阶段。在此背景下，构建一个完整的生态体系显得极为重要，完善的生态体系才能保证整个数字经济可持续发展。

邵巍（安谋中国服务器与生态系统总监）：从2017年开始，整个世界的 ARM 会达到100亿的量级，而这后面是一个千亿的市场。ARM 服务器发展潜力巨大，特别是 ARM 服务器芯片厂商的出现，改变了传统服务器的价值链分配体系，这才是真正的除了技术之外的更大革新。

张　鑫（ZStack 联合创始人）：一个国家若想通过打造一个通用系统在 X86领域正面与美国对抗，难度极大。把力量聚焦到特定的领域，单点突破，实现在专有系统领域的自主可控，这是目前的最佳策略。尤其是混合云的出现为专有系统的发展提供了巨大的机遇，配合边缘计算，甚至可以实现农村包围城市，求得发展契机。

张　群（中国电子技术标准化研究院信息技术研究中心人工智能与大数据研究室主任）：数据治理是数据管理的一部分，大数据治理体系的建设是针对群体而非单独个体，同时，不能单纯依靠技术，还需要标准和国家政策的支撑，未来应当从数据能力成熟度评估、大数据系统通用规范、大数据开放程度评价、大数据共享评价指标等方面加强国家标准的制定。

李继红（国家电网浙江省电力有限公司副总工程师）：运用大数据、物联网、云计算等新一代信息技术，将气象数据和电网数据充分结合，通过分析台风路径可能造成的伤害、可能经过的地方以及电网的坚强程度来判断风险等级，并及时调配应急的资源，一旦发生灾害，可以以最快的速度加以修复，能够有效减少用户损失。

刘睿民（威讯柏睿数据科技有限公司董事长兼 CTO）：在大数据时代，流数据库成为非结构化数据的主要处理方式，但当前流数据库标准的制定主要掌控在欧美发达国家的手里，制定我国流数据库标准十分紧迫。此外，在技术创新的同时更应当模式创新，海外成功模式一定有其内在原因，在流数据库标准制定过程中，应当结合国情，尽可能参考海外成功模式。

崔宝秋（小米科技首席架构师、小米人工智能与云平台副总裁）：AI驱动和数据驱动不同的地方在于深度学习，深度学习让AI在很多地方都有突破。这是基于开源的技术、外面发表的技术、自己推出的深度学习语音服务，更重要的是很多智能都是在端上直接处理的。

李希仁（中化能源科技有限公司工业互联网负责人）：能源炼化领域，主要面临三个挑战：第一是安全生产，第二是传统行业智能化程度相对比较低，第三是各工业园区、各个系统之间信息孤岛的现象相对比较突出，这也是科技转型、技术升级的目标和方向。企业数字化转型，要以数据作为生产要素，以智能化创造价值，首先产生数据，把数据进行网络化，产生价值的流动，最后基于大数据去采用AI的技术手段做智能优化、智能分析，进行智能决策和智能操作，这是工业物联网的方向。

赵红梅（无极道控股集团董事长）：用区块链的技术，可以把工业区块链与工业云有机地融合起来，然后可以大大提升智能制造实体经济的运营效率和促进制造业的转型升级。在这个里面，最重要的落地是在去中心化，效率就会提高，同时把新零售和智能制造结合起来，也就是在电商平台端和数字化工厂端都采用工业云的技术，可以通过工业区块链和智能合约完成一整套的工作，既保证了效率又降低了成本，还兼顾了公平和安全的问题，所以利用区块链技术可以解决互相之间的公平安全的问题。

许永硕（物联网、智能制造专家）：未来服务业文明是"大平台＋小企业"。大企业一定是压抑创造性，小企业则个人创造力强，这意味着不确定性。通过大平台为小企业赋能，利用小企业的效率来提升效率和提高确定性，这是未来服务业文明的核心：第一是保持工业革命的效率就用大平台来解决；第二保持创新性、创造性就是用小微企业，就是要赋能。

李国志（IBM 大中华区 Watson 物联网事业部总经理）：当很多产品被数字化定义之后，感知信息不只是简单的传感器连接感知，它本身是高度数字化融合的系统，在里面就带有相应连接的内置能力，同时也具备了某种智能化的计算和智能的能力，这是很重要的方面。另外，人工智能的发展，让很多数据之间，有更多的信息能够融合在一起，包括物联网上的信息，包括原来企业已有的行业数据信息能够融合在一起，通过人工智能的技术加以分析和应用，这样就能创造更多的价值。

冯 翔（上海理工大学光电学院特聘教授、博士生导师）：数据采集是多维度，钢铁是系统的学科，有多维度的数据，目前的控制和管理方法都是信息孤岛。怎么融合在一起来做信息的分析？就是在云端上面。说是"云＋端"，端是第一位，如果没有端的这些数据，云就是浮云，只有这些数据上去之后，可能是实时的数据、可能是历史的数据结合在一起，才能够给云平台，数据分析带来有力的数据支撑。

商 超（工信部信息化和软件服务业司软件产业处处长）：培育工业互联网 APP 是推动工业互联网平台持续健康发展的重要路径，通过培育工业网互联 APP 把制造企业应用开发、软件开发商、科研院所、平台运营商、地方政府和方方面面的资源汇集起来，共同打造一个资源富集、多方参与、合作共赢、协同演进的工业互联网平台的应用生态。

王建翔（中共泸州市委常委、市人民政府副市长）：党的十八大报告提出2020年我们要进入创新型国家行列，即科技创新对经济发展的贡献率达到70%以上，科研投入占GDP的比重超过2%，技术对外依存度低于20%，这跟我们实现小康的目标同等重要。同时，党的十九大提出，中国特色社会主义进入新时代意味着中国特色社会主义道路、理论、制度都要拓展路径，特别是创新要拓展自己的路径，并为全人类贡献了中国智慧和中国方案。

田日辉（联想集团副总裁、首席研究员）：从第一次产业革命到第四次产业革命，通过物联网、人工智能、大数据这些技术、网络化来实现企业级的协同，为智能制造产生新的模式，释放生产力。工业互联网是实现产业智能化的重要途径，核心是通过数据智能驱动方式来构建新的生态，实现智能化的生产、网络化的协同，然后才是产品的个性化定制、新服务模式的产生。

谭建荣（中国工程院院士）：大数据支撑的协同设计与协同制造的十大关键技术：第一是客户需求与概念设计的协同；第二是几何模型与物理性质的协同；第三是数字样机与计算实验的协同；第四是制造资源与制造知识的协同；第五是作业流程与时序节拍的协同；第六是精准生产与现场管理的协同；第七是人、机器人与机器三者的协同；第八是创新设计与智能制造的项目；第九是批量产品与客户定制的协同；第十是软件技术与硬件设备的协同。

张　钹（中国科学院院士）：推动大数据科学发展有三个因素：大数据

（知识）、人工智能模型与算法、计算资源（速度、存储量等）。当前，大数据科学发展将面临数据的数量与质量、人工智能（数据驱动）方法的局限性和功能损耗的挑战。大数据与人工智能的结合将推动两个领域的理论共同向前发展，特别是大数据要与实体经济（应用场景）相结合，才能创造实际的价值。

熊　辉（美国罗格斯—新泽西州立大学罗格斯商学院管理科学与信息系统系副系主任、罗格斯大学信息安全中心主任、正教授）：数据挖掘工作是利用数据挖掘技术将数据进行分析、得出结论的过程，同时数据分析工作一定要在前线，因为大部分数据都需要和企业合作才能得到。现在是跨界人才的时代，只有大力培养具备专业技术知识和相关领域知识的复合型人才，才能更好地促进大数据应用的发展。

潘　毅（美国亚特兰大乔治亚州立大学计算机系主任、正教授）：深度学习在大数据的应用中存在诸多挑战：第一是选择合适的深度学习架构，第二是高维度数据（3D、4D 或者更高的维度）的降维，第三是优化超级参数，第四是对输入数据和映射进行编码，第五是数学证明的研究，第六是硬件的支撑。现阶段提升深度学习的方法有购买数据、发挥并行计算和分布式计算的作用以及充分利用先进的训练算法。

张志勇（中国通信服务股份有限公司董事长）：以人工智能、区块链、云计算、大数据、智慧家庭、物联网、5G 为代表的新一轮的科技革命正以前所未有的速度和方式改变着世界，不断地为经济高质量发展赋能。

司芙蓉（中国通信服务股份有限公司党组书记、总经理）：大数据是我们未来社会发展中的一个非常重要的资源，这个资源不可能为一家所有，它一定是一个生态的、合作的基础。而且，只有良好的生态合作，才能够让大数据服务于人民、服务于企业、服务于金融，特别是助力国家政府提升执政能力。

王　琪（中国科学院控股有限公司副总经理）：当今世界范围内，国家的综合实力竞争愈发表现为科技成果的质量、转化数目和转化速度竞争，但如何利用市场机制实现科技成果的转化是一个全球性的难题。科研成果走向市场离不开场景应用，而智慧社会建设是最好的应用成果，它赋予了人类的科技创新和应用模式以无限的时空想象。而物联网、大数据、云计算、人工智能等则是智慧社会建设的基础支撑，也是当今世界主要经济体产业发展的关键所在。

聂　华（中国科学院智慧城市产业联盟理事长）：在智慧城市建设中，云计算是智慧城市之"脑"，大数据是智慧城市之"智"，智慧城市如何"智"需要大数据的支撑。

曾劭清（高德纳亚太区云计算首席分析师）：与中心化的云计算相比，边缘计算是一种去中心化的分布式计算拓扑结构，边缘计算和云计算结合使用，可以相互补充。通过调研，高德纳预测，到2022年，75%的企业生成数据将会在云端之外的位置创建并得到处理。未来，企业的IT将是一种混合的IT，包括传统数据中心、私有云、公有云以及边缘计算，应该将边缘计算考虑进企业的IT战略和规划。

余子军（腾讯云接入业务总裁）：边缘计算随着基础设施发展而产生，如自动驾驶汽车、无人售货机等推动了边缘计算的应用，随着技术的发展和推进，边缘计算将更深入走进人们的生活，让更多人享受到技术带来的好处。同时，5G技术的发展将为边缘计算提供很好的技术支撑。

贺东东（树根互联技术有限公司CEO）：边缘计算要抽象成一个统一架构，真正实现产品化和量产存在很大难度，主要表现在每个边缘节点有特定存储需求、数据清洗需求、本地工作需求，只能用于特定场景，整体方案还需要提高。

崔运鹏（中国农业科学院农业信息研究所认知计算研究室副主任）：技术的产生是由于行业需求，目前农业领域对边缘计算有很大需求，如农业生产过程控制、农机操作、农产品安全追溯、农业水质检测等。从软件和硬件上来看，目前边缘计算技术基本够用，但是如果边缘计算大规模应用，需要提前考虑和重视边缘节点数据治理和数据孤岛问题。

杜国柱（国家广播电视总局广播科学研究院副院长）：推动广电高质量发展需要抓好以下四点：一是打造智慧广电新业态。二是提升广电服务全社会信息化的能力，在智慧广电的基础上服务金融、教育等垂直行业。三是加快新一代信息通信技术的融合应用，推动广电生态创新产业建设。四是发挥广电标准化的引领支撑作用。

刘文岚（中国广播电影电视社会组织联合会有线电视工作委员会代会长）：加快推动智慧广电产业的发展，必须抓住智慧广电的战略环节。智慧广电战略环节的特征有以下四个方面：一是智慧广电能有效吸收创新成果，获得和新技术相关联的生产函数。二是智慧广电有巨大的市场潜力，不仅能在广电网上开发，还可以在互联网上部署。三是行业关联系数比较大，带动性比较强。四是在过去和未来可能是行业的主导和支柱环节。

马 昕（黑龙江广播电视网络股份有限公司总经理）：黑龙江广播电视网络提高运营水平的"三步走"战略部署：第一阶段是夯实基础，大数据赋能。第二阶段是能量释放，横向纵向拓展。第三阶段是全面提升智能应用，实现人工智能服务和大数据精准推送。这不仅需要大数据分析，还需要在营销执行上下功夫。

肖建兵（中国广视索福瑞媒介研究副总经理）：过去的20年，中国广视索福瑞媒介研究做的收视测量与整个电视行业是共命运的，主要做法包含五个分析：一是积极推进扩区扩户，构建统一的电视网络体系。二是推进大屏点播收视测量，客观反映电视大屏全国的收视行为。三是完善电视节目观众评价数据体系，倡导多维度评价节目。四是完善收视数据服务体系，加强收视数据的实时化服务。五是推进电视节目跨屏传播效果的评估，加强对融合传播的数据支持。

秦新春（北京电视台研究发展部主任）：大数据对广电的转型发展来说，实际上是数据驱动下产品形态的变化，运行机制的变化，运行流程的变化，以及组织的变化和人才的扭转。大数据赋能广电实际也是对产品形态、传播渠道、生产流程、价值评估多重维度的综合作用。

赵 磊（央视网副总经理）：数据的潜力需要挖掘，数据的价值在于应用。央视网建设的新媒体数据整合体系覆盖了电视收视、网络收视、多终端收视、互联网传播、广告营销、舆情分析等方面，初步形成了大数据体系的闭环，为中央广播电视总台建立科学高效的新媒体数据评价体系提供了全面支撑，也必将成为助力电视媒体行业发展的开放服务平台。

李建成（中国工程院院士）：人工智能时代，每个行业都离不开大数据技术的技术支持，所以我们不仅要考虑行业、企业的发展，还要积极把握大数据时代的脉搏，把大数据运用到工业发展中去。如果没有与大数据时代脉搏产生共振，那么我们行业产业的发展就会受阻，甚至被淘汰。

张祖勋（中国工程院院士、国际欧亚科学院院士）：地理网络，不仅仅是数据管理和索引需要，也是影像的翻译和变化检测的基础。基于网格的解译模型可以充分利用已有地理信息，将"单纯的模式识别问题"变为"地理知识嵌入的新模型"，简单在"深度网络"中自动嵌入"场景知识"，就会显著改进解译精度。

池天河（国家遥感应用工程技术研究中心主任）：在数据观测体系中，多层级时空大数据中心非常重要，它相当于国家信息化的权威，依托于统一空间定位基准，融汇国民经济各方面的建设，从而实现"全空间、全信息"安全、畅通、即时的数据信息网状共享格局的构建。

郭震威（国家电子政务工程建设指导专家组成员，中共吕梁市委常委、吕梁市人民政府副市长）：智慧城市的建设是一个比较长期的过程，将与我国治理能力现代化并肩同行。智慧城市的建设既需要技术、金融、人才的支持，也需要强有力的业务驱动和领导。通过智慧城市的建设，能有效缓解交通拥挤、环境恶劣、治安恶化、精神压力大、两极分化严重等城市病。

胡华浪（农村农业部农业资源监测总站副站长）： 随着我国农业的发展，"靠天吃饭"、"面朝黄土背朝天"的局面已经发生转变。农业基础设施和工作条件得到了改善，农机作业已经非常普遍。依靠北斗定位系统就可以快速地对农机实时监控，进一步提升农机服务能力。由此看来，大数据在农业信息化发展方面具有不可估量的巨大潜力。

王　洵（交通运输部中国交通运输信息中心导航项目主管）： 通过北斗定位导航大数据能把交通事故的事后处置变成事前预警、被动发现变成实时感知、宏观管理变成精准规划。通过人工智能、大数据、云计算等一系列技术，可以为交通行业提供的发展策略和战略规划，支持交通规划、应急救援、道路管理、物流服务等各项工作的发展。

周志军（中共长沙市天心区委常委、常务副区长）： 湖南地理信息产业园将以国家级地理空间大数据产业基地为目标，推进建设地理空间大数据交易中心，推动组建地理空间大数据国家产业创新中心。同时，重点发展地理测绘、北斗导航、遥感数据、地理信息装备、地理信息军民融合等产业，建设生态、科技、人文、绿色等特色产业聚集区。

高卓麟（美国 Linux 基金会超级账本亚太区副总裁）： 2018年是非常令人振奋的一年，很多地方已开始使用区块链，区块链正在如火如荼的贡献解决方案，因此，很多业务可以产生许多新的业务模型。当前，区块链在成本节约、提高效率、提高透明度、安全度等方面发挥的诸多效应，而这些效应还在不断扩大、不断创新。

蔡　栋［金拱门（中国）有限公司首席数据官］：实体经济会产生大量的非结构化物理数据，它不像电子商务、互联网公司或者金融行业全部都已经实现数字化，加上实体经济还有海量的流程，这些都需要做更加深入的数字化，人工智能特别适合处理这种非结构化的数据。另外，价值互联网就是要在互联网的基础上，把任何能数字化、有价值的进行交换、交易、存储和社交，因此区块链是一个非常好的媒介。

翁晓奇（人人行科技股份有限公司高级副总裁）：区块链是一个应该理性看待的新趋势，不仅要看到它好的一面，也要看到它局限性的一面，只有通过不断努力，提升它、完善它，才能更好突破目前所有的瓶颈。

谭博超［咔咔房链（北京）科技有限公司CEO］：把价值传递到互联网上只是解决了生产资料的问题，并没有解决生产关系的问题，生产关系需要人与人之间的信任来解决。在移动互联网时代，人与人之间通过随时传递也容易建立信任，但要花大量时间完成。在区块链时代，通过智能合约就能更大规模、更低成本和更大范围的为人类建立信任，这个过程变得非常简单高效。因此，人类的协作网会因区块链而大幅度提高，随之而带来是更多的GDP，更美好的社会。

吴万港（EOE Foundation Limited首席技术官）：对金融机构来说，

加密数字货币资产难以结合新兴金融产品，它就没有办法把传统产品和数字金融产品有效组合，从而产生新的投资产品。对交易机构来说，缺乏重要的资产类别和不同资产类别缺乏流动，就意味着它们没有办法设置一些高杠杆或者有效的工具来做对冲，那么自身的风险就难以降低。而现在买期货只能在不同交易平台上进行，这就造成了资产的割裂。因此，需要一款相对应的配置工具对资产进行合理有效的管理，才能发挥投资收益的最高效率。

耶弗吉尼·鲍里索夫（VIMANA CEO）： 无人机市场发展很快，如火如荼，到2020年有望达到281亿美元，到2035年将超过一万亿美元。简而言之，世界已经非常拥挤，需要新一代的空中交通管控解决方案。

邬润辉（Smart Up全球区块链孵化器创始人）： 今后区块链对实体经济会有三个比较大的贡献：一是基于技术层面可以促进企业管理、降低成本；二是可以提高产业链协同的效率，调和上下游关系；三是能让所有人参与其中，共同建立一个信用体。

韩　毅（云鸟科技创始人兼CEO）： 大数据正在改变人类的智慧模式，在大数据驱动下，未来两三年内传统行业将会面目全非，变成新的业态。技术创新推动物流业快速发展，物流行业步入新的发展阶段，未来的物流行业将呈现出数据化、智能化和无人化的特征。城市配送的终极目标是就是大数据，即资源使用率，一个单一的承运资源如何通过数据、AI让资源使用效率达到极致，这就是云鸟科技要解决的核心问题。

王　斌（海云数据首席产品官）：海云数据的图易平台包括机器学习平台和可视分析平台，平台除了具有技术属性之外，也突出生态属性的特点，集合了各种科学研究机构、合作伙伴和咨询服务。如何管理大数据、如何使用大数据，法规制定者在理念上要有很大的突破才行，如果用旧的生产关系，再怎么换，也无法适应新的生产力。这是海云数据一直在追求创建的生态群体。

张文鹏（佳格天地联合创始人）：AI帮助我们做好信息提取和分析工作，大数据解决了农业领域一直困扰所有人的信息和数据收集的问题，云计算让农业领域的从业者更简单便捷地去使用和利用数据工具。农业数据本身就是时空数据，如何把结构化的海量数据，通过快捷、有效的方式呈现出来也是不小的挑战。

谢邦昌（台北医学大学管理学院院长、大数据研究中心主任）：AI不会泡沫化，AI只会越来越演进、越来越聪明。智慧的演进靠着大数据的累积、变化，趋势正处在往上发展。现在是弱人工智能时代，未来3-5年是强人工智能时代，在这十年中将是超人工智能时代。未来的趋势，无论大数据、AI，虚中有实，实中有虚，虚实一定要整合、结合。

李冠宇（中国工业和信息化部信软司副司长）：围绕习近平总书记中国特色社会主义思想为指导全面贯彻党的十九大精神，全面开创大数据繁荣发展的新局面，对大数据的产业发展讲三个意见：第一，坚持应用引领，推动大数据产业融合发展；第二，坚持统筹协调，打造区域性、差异性的大数据产业布局；第三，坚持安全发展，提升大数据安全保障能力。

郑叶来（华为公司副总裁、华为云BU总裁）： 2018年我们的使命是"把数字世界带给每个人、每个家庭和每个组织，构建万物互联的智能世界"。这个核心有三点：第一，未来是数字的世界；第二，下一代是万物连接的世界；第三，未来是智能的世界。

彭　柯（华为中国区华为云拓展部总监）： 面对智能社会的思考，华为取得成功的独特基因密码有三个方面：一是技术，华为公司从成立之初就把技术作为ICT的立命之本。二是面向未来，华为对工业云的投入是未来的打算。三是希望华为成为政府和企业值得信赖的供应商。

朱鹤群（途虎养车副总裁）： 途虎将基于人工智能做语音识别工作，为呼叫中心提供更强大的数据支持和技术支持，更好地服务于客户；在仓储物流方面，希望利用云技术、大数据、人工智能等技术，实现更多的供应链自动优化、路线自动优化，更高效、更速度、更快地把货品送到客户手中。

沈修平（悠络客董事长兼CEO）： "进化计算"，目前国际上很多公司在研究，这是人工智能之后的下一智能时代，深度学习目前有一个致命的缺陷，只能用于特定的任务，是需要人工调参的，这些问题基于进化计算都可以得到很好的解决。基于进化的发育模型，用基因调控网去解决在神经网络中的自动学习的能力，包括对神经网络机理的研究和认识。

贾永利（华为云EI服务产品部总经理）： 针对现在企业中存在的一些数据问题，需要做一个设计，希望数据不再来回搬运，减少数据跑路，这样可以节约成本，提高效率，让智能无处不在，触手可及。企业在生产线上，边缘侧就能够做到，如果要建一个大规模、高精度的学习计算，这就需要端边云协同，由此就构成一个智能体。另外，把人工智能分层，通用人工智能技术的视觉技术、云技术等，这一层是通用的技术；企业有很多问题需要做决策和判断，这一层非常重要，要多域协同，多种AI要素综合在一起去做决策，涉及很多推理、预测、决策，这样才能形成一个完整的方案。

宋哲炫（华为云首席战略官）： 未来所有企业都会大量使用数据、软件来提升自己企业的效率，让企业走向智能化、自动化。未来的企业都是软件企业，掌握这个技能未来会对企业发展有更大的帮助。人们对软件未来的趋势有一个共识，云未来会成为软件承载的主体，云计算将成为最主流的IT形态，它会对软件的架构和理念，设计思想都带来转变，可能它的基础模型都基于云的模式，它将可以让用户的需求很快得到体现，用户体验大幅度提升，产品周期缩短，软件效率大幅度提升。

李 琰（工业和信息化部信软司信息服务业处副处长）： 区块链在发展过程中，依然面临诸多问题和挑战。目前区块链技术尚不成熟，效率和安全性有待提高，仅适合特定场景的应用。可以从以下几个方面营造良好的环境：一是加强与相关部门沟通、协调，集聚产学研应用各方资源；二是加强区块链核心技术能力建设；三是支持开展区块链领域创业创新；四是加快推动建设区块链领域的标准体系。

何桂立（中国信息通信研究院副院长）： 数字产业化、产业数字化揭示了当前技术发展和社会变革的一个基本情况。数字产业化就是把大数据、区块链、人工智能以软件、算法为主要特征，形成一个大的产业。产业数字化就是要在整个传统产业转型升级的过程中用数字武装，促进了数字产业和实体经济、实体产业高度融合。

何宝宏（中国信通院云计算与大数据研究所所长、可信区块链推进计划常务副理事长）：2018年全球区块链技术发展十大趋势是：区块链技术不断迭代更新，正向大融合方向发展；区块链产业发展进程加快，进入"脱虚向实"主旋律；区块链应用场景日益复杂，跨链互联重要性凸显；区块链标准化工作提速，各国争夺标准制定权；区块链隐私保护机制多样化，成为激活商业应用的关键润滑剂；区块链安全问题引发关注，亟须重视并寻求解决方案；区块链知识产权竞争日趋激烈，万物互联将扩展专利布局；区块链市场宣传角逐可预期，让商业回归充分竞争状况；区块链引发政策监管问题，但二者相辅相成；区块链人才成为关键环节，各方加大培育力度。

Stan Larimer（石墨烯生态代表Cryptonomex公司CEO）：美联储去中心化的重点是拥有授权权益证明（DPOS），权益证明越高，更有可能写入区块，提供更好的预测。区块链治理中，数据挖掘者拥有大量数据，通过区块链，可以知道哪些人挖掘数据、数据挖掘以后进行什么处理以及数据处理分析的结果。

张首晟（斯坦福大学物流系讲座教授、美国国家科学院院士、中国科学院外籍院士、区块链投资人）：绝大部分大数据跟个人信息有关，个人数据和信息往往去了中央平台，并没有达到隐私的保护，也没有由于提供本人数据而得到回报，这两个问题同时由区块链解决，所以区块链和人工智能必然有相辅相成的关系。

Ray Valdes（ConsenSys 首席转型官）：区块链核心原则有三个：一是在未受信任的环境中建立信任机制，就是用很多存储交易的方式，确保数据必须是可信的；二是重要数据和事件比如货币、财产记录或其他价值资产不可被篡改；三是不仅仅是被动的数据记录，也能够向事件添加动态编程行为。

Julian Gordon（Hyperledger 亚太区副总裁）：因为融资并不是很透明，导致中国或者世界上的中小企业都面临融资的挑战。银行需要做好贷款管理、保付代理工作，在区块链的支持下，可以建立双方的信任，并且建立共同的利益。最终，中小企业可以获得贷款，银行也可以更好地管理贷款，使得以前无法贷款的情况得到缓解。

陈　磊（迅雷 CEO、网心科技 CEO）：人类历史上的两种创新是以蒸汽机、电力、计算机、人工智能等为代表的专业性创新和以金融、报纸、互联网、区块链为代表等社会性创新。其中，社会性创新的核心价值，是通过打破社会现存的低效机制，解放社会需求，扩大经济规模；大幅度扩大社会参与度；缩短决策链条，减少中间环节；改变企业工作方式，提升经济效率。

林钜昌（北京博晨技术有限公司署理 CEO）：区块链治理有两个重要的概念：一是内部治理。即区块链网络的底层协议和共识机制的设计，该协议和共识机制又可以通过何种机制进行修改或更新。二是外部治理。即以区块链为工具，改进外部组织／政府治理的决策流程和系统，更好地解决民生与效率之间的矛盾，更好地维护分者间的利益平衡，促进生产力发展。

陈伟星（泛城控股有限公司、泛城资本董事长、快的打车创始人）： 区块链用加密技术保护数据产权主要解决四个问题：一是全世界物理化价值体系的标尺问题；二是金融中介的成本问题；三是权利机构的成本问题；四是个人隐私数据应用权问题。

刘　杰（OK区块链工程院首席科学家）： 区块链通过高度确定性的共识，可以检验、确认和约束AI的线上行为，让AI更好为人类服务。在区域链技术方面要把握五个趋势：一是提高网络效率；二是确保区块链智能合约安全；三是抗量子计算的破解，使量子计算机不可破解，可以达到更好的安全性；四是区块链和AI技术的结合，用自动代理和模式识别，使线下数据上链变得更可信，并基于AI和大数据方法，在链上形成约束力；五是加强政府监管，取得新的共识和智能合约把权利下，能够获得多方面数据。

李贵宁（Higgs Block CTO）： 现实世界的业务是立体的，而绝大部分区块链技术构建了一张扁平的网络。二维的区块链网络难以承载三维业务的需求。在国外银行的跨境信用证业务提供区块链解决方案上，遇到以下几个问题：首先，信用证业务涉及多家银行、跨国物流单位和贸易单位，其是否真实有效，带有极强的业务属性，不能简单地凭借相关共识协议完成；其次，该业务具有保密性要求，大部分业务数据不适合广泛传播给所有的业务参与方；再次，该业务的去中心化的业务模式和KYC（了解你的客户）需求存在冲突。

蔡　亮（浙江大学区块链研究中心主任、浙江大学软件学院副院长）： 区块链核心的三个技术特征：一是利用块链式数据结构来验证与存储数据；二是利用分布式共识算法来生成和更新数据；三是利用密码学的方式来保证数据传输和访问的安全性。联盟区块链有三点核心优势：可以通过 CA 认证准入制定监管规则合约等方式为监管提供便利；可以通过加密、分区等方式实现隐私保护；可以通过共识算法的创新使交易效率得到较大提升。同时，也存在如何实现高性能、高可用、安全隐私、可编程等四大难点。要提升扩展性，实现节点由单一到集群，提升隐私保护能力，提升成员管理自治能力的目的。

吴　震（国家互联网应急中心互联网金融风险分析专项组组长）：区块链面临着三大风险。一是经济风险：包括空气币、传销币、蹭链等诈骗类和含操纵市场、圈钱跑路、监守自盗等数字货币交易风险；二是社会风险：由于诈骗、数字货币交易经济损失等事件引起的群体性事件和投机氛围，暴富心态；三是技术风险：一个层面是逻辑风险，就是区块链的技术架构和设计原理有风险。另外一个层面就是实现风险，包括算法选择、代码漏洞等。第三个层面就是外部风险，包括交易所被盗、密钥盗取、黑客攻击等。

赵　刚（赛智时代创始人）：区块链有以下四个方面的价值：第一，区块链最大的价值是数字经济时代数字货币的底层技术；第二，区块链是整个数字资产流通的信用载体；第三，区块链建立整个数字经济时代，包括智慧社会时代非常好的信任机制；第四，区块链是建立共识协作和价值交付的平台，是支撑共享经济甚至未来理想共产主义的一个非常基础的底层基础设施。在区块链落地方面提出"BTC"的"区块链+"方法论，即 Business 业务模型设计、Token 经济体系设计、Chain 基础链的技术方案与选择。

孟　岩（CSDN 副总裁）：自主权身份是重中之重，自主身份管理技术能实现身份自主、透明认证、零认识证明、基于规则的监管，自主权身份释放区块链的潜力，主要表现在：金融监管技术的基石、行业应用落地的重要条件、接入物联网的前提、区块链社区自治的基础等。

杨　东（中国人民大学金融科技与互联网安全研究中心主任、大数据区块链与监管科技实验室主任）：监管科技进行更有效的监管，让区块链技术为监管所用，以链治链，通过区块链技术加强监管是区块链技术一个非常重要的应用场景，政府需要通过技术手段来改变监管方式、提高监管效率、降低监管成本、提升自身的服务能力，"区块链＋监管"，即"法链"是未来监管的新方向。

陈邦道（深圳市和信中欧金融科技研究院执行院长、Block house 创建者）：比特币面临的机遇主要表现为：比特币是一种虚拟电子货币，由计算程序"算法"生成，无须机构发行，没有政府信用背书，交易全网记账，点对点支付，全球自由流通。比特币因更自由交易，更快的时间、更低的费用、更安全透明而受到追捧。但是，也面临着通货紧缩、挖矿导致能源浪费、容易被市场操纵、交易确认时间长、违法行为不可控等挑战。打造绿色区块链要合规，内嵌合规和法律监管模块，实现自动化合规。要环保，研究绿色挖矿技术，大幅度降低能源浪费。要安全，保证后量子安全和智能合约形式化验证。

刘晓蕾（北大光华管理学院金融系主任、北大光华区块链实验室主任）：数字资产作为生产要素，将极大地促进生产力的发展，区块链技术有潜力实现数字资产确权从而促进数字资产发展；有资产就需要交易，有交易有可能有炒作，探索可行的运营模式和监管方式，以便发挥区块链为数字资产确权的能力，从而助力实体经济发展，一方面对于圈钱的坏项目，应该好好管理和治理，但是同时对于支持实体经济的好项目，应该要给空间，支持发展。

Bernard Portelli（谷得区块链研究院技术顾问）：区块链的基本应用点，是以各种代币、积分、跨境支付、票据为代表的交易支付，以等级、防伪、溯源、存证、备案为代表的存证溯源，以及以关键数据上链、原始数据hash上链、建立链上数据与链下数据的关联、综合链上链下数据为代表的数据索引等。

罗玫（清华大学经济管理学院博士生导师）：加密数字货币的价格活动区间巨大，而且流程转换快速，比传统股票市场快很多。但股票在普通投资人间流通时，只有二级市场因素可以影响价格，加密数字货币的价格则由一级市场和二级市场共同影响，所以各货币之间的系统性风险比股票系统性风险大很多。加密数字货币的基本面一定和区块链相关，技术社区的活跃程度、当期独立事件和用户基数是影响加密数字货币价格的重要因素。

何力（贵州省人大常委会副主任）：要加快释放和培育新动能，助力企业转型升级和创新发展，力促试验区变成示范区，大数据变成大产业、大基地、迎来大红利，着力打造贵州省数据之都的新名片。

梅　宏（中国科学院院士）：推动大数据与社会经济深度融合是大数据发展的重要方向：一是要推动大数据与实体经济和行业的融合发展，促进制造业、服务业和农业数字化智能化，大力发展数字经济。二是要以制造业为主体，打造推进工业互联网建设。三是要完善推进企业数字化转型的政策环境。四是要提升国家治理体系现代化水平，推动政府和公共数据开放共享，探索建立政府数据资源共享开放目录，构建互联互通、安全可控的国家数据资源体系。

蔡　毅（腾讯云企业业务总经理）：腾讯提供有基础IaaS、专有云以及网络互联传输网络，还有大数据平台以及应用开发框架的PaaS能力。主要介绍了新推出的木星云系统，它重点解决了海量智能设备接入的问题。木星云利用企业微信和小程序能力，把各种看版数据服务、开发诚信度接入到企业微信上，企业微信除了人与人工作上沟通外，还可以把工作流程，设备告警等快速地在平台上处理。

龙小昂（深圳华龙讯达信息技术股份有限公司总经理）：腾讯木星工业互联网平台集合了边缘计算、云计算、大数据、工业互联网、移动平台、工业应用产品等一系列链条，同时它还具备采集多元数据，存储工业数据的功能，另外具备微服务集成，数据建模、数据分析、数据应用的组建功能，构建了从边缘层、IaaS层、PaaS层到SaaS层等完整链路，同时具有异构数据的采集能力，海量数据的处理能力，模型驱动的迭代沉淀能力，企业微信的工业应用能力等。

尹丽波（国家工业信息安全发展研究中心主任）：要通过四个方面建设

工业互联网平台体系和安全体系：一是推动工业互联网平台的应用推广，实现建平台、用平台的双向迭代。二是提升工业互联网平台的大数据管理服务能力，推动平台间的开放合作。三是完善工业互联网平台标准体系，促进平台的开放价值生态建设。四是提高国家工业互联网安全综合保障能力，形成覆盖工业互联网全要素的安全保障体系。

娄　松（贵州省大数据发展管理局副局长）：贵州大数据与实体经济融合的五个方面具体做法：一是完善政策设计，强化工作部署，全面覆盖、分业施策。二是开展督促检查，摸清融合水平，坚持研究问题，破解难题。三是全面系统培训，培育示范项目，坚持示范引领、典型带动。四是打造服务平台，增强自身能力，坚持广泛服务、平台支撑。五是发展新兴产业，优化实体经济结构，提升融合发展质量。

朱　伟（埃森哲大中华区主席）：企业进行数字化转型：第一，要通过全方位地规划和整合，对核心业务进行数字化转型，提升企业运营效率。第二，要对客户体验数字化转型，打造个性体验和客户导向的一套差异化管理体系。第三，要重建生态体系的数字化转型，致力提供独一、个性化的产品与服务。第四，要不断创新商业模式，寻求新收入点获取利润。第五，要提高对智慧团队的技术要求和管理标准，兼顾人才保护和全面发展。

胡海根（浪潮集团副总裁）：智慧企业的核心是智慧大脑。企业大脑建设要坚持三部曲：第一，业务要上云，要把所有系统都移植到云上。第二，要基于系统的整合，重在建设大数据平台，把历史过程中的所有数据和历史数据移到新的数据平台上形成组织数据。第三，从互联网获取大量企业可以应用的对标数据、各种行业的数据，形成"云＋数"，基于数据再形成更多创新应用。

周　剑（中国两化融合服务联盟秘书长）：企业数字化转型要加快推进全面链接，为企业数字化转型提供广阔的创新空间；要培育开放价值生态构建能力，打造企业数字化转型的任督二脉；要打造生态圈，全面赋能企业数字化转型。

黄　侃（美云智数副总经理）：数字化转型最重要的是企业的战略转型，数字化转型不是目的，而是手段。企业数字化转型有四个方面的要求：第一，战略转型。第二，企业的战略转型所需要数字化价值大家要清楚。第三，做数据化转型路径非常重要。第四，IT自身的转型非常重要。企业数字化转型IT是非常重要的支撑点，如果没有做好准备数字化转型一定会失败。

刘　鹏（广东盘古信息科技股份有限公司CTO）：数字化工业互联网平台有两个重要特点：一是高效率，二是个性化定制。新一代MES通过碎片化帮助客户进行个性化定制以及高效率落地，它主要有两个特征：一是云部署，二是低成本。

慕德贵（中共贵州省委常委、省委宣传部部长）：新闻出版业大数据发展的实践证明，把握好大数据时代与新闻出版业变革的对接点，运用大数据和科技创新的成果，深化供给侧结构性改革，进一步优化业务和提高生产的精准度，是推动新时代新闻出版业持续蓬勃发展，不断满足人民群众基本文化需求的必由之路。新闻出版业作为大数据的重要生产和应用领域，贵州宣传文化部门、出版企业、新闻媒体要当好数字中国建设理念的传播者，当好新闻出版数据的生产者，当好数据安全保障的守护者，当好数据共享交换的实践者。

柳斌杰（中国出版协会理事长、清华大学新闻与传播学院院长）：大数据是数据采集、传输、加工、分析、存储、使用、开放、服务等多环节构成的信息服务技术链，也是信息时代传统出版业转型升级、融合发展的重要的技术支撑。进入大数据出版的新时代，新闻出版业亟须在出版观念、出版方式、出版流程、出版产品、出版服务、出版消费方式等方面转变，要防范抑制独立思想、弱化理性思维、操控社会情绪、消解主流意识、侵蚀文化价值、侵害未成年人健康成长。

刘建生（中宣部出版局原副局长、巡视员）：大数据的真是一种诚信伦理，大数据的广、博、深是数据分析整理中的伦理，大数据的用、存、管是数据运用中的伦理。大数据的存储原理在于日积月累，大数据的管理可以通过数据的采集、分析、整理来进行科学决策。

韦　青［微软（中国）首席技术战略官］：人工智能有可能是人类发展史上的一个最大的加速器，目前人工智能是用数据作为一种调配，我们还无法发掘数据背后的机制。对人工智能的理解可归纳为"一中心、两个基本点、三种基本能力"。一个中心是以应用为中心，两个基本点是计算机科学与脑神经科学综合发展，三种能力是基础能力、通用能力、行业能力。

张新新（中国大地出版社执行总经理）：人工智能与新闻出版业的结合

主要分为对内和对外两个方面。对内是指新闻出版内部流程的智能化，智能出版流程的再造和存储，对外是未来出版的新模式和新形态。目前人工智能建模的成本太高，主要有虚拟和实景两种方式。将来智能建模最主要的方向就是把虚拟对象行为的社会性、多样性和交互逼真性凸显出来。

黄丽媛（北京清博大数据科技有限公司副总裁）：不管是人工智能，还是区块链，抑或是大数据，都在进程当中。因此，在大数据运用过程中，技术重要，但理念更重要，要运用数据实现服务方式和业务流程的再优化，提高使用效率。

刘长明（北大方正电子有限公司副总裁）：数字出版的知识产权保护，离不开数字技术的支撑，而大数据、人工智能、区块链等新兴技术为版权保护创造了很好的支撑。这些技术通过对新闻原创内容路径的跟踪、传播的跟踪，进而判断侵权问题。比如针对音视频、图片等利用人工智能跨媒体的检索比对技术，进而可以发现版权侵权行为。

杨海平（南京大学出版研究院副院长，教授、博士生导师）：当前新闻出版行业在版权保护方面不存在技术上的大问题，可以说在管理、行业新规、企业经营方面都做得很到位，现在最大的问题是对知识产权保护的理念问题，其中，有关版权保护的标准问题是应该首要解决的。

胡亚昆（国家发改委发展规划司专家）：大数据在新闻出版业的应用，一方面在出版业供给侧改革背景下，通过大数据分析消费者行为，然后针对不同阶层、不同年龄段消费者，有针对性地进行精准营销，实现企业利润最大化。另一方面是联合，将相关管理部门手里的政府大数据，传统书店、电商平台手里的读者大数据，以及出版商手里的出版业大数据融合起来共同发展，这将提高出版业总体效能。

陈　丹（北京印刷学院新闻出版学院执行院长）：大数据技术要想在新闻出版领域广泛开展应用，离不开综合型复合人才的支撑。在新闻出版业版权领域，对既懂出版、又了解新闻出版新技术运用，并且对知识版权运作有实操能力的复合型人才的需求正在凸显。

张锡勇（韩国总统直属第四次产业革命促进团团长）：第四次工业革命始于人工智能等新技术的飞速发展，将会给经济、社会和人类的生活带来巨大的变化。为充分利用第四次工业革命所带来的机遇，韩国新设总统直属第四次工业革命委员会，旨在协调相关部门的政策改善和放宽管制，并构筑新的产业生态系统。

薛建儒（西安交通大学教授、长江学者）：混合增强智能有两种形式，一是"人在回路的混合增强智能"，二是"基于认知计算的混合增强智能"。其中"人在回路的混合增强智能"的主要作用就是希望能够把人类智能和机器智能通过可计算的模型融合在一起，来解决单一的机器智能解决不了的问题。"基于认知计算的混合增强智能"来自大脑的启发，研究受到启发的信息处理系统和现代计算机有效、高效的协同，或可以构建一个基于认知计算的混合增强智能。

肖　俊（浙江大学计算机学院人工智能研究所教授）：人工智能技术从

传统人工知识表达技术走向大数据驱动知识学习，从处理单一类型的数据到跨媒体认知、学习和推理，从追求机器智能到迈向人机混合的增强智能，从聚集研究个人智能到基于互联网络的群体智能，从机器人到智能自主系统。这五个人工智能研究的重要方向，代表了我国在人工智能，甚至全球人工智能领域的发展总趋势和走向。

张月红（中国工程院院刊 FITEE 总编辑）：中国人工智能的发展还处在实验阶段，在人工智能出版界，拼的不是影响因子，不是文章的数量，而是技术，谁在技术上占领高位谁就占领话语权。

杨明川（中国电信股份有限公司北京研究院副总工程师）：人工智能从整体来讲可以分为计算智能、感知智能、认知智能和创造智能四个层面。人工智能虽然很热，但是从应用层面来讲，主要还处于前两个层面。从认知这个层面来看，人工智能工业应用非常有限，到创造层面可能就没有了。

欧阳高翔（北京师范大学认知神经科学与学习国家重点实验室副教授）：人为因素是造成误诊率高的重要原因之一，在经验医疗和循证医疗之外，引入第三种诊疗方式，即机器人诊疗是非常必要的。我们要积极推进人工智能在临床决策系统中的应用，要让老百姓享受更便利、更优质的医疗服务，要让人工智能在这方面做出贡献。

朱频频（小 i 机器人 CEO）：人工智能的产业化就是规模化落地，不仅仅是做一两个模型，而是要能够对一些传统行业进行升级和改造，真正把 AI 价值发挥出来。AI 爆发已成为必然，人工智能将会在更多领域真正发挥它的价值。

杜小勇（中国人民大学教授）：数据库应用发生了五个阶段的变化，每个阶段都有一定的贡献，但也存在很多不足。只有大数据应用才能驱动创新，新的应用特征迅速形成，支持OLML的大数据管理系统正在构建。

James Myers（Intel高级副总裁）：新一代数据存储与HTAP技术正在发生融合，数据的存储利用成为大数据时代的新挑战。HATP技术不仅可以及时进行大量数据的输入，而且可以进行数据测试和分析，因此HATP技术能更好地与大数据生态融合，带来更大价值。

周傲英（华东师范大学副校长）：互联网改变了世界，"互联网＋"成为信息化2.0。同时，互联网催生了大数据，使数据作成为新的动力，影响着各行各业的发展。特别是在教育领域，要做CS师范教育、AI师范教育，采用自然科学的手段研究教育问题，培养学生具备适应智能化时代的能力和韧性。

王继业（国家电网公司信息通信部主任）：时空大数据具有位置、时间、属性、尺度、多维等特性，智能电网应覆盖发、输、变、配、用、调度各个环节，必须保证时空大数据的一致性。时空大数据分析与应用需要持续创新，其分析挖掘和知识发现将超出人们的想象。

耿向东（中国联通软件研究院院长）：中国联通是最互联网化的运营商，IT是其核心竞争力，开源、开放在大数据应用和技术发展中非常重要。当前去 IOE 非常必要，但系统去 IOE 容易，思想去 IOE 难。

赵德明（中共贵州省委常委、贵阳市委书记）：大数据是一个时代。这个时代，是一个需要理论而且一定能够产生理论的时代。近年来，贵州、贵阳努力服务国家大数据发展战略，围绕国家大数据（贵州）综合试验区建设，不但在实践上进行了艰辛探索，而且把大数据智库建设摆在了十分突出的位置。经过不懈努力，大数据战略重点实验室先后推出了《块数据》《大数据蓝皮书》等一系列理论著作。这些著作既源于实践又指导实践，在促进大数据发展上发挥了重要作用，产生了深远影响。

张秦洞（中国人民解放军军事科学院原科研指导部副部长、少将）：对"中国数谷"的发展，提几点建议：一是推进军民融合，集中优势资源突破大数据核心技术。二是面向经济主战场，深度拓展先进技术的场景应用。三是围绕国家安全，切实保障关键领域数据安全。

谢寿光（社科文献出版社社长）：数字中国，是一个包括数字经济、数字政府、数字社会"三位一体"的综合体系。三者分别系大数据战略在经济发展、政府治理和社会运行领域的应用与表现，彼此之间互相联系、相互依存、互为前提。其中，发展数字经济，关键是要发挥好数据的基础资源作用和创新引擎作用，促进产学研的深度融合，形成数据驱动型创新体系和发展模式。打造数字政府，应从数据资源开放共享、构建核心应用场景、深化政府改革入手，加快提升管理精细化、服务精准化和治理精致化的水平，促进治理体系与治理能力现代化。构建数字社会，要从建设智慧社会、重构发展理念、创新治理模式和打造数据空间人类命运共同体、打造数据社区等方面展开。

陈海娟（机械工业出版社副社长）："中国数谷"对于贵阳的意义已超越其现实利益和经济价值，彰显出其独特的文化软实力和品牌竞争力，并逐渐内化成一种文化信仰和品牌力量，不断丰富这座城市文化的内涵，成为创新发展不竭的动力。

连玉明（全国政协委员、贵阳市委市政府首席战略顾问、贵阳创新驱动发展战略研究院院长、大数据战略重点实验室主任）：贵阳发展大数据的战略地位和时代价值是：第一，贵州和贵阳发展大数据是一项具有划时代意义的重大战略选择。第二，贵州和贵阳发展大数据走出了一条不同于东部、有别于西部的发展新路。第三，贵州和贵阳发展大数据已经成为欠发达地区后发赶超的文化品牌。

杨　力（中国人民解放军战略支援部队信息工程大学教授）：时空大数据可以分成时空的基准数据，还有用户轨迹数据、遥感数据、地图数据，以及一些与空间相关的媒体所发布的数据。大数据时代带来的三个最主要变化是：一是以多传感器为代表的时空数据获取。二是由云计算所代表的一些数据分析和挖掘。二是以智慧城市的要精准代表，要落地到服务，落地到应用。

蓝荣钦（中国人民解放军战略支援部队信息工程大学教授）：时空大数据就是时间和空间的大数据，它应该是我们常见的大数据的一个子集，或者特殊很重要的类型。时空大数据是基于统一的时空基准（空间参考系统、时间参考活动）活动于时间和空间中与位置直接或间接相关联的大规模海量数据集，对经济发展、社会治理、人民生活等都有重大影响。

霍卓玺（钱学森空间技术实验室副研究员、中国空间技术研究院空间科学与空间探测专家组成员）："慧眼"望远镜是我国首个空间天文望远镜，数据分析、数据分析是数据科学与天文学的考察匀净，望远镜视觉宽、能量范围宽，对全球范围内用天文装置开展多波段的观测能提供独特数据来源，能有助于我们进一步来回答宇宙起源、极端演化等问题。

区域交流与合作

——开创合作共赢的中英『黄金时代』
——共建中英发声平台,共商大数据区域合作发展大计
——『数谷』对接『硅谷』合力共赢未来

2018年5月25日,2018数博会"2018中英大数据交流合作·英国日论坛"现场。

2018年5月26日，2018数博会"硅谷－数谷双谷对话论坛"现场。

2018年5月26日，2018数博会"国家大数据（贵州）综合试验区暨中国国际大数据产业博览会专家咨询委员会成立仪式暨第一次全体会议"现场。

深化区域交流与合作，共谋大数据美好未来

大数据战略重点实验室

数据成为驱动经济增长和社会进步的重要基础和战略资源。大数据不仅意味着海量、多样、迅捷的数据处理，更是一种新的生产要素、一种创新资源和一种新的思维方式。大数据与高端制造、节能环保、健康医疗、文化教育等领域的深度融合和创新应用，将广泛带动行业信息化、网络化、智能化发展，助推区域经济创新引领发展。大数据时代是开放的时代，更是合作的时代。开放合作已经成为主要国家促进创新的重要手段。习近平主席在致2018中国国际大数据产业博览会的贺信中指出，把握好大数据发展的重要机遇，促进大数据产业健康发展，处理好数据安全、网络空间治理等方面的挑战，需要各国加强交流互鉴、深化沟通合作。

开放合作是生产力社会化和地区分工发展的必然结果，是实现区域经济社会协调发展的内在要求。2018数博会期间，来自美国、英国、意大利、

印度、中国等国家的数百名政界领导、学界专家、商界高管齐聚"中国数谷",围绕"区域交流与合作"这一主题,先后举办了"GSMA 贵阳论坛——'遇见美好未来',2018MWC 上海预览""2018中英大数据交流合作·英国日""硅谷－数谷双谷对话论坛""国家大数据(贵州)综合试验区暨中国国际大数据产业博览会专家咨询委员会成立仪式暨第一次全体会议""互联网＋助力传统企业转型升级""数字经济:'一带一路'倡议下的电子商务发展新格局论坛""粤港澳大湾区暨国际分论坛""中意大数据合作机遇:医疗及公共政务""2018中印 IT&DT 产业合作发展论坛"等9场专业论坛。论坛通过主题演讲、圆桌对话、洽谈推介、案例剖析等多种形式,与官、产、学、研、媒领域知名专家、学者、企业家互动交流,共话科创大数据技术、共商国际大数据合作、共促区域大数据发展、共谋数谷大数据未来。

一、共话科创大数据技术

科技是国家强盛之基,创新是民族进步之魂。面向未来30年的世界,一定是以科技创新为引领的全面创新时代,互联网、大数据、云计算、量子卫星、人工智能等新一代信息技术必须引起我们今天的高度重视。特别是,大数据、移动互联网、物联网、人工智能等新技术、新工具和新模式的不断发展与应用,知识和信息的制造、组织、发布与交流形式将会被改写,私人生活和公共生活将会被重塑,一切皆可量化,万物皆为数据。

大数据技术是以数据为关键要素进行采集、存储、分析和应用的一系列数据处理活动,是驱动和变革人类社会政治决策、公共舆论、政府监管、社会治理方式的重要手段。贵州省政协副主席、党组副书记蒙启良指出,大数据是当今世界发展最为迅速、创新最具活力的新技术、新理念、新工具、新产业，正在对人类的生产生活、经济社会产生深远的影响。目前，全球数字技术发展日新月异，应用潜能全面迸发，大数据产业正在经历高速增长、快速创新，并广泛渗透到其他社会经济各个领域，深刻地改变着经济的发展动力、发展方式和重塑社会治理格局，成为拉动经济增长的重要引擎。

移动互联网技术将全球超过三分之二的人口紧密相连，为各行各业带来革新，为社会创造新的机遇，改变着人类的生产生活方式。GSMA 大中华区战略合作总经理葛颀指出，5G 和移动互联网是智慧互联的两大驱动力，并呈现出智能、云化、开放、泛载的特点和趋势。根据人和物的状态变化和需求变化持续优化网络结构、不断提升和保障网络服务质量成为当下最为紧迫的需求。运营商作为数字化转型中的主导者，通过5G 和移动互联网等基础能力的提升，将为整个社会数字化转型提供坚实的基础。

物联网技术的普及和应用，正在驱动着人类社会迈入万物互联的时代。目前，信息社会的发展已经开始从"互联网＋"向"万物＋"转变，同时"万物＋"所需技术条件基本具备。未来，"万物＋"将在大数据、云计算等技术的支撑下，挖掘万事万物的数据价值，衍生出新的应用类型和商业模式。万物互联的时代，传统行业不得不面临着被重新洗牌的命运。日益成熟的"互联网＋"技术，正强劲地驱动着企业的转型与升级。数字时代的先进生产模式通过将感知技术、通信技术、传输技术、数据处理技术、控制技术，运用到生产、配料、仓储等所有阶段，实现生产及控制的网络化、数字化、智能化，提高制造效率，改善产品质量，降低产品成本和资源消耗，最终实现将传统工业提升到智能化的新阶段。

人工智能技术是一种引领诸多领域发生颠覆性变革的前沿科技。合理有效地利用人工智能技术，意味着能够获得高水平价值的创造和竞争优势。

人工智能并不是一个独立、封闭和自我循环发展的智能科学体系，而是通过与其他科学领域的交叉结合，然后融入人类社会发展的各个方面。在智能交互方面，搜狗 IOT 事业部首席产品官李健涛指出，数据和算法是人工智能最重要的两个方面，在算法方面，行业内各类企业的差异不大，而数据则是决定很多人工智能公司能否产生重大突破的一个分水岭。利用海量文字搜索和语音输入等数据进行机器训练，是搜狗在输入法、搜索和翻译等领域取得超过90%准确率的重要因素。在智能视频分析方面，AVA Technologies 联合创始人兼技术官 Mohamed Sedky 表示，视频分析在安防、侦测、人群分析等方面均有广泛的应用，与人工智能结合产生的自适应视频分析技术将会使这一应用更加准确和智能。通过自适应视频分析技术可为政府、警察、军方提供更为匹配的视频证据，对智慧城市规划、社会治理、国防安全等方面均能发挥重要作用。

二、共商国际大数据合作

大数据是新时代的黄金和石油，其发展必将成为全球发展的重要一环，是世界各国建设的重点项目。目前，我国以大数据为核心的全产业链、全服务链、全治理链建设已经开始布局并逐渐走向成熟。站在新的历史节点，为把握好大数据发展的重要机遇，加速融入全球产业布局，促进我国大数据产业健康长效发展，就应当与世界各国加强交流互鉴、深化沟通合作，以共同打造互联的世界大数据为目标，处理好数据安全、网络空间治理等方面的挑战，才能实现互惠互利的共赢发展。

大数据技术是英国八大领先科技之一，当 AlphaGo 享誉世界的时候，你会发现谷歌背后是一家名叫 DeepMind 的英国科技公司，你也会认识到伦敦大学学院在神经网络和人工智能领域的研究全球领先,这一切都是科技创新在英国的真实写照。英国驻重庆领馆总领事艾佩诗指出,英国是计算机及信息服务全球第二大出口国,在数据收集、数据分析、数据成果转化等方面具有较强的核心优势,在医疗、媒体、交通、金融、能源、武器制造和卫星等领域也具有较为丰富的理论优势和技术优势。英方企业希望能与中方企业进一步拓展市场,搭建更为紧密的合作伙伴关系,共同推动中英两国在黄金时代关系的进一步的酝酿和深化。"2018中英智能联接·英国日对接会"正是为中英企业深入交流合作搭建的高端平台,针对"智能制造2025"和"互联网+"的深度融合为方向,带来了13家英国大数据领域的创新科技企业和项目,聚焦物联网垂直领域,对接贵阳优秀企业,以期促成合作,助力贵阳"千企引进,千企改造",实现商务共赢。

意大利国家卫生系统被誉为世界上最高效的卫生体系之一,其经验和做法值得中国学习和借鉴。"中意大数据合作机遇:医疗及公共政务论坛"正是以制定有效且高效的数据开发方法为目标,以改善公共服务,特别是针对公众健康的服务为导向,促进中意两国优秀专家的友好对话,促进中意两国之间的科学和产业合作,促进知识交流和共同关心的项目的开展。据了解,2017年意大利政府批准开发了公共管理信息系统的参考模型,该模型基于后端和前端分离架构的方法对公共数据进行收集和管理。数据层面采用开放的逻辑和标准,有利于公共和私人参与者能对数据进行访问的安全和隐私规则。在数据实施层面,政府已经投资5亿欧元向公共管理部门提供基本的"大数据"服务以及主管部门之间交换数据和信息的服务,包含"as-a-service"和"on-premise"模式。意大利国家卫生系统的成功既得益于意大利的文化传统,同时也代表着医学知识与先进技术之间进行协同作用的一种务实的新方法。

印度有望成为通过信息产业带动经济跳跃增长的国家，近年来，中国在信息产业及互联网行业的应用创新，也得到了长足的发展，其中硬件制造、基础设施、信息产业总量上强于印度。两个国家都有着庞大的市场体量，如何打破文化壁垒，实现产业上相互结合、技术上相互渗透、人才上的相互流动，充分展示大国间的创新型分享经济，是两个国家在对方身上找答案解决自己问题的重要途径。2017年5月14日"'一带一路'国际合作高峰论坛"在北京顺利举行，各国人民共商推进国际合作、实现共赢发展大计。为携手推进"一带一路"建设，2015年贵州曾成功举办了"中印IT产业论坛"，之后相关企业也与贵州展开了深度合作，NIIT在贵州设立了三个实训中心、NASSCOM与贵阳市形成战略伙伴关系，相关的创客团队展开交流和学习。"2018中印IT&DT产业合作发展论坛"的举办，将更好的发挥双方自身优势，挖掘合作契机、拓宽合作领域、多元化合作方式，助力贵州的大数据产业发展，成为构建中国与印度等新兴市场相互了解的多元化矩阵。

三、共促区域大数据发展

区域合作是推动区域经济社会协调发展的必要举措，有利于实现区域间资源的互联互通和市场体系的互接互动。党的十九大报告指出，要以粤港澳大湾区建设、粤港澳合作、泛珠三角合作为重点，全面推进内地与香港、澳门的合作。粤港澳大湾区的建设将形成面向东亚、东南亚、东盟国家的国际大通道，成为"一带一路"倡议非常重要的国际战略枢纽，对推动泛珠三角区域合作，向更深层次，更广领域，更高层次的发展产生重大的作用。贵州是"一带一路"中国西部重要的陆海连接线，也是长江经济带和泛珠三角合作的重要组成部分。近年来,贵州不断加强与泛珠三角各方的交流合作,形成了互利共赢,协同发展的初步的局面,粤港澳大湾区的建设为泛珠三角各方合作带来了机遇和更多的互利共赢的机会。

贵州省人民政府副省长卢雍政就贵州和粤港澳大湾区的合作提出三点倡议:第一是共推产业合作,第二是共促旅游发展,第三是共保生态环境。"大湾区建设是国家建设世界级城市群和参与全球竞争的重要战略,也是深化内地与港澳合作交流,推动港澳参与国家发展的重要平台。"卢雍政表示,粤港澳大湾区具备得天独厚的条件和广阔的腹地和巨大的潜力,希望贵州能与大湾区各方加强在产业方面的合作,共同推动大数据电子信息产业、高端装备制造业,大健康养生养老产业,山地特色高效农业,山地文化旅游业,绿色金融业等加快发展。

"去年11月香港代表团到贵州考察,探讨香港与贵州业界在大数据方面合作的机会,参团的朋友们感觉收获非常大,增强了推动香港大数据产业发展的信心和紧迫感,也深感两地大数据产业互补性很强,合作空间广阔,发展潜力很大。"中央人民政府驻香港特别行政区联络办公室青年工作部副部长杨成伟认为,香港既有便利数据跨境流动的特殊制度优势,尤其是香港具有一国两制的特殊优势,可以成为世界各地和各个国家和地区都普遍认可的数据汇聚地,成为内地企业数据的出海口和境外数据的存放地,为内地数据企业走向海外提供力量,为国家大数据发展战略提供有力支持。

四、共谋数谷大数据未来

为深入贯彻落实党的十九大精神和习近平总书记在贵州省代表团重要讲话精神,聚焦大数据高层次人才,充分发挥专家学者的参谋咨询作用,增强决策的科学性,加快促进全省大数据发展应用,贵州省大数据发展领导小组、中国国际大数据产业博览会组委会决定成立国家大数据(贵州)综合试验区暨中国国际大数据产业博览会专家咨询委员会,聘请两院院士和咨询机构、高等院校、大数据协会、大数据知名企业专家学者为专家委成员。

中共贵州省委常委、省人民政府常务副省长李再勇指出,成立专家咨询委员会主要目的在于集聚世界之智,打造一流的大数据发展领军智库,并通过调查研究,全力推动贵州省"数化万物·智在融合",推动国家大数据(贵州)综合试验区发展,推进贵州数字经济、人工智能、大数据实现跨越式的发展。同时,希望各位专家贡献世界前沿的智慧,积极把脉问诊,建言献策,牵线搭桥,招商引资,帮助贵州掌握世界前沿的思想、知识、科技;帮助贵州找准高端化、绿色化、节约化的发展路径;帮助贵州加快大数据跨越发展,全面推动国家大数据(贵州)综合试验区建设,并指导继续办好中国国际大数据产业博览会。

贵阳作为国家大数据(贵州)综合试验区的核心区,近年来,在贵州省委、省政府的统一部署下,把发展大数据作为推动转型升级、打造贵阳发展升级版的战略性选择,按照建设国家大数据综合试验区的任务要求,积极探索、边学边干,打响了一场抢占先机的"突围战",把大数据变成了大产业、大机遇变成了大红利,大数据成为爽爽贵阳又一张靓丽的名片。进入中国特色社会主义新时代,建设公平共享创新型中心城市成为贵阳发展的新目标、新篇章,加快建成"中国数谷"是实现新目标的重要支撑。

美国硅谷是高科技人才特别是信息产业的集聚地,来自世界各地数以万计的人员汇集硅谷,按照三位一体的方式训练发展集聚,形成独具特色的硅谷现象。坚持创新发展使硅谷保持了旺盛的生命力,也让诸多的企业和研究机构至今仍然能伫立潮头、保持强大的竞争力。近年来，贵阳把大数据作为转型、升级发展的战略性选择，创造了多项"第一"：获批建设第一个大数据产业发展集聚区，第一个大数据技术产业实验区，第一个大数据网络安全示范试点城市，成立第一个大数据交易所，第一个大数据国家工程实验室，举办第一个国家级大数据产业国际博览会，成为第一个建设全域公开免费 WIFI 的城市等。

贵阳大数据从无到有的加速发展奇迹，让人惊叹。"贵阳将成为中国的数谷，我认为这个过程正在发生，而我们都将成为见证者。"来自美国的 OIGETIT 的联合创始人、CEO 富兰克林·尤福林说，贵阳在大数据方面有着无限的潜力，2017年贵阳已经成为世界上排名第13位的一个科技枢纽。数谷贵阳正与美国硅谷逐步建立起紧密的交流合作关系，高通、苹果、IBM、微软、谷歌、英特尔、戴尔、斯坦福大学等美国的企业和院校，与贵阳相关机构开展了深度合作，例如高通与贵州合资发展高端服务器、芯片，成为中国地方政府与跨国企业互利共赢的全国典范。

开创合作共赢的中英"黄金时代"

英国驻重庆领馆总领事 艾佩诗

女士们,先生们:

  非常高兴今天能来到贵阳,参加重要的"中英智能联接·英国日"活动。近年来,中英两国在国家合作、民间交流、部长会议、文化旅游以及财经等方面的交流变得越来越密切。2018年年初英国首相访华,进一步推动了两国在"黄金时代"关系的进一步酝酿和深化。与此同时,英国和贵州的关系以及合作也非常的强劲、活跃和密切,2017年,我们和贵州省委党校签订了合作备忘录,我们的奖学金将进一步吸引更多贵州的人才去到英国学习和深造。在商务发展方面,我们也取得了较好的进展,比如说2018年3月,英国太古集团芬利茶叶公司就在贵州建立了第一个茶叶加工公司,直接投资额超过了1900万美元。2018年4月,中共贵州省委副书记、省人民政府省长谌贻琴带领贵州省代表团访问英国,进行文化和商业的交流。

我们第一次参加数博会是2015年，今后我们也会进一步支持贵州大数据战略在中国以及国外的进一步落地和实施。由于今天时间有限，我仅给大家介绍英国在大数据方面的一些优势：一是在数据分析方面，我们具有非常丰富的经验和先进的技术，支持了很多小企业以及初创企业，帮助他们开发和深化自己独特的技术。二是在医疗、制造、媒体、交通、金融服务、能源、安全等领域，我们有非常多的大数据应用。三是英国是计算机以及信息服务全球第二大出口国，在武器和卫星领域方面拥有非常先进的技术，在数据搜集和市场转化方面，我们也是首屈一指的。四是英国的物联网技术在世界上非常出名，催生了很多合作机会。

今天我们带领14家英国的创新公司和机构来到贵阳，希望能进一步拓展合作机会，搭建更为紧密的合作伙伴关系。同时，我们还希望为大家介绍我们在中国做的一个活动，叫"做你自己：你的未来不是梦"，希望通过这个活动让企业去关注"性别平等"这个问题，在公司内部提出一些关于"性别平等"的倡议，我们发现这种倡导性别平等以及性别平衡型的企业文化是可以帮助公司实现盈利额提升的，今天我们在会场外面设置了二维码，如果大家想了解更多的信息可以扫码进一步了解。最后希望今天的会议取得圆满成功。

谢谢大家！

创造良好的发展环境促进中印商业新拓展

印度驻华大使馆大使　班浩然

尊敬的各位领导，印度和中国代表团的各位代表：

很高兴与各位共聚贵阳，共同正式推出中印IT产业集聚区纳斯卡姆走廊和中印数字合作平台。

中印IT产业集聚区纳斯卡姆走廊，是对会员合作的一个设想，贵阳市政府希望在当地建立办事处，同时协助贵阳企业在印度设置分支机构，创立中印数字合作平台。这样一个人工智能平台，将会衔接中国企业，尤其是贵阳企业的IT需求，也能满足此类需求的印度企业，使中国企业和印度的IT服务提供商结合到一起。我们可以预见，这些计划将大幅促进中印在IT服务领域的合作。

女士们，先生们：

中印关系目前发展非常良好，尤其是在2018年4月27日至4月28日，习近平总书记同印度总理莫迪在武汉举行非正式会晤后，双方就促进两国之间战略交流的问题，展开了开诚布公的交流。双方在武汉畅谈了将近10小时，探讨了各自国家的目标，以及他们对于现在瞬息万变的国际形势的看法。同时，他们也探讨了中印双边关系在未来数月以及数年的发展期望。通过这一开拓性会晤，中印两国领导人在关键战略性问题上达成了一致意见。

女士们，先生们：

现在需要我们去把他们的设想化为现实。习近平总书记和莫迪总理在武汉会晤之后，我们也有一个非常良好的政治局势，能促进中印商业纽带进一步拓展。

目前，我们两国的双边贸易已经达到了前所未有的高度，2017年，中印贸易总额高达840亿美元。就在去年，我们也看到了大量在商业合作案例。在中国，印度的宝莱坞电影《摔跤吧爸爸》跻身非汉语电影高票房之一。中国的小米也荣登印度手机销售榜第一，这说明中印合作有非常强大的潜力。

众所周知，印度在IT领域处于世界前列，年收入1400亿美元，年出口1200亿美元。IT公司业务遍布全球70多个国家，雇佣的员工数将近1200万。印度的IT企业在中国10多个城市开展业务活动，大约雇有2.5万员工。但我们认为，印度企业与中国企业之间依然有巨大的合作空间，因此需要我们更加努力。

鉴于此，今天我非常欢迎筹建中印IT集聚区纳斯卡姆走廊和中印数字合作的平台。中印的企业是大数据、人工智能和"互联网＋"领域独一无二的合作伙伴。

当然，这一切合作都离不开贵州省和贵阳市政府的大力支持和辛勤付出，因此，我特别想要感谢贵州省人民政府副省长魏国楠先生和贵阳市委副书记、市人民政府市长陈晏先生，感谢你们的支持，对你们的积极性和前瞻性表示诚挚的感谢。

我祝愿中印 IT 集聚区纳斯卡姆走廊和中印数字合作平台在未来一切顺利。

共建中英发声平台,共商大数据区域合作发展大计

贵州省政协副主席 蒙启良

尊敬的各位来宾,女士们,先生们:

今天在多彩贵州、爽爽贵阳,非常荣幸能与各位嘉宾共同出席2018中国国际大数据产业博览会"2018中英智能联接·英国日"论坛,共商大数据与区域合作发展大计。在此,我谨代表贵州省政协,对"2018中英智能联接·英国日"论坛的成功举办表示诚挚的祝贺,对远道而来的各位嘉宾表示热烈的欢迎,对长期以来对贵州的关心和支持表示衷心的感谢!

大数据是当今世界发展最为迅速、创新最为活跃的新技术、新理念、新工艺和新产业,正在对人类生产生活、社会管理产生深远的影响。习近平总书记指出,大数据是工业社会的"自由"资源,谁掌握了数据,谁就掌握了主动权。党的十九大报告指出,要建设网络强国、数字中国、智慧社会,推动互联网、大数据、人工智能和实体经济深度融合。当前,

数字技术日新月异,应用潜能全面迸发,大数据产业正在经历高速增长、快速创新,并广泛渗透到其他社会经济领域,深刻地改变着世界经济的发展动力、发展方式和重塑社会治理格局,已经成为拉动经济增长的重要引领。

大数据产业既是经济提质增效的"新变量",又是经济转型的"新蓝海"。贵州高度重视大数据发展,坚定不移实施大数据战略行动,加快国家大数据(贵州)综合试验区建设,在全国率先谋划和布局发展大数据产业。2014年3月,贵州首次举办贵州·北京大数据产业发展推介会,从此拉开了全省大数据发展的帷幕,推动大数据发展的局面逐步展开,率先建立首个国家级大数据综合试验区,率先建成全国首个省级一体化政府数据汇聚共享平台——云上贵州系统平台,率先成立全国第一个大数据交易所,率先出台全国第一部大数据地方法规等等。从此贵州大数据产业发展驶入了快车道,成了贵州的新名片,为贵州全省经济社会发展注入了新的动力。

大数据技术是英国八大领先科技之一,大数据方面英国拥有一流的研究机构和创新协作环境,而且英国企业的大数据商业应用广泛,在智慧城市、医药、金融等诸多领域均拥有卓越的成果。英国政府数据的开放程度在国际上一直处于领先地位,并且有强大的人才支撑。互信推动合作,携手共创繁荣,2015年10月在习近平总书记访英期间,两国决定构建21世纪全球全面战略伙伴关系,开启中英关系的黄金时代。在两国合作共赢的大背景下,贵州与英国加强大数据产业合作恰逢其时,云上贵州与世界合作共享大数据时代的声音正在越传越广,特别是今天非常高兴地看到励讯集团等出席本次论坛和本届数博会。我们希望以本次论坛为契机,加强双方在物联网、大数据等方面的切实合作,为中英发展提供不竭的动力。我们相信只要双方秉承合作共赢的新局面，就一定能迎来良好的发展。最后，祝本次大会圆满成功。

谢谢大家！

"数谷"对接"硅谷",合力共赢未来

中共贵阳市委常委、市人民政府副市长　孙志明

尊敬的各位领导,各位来宾,女士们,先生们:

欢迎大家来到中国贵阳,出席由数博会组委会主办、美中硅谷人才汇承办的"'硅谷－数谷'双谷对话论坛",在此我谨代表贵阳市人民政府对本次论坛的召开表示热烈的祝贺!

作为数博会"数据创造价值,创新驱动未来"板块下的重要活动之一,本次活动以"对标硅谷、腾飞数谷"为主题,围绕硅谷的创新文化、人才战略、风险资本等核心内容进行讨论与分享,并对未来大数据、人工智能等领域的发展机遇作出展望。我们期待与会的各位嘉宾对贵阳如何有效对接硅谷资源、助力数谷发展奉献真知灼见。

我们知道硅谷是美国高科技人才特别是信息产业人才的集聚地,来自世界各地数以万计的科技人员汇集硅谷,一大批高新产业按照科学研究、技术开发和生态营销三位一体的方式迅速发展集聚，形成了独具特色的硅谷现象。坚持创新发展使硅谷保持了旺盛的生命力，也让诸多的企业和研究机构至今仍然能够伫立潮头，保持强大的竞争力。

近年来，贵阳在省委省政府的统一领导下，不断探索推进创新驱动的战略，抢抓大数据产业发展的历史机遇，把发展大数据作为推动转型升级，打造贵阳发展升级版的战略性选择，大数据已经成为爽爽贵阳又一张亮丽的名片。经过艰苦努力，贵阳成为第一个国家大数据综合试验区的核心区，获批建设第一个大数据产业发展集聚区，第一个大数据技术产业创新试验区，第一个大数据及网络安全示范试点城市，成立第一个大数据交易所，第一个大数据国家工程实验室，举办第一个国家级大数据产业国际博览会，成为第一个建设全域公共免费WIFI的城市。

2017年贵阳市大数据产业规模总量达到1560亿元，新增规模以上大数据企业51家，累计达到172家，全市大数据企业主营业务收入达到817亿元，大数据与实体经济实现深度融合，融合指数达到42.5，大数据及关联企业达到4500家。有了中国数谷贵阳这张新面孔，一个个大数据项目顺利推进，一家家大数据企业茁壮成长，一个个产业集聚区逐步成熟。贵阳大数据事业的发展，正从风生水起转向落地生根。

同时我们也注意到贵阳大数据事业发展还存在统筹指导不够有力、产业规模小、集聚度不高、政府数据共享融合不够、大数据人才较为缺乏、信息基础设施建设相对滞后等方面的问题。面对新时代新挑战，贵阳确立了以大数据助推公平共享创新型中心城市的建设目标，高一格、快一步、深一层推进大数据发展战略，努力打造大数据发展升级版，建成中国数谷。同已经发展多年、早已成熟的硅谷相比，数谷还处于起步阶段。在从IT迈向DT的时代进程中，贵阳依靠近年的快速发展，在一些领域站在了中国乃至世界的前沿。建设中国数谷，贵阳有得天独厚的条件，比如良好的自然生态条件，凉爽宜人的气候，政府的积极引导和大力扶持，有力的产业政策，初具规模的产业集聚效应等等。这都为贵阳进一步打造中国数谷奠定了坚实的基础。

在此过程中，我们与硅谷逐步建立起了紧密的交流合作关系，高通、苹果、IBM、微软、谷歌、英特尔、戴尔、斯坦福大学、加州大学伯克利分校等美国的企业和院校，与贵州相关机构开展了深度合作。高通与贵州合资发展高端服务器、芯片，成为中国地方政府与跨国企业互利共赢的全国典范。云上贵州公司成为苹果在中国大陆运营 iCloud 服务的唯一合作伙伴。2017年薛维女士代表美中硅谷人才汇与贵阳市投促局签署了贵阳硅谷之桥战略合作协议，双方决定积极推动硅谷与贵阳之间围绕人才、项目、技术、资本、创新等方面展开全方位服务，搭建贵阳硅谷之桥，实现两地在人才、高科技、投资孵化、标准体系、大数据项目、创业创新等方面的深度交融。

本次数博会期间，我们举行硅谷、数谷"双谷"对话，旨在进一步探讨中美城市之间，企业、科技、人才之间加强优势互补、深化务实合作之策。硅谷、数谷发展阶段不同，资源禀赋各异，在互建互补方面大有可为。希望"双谷"能以本次活动为契机，在长期战略合作的基础上，促进更多硅谷项目落户贵阳，在中国数谷这片充满生机活力的土地上生根、开花、结果。我们期待硅谷用经验促进数谷发展，数谷用发展回报硅谷支持，努力实现"双谷"间项目与技术对接、知识与产业结合、技术与市场互动、创业与投资共赢。期待"双谷"的明天更美好，期待"双谷"的合作早日结出硕果。再次感谢并欢迎各位嘉宾来到爽爽贵阳。

谢谢大家！

云经济发展趋势及
"一带一路"建设中的云服务布局建议

"云经济学"之父、企业数字转型战略家 乔·韦曼

《云经济学》是我写的第一本书,这本书目前在中国可以买到,主要讲了云端基础架构和云端的功能。但在这之后我很快意识到自己想写的不仅仅是云端经济学,因为"云端 + 技术"对于未来,对于企业战略和经济发展才是最重要的。

我认为一些核心技术在这个领域下的场景应用是非常重要的,很多核心技术在企业战略当中也是非常适用的。比如,火车的车头是需要优化的,通过使用大数据和一些优化的功能和科技,可以让火车头使用更少的燃料,更加绿色地运行。当说到网络系统优化的时候,就不仅仅是一个火车头、一个场景的问题,而是一个系统性、多场景的问题。货车运行也可以用到系统优化。一些其他场景,比如说农业就可以通过物联网优化整个过程,不仅能够降低成本,还能提高可持续性,提高整个农业地区的产量。

接下来，是以用户为核心的优化。很多大数据技术应用，通过传感器获得数据，然后把这些数据上传到云端，运用这些数据，更好地观察用户的行为，给用户提供相应的数据和服务。这整个流程不仅需要规模化，更需要优化。这样才能帮助企业提高竞争力，更好地促进经济发展。

我在《新动能 新法则》一书中谈到了新数字法则。新数字法则是与优化和数字相关的策略和战略。它具有四个特点：一是，更好地发挥大数据的作用。二是，领先的解决方案。当前，领先的解决方案比领先的产品更加重要，需要让一些小的传感器与用户相连接，然后把数据上传到整个价值链当中运行，从而给用户提供更领先的解决方案。三是，提升客户亲密度。通过寻找、收集一些客户的行为，将客户的行为数据汇集上传到云端，通过云端给客户推送更加具体化、个性化、有针对性的建议。四是，比特层级的产品升级和创新。

首先，向大家简单介绍一下从卓越的运营到卓越的信息战略。这个想法不是完全用虚拟去取代现实服务，而是把它们融合，把物理事件和虚拟事件完全叠加。例如，福特的第一款汽车就是一个完全物理的优化。它的运营非常卓越，既降低了成本，又提高了便捷性。过去，有很多方法可以产生非常卓越的运营，但现在有更加优化的自动化流程，通过自动化和机器人可以完成自动化的生产和销售等。再比如，耐克在做运动鞋的过程中，会融入一些软件，通过这些软件可以收集客户的相关信息。

区块链在这个领域当中也是非常重要的。它能够追溯起点和整个流程，通过技术改进流程，并使用更多的数据来提高整个流程。在新加坡有一个很好的理念，通过收集坐火车乘客从哪里上车、哪里下车的数据，优化整个行程，根据这些数据，推出新的火车路线。因此，区块链不仅仅是让资源优化流程，它对每一个企业来说都有十分重要的变革性意义。苹果公司之前有一个非常集中的工厂化流程，但在逐渐融合了一些虚拟的概念后，做概念设计，然后把设计交给实体公司，让实体公司完成整个制造流程。

区块链对企业变革带来的影响还有其他方面。比如，大家可能认为生产商会有很多工厂，但实际上并不是。他们每天都会有来自全球不同地方的供应商，这些供应商会改变或是重新塑造整个供应链。还有一些资产型公司，比如优步、滴滴，用户并不拥有车，但是他们拥有接入点，企业可以通过接入数据进行相关服务的战略布局。

其次，是从领先产品到领先解决方案战略。通过很多智能化的方案和实例，可以向大家展示公司是如何向产业链和价值链的上游移动的。例如，过去我们用的是机械手表，但现在我们用的都是电子、数字、智能化的手表，而且这些手表都是相互连通的，它们能够连接数据。另外，足球也是一个很好的例子。之前足球只是足球，但现在足球也是一个相应的连接点，可以产生很多的数据。比如速度、加速度，这些都是能够测量出来，然后提供给教练，帮助他更好地训练球员。

因此，整个数字化不仅仅是把某个东西变成数字的，而是完全去颠覆性地创造一个新的世界。不是把足球销售的方法数字化，而是向价值链的上游移动，给足球教练提供更好的建议。当你购买足球时，获得的是一种提高足球运动员运动能力的可能性。耐克就是通过这样的生态系统收集数据，并提供解决方案。耐克利用传感器收集每一双球鞋使用者的数据，与用户之间建立联系，并增加用户黏性。比如穿了5年的耐克后，使用者的数据都汇聚在这里，用户也就不太可能换其他品牌。

在风力发电厂情景中，风车的每一个叶片相互之间可以进行交流，可以自动调整它们的转速，从而能更好检测发电量。此外，机械化的农器具生产、收割机和农产品进行交互的生态系统，在收割过程中，每一个收割机都能进行相互之间的交流,能够更好测量出应该收割的农作物量。这些都是能够实现的案例,当然也需要一些新科技的支持。

随着这些新科技的产生,我们也有可能去创造新的商业模式。例如,在 GE 一个发动机会有 20 多个传感器,在销售发动机的过程中,可以从发动机当中收集很多信息给 GE 公司。比如风速、发动机功能障碍等,这样 GE 可以进行更好的售后服务,也能更好地塑造 GE 的功能,让其能够拥有一个更新的商业模式。在这个商业模式当中不仅是销售发动机,还可以最大限度的接触、了解到发动机的所有数据。在这种新商业模式下还可以实现售后服务与更多可能性。

接下来,是从顾客亲密度到顾客集体亲密度战略。现在顾客亲密度不再是对一个顾客,而是一个顾客集体的亲密度,这样才能够更好地维系顾客关系。这当中有四个要素:一是,顾客不再是个人而是集体,从小规模变成了大规模。二是,从物理的世界到了虚拟的世界。三是,从人类世界的亲密度变成了与 AI 算法、人工智能、大数据建立的亲密度。四是,顾客集体的重要性比单一顾客的重要性要更加重要。

从交易到亲密很重要。一个裁缝根据顾客自身情况提供衣服,或是家庭医生根据病人的实际情况提供治疗建议,但这些都是线下的场景。现在的理念是从不同的个人收集大量的信息,传送到云端,把数据存储起来,运用一种算法进行自动计算生成建议,再根据每个人的情况提供一些具体和个性化的建议。例如,天猫和京东通过大数据分析、了解顾客的消费行为,从而提供购物建议。如对顾客关注的某件商品进行购买建议,从而为消费者提供更加个性化的购物流程。比如,GE 能够通过飞机发动机的速度与涡轮的流程数据,向客户、航空公司提供更加个性化、情景化和相关性的建议。

除此之外，顾客的行为很重要。在搜索引擎方面，也下了很多功夫去了解消费者的行为以及每一个行为发生的情景。比如，可以在平板上、手机上、电视上，或者在家里、在旅行过程中看到产品信息。其次，外部的数据也很重要。外部的数据包括：风速、消费者获取产品信息的途径等。发电风车是一个很好的例子，所有的风车可以形成一个集体，可以实现更好的可持续性，也可以给客户提供他们所需要的一些信息。

最后，是从传统创新到升级创新战略。在医疗领域是很好的应用场景，在医疗场景当中会使用基因预测患者身体存在的风险，从而提供相应的药物和医疗方法，并根据基因图谱提供相应的医疗建议。

现在我们从一个封闭的世界逐渐转向开放的世界，在这个开放世界当中，我们会更加关注一些个体的特定目的。与之前相比，现在创新更加注重成果。想要进行创新升级，就必须要从关注雇员转向到关注人群，同时还需要有 AI、人工智能、深度学习等技术提供相应数据上的信息，这样才能够促进公司以及个人的创新。

在过去，传统创新通常出现在公司或者研究企业中，而现在更多的是从群体中去寻求开放创新。这个群体可以来自不同的公司或群体，可以共同进行合作和创新，也可以融入一些其他的合作伙伴。集体亲密度可能比较适应云媒介的创新。我们必须打开整个创新的生态，来构建一个创新的网络，这样才能最好的发挥云计算和大数据的优势。例如，奈飞通过举办 Leaderboard 等活动，鼓励所有人进行合作和创新，并通过这些创新数据来优化他们的搜索引擎，从而使整个计算速率升级10%。

GE Flight Quest 是通用电气飞行任务。他们先进行预测，预测合适后再通过飞行任务，科学家可以通过通用提供的相关数据来更好发挥研究效果。另外，阿尔法狗是谷歌通过深度学习研发的，因此才有了著名的人机之战。人类过去认为机器人下棋的一些方法是错的，但事实上机器比人下得更好，最后的结果也表明机器人的这些决定是正确的。

目前，我们有一个自动假设生成的过程，整个过程完全由机器来完成。自动生成是通过算法、科学家的研究以及科技来实现的。具体流程是，通过搜寻一些自动假设生成的数据来提供科学的假设，从而假设这些分子阶层是怎么运作的。新数字法则能更好地提高公司创新力和竞争力。

我认为，公司的创新和竞争力来自它的科技，如果每一个公司都能够提高自己的创新力，就能提高国家的竞争力和实力。在每一次浪潮中都会有一些重点，第一次浪潮是关于资源的，第二次浪潮是关于人力的，但是现在我们已经进入了一个新的世界。我们更加注重数据、合作和网络中知识的流动，在虚拟的流动中，每一个节点都在不断增加我们的融合度，每一个节点其实都是我们自己自动生成的数据。

最后，非常荣幸参加此次会议，也希望大家能够从我的研究当中获得一些收获。我非常喜欢中国，也非常喜欢科技。

谢谢大家！

中国与美国的创新

美国前总统克林顿创新顾问、OIGETIT联合创始人兼首席执行官
富兰克林·尤福林

尊敬的各位领导，各位嘉宾，女士们，先生们：

今天我想给大家介绍一下美国创新的局面，以及中国与美国创新之间的比较。这是一个非常大的主题，希望大家听了我今天的介绍之后，可以更好地了解中国与美国创新飞速发展的态势，以及中国发展与硅谷创新之间有怎样的关系。很高兴硅谷与中国数谷之间的合作，我知道互联网是大数据的基础，而合作就是互联网的本质，我之后还会向大家详细介绍。其实互联网就像"胶水"，可以让在任何国家的人都可以互联互通，进行合作，并且参与到现今的数字经济当中。

我作为美国白宫的前创新顾问，曾经为美国前总统比尔·克林顿服务了5年，那是一段激动人心的时光。在那几年，我们刚刚开始接触互联网，一开始是军事项目，后来就慢慢推广到民用。我很有幸能帮助总统和副总

统，参与这个项目的推广。

我想在这里介绍一下我作为白宫前创新顾问的一些体验以及对于美国创新的理解，这不仅仅是由政府引导的创新，同时也是由企业引导的一种创新。

今天我想讨论的第一个问题，就是创新是在哪里发生的。对于很多人来说，肯定都非常熟悉硅谷的发展历程。硅谷一直是高科技的汇集中心，在美国其实有非常多高科技发展中心，但是大多数的独角兽公司，估价超过10亿美元的年轻公司，都来自于硅谷，也就是我的家乡，他们都是创新的风向标。当然独角兽企业也不光是在硅谷，比如东海岸、华盛顿也有很多独角兽公司，但是在硅谷的独角兽公司数量是其他地方的两倍，而且这些公司的创新活动在硅谷非常活跃。这也是为什么贵州省的各位领导都将硅谷作为一个典范，借鉴它的经验发展中国数谷的大数据。这是我第一次来到贵阳，我对贵阳产业发展的印象非常深刻。

为什么美国是创新的第一大国？我作为一个创业者，也基于白宫创新顾问的经验，认为有四大因素。

第一个因素是文化。美国形成了一种创新文化，这种文化可以激发人们自由的思考和创新，这是一种思维模式。在美国，人们认为只要你想到的事情就可以做到，这其实是一种创新者的心态，进而形成了一种文化。不但我们创新者有这种心态，而且政府官员、公司企业、各种行业联盟也都有这种心态。所以文化是非常重要的，在美国已经形成了这种创新文化。

第二个因素是科技。美国是创新大国，拥有很多高精尖的科技，例如互联网，它是数字经济的基础，也是大数据的基础。我们在这里开这个会，看到了贵阳将会成为未来的"数谷"。贵阳能够有今天这样的成绩是非常难得的，确确实实称得上"数谷"。在美国，我们发明了互联网，我们有智能手机，还有各种各样的基础科技，这些基础设施都是非常基本的。

第三个因素是政治。这里的政治不是讲参政、议政的过程，而是指政府的支持。之前有领导谈到，中国政府、贵州省政府、贵阳市政府的支持都是非常大的。在美国也是一样，我们有这种资本的创新。在克林顿执政的时候，美国开展了很多全国性的项目，就是为了支持大家创业的想法，政府为创业者提供了很多资金，也创造或提供了很多税收优惠政策。这个政策环境非常积极，有创新就能够拿到资金，还有支持创新的加速器、孵化器、高校等。大学教授如果有创新的想法，想要去做研究，都能拿到资金。

最后一个因素是经济。经济是前三点因素共同作用的结果，我们打造数字经济，其实就是因为有前三个因素的支撑。

再详细讲一讲文化。文化到底是什么，为什么美国的创新性这么强，为什么美国会成为世界的创新之国？因为我们有这样的基础设施、机制和创业者，贵阳也有创业者、投资人，也有很好的想法，而好的机制和基础设施给他们提供了空间。所以我们有风投资金，有投资者的人脉网络，而且是一些非常懂行的投资者，政府也非常支持他们投资，也创造了很多的孵化器。孵化器真的是创新的动力，大家可以互相交换想法，能够把创新创业释放出来，特别是高科技公司更加重视这一方面，也做得非常好。所以形成这样一个生态系统非常重要。贵阳现在在建设生态系统方面步伐也非常快，而且也成了一个重点项目，这点非常好。

科技为什么是创新动力？在美国有台式机、智能手机、笔记本电脑。智能手机在这个年代帮助我们传播了很多大数据信息，推进了很多大数据活动。在硅谷，我们有大数据公司、人工智能公司，以及16个不同领域的创业公司，包括金融、房地产、农业。

接下来谈谈共享经济。我知道，在中国共享经济非常发达，在美国共享经济现在也发展得很快。有了共享经济，我们出现了各种各样新的生活方式，这也是世界的一个大趋势。我们在方方面面都可以共享，究竟是怎么样做到？智能手机在背后起了很关键的作用。现在的微型芯片处理速度足够快，所以我们的互联性、上网速度也快多了，上传图片的速度也非常快。处理器速度的加快，智能手机时代的到来以及政府的大力支持，让共享经济得到了蓬勃的发展。

我基本一个月就要来一次中国，2017年我来中国共10次，在中国的北京、上海、成都等8个城市发表了演讲，现在又来到了贵阳。为什么我相信下一个创新大国是中国？因为我去了这么多中国的城市，看到大家所做的工作，节奏比我们以前快多了。我们讨论一下中国现在形成的文化、政治、经济、科技，其实就是刚才讲的四个因素，具备这四个因素，就能够有很好的数字经济发展前景，这就是中国现在的亮点。

在共享经济这个领域，中国现在是领跑者，但很多美国人都还没有意识到这一点。十年前美国创造了Airbnb等共享经济，但是在过去四年中发生了换位，因为中国人学习特别快，又有发展的意愿，有很好的人才和人才储备。在过去四年当中，中国成长起来的共享经济独角兽比世界上任何一个地方都多，例如滴滴、摩拜单车等，这些大家都很熟悉。

我相信中国是下一个创新大国还有一个原因，中国的独角兽公司越来越多。在过去两年时间，中国与美国的独角兽公司数量几乎打平了。为什么会出现这样的情况？大家都在讨论中国正在赶超美国，合作也非常紧密。

还有一个原因，中国的研发投入非常巨大，是美国的2倍。中国的中央和各级政府对一线、二线城市的投入是非常大的，把资金投入到科学研究、创新想法当中，肯定会有大量的产出，因此更多的创业公司、更多的独角兽公司出现了，这令人感到惊艳。而贵阳这样的城市是领先的，大家应该为此感到自豪,谢谢贵阳政府,谢谢各位领导,谢谢他们所做的工作和努力。

贵阳将成为中国的数谷,我是很相信的,我们都将成为其发展过程的见证者。阿里巴巴的马云2017年也来了贵阳,他说"如果你错过了30年前的广东和浙江,现在你就不要再错过贵州了"。我认为他非常有远见,我也同意他的想法,我真心地相信贵阳在大数据方面有着无限的潜力。贵阳有互联网的基础,要成为一个"谷"级的现象,这确实是一个非常大胆的宣言。发展互联网最开始的城市是北京、上海,然后是重庆和其他城市。当时贵阳和这些城市在发展方面可能会有一点差距,但到了2017年,贵阳已经成为世界上排名第13位的一个科技枢纽,这里的创业者和消费者都能明显感受到网速快了很多。网速快了,创造力就会提高,我们的产出就会提高,就会有更多的独角兽公司。

我知道全世界的人们都对美国前总统克林顿非常感兴趣,这位总统非常有远见,也非常懂得合作。我和克林顿前总统在聊到一个话题时非常有共鸣,即我们要从别人身上去学习很多的东西,这样我们才能有更快的进步。而今天的贵州、贵阳也有这样的精神,我今天能够来到这里做这个发言,感到非常荣幸。

谢谢大家!

健康与养老的数字化转型：重塑老龄时代

西南交通大学国际老龄科学研究院副院长　杨一帆

西南交通大学国际老龄科学研究院是中国老龄科学研究基地，主要是从跨学科的角度来观察中国老龄化社会的变化。我在这个场合讲这个题目，也许会给大家一些很好的启发。

对于数字化来说，或者对于IOC、ICT和大数据技术来说，我们应该站在什么样的角度去理解很重要，这个角度不仅是技术上的创新，还需要考虑到中国的国情。中国经过高速的经济发展之后，仍然面临着一些非常现实和严峻的问题，比如收入不平等问题、老龄化问题、环境问题、教育质量问题、资源分配不均衡问题等等。所以我们考虑信息化技术和数字技术的存在到底会给中国带来什么影响时，需要去了解中国的背景。

全球都在进入老龄化社会，其实中国在老龄化社会当中并不是最严重的，意大利是仅次于日本且全球排名第二的长寿国家，并且还是全欧洲医疗卫生服务水平最高的地方。Healthy 和 Aging 这两个关键词叠加在一起，其实就是 Healthyaging 的意思。目前，我们中国的人均寿命在不断提高，生育率下降得比较快，这就会导致一个问题，一方面生得更少，一方面活得更长，那结果很显然就是老龄化。其实我并不担心老龄化，我担心的是不健康的老龄化和资源分配不均的老龄化。虽然目前中国的老龄化程度不是最严重的，但是，三十年以后我们的人口结构，特别是中高龄的人口结构，与小孩和年轻人之间的差距在扩大，这个结构可能是最大的问题。所以，我想提醒在座的各位，老龄化本来是人类发展进步的成果，并不是问题，其中的不均衡、不平等才是我们需要去关注的。我大概作了归纳，结合今天讨论的数字化和大数据，应该从六个层面对中国的基本情况进行认知。

第一，我们需要去关注大数据如何降低成本和费用，而不是去增加成本和费用。一方面我们的健康水平在不断提高，医疗诊疗服务水平在不断提高，但另一方面医疗卫生总费用开支在不断提高，政府在当中的资金投入在不断提高。这里面我想强调的是，如果把政府的投入变成了一种资源依赖，那可能也是未来的问题。

第二，我们必须要密切关注中国老龄化社会的慢性病趋势。作为国家的研究院，我们做了很多这方面的研究。我们手上有一些数据，60岁以上的老年人罹患两种慢性疾病的发生率在60%以上。换句话说，我们是处在一种 Unhealthy 的过程中，所以要重点去关注慢性病高发的趋势。

第三，我们的医疗服务可集合便捷性与发达国家仍然有很大差距。虽然这与我们地域辽阔、经济发展不平衡等客观原因都有关系，但我们制度供给的不平衡性也是重要原因之一。虽然从国家到地方都在大力推进基础诊疗系统、基础卫生服务站点和服务网络的建设，但当下我们仍然要看到，这个问题还没有得到有效的解决。

第四，我们一定要考虑到中国老年人居住的家庭和生活环境是否是安全和无风险的。我们可以看到这样一个现象，政府投了很多钱去建了日间照料中心这样的机构，但是这个照料中心逐渐演变为老年人活动中心，演变为老人的麻将场所。真正需要服务的老年人没有办法来对接这样的服务。这跟他们生活的家庭和环境有很大的关系，因此我希望大家能够关注到这方面的问题。

第五，我们的青年人、中青年人、中年人对老龄化和老龄问题的支持程度正在下降。由于空巢老人的出现和人口大量快速的迁移，以及经济发展的一些虹吸效应，不管是在农村还是在城市，独居、空巢以及现场无人照管的问题已经出现了。

第六，养老服务在经济上的不发达和经济上的依赖性。目前，社会的平均养老金，成都只有2000多元，不知道贵阳的数据是多少。一个只有3000多元退休金的老人，他和他的家庭要为这样的服务付出多大的代价，这都是我们讨论这个问题的前提。

作为一个研究者，我认为有个问题需要提出来，即如何通过大数据技术建立被连接的人群和被连接的社会，这里面有几个要点。第一是提高服务和信息的可及性，第二是加强创新，第三是自我支持能力和知识的提升，第四是降低经济社会发展的不平等性及提高市场的竞争力。

针对这些问题，我提出四个解决方案来部分缓解这些问题。第一是信息化系统。不管怎么称呼它，电子病历也好，电子档案也好，家庭医生也好，这些方面我们中国是可以做到的，也可以和国际合作来建立这样的系统。现在国家卫计委也有这样的计划，很多省份也已经在全省范围内推动这个工作，它可以显著降低医疗成本。第二是基于云概念的互联网医院和互联网康复系统。只要有设备和网络的介入，不管是农村还是不发达地区，都可以得到覆盖，这是一个很值得期待的领域。第三是智慧家庭和一部分家庭机器人的使用，这主要是降低老年人在生活和环境当中的风险。第四是社会互动的解决方案。中国的老年人很注重家庭和居家，但并不是所有老年人在所有时间段都是需要被照料的，他们还有社会参与和社会交往的需求，因此我们需要通过技术了解如何在这方面给予支持。

美国FDA针对利用AI技术对糖尿病进行诊疗的行为发了一个批文。大家都知道，很多科技创新是没有医疗资质的，而美国的这种行为开启了一个突破口，我觉得这个动态非常值得关注。另外就是很多专家提到的系统，如何从专科型的医院，从云端系统，从社区服务站点中去建立合作，这方面对于中国政府来说是一个非常大的机遇。如果我们利用数字化的机会去加强基层卫生服务站点的能力，给他们赋能，让他们去做好一个看护人、一个陪护人、一个信息传递者的角色，这是非常重要的。在居家当中，要考虑如何去检测、预警、收集这样的数据，把老年人摔倒的风险和无人照料的风险降到最低。中国非常重视社会文化的互动，如果我们可以通过AI技术去帮助人们更好地诊断或者了解这样的风险发生的可能性，那对于普及基层卫生、普及全民保健都是非常有意义的。

如何让技术变成机遇，而不是让技术成为新的鸿沟，是我现在一个很大的忧虑。

我的演讲到此结束，谢谢大家！

网络安全政策对大湾区数据流动的影响

中国信息安全研究院副院长 左晓栋

尊敬的各位来宾,各位同事:

习近平总书记在几次重要讲话中都指出"以信息流带动人才流"。因此,发展大数据促进信息流动对经济发展的重要性不言而喻。当前,大湾区建设已经成为国家的发展战略之一,没有数据的充分流动和共享也就不存在大湾区如今的改变,而没有数据的充分流动,大湾区只能是三个烟囱,这是不行的。

大湾区对数据流动的需求有三个方面,主要从安全的角度来看。第一,更充分的数据共享。大湾区具有"一个国家、两种制度、三种不同法域"的特殊条件。客观上,数据在大湾区流动起来面临很多现实问题,尤为重要的是三地的网络安全政策,特别是数据管理和数据安全政策对于数据流动有很大的影响。曾经,香港特区政府个人资料隐私专署的黄专员跟我分享过一个故事。他说在香港有一个居民从地库里出车的时候把车辆进出卡弄掉了,因而从车库里出来时,停车场管理人员要他填写一张表,把信息留下,用以证明个人的身份。进行书面登记是必要的,我们都可以理解。但是,车主把表填写完之后,向个人资料隐私专署打电话,举报停车场过度收取个人信息,这个事情在大陆来看是让人匪夷所思的。因为我们大陆很多互联网企业在经营的时候,滥用网民个人信息来换取服务便利。在这样三地不同的个人信息管理或者是数据管理框架下,信息怎么流通,大陆互联网企业进入香港能不能适应香港个人隐私保护政策是需要着重考虑的。澳门也是一样,澳门常住人口30万人,所有人口加起来60万人,澳门的个人信息保护办公室至少是200人,而且是有案必查。这种情况下,三地的数据安全管理政策需要协调,不足的地方需要跟进。不仅如此,在政府内的政府数据共享依然是一个大问题,三地要协商建立数据共享的机制。这是大湾区发展的前提条件。

第二,更加便捷的数据跨境流动。众所周知,《网络安全法》37条规定了个人信息和重要数据出境的安全评估制度。这个制度同样也给了香港和澳门发展的机遇,我们能不能利用好这一项制度来促进内地的数据更加便利地流入香港和澳门,这是当下的一个重要课题。

第三,更加精准的信息管控。这是大家都理解的客观需要。香港和澳门的同胞到了内地之后,有时候会面临部分应用可能用不了的情况。未来,大湾区是更加频繁的人流物流活跃区域,这么大的人流来内地,不能使用一些外网应用是我们亟待解决的问题。这方面我们是有法律依据的,《网络安全法》第50条规定,对来源于中华人民共和国境外的信息,应当通知有关机构采取技术措施和其他必要措施阻断传播。现在我们阻断的技术如何更加精准,如何放行没有违反安全的经济类、科技类、文化类、生活类的信息，这也是以后大湾区要解决的问题。总而言之，大湾区要建设、要发展，数据流动是客观需求，甚至是最重要的、最强劲的需求，但安全是重要的保证。

在大湾区要实现数据的安全流动，应该在《网络安全法》的框架之下依法管理、依法流动。《网络安全法》已经在2017年6月1日起正式实施，但是《网络安全法》共有七章七十九条，是一部综合性的安全法，专业性较强，条款比较多。所以，很多内地人士对这部法的理解还有很多疑问，包括社会上的人士有时候还有很多的误解。为此，我本人受中央网信办的委托，以我个人的名义出版了一部《中华人民共和国网络安全法的百问百答》，就社会上常见的大家所关心的问题进行相关解答。后来，为了让香港和澳门的同胞了解《网络安全法》，我把这本书翻译成了英文版，以便香港和澳门同胞阅读。

另外，我们充分借鉴欧盟了《通用数据保护条例》（General Data Protection Regulation，简称GDPR）和其他有关国家地区和国际组织在个人信息保护方面的先例经验，起草了《国家标准个人信息安全规范》，这个规范已经在2017年年底正式发布，2018年5月1日起正式实施。我们的目的就是要改变大陆个人信息保护规范水平不够的局面，更好地实现三地制度的对接，更好地促进大湾区的数据流动。这个标准出台以后，中央网信办组织专员对10款主流互联网应用的隐私政策进行评估。从2017年8月到现在，大家使用手机上的各种APP经常会有新的变化，在中央网信办组织的活动之下，互联网企业普遍感到了压力，纷纷改变了自己的隐私政策。值得强调的是，欧盟的GDPR是一个条例，具有法律效力，而我们现在国家的标准是推进性的标准，在实施效力上有所不同。下一步，我们要将标准变成真正的法律，真正提升大陆个人信息保护水平。

另外一个值得注意的工作，就是最高人民法院、最高人民检察院在2017年6月1日对《刑法》中关于打击侵害个人信息的犯罪有关问题做了司法解释，包括对什么是公民的个人信息，什么叫作违反规定都做了解释。特别是对重要信息的解释，比如涉及行踪轨迹信息、通讯内容、征信信息、财产信息的窃取，如果窃取50条以上就非常严重，要入刑。其他比较敏感的信息，比如通信记录、健康生理信息等等侵害500条以上要入罪。常规的个人信息侵害5000条以上入罪，如果是内鬼作案就是折半，这些都是大陆在加强个人隐私保护方面所做的工作。

除了个人信息的安全规范，我们在保护大数据安全方面也做了很多工作。中国网络与信息安全大会暨信息安全展览会在2017年已经立项的有关数据安全的国家标准项目有11项，其中有2项已经发布，其他的在抓紧修改完善中。这是不容易的，因为按照目前的国家标准，修订周期一般要3年多以上。由于数据安全的重要性，2017年有两个标准在当年立项就在当年发布了。2018年数据安全的标准依然是热点，在4月份武汉召开的全国信息安全标准化技术委员会第一次工作组"会议周"上，大家踊跃提交了很多有关数据安全标准项目的提案，大数据工作组经过组内的投票和评审，最后确定通过了标准指定项目4项，标准研究项目15项。但这只是其中的一步，后面要经过批准，最终的结果还没有出来。我在这里介绍，是为了让大家了解我们现在数据安全标准方面基本的进展。从总的标准名字上看，涵盖大数据基础安全标准和大数据在特定领域重要的安全标准，包括区块链的安全标准，目前也都有相应的工作部署。

根据中央网信办网络安全协调局和香港特区政府司科办达成的合作共识，内地和香港要共同组织大数据跨境流动和开发利用、个人信息保护等方面的学术研讨，推动形成政策和规范标准，两地的政府部门也正式签署了协议。大陆公众随时欢迎香港同仁参与进来。香港同仁提交标准的指定项目和参与标准制定的途径是畅通的，这是在大湾区概念提出以前双方达成的协议。在大湾区概念提出以后，这方面的工作应该会继续深入，香港的同人如果愿意参与这项工作是没有任何障碍的。当然，需要我本人协助的我会非常乐意。

接下来，为大家介绍与数据流动密切相关的《数据出境安全评估管理办法》（以下简称《办法》）。这个《办法》是根据《网络安全法》的要求制定的，在2017年4月份公开征求意见。目前《办法》第二版已经修改完毕，在一定的范围内征求了意见，这个一定范围包括了中方企业、国外企业和外国驻华机构，但是没有向社会征求意见。大家都对这个《办法》非常关注，但由于目前《办法》没有最后制定完成，所以没有真正生效，而且最近中美贸易摩擦，这个主题也是双方讨论的重要议题。数据流动对贸易的影响是非常大的。比如，有一个运动品牌公司向中国政府提出，如果出台这个《办法》，公司就不能做鞋了，因为公司需要中国大陆VIP客户鞋的尺寸数据，这些数据收集了之后再进行设计，随后在其他国家生产，生产基地可能在美国，可能在中国。整个公司依靠数据支撑进行全球化的生产。数据出境要进行安全评估，这类公司就认为自己所需的数据出不了境，所有的跨界贸易都会被停止。其实并不是这样的，在安全评估的情况下，数据是可以自由出境的，这个《办法》是规范数据出境。因此，这个《办法》在制定过程中，我们要考虑香港的数据。香港这些年的高速发展得益于全球的金融危机和全球行业的影响，下一步，香港将进一步发展成为全球的数据中心，这对香港的经济发展至关重要。这其中除了香港自身的努力之外，内地的政策支持十分重要。

在第一稿征求意见的时候，《数据出境安全评估管理办法》第15条指出，我国政府与其他国家、地区签署的关于数据出境的协议，按照协议的规定执行。这就代表这个《办法》规定了全部有关的流程和有关的工作制度，但是如果我们政府和其他的国家地区签订了协议，协议优先。这一条规定就是对香港留下的政策空间，我本人当时参与这项工作，清楚地知道这就是为香港考虑的。现在的问题是如何落实这一条内容。虽然现在《办法》还没有执行，而且还在修改之中，但这是一个方向。目前内地和香港在进行合作，选取数据出境安全评估的试点，我作为中方的专家一直坚持一个观点，这个试点是基于《数据出境安全评估管理办法》下已经起草的流程做的。现在香港提出来要做试点，这些流程办法就要适用于香港试点的机构，而且要有利于香港发展的具体措施。我们要在试点中测试现有的技术规范和流程的合理性与规范化，要解决究竟给香港什么样的措施、什么样的办法才有利于其发展。

以上就是我的一些初步考虑，在后面的工作中我也希望跟各位合作，希望在座各位多多支持。

谢谢大家！

观点再现

卢雍政（贵州省人民政府副省长）：贵州和粤港澳大湾区的合作有三点倡议。第一，共推产业合作。与大湾区各方加强在产业方面的合作，共同推动大数据电子信息产业、高端装备制造业、大健康养生养老产业、山地特色高效农业、山地文化旅游业、绿色金融业等加快发展。第二，共促旅游发展。加强与港澳合作，变成港澳的后花园，协同联动打造世界知名的旅游目的地和国际山地旅游的胜地。第三，共保生态环境。与各方一起进一步创新合作机制，共同应对和协调解决跨区域、跨流域的重大环境问题，共同推进重点生态项目建设，为构建生态安全格局，增进各方人民福祉做出贵州的贡献。

陈茂波（香港特别行政区政府财政司司长）：伴随粤港澳大湾区建设所带来的新机遇，大数据的应用带来很多消费和营商模式的转变，成了科技业务创新以及发展智慧城市的重要基础，数据变成了非常有价值的原材料，甚至是比石油还要重要的资源。香港在不同的行业都已经应用大数据，也致力于推动大数据在各行业的应用，提升政府部门的运作和公共服务的水平。

傅永宝（工业和信息化部信息化和软件服务业司副调研员）：要不断夯实网络基础，优化发展环境，拓展融合攻坚，持续提升我国ICT技术融合发展水平。一是建设工业互联网体系，夯实融合发展的基础，加快工业互联网网络建设，全面部署IPv6，支持企业内网改造，加快商业进程。二是培育数字经济新业态，拓展融合发展空间，稳步提升企业数字化水平，提高工业企业关键工序、数控化率和数字化生产联网率。

单志广（国家信息中心信息化和产业发展部主任）：当前贵州应思考如何完成国家大数据（贵州）综合试验区的创建任务。数博会不仅是向世界展示贵阳的平台，更是展示贵州的平台，应积极展现贵州成效，突出贵州特色。专家咨询委员会应建立固定机制，为专家委员提供调研机会，定期发表标志性成果。

唐振江（贵阳市大数据发展管理委员会党委书记、主任）：贵阳在发展大数据方面有"三先"优势，从2014年起步至今，大数据发展已有5年，一直坚持"一年孕育、三年成长、五年壮大、十年当家"的总目标。在产业布局上，贵阳将推进大数据与农业、工业、服务业融合发展，让大数据更好地服务民生，让人民群众有更好的获得感和幸福感。

杨成伟（中央人民政府驻香港特别行政区联络办公室青年工作部副部长）：大数据产业是创客产业的重要领域，纵观香港的地位和优势，在推进国家大数据发展战略的过程中，香港可以扮演国家数据枢纽、创新高地和超级联系人的重要角色。香港具有一是发展数字经济的良好软硬件环境；二是便利数据跨境流动的特殊制度优势；三是创新人才储备较为充足;四是创客投资蓬勃发展;五是特区政府高度重视以数字经济为主的创新科技。

梅　宏(中国科学院院士):当前大数据发展为世界发展注入新的活力,要做好大数据工作,就要推动大数据技术产业创新发展,构建以数据为关键要素的数字经济。要运用大数据提升国家治理现代化水平,要运用大数据促进保障和改善民生。

Rahmat Shoureshi(美国波特兰州立大学校长):数字经济和数字技术确实在深远地影响经济的整体发展,在硬件方面的发展较为平缓,但在软件方面蓬勃发展。下一步的重点应该是让硬件与软件完美结合。数据固然越多越好,但光有数据没办法达到目标,我们现在真正需要的是智能,需要用一种智能的方式把数据结合起来分析并形成信息,才可以使所有人受益。

杨德斌(香港特别行政区政府资讯科技总监):香港打造智慧城市的六个方面,包括智慧出行、智慧生活、智慧环境、智慧市民、智慧政府和智慧经济,并通过创新与科技提升政府管理城市的效率。对粤港澳大湾区合作的建议:一是共同发展,二是共创市场,三是共谋资金。

贝蒂娜·特拉齐·里安(高德纳咨询公司研究副总裁、工业互联网及工业4.0专家):当我们看智慧城市整个生态体系的时候,可以看到它的生态圈,不仅是政府治理需要智慧,市民需要智慧,所有角色之间的协作都需要智慧。它涵盖了我们城市生活中的各个生物体系,所以我们必须要基于生命周期来进行智慧城市的治理。

埃文·曾（高德纳咨询公司研究中心数据中心计算专员）：众多新兴技术主要有三大趋势。一是无处不在的人工智能。人工智能是新兴技术的重要基础。二是透明浸入式的体验。随着所有AI芯片往下沉到物联网设备中，出现越来越多的边缘计算。边缘计算所带来的是透明浸入式的用户体验。三是数字化平台。数字化平台对企业发展数字化经济非常重要。它最主要的特点是，通过数字化架构为提供商和使用者提供有价值的业务交换。

邢春晓（中国电子学会区块链专委会副主任委员、清华大学教授）：城市大数据创新利用的八个方面，即资源环境大数据时空透视、监管与管控，城市关键基础设施风险识别与防灾减灾，城市安全态势感知研判和应急决策，城市化对健康影响的大数据研究，城市交通系统演化分析与协同决策，大数据驱动的城市经济与产业决策，大数据驱动的城市社会管理和服务创新及大数据支撑的智慧城市建设和发展模式。

朱扬勇（复旦大学计算机科学技术学院教授、上海市数据科学重点实验室主任）：大数据驱动科学研究，数据科学有两个内涵：一是认识数据的各种形态，二是管理数据的主权。全球所有数据放在网络空间里面，构建形成了一个数据界，未来的竞争是网络空间的竞争，网络空间的竞争是数据的竞争。为此，不仅要保护好数据，更要保护好隐私的数据，尤其是涉及国家安全和边界的数据。

周　涛（电子科技大学大数据研究中心主任）：专家咨询委员会应建立

完善的机制，保障专家委员能以实质性参与和过程性参与的方式在贵州重大项目评估、重大政策制定、人才引进等方面发挥重要作用。同时，贵州应发挥政务数据共享开放的优势，以数据为平台，吸引企业建设总部，推动贵州大数据产业健康持续发展。

郑纬民（清华大学计算机系教授、博士生导师）：专家咨询委员会应定期介绍贵州大数据发展的情况和问题，让专家发挥咨询作用。建议数博会设立相关论坛，介绍贵州大数据发展的标志性、实质性成果。

何向魁（IBM全球企业咨询服务部高级经理）：人类社会即将开启第四次经济革命浪潮，未来科技将作为核心引擎引领时代，而技术的推进本质上是服务于人类不断深化的欲望和城市发展。未来智慧城市是一个万物感知、万物互联和万物智能的新世界，实现资源最优化配置，释放数字经济生产力，打造产城融合、繁荣发展的高效生态系统。

文　杰（IBM大中华区全球企业咨询服务部智能制造咨询业务负责人）：针对传统制造企业生产成本上升、研发投入不足和生产组织方式较为传统等问题的对策建议：一是聚焦客户体验，利用数据洞察并推动产品和服务的创新；二是部署数字技术，用以实现互动和交易转型；三是部署竞争战略，通过改变游戏规则来实现颠覆，并借助数据和分析来制定明智的业务战略；四是企业实现敏捷运营，确保IT战略与业务战略高度一致，确保反馈和适应周期短。

张　岱（中电智云控股有限公司董事长）：云服务是虚拟化、分布式、并行计算、负载均衡、可管理性、按需计算的概念组合。真正意义上的云服务必须具备几个要素资源：一是虚拟化。包括计算资源的虚拟化、存储资源的虚拟化和网络的虚拟化；二是可用性。通过分布式资源共享实现有效、可用的计算模型；三是安全性。未来云服务要实现为客户真正高可用、高可信的云计算架构；四是弹性可扩展。基于资源高度可调用、弹性可扩展的情况，提供让客户非常容易掌握的 API，实现灵活多样、变化丰富的应用。

卢旻盛（Trustonic 大中华区销售副总裁）： 物联网给人类生活带来便利的同时，也带来了隐私保护、黑客攻击等安全隐患。物联网的安全保护需要一个多层次的方法体系，从设备的角度看，应该从设计和开发的初始就着重考虑安全性，并保障硬件、软件和数据在整个设备生命周期中的安全。在设计安全功能时应采取积极主动的防御行为，而不是被动式的方法。

Flavio Villanustre（励讯集团全球副总裁及律商联讯首席执行官）： 律商联讯集合中、美双方的优势能力，合力打造适合中国车险市场特色的数据和分析产品，助力中国车险行业提高工作效率、降低业务风险。精励联讯大数据平台数据采集，包括车数据（车辆数据，行驶证数据，评估交易数据，维修保养数据）、人数据（户籍数据，支付数据，驾驶违规数据）、路数据（地图数据，路况数据，交通数据）、车联网及 ADAS 数据（保险公司数据，电信运营商数据，车厂数据，供应商数据）。

崔晓波（TalkingDate 首席执行官）： 大数据是取之于民用之于民，这样才可以做好以人为本的智能应用。未来城市的规划是非常人性化的，需要市民参与设计，不是简单的政府规划。因此，今后的城市规划一定要运用大数据的理念和技术,真正让老百姓参与其中,发挥以人为本的中心思想。

李 珈（Oracle 中国技术产品事业部高级技术总监）: 甲骨文红科技作为可以依赖的科技生产力,尤其是 Oracle 的自治云平台服务,是将自治的能力扩张到整个云平台中,设立了一个新的行业标准,Oracle 把 AI 和机器学习能力设计融入整个下一代云平台服务,给客户提供低成本、低风险的智慧服务。

杨 湘（英特尔公司物联网事业部中国区工业物联网数据科学家）: 边缘侧的负载整合是边缘计算发展的一个破局之道,因为负载整合具有简化系统架构、降低总体成本的优势,其为边缘计算的实现和人工智能的应用提供了条件,整合后的设备既是边缘数据的汇聚节点,同时也是边缘控制的中心,这为边缘智能提供了处理所需的数据,同时也提供了控制的入口。

冯 雷（Pivotal 中国公司常务董事兼中国研发中心总经理）: 大数据驱动机器学习将建立更高的竞争壁垒,而要实现这个竞争壁垒的建立,就要用到 Pivotal 的 Greenplum 产品。Greenplum5 代具备三个新功能:第一是开源,Greenplum5 完全建立在开源上面,是一个完全基于生态的版本;第二是 Greenplum5 具备更强跨云的能力;第三是具有高级的分析能力。

恩佐·乐非（意大利国家数字化署、国际关系高级专家）: 意大利公共管理系统架构,最底层是实体基础设施,例如数据中心,在这之上建立数字平台,用于收集公共管理的数据,在两层架构之上建设生态系统,使得行业之间可以更好地进行合作，彼此助力。此外，意大利政府非常重视数字化技术，在发展大数据的同时非常重视数据标准化工作，这样利于行政机构之间实现数据的共享和交换，提升互操作性，并最终提高行政管理效率。

斯特法诺·范德比（意大利国家数字化署、电子健康高级专家）：为让意大利的电子数据更好地在医疗平台上使用，需要把一些地域性的平台扩展到国家性的平台，这就需要把不同的数据库进行融合，在这个过程中，不仅需要数据的融合，也需要技术的融合。同时，医疗数据涉及个人隐私、政府机密，因此必须重视数据安全问题。

安东尼·皮卡列罗（意大利那不勒斯腓特烈二世大学教授）：不同的媒体会衍生出不同的数据，多媒体对于研究产业和经济起着非常重要的作用，特别是多媒体在在线社交网络中的研究能够帮助获取不同类型的数据，通过研究多媒体大数据，不仅能够帮助行业的发展，同时能够改善日常生活。

维琴佐·莫斯卡托（意大利那不勒斯腓特烈二世大学副教授）：大数据分析和分享平台有利于绩效管理和使用数据，并且可以通过大数据分析帮助诊断疾病和预防疾病。但目前仍面临着不少问题，一是数据敏感度处理问题，二是数据安全问题，三是应用场景的可实施性问题。在这一过程中，首先应该回归到大数据的四个维度去分析与管理数据，即数据的种类、数量、速度和价值，然后必须以问题为导向进行数据分析。

克劳迪奥·艾凯（Bruno Kessler 研究基金会研究员）：如何使用大数据预防疾病与监管监测疾病，首先是通过个人终端设备收集数据以深度学习进行分析，再通过建立虚拟平台帮助医生及个人进行数据的管理与使用。在这过程中，通过捕捉市民的生理状况与物理行为，医疗系统和相关机构将能更好地进行数据分析，以期帮助市民在日常生活中更好的预防疾病。

李振军（中国联通智慧足迹数据科技有限公司总经理）：第四次工业革命带来美好生活的一个重要标志是：科技把人们从繁重的体力劳动中解放出来，让人们的生活更便利。在这个过程中，运营商的数据对国家安全、商企、渠道管理、金融风控等方面都有着很高的价值，对于服务国家社会治理、产业转型升级将发挥巨大作用。

Mohamed Sedky（AVA Technologies 联合创始人兼技术官）：视频分析在安防、侦测、人群分析等方面均有广泛的应用，与人工智能结合产生的自适应视频分析技术将会使这一应用更加准确和智能。通过该项技术可为政府、警察、军方提供更为匹配的视频证据，对智慧城市规划、社会治理、国防安全等方面均能发挥重要作用。当前应当打破交通、公共安全等部门的数据壁垒，增强数据共享是使这项技术得以广泛应用的关键。

林　巍（浪潮软件集团运营商事业本部副总经理）：联接、数据、智慧是整个数字经济或者整个数字化转型的三个重要支柱。其中，以万物互联为特征的联接能够帮助企业从传统的烟囱模式转变为数字化模式，以数据大生产和数据大共享为特征的数据社会化是数据充分释放价值的重要前提，基于人工智能的海量数据分析、以智慧为特征的知识服务则是数字化经济和数字化转型的关键支撑。

齐向东（奇虎360总裁兼360企业安全集团CEO）：贵州大数据产业要在全国形成优势，关键在于人才。建议贵州加大大数据人才引进，制定切实指标，定量引进人才并完善配套政策。人才培养方面，建议重点培养网络安全人才。另外，建议贵州大力发展标志性大数据工程、技术等，形成标杆，形成贵州特色。

拉金德拉·帕瓦尔（印度国家信息技术学院董事长兼创始人）：在中印的合作中，贵州应该引进印度的初创企业或中小企业。正如与硅谷一样，硅谷是以小企业、初创企业而自豪的，谷歌这样的企业，就是在硅谷孕育起来的。因此，让贵州或印度的初创公司能在贵州成长起来，能够和贵州本土的企业合作，去帮助印度技术驱动的企业，才能创造出更多的技术、更新的发明以及获得更多的收益。

柴旭东（中国航天科工集团航天云网公司副总经理、总架构师）：实现大系统的数字化制造系统，主要从三条线进行：一是构建一个基于数字化和智能化工厂，可以整合产业链的价值链，基于平台整合并进行协同。二是围绕业务流程的数字化，可以实现整个企业的数字化和集成化。三是围绕工业流程的智能化和数字化，可以基于平台构建相应的网络化智能生产线。

莱达古玛·索玛桑达拉姆（NDOT技术有限公司CEO）：在服务交通、物流和供应链三个重要领域中，要关注三个重要的环节：一是利用人工智能做决策，进行需求的预测；二是利用互联网去连接不同的商业通道，用以提升运行功能和加速产品化。三是在商业流程中使用复杂的数据库进行分析并作出相应的决策。

兰吉特·辛格（富谷信息技术有限公司联合创始人）： 企业要为客户提供多样化的服务，主要采取全平台策略办法，进行全渠道营销。主要利用数字平台、数字活动、社交媒体、社交媒体内容、网站和移动端网站、软件开发和服务与管理等数字化的工具为企业提供一些个性化的服务，通过数字的使用和数据的分析不断推动营销方式的创新和进一步突破。

数据安全保障

——数据中心制冷技术面临新挑战
——构建网络安全综合防护体系
——以法治推动大数据健康发展
——掌握核心技术，构建安全可控桌面计算机技术体系

2018年5月28日，2018数博会"大数据与知识产权保护论坛"现场。

2018年5月25日,2018数博会"大数据安全高峰论坛"现场。

2018年5月25日,2018数博会"大数据与关键信息基础设施保护论坛"现场。

完善大数据安全保障体系，助推数字中国建设

大数据战略重点实验室

当前，随着大数据、云计算、移动互联网等新一代信息技术兴起，特别是大数据技术创新应用，使我们具备了对海量数据的处理和分析能力，数据驱动的时代已经来临。与此同时，数据汇聚、数据分析等带来的安全问题也给我们带来前所未有的挑战。从国家层面而言，大数据已经影响到国家安全的方方面面。比如通过对人口健康数据、基因数据的挖掘可以得出国民身体健康的趋势，通过对移动支付的数据挖掘可以得出精准的国民消费等金融数据，通过对文化大数据分析可以得出国民的文化喜好和心理意识等，然而这些数据可能会影响到国家各个领域的安全。从个人层面而言，数据聚集给不法分子盗取个人信息提供了可乘之机，由于利益驱动，个人信息的非法获取、交易和利用已经形成了完整的黑色产业链条，对个人财产安全和人身安全形成威胁。

党中央、国务院高度重视大数据安全，习近平总书记多次强调，要切实保障国家数据安全。贵州发展大数据更是把数据安全摆在了重要位置，在大数据安全立法、大数据安全靶场建设、大数据安全产业集聚等方面做出了有益探索。2018中国大数据产业博览会将数据安全保障作为重要论坛版块之一，紧扣国家网络空间安全战略、《中华人民共和国网络安全法》《关键信息基础设施安全保护条例》，围绕"数据安全保障"主题，举办了"安全与节能"数据中心建设国际论坛、中国（贵阳）大数据交易高峰论坛、大数据安全高峰论坛、大数据与关键信息基础设施保护论坛、大数据与知识产权保护论坛、网络安全创新发展高端论坛等相关论坛，邀请到信息安全主管部门和相关部门的领导同志、科研院校的专家学者以及致力于数据安全领域发展的企业界代表，从战略、政策、学术、技术、产业发展等多个领域的视角做了精彩的主旨演讲和报告，共同探讨大数据安全保障的重点和难点问题，共谋大数据时代数据安全保障良方，对于全球范围内加强数据安全保障具有重大意义。

一、以节能低碳发展为条件，促数据中心建设运营安全

大数据时代，数据是国家的基础性战略资源，作为数据集散的数据中心已经成为具有战略意义的新兴产业，成为新一代信息产业的重要组成部分和全球角逐的焦点。数据中心不仅是抢占云计算时代话语权的保证，同时也是保障数据安全可控和可管的关键所在，其发展政策和布局已上升到国家战略层面。安全与节能是数据中心建设的重要基础，冷却技术研发与产业的日益精进为此基础提供严格的保障。

5月25日，"安全与节能"数据中心建设国际论坛在贵阳举行，来自国

内外的专家、企业围绕数据中心冷却机理、标准、高效能节能设备、优质解决方案、冷却系统安全节能设计等方面开展讨论，对全球数据中心冷却技术的发展路线、未来趋势等进行探讨，呈现前沿技术观点，为数据中心建设事业健康发展出谋划策。

数据中心是一整套复杂的设施。它不仅仅包括计算机系统和其他与之配套的设备（例如通信和存储系统），还包含配电系统、制冷系统、消防系统、监控系统等多种基础设施系统。其中，制冷系统在数据中心是耗电大户，约占整个数据中心能耗的30%~45%。降低制冷系统能耗是提高数据中心能源利用效率最直接和最有效的措施。对此，中国制冷学会理事长金嘉玮表示，提高数据中心制冷系统用能效率，降低电耗，不仅关乎信息产业运行成本，更是实现全社会节能减排、低碳发展的重要任务。

数据中心制冷系统要实现节能减排，最好的办法就是实现自控，同时，这也是目前数据中心制冷系统面临的一大难题。中讯邮电咨询设计院总工程师李红霞认为，空调系统运行面临的很大问题是自动控制系统，尤其是蒸发冷却（新风自然冷却）技术更离不开自动控制。目前，空调专业不懂自控，自控专业不懂空调，两个专业如何结合起来是个现实问题。她还强调，数据中心无论采用哪一种节能技术，都不能建立在牺牲机房的基础之上，一定要在保证数据中心IT服务器正常、安全、可靠运行的条件下才能进行。在满足建设标准需求、安全的条件下，越简单的空调系统越好。

二、以认证检测检验为手段，保关键信息基础设施安全

随着互联网技术的发展，数据的价值不断提升，数据本身的价值甚至超过了信息系统本身，成为保护的重点。对于关键信息基础设施而言，数

据的重要性不言而喻的。由于系统本身的重要性，关键信息基础设施所存储和处理的数据通常与国家安全或经验经济社会发展有直接关系，应对其进行重点保护。《国家安全法》第二十五条明确规定："实现网络和信息核心技术、关键基础设施和重要领域信息系统及数据的安全可控"。《网络安全法》第三十四条和三十七条也对关键信息基础设施数据保护作出了相应的规定。2017年7月10日，国家互联网信息办公室发布了《关键信息基础设施安全保护条例（征求意见稿）》，划定了关键信息基础设施的保护范围，明确了各相关部门的安全保护职责，规定了安全保护的基本制度。

2018年中国大数据产业博览会"大数据与关键信息基础设施保护论坛""网络安全创新发展高端论坛"分别于5月25日和5月28日在贵阳举行，邀请国内外顶级网络安全和大数据专家共同聚焦网络安全和关键信息基础设施数据安全保护问题，借鉴国际经验、参考全球最佳实践，深入研究我国网络安全和关键信息基础设施数据安全相关的技术方案、管理体系、服务模式、重点岗位能力要求等关键问题，为加强国家网络安全共谋良策。

标准规范是加强网络安全，强化关键信息基础设施安全保护的一项重要举措。美国2013年发布了关键基础设施网络安全框架，从识别、保护、检测、响应、恢复五个维度和资产管理、人员评估、安全意识培训、连续监测、响应恢复等方面加强网络安全风险管理；2017年5月又发布了《联邦机构实施网络安全框架指南》草案，从整合安全风险、调整采购流程、管理安全计划等八个方面指导联邦政府机构实施网络安全框架。我国也将网络安全标准化上升到国家战略层面，2016年12月发布的《国家网络空间安全战略》提出，加强网络安全标准化和认证认可工作，更多地利用标准规范网络空间行为。国家认证认可监督管理委员会总工程师薄昱民表示，关键基础信息设施是网络安全的重中之重，其数据安全问题得到了广泛关注，成为网络安全的焦点。希望有关单位切实发挥认证认可的基础性作用，打造网络安全领域的认证认可服务平台，引领和支撑大数据安全和关键信息基础设施保护工作。中国网络安全审查技术与认证中心主任魏昊就构建符合国家网络安全需求的审查认证体系提出了思路：一是着眼于目前我国数据安全典型问题，如个人隐私保护、数据跨境传输、数据安全管理、数据交易等，研究制定标准规范，开展认证；对可能影响国家安全的产品、服务和组织，开展数据安全审查。二是充分利用现有审查认证工作基础，发挥现有信息安全管理体系、信息安全服务资质、信息安全产品认证的基础性作用，在认证内容中加强对数据安全的关注。三是充分考虑国外法规数据保护法规对企业的影响，探索通过国际互认框架满足国外法规（如GDPR）要求的可行性，推动数据安全认证的国际互认工作。

技术创新是网络安全和关键信息基础设施保护的关键所在。国家信息中心办公室副主任、国信卫士网络空间安全研究院网络治理研究室主任吕欣表示，破解大数据安全这个难题，首先要加大技术创新，特别是关键核心技术必须掌握在自己手中。他指出，我国的CPU和操作系统90%以上依赖进口，互联网系统结构的核心技术也依靠进口，给我国的网络安全带来严重威胁。中国工程院倪光南院士通过分析中兴事件，指出在引进高新技术上不能抱任何幻想，应当清醒地认识到核心技术、关键技术是国之重器，必须立足于自主创新，掌握在自己手里，尽量减少类似事件带来的损失。

三、以完善安全保障体系为重点，依法保护数据安全

大数据安全是大数据产业发展的前提和保障，没有安全就没有大数据的健康发展。建设和完善大数据安全保障体系，是顺利推进和有效实现政

务信息共享的必要前提,是推动以信息化引领推进国家治理体系和治理能力现代化的必经之路。

2018中国大数据产业博览会"大数据安全高峰论坛""大数据与知识产权保护论坛"分别于5月25日和5月28日在贵阳举行,共同讨论大数据背景下的数据安全和社会治理能力现代化发展,探讨大数据安全技术研发、大数据与知识产权保护等相关问题,推动大数据产业健康发展。

建设和完善大数据安全保障体系,首先应加快大数据安全立法,严格规范网络数据的收集、存储、使用和销毁等行为,落实数据生命周期各环节的安全主体责任。武汉大学知识产权与竞争法研究所所长宁立志分别从文化、理念、保护模式、法律体系等角度对大数据进行了解读。他认为,从文化的角度,应当从朴素的数据观念走向规范的法律意识;从理念的角度,应当从注重数据保护到逐步注重数据开放与共享;从保护模式的角度,应当从现有的网络用户协议逐渐走向一般数据规则;从法律体系的角度,应当从现代民法逐渐发展到后现代民法。他特别强调,对数据和数据行为的民法性质,应从最基础的法理角度进行深入研究,为业界提供有益的理念和规范指引。

2018年5月25日正式生效的《欧盟通用数据保护条例》(GDPR)针对一系列数据安全的问题给出了答案,对于我国完善数据立法具有重要的借鉴意义。《条例》是在欧盟法律中对所有欧盟个人关于资料保护和隐私的规范,它将取代欧盟在1995年推出的欧盟个人资料《数据保护指令》(Data Protection Directive),改变世界各地收集和处理个人数据的方式。《条例》的适用范围极为广泛,在欧洲开设子公司或分支机构的企业,以及将欧盟客户或其商业运营行为作为业务目标的公司,无论企业是否在欧盟境内,只要与欧盟企业发生业务往来,或涉及存储、处理、交换任何欧盟公民的数据，都在《条例》的管辖范围之内。理论上，违规企业最高可能受到2000万欧元或全球营业额4%的罚款，以较高者为准。对此，中国企业需要根据欧盟《条例》新规采取相应的措施。

知识产权是数据确权、数据交易、数据许可、数据投资的重要法律条件，蓬勃发展的大数据产业面临版权、专利、商标、商业秘密等方面新问题，大数据产业亟须健全的知识产权保护"保驾护航"。北京知产宝网络科技发展有限公司CEO普翔认为，中国的传统产业升级，需要知识产权数据助推，但知识产权领域的数据特点是零散、关联、隐藏。因此，要解决好数据"裸奔"的问题，就需要从普及智能化、构建新生态、用好区块链三方面着手。

当前，贵州实施大数据战略行动取得一系列成果，同时，也高度重视大数据安全和隐私信息保护，并围绕顶层设计、法规体系、立体安全防护体系、组织保障等方面开展了相关工作。在顶层设计层面，贵州围绕"1+1+3+N"构建大数据安全"顶层设计"；在健全法规体系层面，贵州省探索建立大数据安全地方性法规和标准；在构建立体安全防护体系层面，加强重要信息系统平台安全技术防护，强化技术支撑、产业协同、问责追责和保障支撑机制，全面提升大数据安全能力和水平；在组织保障层面，贵州成立了省大数据安全领导小组，实施安全铁壁工程。

四、以数据安全流通为抓手，助力数字中国建设

在实施国家大数据的战略背景下，我国大数据交易刚起步就出现迅猛发展的势头。数据作为经济社会转型升级的重要资产，促进流通融合、激活数据价值将释放数字红利，推动建设数字经济。因此，开展大数据交易以促进数据流通融合，完善制度以及保障体系，能有效促进大数据交易有

序、健康发展。

5月27日,"2018第四届中国(贵阳)大数据交易高峰论坛"开幕。作为本年度数博会的核心论坛,本届大数据交易高峰论坛以"探讨数据确权制度、推动数据资源流通、构建中国数据生态"为主题,紧扣数据交易,围绕城市数字引擎、数字城市实践探索、数据流通安全现状与体系建设、媒体数据价值驱动、数据交易与商品交易的融合未来、互联网百强企业谈数据流通等六大议题进行了深入研讨。

随着数据体量的增加及应用领域的日益广泛,数据资源的价值为越来越多的行业和领域所认可,数据交易需求也在不断增加。大数据交易不仅可满足交易双方的数据需求,还可有力地支撑数据开放共享、促进数据融合和资源整合,为政府整体数据分析能力的提升以及复杂社会问题的处理提供新手段,推动数字中国建设。中国工程院院士沈昌祥指出,当前数字中国建设正迈向3.0时代,传统上以数字技术需求者角色出现的生产制造企业崛起,成为新的重要推动力量,其主动拥抱信息技术改革生产方式,使数字技术进一步应用拓展到生产领域。推动数据资源安全流通,将有效助力数字中国建设。

大数据交易建立在数字流的产生、交换、管理和应用的基础之上,随着交易量的增加,风险敞口也随之增加,面临的安全问题也愈发突出,一旦交易的数据遭到非法窃取、泄露、篡改,将会对企业、个人客户造成严重的安全威胁,甚至危及国家安全。因此,保障数据安全流通既是促进大数据交易的根本保障,也是推进数字中国健康发展的重要条件。大数据的发展不仅对数据安全流通构成了新的挑战,同时为数据安全流通保障带来了新的发展机遇,促进了数据安全流通模式的创新。

大数据是信息化发展的新阶段,推动了信息化发展模式的变革创新,开启了数字中国建设的新时代。抓住大数据发展和数字中国建设的双重历史机遇，发挥我国制度优势和市场优势，面向国家重大需求，面向国民经济发展主战场，全面实施促进大数据发展行动，大力推进网络信息产业跨越创新，推动大数据和实体经济深度融合，以保障数据安全流通为前提，加强大数据在社会治理、民生保障和国家安全等各领域深度应用，加快数据资源红利释放，才能推动技术产业、经济发展、人民生活、国家竞争力的全面赶超。对此，工信部信息中心焦绪录处长表示，数字中国高质量发展要有四个方面的坚实基础：第一，要有一个比较先进的基础设施，这个领域包括各种类型的终端，包括提供信息传输的数字网络，还有云信息应用服务。第二，要有比较先进的信息通信技术，更核心的技术要不断创新，进行产业化，为数字中国提供基础。第三，要营造宽松的、良好的政策环境，既要有促进产业的政策，又要有保障健康发展的规范性的政策。第四，数据安全是永恒不变的话题，要保证数字中国的良好建设，为数字中国建设提供坚实的安全墙。

数据中心制冷技术面临新挑战

中国制冷学会理事长 金嘉玮

各位领导,各位来宾:

人类进入大数据时代,数据中心已成为信息社会的用电大户。据统计,现代信息社会的数据中心用电量占到全社会总电量的5%,其中,三分之一左右用于冷却排热。因此,提高数据中心冷却系统能效并降低电耗,不仅关乎信息产业的运行成本,更是实现全社会节能减排、低碳发展的重要任务。

制冷是伴随社会与科学技术进步而发展的学科,是为社会发展、科技进步保驾护航的行业。冷链实现了人类食物产销的时空跨越,空调使生活四季如春,生冷技术是超导、气体液化等现代工程与物理学、生物学等前沿科学技术的基础保障,而数据中心的冷却对信息化发展,对制冷学科和制冷行业提出了新的任务和挑战。面对数据中心冷却的最新挑战和社会责任，中国制冷学会在2015年7月成立了数据中心冷却工作组，汇集了从事这一领域关于技术研究、工程设计、产品开发、工程实施和运行管理的诸多机构，包括高校、科研院所、设计院、生态体验和数据中心、运营企业等，共同围绕数据中心冷却任务全面开展合作，全方位多角度为改善冷却效果、降低运行电耗而努力，使我国数据中心冷却技术走在世界前列，保障我国顺利进入大数据时代。

贵阳立足于自身得天独厚的自然生态条件和产业发展环境，致力于大数据的发展。据统计，2017年贵阳大数据政用、民用、商用全面推进，新增规模以上大数据企业51家，累计已达172家，形成首批16个大数据产业集聚区，全市大数据企业营业收入达到817亿元。大数据与实体经济实现深度融合，政民、民用、商用领域全面铺开。保障数据中心安全、高效节能运行不仅是贵阳市政府的关注点，也是制冷业界的研发重点和难点。针对贵阳市数据中心的能耗特点和自然生态条件，本次论坛邀请了国内外专家、企业，在冷却机理、标准、高效节能、优先解决方案、自然冷源应用实例、冷却系统安全节能设计等方面展开讨论，为贵阳大数据产业发展、安全节能数据中心的建设提供优质服务。

最后，祝2018中国国际大数据产业博览会圆满成功，祝"安全与节能"数据中心建设国际论坛圆满成功，祝各位代表身体健康，万事如意。

谢谢大家！

构建网络安全综合防护体系，
以法治推动大数据健康发展

贵州省人民政府副省长、贵州省大数据安全领导小组组长、
贵州省公安厅党委书记、厅长　郭瑞民

尊敬的各位领导，各位来宾，同志们，朋友们：

　　为了推动大数据安全保护能力和水平的提升，今天，大家相聚在多彩贵州，爽爽贵阳，参加大数据安全高峰论坛，这是非常有意义的。在此，我谨代表贵州省人民政府和省公安厅向各位领导、各位来宾表示热烈的欢迎！

　　近年来，在习近平新时代中国特色社会主义思想的指引下，贵州认真贯彻落实中央一系列重大决策部署。统筹推进"五位一体"总体布局，协调推进"四个全面"战略，坚持稳中求进的总基调，深入推进供给侧结构性改革，牢牢守住发展与生态两条底线，深入实施"大扶贫、大数据、大生态"战略行动，在全面赶超中加快转型，在转型升级中跨越发展，经济增速连续7年居全国前3位，经济总量和人均生产总值实现赶超进位的历史性突破。2017年，全省地区生产总值达到1354.83亿元，年均增速保持在

10%以上，呈现出"发展势头持续向好、民生改善持续向好、生态环境持续向好、精神状态持续向好"的良好态势，贵州正处于历史上最好的发展时期。

以习近平总书记为核心的党中央审时度势、精心谋划、超前布局，把推进经济数字化作为实现创新发展的重要动力，深入实施国家大数据战略，积极运用大数据建设现代经济体系，提升国家治理现代化水平，保障和改善民生。我国在建设数字中国、智慧社会等方面取得了一个又一个令人瞩目的新成就。

贵州省委、省政府紧跟中央决策部署，牢牢把握大数据发展大势，充分发挥贵州在大数据方面具备的"成本优势、政策优势、聚集优势"，积极争取中央支持，深入推进大数据战略行动。首个国家级大数据发展集聚区"贵阳·贵安大数据产业发展集聚区"落户贵州，率先建设首个国家大数据综合试验区。2017年，贵州大数据企业达到8900多家，大数据产业规模总量超过1100亿元，大数据已经成为贵州的新名片。

习近平总书记指出，安全是发展的前提，要切实保障国家数据安全。贵州省委、省政府高度重视大数据安全保护工作，在大数据战略行动中专门成立大数据安全工作领导小组，强调完善信息安全等级保护制度，落实安全保护措施，加强关键信息基础设施安全防护，构建网络安全综合防护体系，促进大数据在法治轨道上健康发展。

按照省委、省政府要求，贵州省公安机关积极融入全省大数据战略行动，明确了大数据安全保护"1+1+3+N"的总体思路，形成了组织、预防、监管、应急、综合、技术、人才、安全的大数据及网络安全"八大体系"。积极推动大数据安全地方性立法，加强个人隐私保护、公众信息安全、数据权益保障等数据安全保护工作。健全完善网上网下一体化监测预警机制，组织开展大数据与网络安全攻防演练，严厉打击侵害大数据安全的各类违法犯罪，发现和消除安全隐患漏洞7.41万个，成功抵御境内外网络攻击1430万余次，发现、删除有害信息10万余条，有效净化了网上环境，营造了清朗的网络空间。

公安部把贵阳市确定为数据及网络安全试点示范城市，在大数据安全顶层设计、规划论证、平台建设、人才引进等方面给予大力支持，有力推动了贵州省大数据安全保护工作的深入开展。

在2018中国国际大数据产业博览会上，由我们承办大数据安全高峰论坛。我们邀请院士专家、行业先锋、公安同仁共同讨论"加强大数据安全保护重大理论和实践问题"，目的是深入学习贯彻习近平总书记关于信息化和大数据的一系列重要指示精神，适应新形势，顺应人民群众的新期待，加快提升大数据安全保护的能力和水平，保证各类数据的合法利用，有效释放大数据的巨大价值，促进大数据产业健康发展。

各位领导和来宾都是大数据安全方面有发言权的大家和高手，有的有深入研究，并取得了重大成果；有的有丰厚实践，积累了宝贵经验。期待你们以论坛为平台，尽情展示，充分交流，为大数据安全保护事业发展贡献智慧和力量。

最后，衷心祝愿大家在黔期间，身体健康、心情愉快、一切顺利。预祝本次论坛圆满成功！

谢谢大家！

掌握核心技术，构建安全可控桌面计算机技术体系

中国工程院院士 倪光南

尊敬的各位领导，各位专家：

我很高兴有机会就构建安全可控桌面计算机体系和大家进行交流。我首先从中兴事件开始谈起。中兴事件让我们再次认识到，在核心技术上不能抱有任何幻想。核心技术、关键技术是国之重器，必须掌握在自己手里，这是非常重要的。

中国工程院按照中央领导要求，分析我国在各个领域有哪些短板和长板。短板要补齐，长板要利用好。下面是我个人的一些看法，不一定正确，主要是让大家对我们网信领域有一个全面的认识。这种认识不要过高，也不要过低，过高就会认为过去自己很不错了，过低就是通过中兴事件后觉得什么都不行。

从网信发展总态势上看，好的地方是技术发展得快，相对其他领域来

讲好一点，这对我们来说是后发优势，而且这可以用数据来证明。从大体上来看，在网络信息领域的前十位世界排名中，美国有7家、中国有2家、韩国有1家。中国的华为为什么没在里面呢？因为华为没上市。华为业务显然比思科多，还能做CPU，如果把华为的业务加进去，就会比BAT还要靠前。如果把华为加进去以后，那么美国有7家，中国有3家，所以中国是第二位。然而，我们与美国相比差距还是较大的。

虽然中国网信领域总体技术和产业的水平居世界第二，但在芯片制造、EDA设计工具、大型工业软件等领域存在明显短板。中兴事件暴露出来的就是芯片问题。中国芯片的产业链也很大，我把产业链大致细分了一下，我们芯片的设计实际还可以，与发达国家差距不大，处在第二位。芯片制造差一点，芯片制造的水平现在是我们的短板。那芯片领域我们最大的问题是什么呢？就是芯片制造的材料，包括多晶硅、单晶硅等，尤其是EDA，我们的设计工艺基本为零。从这个角度来讲，我们的重点会放在芯片制造相关的产业。

那我们有什么长板呢？互联网应用比较好，应用是我们的长板。互联网核心技术、新兴技术、关键算法等方面也是我们的长板，发展比较快，像人工智能、大数据、5G，我国在这方面比其他国家行动迅速。所以，我觉得弯道超车的机会会多一点。总体来看，我们不能太悲观，也不能太乐观，实实在在把我们的短板补好，长板发挥好，我们在世界上还是相当有前途的。

下面谈谈在中兴事件中没有充分暴露出的问题。我认为安全风险还没有充分暴露出来。实际上核心技术受制于人不仅会带来供应链风险，同样会带来安全风险，后者与前者同样严重。由于问题没有暴露出来，所以大家看不见。因此我觉得需要着重关注网络安全的问题。我下面对风险问题做一个评估，特别是操作系统的评估。

第一，被监控。美国总统签署了《澄清境外数据合法使用法案》，这使得美国政府可以通过该法案把境外美国企业的数据要回去，只要使用美国企业的软件，产生的数据就会被美国使用，这就是监控。第二，被劫持。像黑屏事件。第三，网络攻击。第四，停止服务。第五，没有控制权。密码证书、密钥的管理权都拱手他人，所以加密没有意义，因为证书的控制权不在自己手里。第六，无法加固。第七，知识产权源代码没有拿到，所以很被动。第八，没有生态体系，国产CPU没有体系性的产业支撑。第九，没有进行加入分析的源代码。根据这样的评估体系对目前主要的三种桌面操作系统进行评估，虽然这个指标体系不一定准确，但至少是一个参考。例如，Windows7就比较好，不存在之前提及的第五、六条问题。

接下来我谈谈国产技术将会取得的一些进步，给大家增强信心。

从操作系统上来讲，其实并不是国产操作系统技术上有多差，而是因为市场被别人垄断了。传统的计算机桌面领域，90%是Windows，国产的只有2%左右，其实我们也非常不错。由于网信技术的水平和市场占有率是两码事，因此不能用市场份额看技术能力。举个例子，Windows在桌面上是一个霸主，但是在座的手机谁用Windows phone？按道理说，Windows 10在手机和电脑桌面是通用的，但是Windows的手机用户在市场上1%都没有。为什么？因为都被苹果和安卓系统垄断了。微软手机操作系统出来太晚了，实际就晚了三四年，市场就已经被占领了。同样的，用国产操作系统的用户不多见，只有2%到3%，不是我们技术不好，而是因为市场被垄断。

我们还要知道，Windows 10是不能用的，因为用了以后我们没法架构，也没法替换，永远只能以它为主。

同时，我们自己的企业还要联合起来变成一个整体。我国现在做标准桌面操作系统的企业有8家。微软大概有5000亿美元市值，我们八家平均100亿左右。中国古话说"三个和尚没水喝"，8家企业如果还互相竞争，那8个和尚肯定没水喝。我们还要在生态方面做一些工作，重视生态体系，把整个生态打造起来。毕竟，单独的一个软件没有体系支撑，就没有市场。当然，在体系建设上，现在我们还是有很大进展的。

我们现在新的CPU、操作系统、数据库以及应用、计算机桌面，这个生态构成之后，完全可以取代英特尔IOE、从整体来讲，性价比非常高。英特尔自称其服务器不可替代，因为工业化中多年的积累固化在软件里，这种软件很难替代，美国人那么厉害也没有替代。我们要把Wintel替换，因为Wintel占有率97%，假如全是Wintel，刚才已经分析了，肯定没有安全性。未来要不受制约，就要打破现状，而现在就是有利时机。

我们知道，现在Wintel体系在走下坡路，它已经有25年以上的历史了，要替代它确实容易得多，因为我们能够构建自己的生态系统。大家知道，我们是基于国产的开源操作系统，加上申威、飞腾和龙芯，我们就能把Wintel替代掉。过去大家认为替不了，但我们现在认为能替得了。像航天科工集团的"商密网"，是目前规模最大的由国产软硬件构成的信息系统，已经在全国部署了2万台桌面电脑，也已经稳定运行了两年左右，所有性能、指标和Wintel没有差别，所以，国产的不一定比Wintel差。

关于替代，首先要解决知识产权问题。很多人还是抱有幻想，总想着能不能从国外引进消化吸收再创新，很多领域是可以的，例如高铁。但是，国之重器就不行。我们国家为了构建自己的体系和生态，在《国家中长期科学和技术发展规划纲要（2006-2020年）》中提到，到2020年中长期科学技术发展规划有16个重点专项，目的就是做自己的CPU、操作系统。为什么要自己做？我刚刚也讲过，安全风险太大，而且用了 Windows 10就没法替代，我们自己的大数据也好，信息系统也好，安全没有保障。

有人说大集团用 Wintel 用得挺好的，几万员工都在用，为什么他们能用，而我不能用？因为机关和团体不一样。国际标准的测试方法，每分钟的处理量和交易数，美国 Oracle 最高是3000万，IBM 是1000万，我们目前900万，马上要超过第二名。1000万是什么概念？和淘宝网"双十一"峰值交易量一样，相当大，国产的系统就能轻而易举地做到，并不是太差。我们最终要按习近平总书记讲的"网络安全的核心技术安全"，实现各领域的技术安全，这是很重要的一个方面。技术安全怎么保障？技术安全第一是自主可控，自主可控是为了保证技术安全，保证技术安全是为了达到网络安全。第二是评估自主可控。对产品、服务、系统的自主可控性进行评估，这种评估可针对 CPU、操作系统等核心技术产品，也可针对其他软硬件或者服务，甚至针对信息系统或信息基础设施。

CPU 自主可控"核心三要素"：第一，CPU 研制单位是否符合安全保密要求，要看单位行不行，外资占比是多少，是否符合安全保密；第二，CPU 指令系统是否可持续自主发展，指令系统自己是否能够掌握，是否能够发展；第三，CPU 核心源代码是否是自己编写，我们主张可以买，但是买来有没有消化掉，这是可以考虑的。

总体上，希望大家用技术安全的要求把自主部分实实在在地做好。

谢谢大家！

明确数据权属,依法保护数据安全

中国友谊促进会理事长、全国政协委员、社会和法制委员会副主任、公安部原党委委员、副部长 陈智敏

尊敬的各位领导,各位专家:

2014年以来,贵州省利用得天独厚的生态、气候、地理环境优势,大力发展大数据产业,创建了国家级大数据产业发展集聚区,获批了首个国家大数据综合试验区,成立了大数据交易所,推出了"云上贵州"信息平台,入驻的大数据相关企业达到了8900多家,大数据产业规模超1100亿。应该说,贵州发展大数据取得了十分重大的成果。

今天,再次来到贵州参加数博会,我非常高兴。我想借此机会谈一谈我对大数据安全的一些思考,特别要重点谈一谈关于数据全局与安全关系的一些思考。

数字乃至数据是伴随人类社会产生而产生、发展而发展的。数据是有根据的数字,是人们测量、分析、计算的结果,在人类认识和改造世界的

实践中发挥了非常重要的作用。比如，我们的历法与农业，是利用数据反映了节气对农业生产的影响，这在农业生产中是非常重要的。再比如，电报是利用数据提高人们远距离通信的能力。《孙子兵法》中说："夫未战而庙算胜者，得算多也，未战而庙算不胜者，得算少也。多算胜，少算不胜，而况于无算乎"，这强调了数据对军事斗争的影响。美国每十年一次的人口普查产生的数据是美国确立众议院、各州议院名额分配的重要基础。所以，美国十分重视数据，我觉得可能和美国的制度设计有一定关系。

随着计算机、互联网的发展，特别是遵循摩尔定律，芯片越做越小，储存量越来越大。随着数据挖掘技术的突飞猛进和云计算技术的发展，特别是互联网交互平台的出现，社交媒体的发展，不仅数据，文字、声音、图像、实物等都以数字化形式在计算机系统中表示、存储、运算和使用。数据已经从专家们的实验室走到了老百姓中间。人人、时时、处处都在制造数据、使用数据，人与人、人与物、人与社会、人与宇宙的关系，以及时空关系都可以数字化，我们真正到了一个数化万物的时代。有预测指出，到2020年，全球数据总量将达到44万亿GB，其中，我国的数据量将占18%。所以，人类真正迎来了大数据时代。

随着大数据时代的到来，数据在人类社会中的重要性越来越凸显。在农业社会，土地是核心战略资源；在工业社会，资本是核心战略资源；在信息化社会，数据将成为核心战略资源。数据正逐步对国家的治理能力、经济运行机制、社会生活方式产生着深刻的影响，被喻为21世纪的"石油"和"钻石矿"。自2012年美国发布《大数据研究与发展倡议》和相关倡议以来，英国、日本、澳大利亚等全球多个国家和地区纷纷出台国家大数据战略。全球大数据发展竞争格局正在形成，国家拥有的数据规模及运算能力已逐步成为综合国力的重要组成部分，对数据的占有权、控制权将成为继物权、海权、空权之后的国家核心权力。国家之间的竞争焦点也已经从资本、土地、资源扩展到对大数据的竞争。从这个方面来讲，数据是网络运行的核心载体和关键内容，没有数据安全，就没有网络安全，也就没有国家安全，所以，数据安全是核心所在。

现在，大数据安全面临多方面的挑战。

一是国家安全面临挑战。当今，跨境数据流动日益频繁。据预测，到2020年，全球 IP 流量将达到2.3万亿 GB，巨大的数据流到境外，如果被境外的敌对势力从政治、经济、军事、外交和关系国计民生问题上进行搜集、处理、分析、利用，将可能对国家安全造成重大的危机。2017年5月，我们经历全球爆发的"永恒之蓝"勒索病毒，一夜之间，99个国家和地区受到感染。当时，我们国家正在北京召开"一带一路"峰会，"永恒之蓝"的爆发对我们的警卫工作造成了巨大威胁。在中央领导和各部门的密切配合下，才有效防止了危害的发生。这件事情给我们的教训是非常深刻的。

二是公共安全面临挑战。各类数据已经成为一些犯罪分子用来策划组织并实施各种违法犯罪活动的重要工具或理想程序。在我国，传统案件逐年下降，网络安全案件逐步上升，网络犯罪已经占到犯罪总数的1/3，而且每年以30%以上的速度增长。在英国，网络犯罪比重已超过50%。在美国，网络犯罪已成为第一大类犯罪。这些网络犯罪案件正严重威胁着社会的公共安全。

三是企业数据面临挑战。企业的核心数据如果被非法窃取、非法交易、非法利用，将严重影响企业的生产和销售，从而影响企业的核心利益。2013年底，美国零售商 Target 公司因为黑客入侵窃取用户数据，不但付出了1亿美金赔偿金，而且还流失了大量的客户。

四是个人隐私面临挑战。当前，市场上存在大量的地下数据交易的黑色、灰色产业，大量的个人信息被犯罪分子非法获取和利用，实施网络电信诈骗等犯罪行为，严重危害了个人隐私安全。2016年8月，犯罪集团用非法获取的高考考生信息实施诈骗，山东考生徐玉玉因学费被骗不幸去世，当时这个案子对公安机关造成了非常大的压力。

五是人类社会发展面临挑战。从人类未来发展的深层次考虑，大数据已经不再局限于一时一地，而是将全球网民互联互通，客观上推动构建人类命运共同体。在市场经济时代有这样的规律：所谓看不见的手在调节市场资源和配置。可是在大数据时代，市场一切参与者的需求、偏好都可以通过数据反映出来，大数据将成为"看得见的手"直接进行干预，掌控社会资源的配置。所以，谁掌握了数据，谁就能控制社会、控制世界、控制未来。

大数据结合人工智能将重新塑造人类政治经济社会形态。在这场变革中，在这个新的社会形态形成的过程中，如果没有科学、完善的数据确权和保护制度，不能从整体的人类共同利益及平等、安全的角度出发进行设计，将导致非常严重的后果。我们或许会生活在一个完全没有隐私的环境中，或许会被一些拥有超级权力的人在无形中控制，大部分人可能会因为人工智能而失业，社会的不公平、不平等将会进一步加剧，社会财富可能会更加集中在少数寡头手里。

应对这些挑战，确保大数据安全，我认为首要的核心问题是数据的权属问题。数据的采集、存储、传输、使用，每一个环节都与数据权属有直接的关系。在数据采集阶段，由于缺乏合理的授权制度和有效的约束措施，过度采集用户隐私数据的行为非常普遍。在数据存储阶段，数据脱离所有者的掌控和相关部门的监管，数据收集者权力被过度放大。在数据传输阶段，倒卖用户数据的事情时有发生。在数据处理阶段，对数据进行加工所得出的新数据归谁所有没有明确的说法，经过清洗脱敏后的数据是否安全还存在质疑。在数据使用阶段，由数据产生的经济效益如何分配还缺乏适用的理论指导。

产生数据权属问题的重要原因，我认为就是数据作为一种重要的资产、一种重要的资源，在法律上没有被赋予资产的属性，没有确定它是真正的资产。就像过去，土地、资本、房屋是财产，现在说数据是黄金、石油，但是没有在法律上确定它是一种真正的资产。所以谁都可以拿，谁都可以用，谁都可以相互交易，或者地下交易。数据的所有权或产权没有被法律认可，民法、物权法、著作权法都没有将数据列入公民的财产范畴，刑法没有从盗窃罪的角度去解释认定非法获取数据的行为。数据既然属于财产，那偷数据就是盗窃，这个在刑法上还没有明确。

同时，关乎国家安全的数据没有被赋予国家主权的内涵，用于社会综合治理和大数据应用的数据没有明确由国家主权来掌控。从国家主导来看，《国家安全法》《反间谍法》等没有明确将大数据视为与国家安全相关的国家秘密或情报。实际上，大数据比偷一份文件或者提供一个情报重要得多，对国家安全的危害、影响、损失要大得多。

针对网络数据犯罪打击，现有法律是从网络技术层面制定了相应法律条文，案件还是从攻击网络技术层面来定罪，没有从数据是财产这个角度考虑。因此，公安机关在侦办非法获取数据的犯罪案件时，存在"调查难、取证难、处理难"的问题，犯罪很难被定性，难度也非常大。如果赋予数据资产属性，制定数据价值评判标准，以盗窃罪侦办相关案件，将能有效解决打击难的问题。只要偷了数据，不管用什么手段偷，都是犯罪。再有就是价值判断，100万的数据相当于多少钱，1000万的数据相当于多少钱，公安机关在打击过程中就会很好地判断，进而有效解决这些问题。

许多国家实施数据存储标准，纷纷立法明确要求数据的本地化，主张政府对数据的主权。正是因为这个问题，所以出现了当今在数据安全方面非常大的事件。2018年3月，美国用一个半月的时间，以前所未有的速度通过了《澄清境外数据合法使用法案》。这个法案将美国的数据主权边界从领土边界扩展到了控制边界，将美国企业在其他国家的利润覆盖区纳入美国的网络国土空间。全世界范围内，只要使用美国企业拥有、保管或者控制的数据，美国政府都有权调取。通过这个法案，美国试图利用其网络技术优势和企业优势谋取数据霸权。各位都可以认真看一看这个法案，这个法案应该算是美国从网络霸权走向数据霸权非常重要的一部国内法。欧盟最近出台了《通用数据保护条例》，于5月25日正式生效，堪称史上最严的一部数据保护法律。它规定，只要向欧盟公民提供了服务，不管你在哪里，都要受这部法律的管辖，这也就跨越了国界。

美国、欧盟的法律都涉及数据的权属问题。我们要从法律上明确国家、企业、个人在大数据权属关系中的地位和作用，制定既符合国情又与国际接轨的数据确权法律和相关的规定。我国作为数据大国，必须加快完善数据保护的法律体系建设，否则将在国际竞争中处于被动地位。希望有关部门和专家尽快研究数据的权属问题。

党和政府都非常重视大数据相关法律的建设。习近平总书记指出，网络安全和信息化是相辅相成的，安全是发展的前提，发展是安全的保障，安全和发展要同步推进。在大力发展大数据产业的同时，明确数据的权属，依法保护数据安全，是大数据时代向我们提出的一个重大的、不可回避的课题。为此，从国家、国民、国际三个视角出发，我们要着重解决好以下几个问题。

第一，通过立法或司法解释明确数据的权属关系，为大数据安全奠定法律基础。对关乎国家安全的数据要结合《国家安全法》《反间谍法》《网络安全法》等文件明确国家的数据主权和管辖范围，国家应该管到什么程度，是不是所有公民产生的数据不论在境内还是境外都有权管辖。对关乎公共安全的数据，要结合刑法、刑事诉讼法等明确数据所有权、使用权和财产权，非法获取数据的行为要视为盗窃罪进行处理。对关乎个人隐私安全的数据，要结合民法、物权法等明确数据的所有权、使用权、人格权。我认为这是最根本的问题。

第二，推进大数据安全标准化工作。通过制定数据的分类、分级标准，为等级保护制度提供基础。我认为大数据也应该建立等级保护制度，这是大数据时代给我们提出的要求。

第三，完善数据的价值评定体系和数据交易体系，为建立安全、平等、合法的数据交易市场和发展大数据产业奠定基础。虽然现在贵州有一个大数据交易所，但是我觉得应该要建立完善的数据评价体系，这是一个法定基础与价值基础。

第四，加强国际合作。在保障数据主权的基础上，倡导国家之间加强数据资源的开发利用。我觉得现在提开放共享可能还太早，现在的关键是开发利用。尊重网络主权，反对数据霸权，推动建立共享共治自由安全的全球网络新秩序，构建全球治理体系，联合打击跨境网络犯罪，共同设计和平、平等、公正、安全的人类未来秩序，携手共建人类命运共同体。

最后，再次感谢贵州省委、省政府、省公安厅有关单位和专家学者对大数据安全和相关领域工作的重视和支持，感谢在座各位朋友对大数据网络安全的关注和努力。你们都是国家的精英，希望大家发挥所长，一起交流，提高大数据安全和网络安全能力，为全球网络治理体系创新和建设不断贡献中国智慧和力量。

最后，预祝本次论坛圆满成功。

谢谢大家！

深层次推动大数据交易发展

贵阳市人民政府副市长　王玉祥

尊敬的各位来宾：

作为大数据产业博览会的一个核心论坛，大数据交易高峰论坛也伴随着数博会从2015年走到了2018年，并且成为大数据交易领域思想碰撞的重要平台。今天，来自五湖四海的新老朋友们齐聚2018年中国（贵阳）第四届大数据交易高峰论坛，大家将在这儿共同论道，交流思想、共谋大数据交易的发展。在此，我谨代表贵阳市人民政府对各位新老朋友的到来表示热烈的欢迎，同时也对大数据交易高峰论坛的再次成功举办表示衷心的祝贺！

当前，贵阳正面临加快推动大数据交易战略的大数据产业创新发展、加快推进数据的流通、促进实体经济向数字化转型升级、推进政府治理能力提升这样一个关键的阶段，在过去的一年间，《政府数据共享开放（贵阳总体解决方案》成为国家的推荐方案,《贵阳市政府数据共享开放条例》也颁布试行,同时贵阳主导编制的贵州大数据地方标准也发布实施,可以讲我们在过去一年中,在大数据的产业发展方面,无论在标准的制定、方案的提出,还是在大数据政用、民用和商用各个领域里,我们都取得了长足的进步。

发展大数据交易是健全大数据产业链的重要一环,金融是大数据金字塔顶端的明珠,贵阳在推动大数据金融这一块,是从数据的交易开始切入,贵阳大数据交易所是全国乃至全球第一家大数据交易所,不断按照我们市委市政府的大数据发展战略,为整个大数据产业的发展做证明题。到目前为止,我们贵阳大数据交易所已经和泰康人寿、中国联通,包括中信银行等机构展开合作,它们都已经发展成为我们大数据交易所的会员,其中有225家数据源已经接入贵阳大数据交易所,可以交易的数据产品超过了4000个,涵盖了金融和电信,卫星大数据也在跟贵阳大数据交易所进行深度合作,领域超过30个。此外我们在过往几届大数据交易高峰论坛上发布了大数据交易白皮书,应该说在大数据交易方面,贵州走在了前面。

实践证明大数据交易能推动大数据民用、政用和商用等多个领域的数据融合共享,是充分释放数据资产价值的重要推手。在这次论坛之前我曾经和大数据交易所的同志在一起反复讨论贵阳大数据交易所下一步要往什么方向走?我们在全国要发挥什么样的作用?我们希望在保障数据安全的前提下把数据交易更加规范化、更加标准化。

我经常讲,数据交易和证券交易还不太一样,因为证券交易是一个标准化的产品,而数据资产目前还不是一个专业化、标准化的产品。该怎么去做,才能既推动这个行业发挥它的作用,同时又让它安全、可信、可持续?因此大数据交易所现在采取的是线上线下融合的方式。数据的标准化在数据交易中是非常重要的一环,所以我们最近一直在思考如何深层次地推动大数据交易所的发展,这非常的重要。我们也希望通过这一次的论坛,推动贵阳的大数据交易。

我记得2016年贵阳大数据交易所发布了《2016年大数据交易白皮书》,2016年底、2017年初向全球发布了《贵阳区块链发展和应用白皮书》,我们把数据交易与数据资产流通中区块链的应用加了进去,也是希望用区块链的留痕技术、水印技术使数据交易更加安全、更加标准、更加规范。

大家知道现在数据的安全、隐私极其重要,今年Facebook在数据安全方面出了问题,产生了较为负面的社会影响,所以贵阳在大数据交易所成立之初就对数据的安全问题高度重视。在数据交易过程中如何保证数据的安全、数据的隐私,如何把区块链技术应用于数据交易中,我们希望在今天这样一个高峰论坛上,各方专家能共同贡献智慧。

今天来的嘉宾和专家、学者、企业家特别多,我真诚希望国内大数据专家,以及企业家、学者能就大数据交易的各个环节,从交易标准制定到交易的安全、交易的定价等若干的环节共同贡献你们的智慧和力量,把这个高峰论坛办成一个智慧火花不断迸发的高峰论坛。可能今天大家在现场做的这些贡献会对我们中国,乃至全球的大数据交易产生重要的影响和重大的贡献,这是我的一点期望,也是代表贵阳的一个祈求。

再次感谢与会的各位领导、各位嘉宾和媒体朋友们,谢谢大家!

大数据的法律保护路径

贵州省高级人民法院知识产权庭法官　白　帆

尊敬的各位嘉宾：

非常荣幸能参加大数据知识产权保护论坛，刚才几位老师的演讲使我受益匪浅。今天我想跟大家交流的题目是"大数据的法律保护路径"，我们国内对大数据的研究主要集中在隐私权方面，对大数据跟知识产权保护之间关系的研究还不多。我今天主要介绍以下几个问题：一是界定大数据，二是从一般财产权、著作权和反不正当竞争三个方面探讨大数据可能的法律保护路径。

第一，何谓"大数据"。目前关于大数据的定义有几十种，我选择《贵州省大数据发展应用促进条例》对大数据的定义，这是我国第一部专门针对大数据保护的地方性法规。《贵州省大数据发展应用促进条例》中对大数据是这样界定的：一是海量数据的集合，二是对数据集合进行采集、存储、关联分析的行业。我今天主要讨论海量的数据集合。

第二，一般财产权。研发大数据需要大量的投入，带来的价值很高。截至2016年，贵阳大数据交易所累计交易额突破1亿元。从自然法的角度来看，对于这样一种需要付出大量劳动、又具有很高价值的客体，需要为它提供某种财产权益的保护，也就是一般财产权。实际上，大数据具有典型的无形财产的无形性和非独占性两个特征，导致大数据的权利人无法通过占有来进行垄断，只能通过法定垄断，这也是保护无形财产的通常方案，而法定垄断是出于某种政策的考量而采取的措施。

大数据一方面具有无形财产的特性，另一方面又需要法律专门赋予它垄断性，这决定了大数据无法通过一般财产权的路径（即《民法总则》的路径）进行保护。在《民法总则》草案中，明确规定了数据信息是知识产权的课题，同时立法者也说明了这是为了适应大数据时代的发展需求。然而在生效的正式文本当中，删除了这一表述，而是改为了"法律对数据网络虚拟财产的保护是有规定的，依照其规定"。立法者在起草说明中进行了解释，数据信息是知识产权的课题存在很大的争议。《民法总则》127条规定，一方面明确了大数据依法保护的原则，另一方面也是说明了需要等待后续立法。这体现了两点含义：一是立法者认为大数据不是一般财产的课题，要等待专门法律赋予垄断权；二是大数据的无形财产特性不方便用一般财产权来保护。

第三，著作权。著作权跟大数据最类似的是汇编作品，其中汇编作品的内容包括不构成作品的数据，不管汇编的是作品还是片断，只要在选择和编排过程当中体现出独创性，都可以构成著作权法意义上的汇编作品。大数据是否能成为汇编作品，受著作权法保护呢？我认为不能一概而论，而且要从整个产业链的不同阶段进行分步分析。第一个阶段，对数据的抓取。在数据采集过程当中,不会针对单个的样本,而是根据条件普遍撒网,全部抓取。因此,第一个阶段,只是简单的数据汇集,还达不到选择编排,无法构成汇编作品。第二个阶段,数据的精加工处理。这能构成汇编作品吗?我认为,针对给定的数据样本,机器处理具有相同的条件与相同的工具,因此得到的结果相差不多,甚至相同,这就违背了著作权法表达唯一或者有限的原则。相同的结果有两种处理方式:一是由于无法反映个人独特的个性、判断和选择,所以没有办法体现独创性。二是赋予其中一个主体垄断权,但这是不公平的。基于这两点,数据的精加工处理也不适合用著作权法保护。第三阶段,对大数据处理结果进行应用。还有根据处理的结果,写一篇论文或做一个动画小视频等,都具有独创性。因此,这些独立作品跟数据集合应分开看待。

在讨论大数据与著作权时,还存在以下几个问题。一是在搜集的海量数据样本中,单个的数据是否有著作权?跟样本是否有著作权的关系?二是在处理数据过程中,可能用到了大量的计算机软件,这个软件可以构成作品,但是跟大数据有没有关系?三是大数据的应用结果可以构成独立的作品,但是跟大数据本身有没有关系?四是根据著作权法"额头出汗原则",对大数据付出和投入再多,如果没有著作权法要求的独创性,依然不是作品。此外在著作权法中还有一个邻接权。五是制定专门的法律对大数据进行保护,但是在当前,我们既没有修改著作权法,也没有制定专门的法律。六是可以参考借鉴欧盟的一些指令。

第四,反对不正当竞争。随着科学技术日新月异的发展,我国出现了很多不正当竞争的样态。在司法实践中,司法机关开始灵活适用《反不正当竞争法》的一般条款(即《反不正当竞争法》第二条),并且收到了良好的法律和社会效果。司法政策认为,《反不正当竞争法》未作特别规定予以禁止的行为，如果给其他经营者的合法权益造成损害，确属违反诚实信用原则和公认的商业道德从而具有不正当性。对不制止不足以维护公平竞争秩序的，可以适用原则规定予以规制。最高人民法院判例总结了四个要件：法无规定、造成损害、非正当、新领域。在目前的新型竞争领域出现了很多新的竞争行为，比如对别人的网页或者视频中的广告进行屏蔽等，司法对于这些行为处于审慎的态度。

在大数据行业中，经营者往往需要投入很多的费用、花费很大的时间，才能得出大数据的最终成果。这样的成果会给经营者带来竞争优势。因为人无我有，给竞争者带来了市场空间，尤其是对市场空间的先占利益。而这些都是通过竞争者诚实劳动合法经营取得的。反观对数据进行攫取、盗取、不当利用的人，往往节约了费用和时间，即获得了竞争优势，又抢占了原来经营者的交易机会，挤占了经营者的市场空间。而这些都不是通过诚实劳动所得，而是通过不劳而获所得的。这种行为对其他经营者的合法权益造成损害了吗？当然造成了，对市场空间和竞争优势都造成了损害。这种行为是不正当的吗？当然是，因为是不劳而获，通过盗取别人的数据而获得的。所以大数据行业应该是符合最高人民法院归纳的《反不正当竞争法》的判断，也是可以适用《反不正当竞争法》来进行调解。此外，《反不正当竞争法》还对商业秘密进行了保护。

这是国内关于大数据的几个判例，比如对SIC实时金融数据的应用、对新浪微博数据的使用、对大众点评数据的使用以及钢铁数据的使用。这四个案例最后都是采用《反不正当竞争法》进行裁判的。

我今天的内容就到这里，谢谢大家！

大数据的性质及其知识产权因应

武汉大学知识产权与竞争法研究所所长　宁立志

关于大数据,我是外行,正在学习之中,我把我的学习心得跟大家进行汇报。我想从四个方面进行分享:一是从文化的角度;二是从理念角度;三是保护模式;四是法律体系。

第一,从文化角度谈几个走向。从文化的角度,我们一定会从朴素的数据观念和数据意识慢慢走向规范的法律意识,朴素的数据意识是有文化依据的。比如,我们经常听到"世间万物,自有定数",这个"定数"和大数据的"数"本质上是一致的。再比如"诸葛亮夜观天象,发现大汉王朝气数已尽",这个气数的"数"意味着某种社会发展体系的内部结构、内部能量,跟大数据的"数"在本质上也是相通的。还有,我们经常讲:"对于世界的认识,要做到心中有数",心中有数的"数"跟大数据的"数"也具有本质上高度的契合性。但这些只是文化中所承载的朴素的数据意识、数据观念。虽然我们拥有这些朴素的数据意识，但是我们从来就没有过规范的法律意识。现在，我们必须要从朴素的数据观念很快地过渡到规范的法律意识，因为大数据产业的发展正在给法律提出诸多挑战。

第二，从理念角度。现阶段大数据的侧重点是保护，但是我个人认为，大数据将来的趋势是开放和共享，五大理念也强调了开放和共享。但是现阶段，各种讨论的侧重点都放在了保护上，比如网络安全、个人信息保护、隐私的尊重、数据利益的归属等都是立足于保护。保护只是事物的一方面，将来数据的分享、共有可能是更重要的一方面。因为数据正在成为一种新的能源、新的资源、新的生产要素，甚至就像空气一样为每个人所不可或缺。保护所带来的垄断和独占必将影响数据的共享。因此，将来大数据的侧重点应该是在一定程度保护的前提下，更多地开放和共享。这是我觉得理念上应该发生的一个变化。基于这一点，我不主张数据的过度商业化，因为商业化的前提是产权的界定和归属，而对大数据（特别是海量的跨国流动的大数据）进行产权界定是非常困难的。

第三，保护模式。我认为应该从网络用户协议逐渐走向一般数据规则。现阶段我们主要是借助于网络用户协议保护数据，但网络用户协议是一种合同，这种合同还很特殊，是一种格式合同，中间的内容具有单方决定性。而且各个平台所提供的格式文本存在很大的差异，这些密密麻麻的内容文字包含了很多玄机，这中间既存在很多有用的东西，也存在诸多的不合理。在网络用户协议积累到一定经验的前提下，我们要致力于推动网络用户协议保护模式向一般数据规则方向发展。欧盟的《一般数据保护条例》已经生效，这应该是下一阶段我们努力的方向。

第四，法律体系。面对大数据，跟大数据关系最为密切的民法体系必须要发生一些变化，应该从现代民法逐渐发展到后现代民法，现代民法也是从近代民法走过来的。大约100多年以前，经济、科技、商业模式的发展，对原来的近代民法提出了诸多挑战。面对新的形势，近代民法做了一些调整，比如原来的所有权绝对、契约自由、过错责任原则等都在近代民法中具有神圣的地位，但是面对新的商业模式它们都做出了调整，所有权绝对慢慢地相对化，契约自由慢慢受到限制，过错责任原则发展出了其他的责任原则、无过错责任原则等等。如今，我认为又到了一个民法自身需要做出调整的时候了，我称之为后现代民法。

  现代民法有诸多的地方需要适应新的技术，并做出相应的调整。第一是民法中的公示制度，动产通过交付来公示，不动产通过登记来公示，而大数据交易正在快速发展，对公示制度本身解释力的有限性提出了挑战，因此民法的制度要做出一些调整。第二是主体制度，传统的法律叫所有权人、使用权人、债权人、债务人，而在大数据领域里出现了一些新的主体形式，比如控制者、处理者、接受者等等，很多新的主体类型在传统民法中难以找到准确的对应。因此，民法中的主体制度也需要做出自我调整，以适应新形势的发展需要。第三是无效制度，比如合同无效，传统的合同无效后果是没有履行的不再履行，已经履行的发生双方返还。而对于大数据交易，这种交易合同如果无效了，没有履行的部分容易处理，已经履行的部分该如何返还？因为，在大数据世界只有知晓与否，没有归属所有，所以返还与不返还意义是相当的。那么，大数据交易合同无效以后该怎么处理？这也是现行的无效合同制度所无从解释的。不能让实践去适应理论，应该是理论做出自我调整，以适应实践。第四是支配制度，经过多年的发展，民法中的支配已经有了非常确定的含义，但大数据的发展使得支配这个词具有理论资源枯竭的特点。在大数据领域，大数据的控制、操作、存储、加密、删除等在传统的民法支配中都难以找到准确的定位。因此，关于民法中的这些基本概念，需要做出一些发展。第五是法律救济制度，大数据是找物权意义上的请求权作为基础，还是以债权意义上的请求权作为基础，这都是非常模糊的，因此请求权体系也面临着发展。第六是继承制度。大数据时代，很多东西能不能继承？比如网点、电子邮箱、虚拟财产能不能继承？这都是非常模糊的，理论上也没有定论。因为这些东西很多时候只是一种操作的权限，这种操作的权限可不可以作为继承法的一个对象？第七是知识产权制度。大数据是凝聚了脑力劳动的，可以用版权保护，但更多的时候版权法无法进行规范，因为很多原生的数据没有任何人类介入的痕迹。那些数据经过一些分析工具，也能得到很好的结论，那这些东西该怎么保护？版权法可能无法规范，反而商业秘密法能产生很大的作用，因为商业秘密所保护的对象对自身的特质没有任何要求，任何东西都可以作为商业秘密保护的对象，包括大数据。所以大数据在数据权利的类型化程度确定和提升之前，商业秘密法是可以发挥一定作用的。第八是《反不正当竞争法》。它是对于知识产权的兜底，当数据权利的类型化程度不高时，《反不正当竞争法》确实可以起到很大的作用。数据虽然还不是一种权利，但它一定是一种利益，《反不正当竞争法》就是保护利益的，特别是保护竞争利益。还有其他的一些法律，比如遗传资源，遗传的本质是信息，现在也可以把这些信息数据化，也要依托相关的法律来加以保护。因此，现有的法律虽有一些贡献，但是还不够，还需要做一些制度上的发展。

除了民法要做一些制度调整，民法的一些经济学基础也要做一些更新。传统的经济学理论是用产权界定和国家管制共同完成的。在大数据时代，产权界定非常困难，既不经济，也不切实际，因为要对海量的跨国流动数据进行产权界定基本不可能。传统的经济学原理在大数据时代也失去了解释力，所以经济学也需要更新。大数据进入了规范化的法律框架，它应该不只是法律的任务，只有法律、经济和管理共同作用，才能做好这个课题。

谢谢大家！

政务信息系统整合共享与安全问题

审计署原办公厅巡视员兼信息办主任 周德铭

尊敬的各位嘉宾：

发展和安全始终是政务信息化的关键，习近平总书记在这个问题上反复强调，"安全是发展的前提，发展是安全的保障，安全和发展要同步推进。"今天，我就政府信息系统的整合、资源共享以及安全问题跟大家做交流。

整合共享工作是从党的十八大以后开始的，这是我国政务信息化的重大转向，按照我国政务信息化的发展，它起源于20世纪80年代，在21世纪初，2002年中办发17号文件，推动了我国政务信息化的快速发展。党的十八大以来，一方面持续推进政府治理信息化，另一方面推进了公共服务信息化。在两项推进过程中，政务信息系统整合、资源共享以及安全问题，也提上了日程。我想就这几个问题分别和大家交流。

国务院《政务信息系统整合共享实施方案》提出，要求国务院各部门和地方政府各部门，原则上将分散、独立的信息系统，整合为一个互联互通、业务协同、信息共享的大系统。在整个共享过程中，专家组提出一个设想，整合工作实际上涉及三个步骤：第一个步骤叫摸清家底。在2017年上半年，国家审计署的专题报告，引起总理的关注，要求各个部门再次摸清家底。在摸清家底过程中，国务院相关部门政务信息系统比较多，最多的达到600多个。在摸清家底之后，对于僵尸系统要进行清理，在此基础要形成1个部门原则上不超过10个系统的"大系统"整合。整合的目的不仅是要解决一个部门的问题，更重要的是通过整合梳理资源，形成部门数据中心的业务活动，为共享和开放提供重要基础，也是为"十三五"提出的整体框架提供支持。在"十三五"《规划》里提出，要构建六大系统，从党中央、全国人大、全国政协、高法、高检到国务院的六大系统，加上信息安全，在六大系统基础上构建共享平台、开放平台和服务平台，以及相应的国家政务数据中心和相互连接的政务网、互联网。这样的体系架构实现了大平台、大系统、大数据和大网络。也进一步推进了业务通、数据通和网络通，所以整合工作不仅是解决一个部门的问题，实际涉及国家"十三五"整体架构。

关于"开放"，国务院《政务信息资源共享管理暂行办法》和国家发改委《政务信息资源目录编制指南（试行）》，对政务信息资源做了这样的分类：第一，包括人口、法人等国家基础信息资源；第二，包括共享工程和公共服务的主题政务信息资源；第三，包括中央和地方党委、人大、政府、政协、高法、高检部门政府信息资源。在此基础上，增加了"4+1"的分类。在"4+1"里面，"类""项""目"由《编制指南》决定，编制部门负责细目和数据清单的编制。在前三级目录中，到"目"这一级已经明确了编制部门，比如在"人口""法人""空间地理"等都有相应的编制部门，而这些部门要按照规则编制细目和数据清单。在主题里面同样也是这样的道理，包括共建工程和公共服务两个方面。在部门里，包括六大系统，在这里面重点讲一下细目和数据清单。这也是国家审计署提出的政府信息资源的参考，目录后边是1995年审计报告，这是实体文件。此时，实际上编目的字典已经形成，到国家共享平台的数据管理端输入数据时，选择相应的目录，资源代码实际上是自动生成的。

中央的问题讲完了，现在讲地方的问题。地方是处在"项"里，到"目"这一级才出现北京、天津。以贵州为例，在细目里面要如何打开？018是在国家的目录里面由指南确定的贵州的代码，从细目的第一位，划分是贵州党委、人大、政府、政协等，后两位来确定省级政府部门，这两位有个限定，因为在这两位里面的后20位准备预留给贵州省的地市。所以我们讲，1至79给政府部门，国务院政府部门有74个，贵州肯定够用了，后20位留够贵州省地市，地市是一个代号，不是一个部门。把地市推上去以后，我们要落到地市政务部门，这就是380的01、02、03、04。同样我们也把80后留给贵州省贵阳市所辖区，再把区往前推，打开区的所辖部门，用一个大的编码来完成省级政府部门的整体编码。这张图类、项、目、细目和数据清单是国务院、国家发改委指南确定的。类里面第三类叫部门，项里面30是地方，接着就是省，是"目"这一级。细目第一位分省的党委、人大、政府，用两位来分省政府部门和地市，再用两位分地市的部门和区县，再用两位分区县的政府部门，这样七位编码完成省市县三级部门的区别。然后用六位给各个部门编制政府目录，再用代码记录数据清单。

特别说一下第九和第十。第九是共享属性，目录里要形成共享目录，也要形成开放目录，第九、第十是专门为此提供服务的。例如，民政部上报目录。在这里面要注意的是《编制指南》确定的政府信息资源十三类核心元素，关键是第二类，关于目录，包括政务服务类、民生保障类、社会治理类、公共服务类，主要是反映方案给民政部确定的政务职能。再就是具体数据清单要对应13个元素进行填写，之后要把实体清单挂上。

我们再看一下共享的原理。国家共享平台的实践原理，包括两个部分，一个是共享平台，第二个是共享平台为政务部门配置的前置系统。在共享实施过程中，共享信息有两类，一类叫无条件共享，一类叫有条件共享，在公开里面对应的是主动公开、宜申请公开。无条件共享信息享用的时候，由提供方从业务系统提取，推送到前置系统，供共享平台调用。而有条件共享，所谓有条件就是你跟别人要什么数据的时候，这时候要由使用方向提供方提出申请，提供方受理审核同意提交。这样一个原理适用于国家的共享平台，也适用于国家的数据开放平台。

刚才我们讲国家平台实际上是由两部分组成，共享平台和前置系统。为什么这么设置？实际上，目录资源在共享平台和前置系统中都有，但在共享平台上没有实体资源，实体资源是由政务部门从业务系统提取，推送到前置系统。当共享平台的信息被人点击的时候，由平台向前置系统发出指令，调取资源，为共享者提供。这两者是有差异的。第二个，我们还有地市的共享平台，在对接过程中，要由地市共享平台前置系统对接省平台前置系统，省前置系统汇总所辖地市和省级部门，形成总体前置，跟国家共享平台对接。当然在直辖市或者规模小一点的省，可能会出现直接建一个省级共享平台，用一级共享平台跟国家对接，共享平台一要连接省级部门，二要连接所辖地市。

再来谈整合共享的安全问题。这个时候不得不考虑，国家"十三五"在总体架构当中考虑到的若干问题。第一个问题是平台安全问题，第二个是系统安全问题，第三个是数据安全问题，第四个是网络安全问题。所以

"十三五"规划一方面为我们提供了完整的架构，另外把信息安全、系统安全明确提了出来。我们在落实这方面工作时，有这样几项工作要关注：

第一，要贯彻落实习近平总书记关于国家安全的重要指示。习近平总书记在2016年4月19日、2018年4月20日等多次会议上反复强调，"网络安全和信息化是相辅相成的，没有网络安全就没有国家安全"，这一系列言论与指示非常之多。我们落实这些指示时要关注两个问题，一是要从国家安全高度落实安全问题。当前要强化编制，包括政务信息资源整合共享和国家政务信息化的总体安全防护的战略规划，保障总体安全。二是要从国家安全高度落实防患未然。一方面要构建国家信息化和政务信息化安全保障体系，另外一方面还要强化主动检测、主动预防、主动防御的安全防护体系建设。

第二，要强化国家安全的关键技术研究。习近平总书记指出，互联网核心技术是我们最大的"命脉"，核心技术受制于人是我们最大的隐患。所以落实习近平总书记的指示，我们要做好这样几项工作：一是强化影响国家安全的关键技术攻关研究，特别是要突出对核心关键技术研发和实力提供的评价与考核；二是要采用关键技术强化政务信息系统的整合，突出政务信息系统采用国产化核心关键技术的评价和考核；三是要考虑强化影响国家安全的基础性技术研究。当前技术研究开展比较好，要进一步强化涉及国家安全的基础性技术研究；四是采用关键技术强化政务信息资源的共享，在这一方面使得政务信息资源更好地得到共享和开放。

第三，结合政务信息资源的共享和开放，要强化安全保障。一是系统整合的安全防护，因为系统整合涉及几十个甚至几百个系统整合，所以需要关注安全问题。二是必须强调资源共享开放的安全防护，一方面要深化对认证体系的考虑，另一方面要考虑数据开放的安全问题。三是必须加强国家政务数据中心的安全防护,特别是要严密区分业务信息、共享信息、开放信息、交易信息等各类信息的划分标准,因为各类信息所处的环境和用途不一样,在安全问题上要准确划分。四是必须强化共享平台、开放平台、服务平台的安全防护。三大平台是国家"十三五"规划确定的,并且是政府治理、公共服务的基础性的平台,所以一方面要严密规划基于政务外网的共享平台,基于互联网的开放平台和服务平台。另一方面还要严密规划三网之间基于国家政务数据中心的信息互动和业务协同的安全保障问题。

第四,关于强化国家安全等级保护的落实和研究。这里面两项工作要关注:一是要落实国家信息安全等级保护制度。要按照既定的一个中心、两套体系、三重防护和五大重点落实好等级保护。二是等级保护制度目前也是在改革,随着新一代技术的发展,等级保护的制度也在调整,所以在新局面、新制度两个变动的过程中,要予以关注。要关注新技术在政务信息系统中发展和应用的等级保护问题。新制度是针对新一代技术的挑战,尤其是刚才讲的要加强四大系统的安全防护,所以要强化涉及互联网、物联网、大数据、云平台等方面的信息安全等级保护工作。

系统整合、资源共享涉及我国政务信息化乃至网络安全和国家安全,需要认真落实习近平总书记的重要指示,做好当前的工作。

谢谢大家!

观点再现

赵春岩（美的中央空调战略项目负责人）：数据中心基础设施的智能化是大势所趋。在大数据、云计算、人工智能的新时代，数据中心制冷技术的行业发展将呈现更加多样、更具融合性的新趋势，更重要的是，数据中心冷水主机单机节能已经非常高效，要在系统上节能才能使整体能效提升更上一层楼。

郭启全（公安部网络安全保卫局总工程师、贵州大数据及网络安全专家委员会副主任）：Facebook数据泄露事件对我们的四点启示：一是在信息和数字化时代，数据是国家的基础性、战略性资源，数据安全事关国家政治安全和社会稳定；二是大数据和大数据技术的双刃剑作用已凸显；三是不能仅仅强调保护，不强调应用，也不能仅仅强调数据流通，不强调安全；四是要构建数据安全综合治理体系，确保数据和公民个人信息得到有效保护。

程　琳（中国警察法学研究会会长、中国人民公安大学原党委书记、校长）：维护国家网络安全，要处理好以下六个关系：一是处理好互联网的特点与树立网络主权思想的关系;二是处理好网络空间界域与国家疆域的关系;三是处理好网络主权与国家主权的关系;四是处理好网络安全与国家安全的关系;五是处理好网络空间与网络社会的关系;六是处理好网络社会治理与现实社会治理的关系。

孟小峰(中国人民大学教授、中国保密协会隐私保护专委会副主任):数据的堰塞湖已经形成,它主要由大规模数据无度收集,大规模数据暗地关联交易,大规模数据不透明分析造成。最终我们希望在把数据看成一个数据物的前提下,建立一种数据透明来解决所面临的数据共享和治理的问题,建立数据透明是解决数据共享与治理的根本途径,包括获取透明、共享透明、分析透明、删除透明。

谢晓尧(贵州省政协原副主席、贵州省大数据产业发展领导小组副组长、贵州大数据及网络安全专家委员会主任、贵州师范大学副校长):在贵州省统一要求,统筹指导下,各部门的新建业务系统都统一在"云上贵州"平台实施建设。各单位将各自分散建立的政务信息系统转到统一云平台后,有效减少了重复投资的浪费,为下一步资源共享、互联互通,高水平地提供政用、商用、民用服务奠定了基础,探索出具有贵州特色的政务数据"聚通用"的建设管理运行模式。

李德文(工信部信息中心副主任):数字中国建设是一个系统性工程,需要社会各界力量的广泛参与、各个行为主体的共同推动。推动数据资源安全流通,将有效助力数字中国建设。数字中国建设正迈向3.0时代。在3.0阶段,传统上以数字技术需求者角色出现的生产制造企业崛起,成为新的重要推动力量，其主动拥抱信息技术改革的生产方式，使数字技术进一步应用拓展到生产领域。

沈昌祥（中国工程院院士）：网络安全问题本质上源于人们对IT认知逻辑的局限性。为了防御对方攻击，必须从逻辑正确验证理论，在计算体系结构和计算工程应用模式等方面进行科学技术创新。中国的可信计算3.0技术进行了革命性的创新，应基于可信计算3.0夯实网络安全等级保护基础，基于等级保护做好关键信息基础设施保护工作。

吴　亮（新华社瞭望智库董事长兼总裁）：企业讲数据就两个诉求：一是数据对企业的决策有没有帮助；二是能不能对生产效率的提升、市场销售的转换起到作用。战略数据的概念，主要包括消费者的数据和最新的文献和资料、企业营销中一些研判的数据等显性数据，也包括生产过程中的知识积累、重要关系数据等隐性数据。

王叁寿（贵阳大数据交易所执行总裁）：数据已经成为经济社会转型升级的重要资产，促进流通融合、激活数据价值将释放数字红利，推动建设数字经济。数据资源化、资产化、资本化是大数据发展的必然趋势。当数据作为基础性战略资源、生产资料的价值被充分调动起来，将激活亿万产值。

焦绪录（工业和信息化部信息中心处长）：大数据已经成为信息社会最重要的、最先进的生产力，它在未来将持续发挥着非常重要的作用，可以从三个方面去看大数据推进数字中国发展的作用：一是数字描绘中国，借助数字技术对已存在但通过传统行政及技术手段难以了解的情况和规律总结呈现；二是数字改变中国，数字改变中国是指数字技术广泛运用，对社会运行方式和人民生活方式带来了深刻变化；三是数字驱动中国，数字技术对数字中国的驱动力量正深刻地影响着社会发展。

颜　军（珠海欧比特宇航科技股份有限公司董事长）：近年来，国外商业航天蓬勃发展，商业对地观测微纳卫星大规模部署，在海内外呈井喷发展态势。卫星大数据服务是利用天空地一体化数据采集体系，基于云计算平台，建设遥感数据及应用服务平台；提供区域+行业+互联网服务。高光谱遥感卫星数据，开启了定量遥感的新时代，有着无限的应用空间。

常晓勇（中共重庆市荣昌区委常委、荣昌高新区党工委书记）：建设生猪强国是中国从农业大国向农业强国转变的重要标志。推动数据信息成为生猪全产业链新型生产要素是农业现代化建设的重要环节。搭建生猪数字管理体系是践行党的十九大报告"构建现代农业产业体系、生产体系、经营体系"的重要行动。

冷　炜（中信银行软件开发中心总经理助理）：大数据相关的技术正在深刻地影响各行各业，尤其是以数据为核心的金融行业正在加速接受并转向一种以全数据模式、量化思维、相关性思维为典型特征的大数据思维。大数据，它本身将推动银行业、金融机构在产品金融形态、营销客户服务、监管控制管理方面的发展，最终银行将转向以 IT 为内核的一种非实体化的服务形态。

崔岩莉（中投国信（北京）科技发展有限公司总经理）：我国社会经济

发展经过了以物物交换为媒介的时代，发展到今天是以信用为主的信用经济时代。信用经济的时代有三大标志，首先是信用已经被社会所认可，其次是信用已经被应用到社会资源配置的各个领域，第三是信用已经对政府治理起到了作用。信用数据资产运营途径可采取集约化的模式建设信用平台，也可以引入第三方征信机构建设平台开发信用产品。

吕　欣（国家信息中心办公室副主任）：当前网络攻击发展趋势主要表现在三个方面：一是关键信息基础设施成为主要攻击目标；二是网络攻击具有逐利性且容易引起社会恐慌；三是数据的非法交易滥用和泄漏问题严重。应对安全挑战，必须构建起以数据保密性、完整性、可塑性、可用性、合规性等为保障目标的大数据网络空间体系。

张　雷（贵州省大数据发展管理局数据资源管理与安全处处长）：政务数据实现"五可"极为重要：一是可有，做到数据区真正有数据；二是可用，形成可用的、统一的、规范的共享交换体系；三是可控，打造一个统一的调度管理模式，建设安全防护保障体系；四是可视，做到数据态势可视、流程可视；五是可溯，形成数据使用全流程的跟踪记录。

左英男（大数据协同安全技术国家工程实验室副主任）："零信任"的基本理念假设网络始终存在威胁。"零信任"的基本架构，首先需要有一个访问控制的网关，把需要访问的资源全部藏起来，并在数控终端经过强设备认证、强用户认证后，才开放需要访问的资源。在这个过程中，访问控制策略是动态变化的，会基于设备和用户的上下文数据，持续进行认证、调整访问策略。目前国内部分企业开始拥抱"零信任"理念并尝试建设相应架构，长远来看，极具发展前景。

邓子健（国家信息中心国信卫士网络空间安全研究院技术发展研究室副主任）： 当前数据保护面临严峻挑战，亟待构建基于密码技术的大数据安全与隐私保护框架：一是以大数据保护为核心，构建安全体系；二是以大数据监管为抓手，构建安全秩序；三是以大数据价值为驱动，构建安全生态。最终形成六大能力：规模化密码基础安全支撑能力、体系化弹性协同防御能力、数据安全融合共享应用能力、精准泛化隐私保护能力、全域安全监管运维能力、全面安全检测评估能力。

数字经济发展

— 区块链金融的时代趋势
— 中国区块链如何与世界链接
— 中国共享经济发展与创新治理

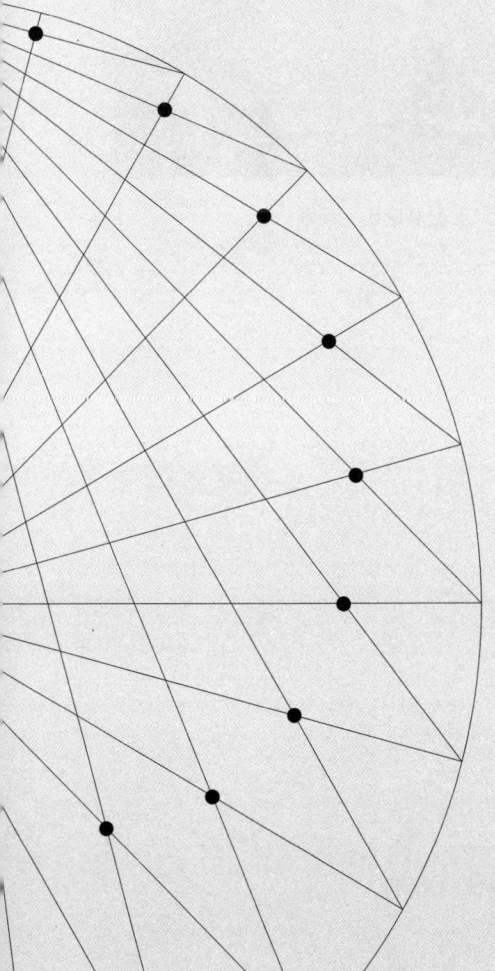

2018年5月25日，2018数博会"数字城市与数据产业发展论坛"现场。

2018年5月27日，2018数博会"线下数据商业生态高峰论坛"现场。

2018年5月28日,2018数博会"大数据时代下的知识产权的连接与变现圆桌论坛"现场。

数字经济新动力，赋能高质量发展

大数据战略重点实验室

近年来，随着大数据发展的日新月异，数字经济作为一种新的经济形态，逐渐成为推动我国经济发展质量变革、效率变革、动力变革的重要驱动力，也成为全球新一轮产业竞争的制高点和促进实体经济振兴、加快转型升级的新动能。2017年3月，数字经济首次写入政府工作报告。2017年7月，国务院常务会议提出制定《促进数字经济发展战略纲要》，发展数字经济上升为国家战略。2018年4月，发展数字经济在全国网络安全和信息化工作会议上再次被提及，习近平总书记在会上强调，要发展数字经济，加快推动数字产业化，依靠信息技术创新驱动，不断催生新产业新业态新模式，用新动能推动新发展；要推动产业数字化，利用互联网新技术新应用对传统产业进行全方位、全角度、全链条的改造，提高全要素生产率，释放数字对经济发展的放大、叠加、倍增作用。要推动互联网、大数据、人工智能和实体经济深度融合,加快制造业、农业、服务业数字化、网络化、智能化。

为贯彻落实党中央、国务院加快发展数字经济的决策部署,全国各省市相继出台推进数字经济发展的政策文件。作为全国大数据发展前沿阵地的贵州,在举全省之力建设国家大数据(贵州)综合试验区之余,2017年2月和4月,贵州省先后印发了《贵州省数字经济发展规划(2017-2020)》和《关于推动数字经济加快发展的意见》,从数字经济集聚发展、信息基础设施提升、数据资源汇聚融通、数字政府增效便民、企业数字化转型升级、民生服务数字化应用、新型数字消费推广、精准扶贫数字化、创新支撑载体打造、数字经济安全保障十个方面确立了数字经济发展的重点任务。贵州将依托数字经济发展培育经济发展新动能、拓展新空间,促进经济提速转型,走出一条后发赶超的新路子。

当前,数字经济发展已进入一个全新时期。以新一代信息革命为契机,数字技术的融合提升作用和数字资源的巨大应用价值被科技界、产业界乃至全社会广泛关注,也开启了对数字经济议题的新探讨。2018中国国际大数据产业博览会(简称"数博会")作为全球重要的大数据主题博览会,围绕数字经济发展设置了交流版块,该版块主要涵盖11个论坛,分别为"第二届区块链金融国际高峰论坛""共享经济可持续发展与协同治理论坛""国际金融科技产业高峰论坛""汇桔网国际知商(贵阳)高峰论坛""数控金融论坛""2018智能金融科技论坛""数字融合·领航中国新经济论坛""线下数据商业生态高峰论坛""数字城市与数据产业发展论坛""'数据驱动经济'中国大数据产业高峰论坛""实践行业数据引擎 融汇数字未来"。在该版块活动中,众多大数据领军人物、企业家、专家学者就数字经济促进产业转型,拉动经济新增长展开了深入交流讨论,为如何依托科技,推动数字经济与实体产业融合,构建数字未来提供了思路和方向。

一、强化数字技术创新,助力数字金融健康发展

当前,构建网络空间命运共同体已得到国际的广泛共识,数字经济在全球范围内强势崛起,各金融机构、实体企业纷纷参与到数字经济发展的浪潮中,其中互联网金融依托(移动)互联网、物联网、数字货币、大数据、区块链、云计算等金融科技的快速发展,已经成为数字经济与第三产业深度融合的重要产物,极大地提高了金融服务实体经济和小微经济的质量和效率,成为未来发展数字经济的重要载体之一。

大数据技术助力金融业快速发展。随着国家大数据战略的稳步实施,大数据技术广泛应用于各领域,特别是金融领域。金融机构通过利用海量信息和高频次的数据,获得客观信用来确定个体创造财富的能力、判断企业的发展趋势,并根据这些趋势提前采取相关行动,进而帮助金融机构、征信机构科学决策,提高效率。中国互联网金融协会会员部主任李倩认为,在金融机构层面,大数据技术广泛应用于精准营销、服务创新、经营管理、风险控制等方面,助力金融发展;在金融消费者层面,大数据技术可以减少信息不对称,降低边际成本,使更多人享受到价格合理、安全便捷的金融服务;在监管层面,大数据技术能使统计监测、分析预警、风险预警更为准确高效。

金融业正在加速步入"区块链"时代。无论是传统金融服务,还是P2P、众筹等互联网金融创新,抑或在强化金融监管、防范金融风险、打击非法集资等领域,区块链以其去中心化的底层构架,给整个金融体系带来颠覆性变化。在"第二届区块链金融国际高峰论坛"上,GMGC创始人

世界区块链组织副总干事宋炜表示，传统的金融行业正面临信用评估价值高，中介机构结算效率低下，互联网金融领域监管困难等痛点。金融行业可通过区块链技术来保障数据安全，解决信任难题，获得政策扶持，从而攻破痛点。贵阳市人民政府副市长王玉祥也表示，目前贵阳市已提出努力构建大数据区块链现代金融体系的构想，初步完成了对互联网金融、传统金融等在大数据区块链现代金融体系下的理论提炼和实践总结，区块链技术将广泛应用于金融领域。

智能金融是未来金融业的发展方向。智能金融以人工智能与金融的全面融合，以人工智能、大数据、云计算、区块链等高新技术为要素，提升金融机构的服务效力，拓展金融服务的广度和深度，使得全社会都能获得平等、高效、专业的金融服务，实现金融服务的智能化、个性化、定制化，智能金融将是未来金融业发展的重要方向。贵州省政协副主席左定超表示，近年来，贵州省高度重视智能金融发展，充分利用大数据和人工智能技术促进了自身的转型和创新，为金融服务实体经济发展提供了新的渠道，为金融风险的防控提供了新的技术路径，加快了普惠金融的发展。

二、深化重点领域改革，提升数字经济发展保障

数字经济为经济社会转型发展提供了巨大潜力与动力，数字经济将助推全球经济繁荣已成为全球共识和大势所趋。但是，在依托大数据、互联网等科技手段带来财富与便捷的同时，数字经济发展也面临着系列问题和隐患。数字基础设施发展不平衡，行业发展标准不统一，网络和信息安全存在隐患，相关法律法规滞后等问题层出不穷。因此，深化数字经济重点领域改革，不断完善保障体系，成为稳固数字经济发展的重要保障。

强化数字经济基础保障。数字经济发展的核心与关键是信息和数据的处理,如何在发展数字经济过程中正确合理传输、处理、储存、分析、使用信息数据成为重中之重。在"'数据驱动经济'中国大数据产业高峰论坛"上,海南省工业和信息化厅总工程师董学耕建议,在进行自贸区(港)的建设时,首先要让信息化先行一步,发挥引领、带动、提升作用,并加快推进信息基础设施国际互联互通,推进5G超前布局,建设国际离岸创新创业示范区,才能推动互联网、物联网、大数据、卫星导航、人工智能同实体经济的深度融合。

加快建立数字经济开放合作体制机制。锐意创新是数字经济保持活力的灵魂,开放合作是数字经济不断发展的基础。当前,只有通过开放合作,发挥数据作为关键生产要素和基础性战略资源的重要作用,才能更大范围、更宽领域、更深层次推动数据资源有序流动、开放共享,让数字价值充分释放;只有推动制定平等的数字经济贸易规则,反对贸易保护主义,才能形成覆盖全球、深度融合、互利共赢的数字市场。对此,金融时报社社长邢早忠建议,要按照习近平总书记的指示精神和党的十九大的部署,在加强信息化建设的统一领导和统筹协调上有突破,建立领导有力、组织高效、运作顺畅的体制机制;要在加强信息化建设的规划引领和顶层设计上有突破;要在加强自主创新和先行先试上有突破;要在加强资源整合共享和开放上有突破;要在政策扶持和产业环境的打造上有所突破;要在推动行业与监管、中国与海外的交流沟通上有所突破。

推动数字经济标准化改革。随着大数据的快速发展和应用的不断深入,标准化由于其领域的广泛性、内容的科学性和制定程序的规范性,使其在数字经济的发展中起着不可替代的重要作用。只有统一了数字经济的数据标准、行业标准、服务标准,才能有效地推动数字经济与实体经济的融合,创造更高的经济效益。中国信息通信研究院大数据技术主管姜春宇表示，当前正在研究数据资产管理方面涉及的要素或者活动职能，包括云数据管理、主数据管理、数据标准、数据开发管理、数据交换标准、数据质量管理等，但因为数据标准非常缺乏，数据质量不统一，导致了管理效率非常低下，数据的安全体系也非常薄弱，从而暴露出来整个企业以后发展会出现的各种隐患，因此，需要进行标准化改革，形成比较成熟的发展体系。

强化数字经济安全监管。数字经济的繁荣发展是全球大势所趋，而互联网在带来财富、便捷的同时，也伴随着挑战与风险。当前，全球范围的数据泄露、漏洞、病毒、网络恐怖主义等网络安全事件层出不穷，任何国家和企业都无法独善其身。在发展数字经济成为全球主要大国和地区重塑全球竞争力的共同选择时，保障网络安全则是数字经济发展的前提和根本保障。网络安全的保障不仅要通过技术防范，更要加强监督管理。联通大数据有限公司总经理赵越认为，大数据安全保障至关重要：第一，需要国家的有效监管；第二，需要，对信息进行充分保护，才能使数据安全流通，保障交易公正互信。贵阳市人民政府副市长王玉祥介绍，近年来，贵阳把数据开放共享、数据安全和区块链技术的运用，作为落实发展大数据战略的三大发展方向。希望通过数据开放和共享重塑大数据的生态，以数据安全保障网络空间治理，以区块链技术应用引领信息技术创新，从而共建经济社会发展互信机制。

三、挖掘数据资源价值，助推数字产业快速发展

不同于农业经济、工业经济以土地、劳动力和资本作为关键生产要素，数字经济最鲜明的特点就是以数据作为关键生产要素，以有效运用网络信

息技术作为提升全要素生产率和优化经济结构的核心驱动力。如何充分利用数据资源推动产业数字化，从而实现利用互联网新技术新应用对传统产业进行全方位、全角度、全链条的改造，提高全要素生产率，释放数字经济对经济发展的放大、叠加、倍增作用，成为当前数字经济发展的关键所在。在"数字城市与数据产业发展论坛"上，中国资产评估协会会长耿虹认为，在数字经济中，数据是基础性的经济资源，对经济发展、社会治理、国家和人民生活都产生了重要影响，数据资源将是数字经济时代重要的竞争性战略资源与生产要素，数据资源对于数据经济的重要性，如同土地、厂房、设备等生产资料相对于传统经济的重要性。

数据价值资源的挖掘为零售业的发展带来了机遇，并进一步推动大规模零售业的数字化进程。新零售以大数据支撑场景洞察，以体验设计为基础构架，构建新信用关系和新效率体系，是数字产业的重要发展方向。在"线下数据商业生态高峰论坛"上，美国 Grid Dynamics 公司创始人兼 CTO Victoria Livschitz 认为，数据资源的挖掘为零售业带来了"六大机遇"：一是根据对客户行为分析的深入洞察和所有渠道的360度检视，使电子商务体验更加个性化；二是根据同类客户洞察和物联网位置数据，通过最佳的产品布局和个性化建议，丰富店内体验；三是运用预测分析和深度学习，通过个性化搜索结果、视觉搜索、精准建议，提高成交率；四是通过调整基本价格并进行针对性优惠、促销和赠券活动，实现动态和程序化地定价，进而优化商业目标；五是通过运用预测分析和机器学习，优化供应链、减少库存并改善订单来源，从而提高经营效率；六是接入新兴 AI 设备构建生态系统，通过语音和聊天实现对话式商务。

数字经济时代，推进企业数字化改造，是传统企业必须接受的挑战。当前，对于传统企业而言，拥抱数字经济发展新蓝海已成为关乎企业可持续发展的重要路径。传统企业需要加快推动产业数字化，依靠信息技术创新驱动，不断催生新产业新业态新模式，用新动能推动新发展。综合交通大数据国家工程实验室贵阳研发中心首席科学家聂宇认为，我国物流业货运存在"小、散、乱、低"的特点，依靠人工货运管理造成的效率低下限制了企业的发展规模，要充分挖掘数据资源，利用数据价值，通过货运大数据提高整个行业的效率和智能化程度。

当下，数据作为基础性的战略资源，在越来越受到关注的同时，利用数据，挖掘数据资源也存在诸多挑战。大连海事大学教授陈俊龙指出，数据资源挖掘存在以下问题：一是大数据表示与数据处理问题；二是大数据中的超高维问题；三是大数据中的不确定性问题；四是大数据的计算复杂性问题；五是大数据处理系统的复杂性问题；六是机器学习与大数据应用问题。面对数据资源价值存在的相关问题，中国资产评估协会会长耿虹表示，做好数据资源的有效利用应从三个方面开展：一是加强数据的收集整理，提升数据价值内涵；二是多层次跨专业融合发展，共同推进数据资源的利用；三是以审慎的态度服务数字经济和实体经济融合发展。

四、加强数字融合，共享数字经济发展红利

发展数字经济，促进开放共享，既是中国新时代解决新矛盾，让人民有更多获得感的重要路径，也是世界人民共享互联网发展红利的不二选择。只有精准把脉全球互联网发展规律和数字经济的发展方向，认清数字经济深度融合、云化分享、智慧连接、全用户、宽平台的发展大趋势，探索如何更好地与实体经济相结合，才能让互联网发展红利更好地惠及每个国家、每个产业、每个家庭。融360 联合创始人、首席执行官叶大清表示，数字

经济是一个国家的核心竞争力,数字能力可提高效能、能力和质量,推动数字教育、数字医疗,数字金融等领域的快速发展。但数字经济不光是提高效率,同时帮助广大人民群众提高服务的获得感、幸福感、安全感。

数化万物,智在融合。数据连接万物,变革万物,融合给予智慧、创造智慧。融合是新时代大数据发展的最大特征和价值所在,为新发展理念落地生根提供了无限可能。党的十九大报告明确指出,推动互联网、大数据、人工智能和实体经济深度融合,在中高端消费、创新引领、绿色低碳、共享经济、现代供应链、人力资本服务等领域培育新增长点、形成新动能。在"数字融合·领航中国新经济论坛"上,中共贵州省委书记、省人大常委会主任孙志刚指出,融合是大势所趋、是共同的追求、更是科技进步的主题,融合并非高不可攀,只有融合,才能让数据释放价值、爆发力量,才能实现以信息化培育新动能,用新动能推动新发展。万物皆可数化,数字化为融合发展创造了无限的机会,融合是展示智慧的空间,融合过程将催生无限的创新。

数字经济推动共享经济高速发展。李克强总理在《2017年国务院政府工作报告》中强调,"支持和引导分享经济发展,提高社会资源利用效率,便利人民群众生活","推动'互联网+'深入发展,促进数字经济加快成长,让企业广泛受益、群众普遍受惠"。共享经济在我国已进入全面创新发展的新时期,数字经济将推动共享经济实现高速发展。国家信息中心首席信息师、分享经济研究中心主任张新红表示,未来共享经济有三大发展趋势:一是我国共享经济正在从导入期进入成长期,城乡融合将通过共享经济得到较好的实现;二是政府管理将从规范化步入协同治理;三是制造业、农业、教育、医疗、养老等领域的共享经济将迎来大发展。

数字经济助推精准扶贫。云上贵州大数据(集团)有限公司党委书记、董事长康克岩认为，数据应用能精确检索贫困对象的范围，能帮助我们找出很多不属于贫困标准的假贫困对象，使扶贫帮扶用对地方。财新传媒全国营销总经理傅茜也指出，我国经济正在向形态更高级，结构更合理的方向演化，发展数字经济既是大势所趋，也是人心所向，数字经济在带动整个国民经济发展的同时，带动老百姓脱贫，也让老百姓感觉到实实在在的收获。

数字经济推动实现后发改超。在"数字融合·领航中国新经济论坛"上，《中国数字经济指数2018年度报告》正式发布。报告显示，2017年5月以来，中国的数字经济指数持续提升，总指数由238增长到364。《报告》研究发现，数字经济的发展能有效改善我国"不平衡与不充分"这一社会主要矛盾。这意味着，数字经济倾向于消除不平衡，为我国中西部欠发达地区带来了加速赶超的历史机遇。

区块链金融的时代趋势

中国银行原副行长、福建省海峡区块链研究院院长　王永利

尊敬的各位领导，各位嘉宾：

区块链现在非常热，关于区块链的概念和提法不断推出，比如说，"区块链是第四次工业革命、区块链是信任的机器、是价值的互联网"，"区块链将打造去中心、去中介、点对点的交易处理和价值传递的体系"，"区块链将打造全网验证、全网记录，不可逆、难篡改、可追溯、可溯源的分布式账务体系"，"区块链将再造社会生产关系，将颠覆法定货币体系，将颠覆复式记账法"等等。所以大家就感觉区块链的大潮来了，如果你跟不上时代，时代就会抛弃你。有人说"时代抛弃你时，连一声再见都不会说"。因此，大家非常热衷于对区块链的探索。但是，到现在区块链真正热的、影响力大的是币圈，是数字币的挖矿、造币和交易，是币的资本运作。真正的区块链应用，特别是用去中心、去中介的概念来衡量区块链应用，几

乎还没有。区块链还处在初创阶段、探索阶段，对区块链既要主动拥抱、积极探索，又要保持理性、正确把握。

区块链需要关注的核心是逻辑问题。大家都知道，今天我们讲区块链的时候概念是不统一的，大家讲去中心、去中介、点对点分布式记账区块链时，脑海里主要是比特币的区块链。那问题来了，在这里面可能第一个需要关注的是像比特币这样的加密数字货币，它能不能成为真正的货币？货币在人类发展过程中保持着数千年的发展历史，从最原始的实物货币到金属货币，再到金属本位下的纸币，再到信用体系，一直在不断地发展。

发展最重要的逻辑关系是什么呢？是逐步去掉货币的实物状态，因为实物受自然属性的束缚，去掉之后变成人为可调控的货币。为什么要这样呢？尽管货币有很多的功能，人们最早认识到货币最基本的功能是价值尺度，如果货币的价值尺度剧烈波动的话，货币的其他功能都会受到严重的影响。那么，怎么样来维持货币的尺度功能？最重要的是保持货币值的稳定。要保持货币值相对稳定，理论上就要使一个国家的货币总量跟这个国家主权覆盖法律支持下的可交易化、可货币化的财富总规模保持对应。

因此，各个国家都引出物价总指数、货币膨胀的概念。理论上只有当货币总量与可货币化的财富总规模保持对应的情况下，币值才会相对稳定，这就带来一个基本概念，货币本身不应该是这个社会上的财富，财富是货币的对应物，货币应该是尽可能统一，而不是越来越分散。

一个国家的货币，要跟国家法律可以支持和保障的财富规模相对应，这个国家的货币不能用作另外一个国家的财富对应，货币上升到主权货币或者法定货币的概念。它脱离实物自然属性限制，使人为可以调控货币总量，币值相对稳定，从而使货币政策成为像财政政策一样的国家宏观调控两大政策之一。这是货币发展几千年来一直遵循的发展逻辑。

现在回过头来看比特币的数字货币。今天的比特币、以太币、莱特币等，很多币都是对照比特币出来的，比特币的设计原理是比照黄金来进行的，总量一定，每4年减一半，最后2100万个，到2140年基本结束。高度模拟黄金，从原理上就违反了货币发展的逻辑关系，因此我们认为类似的总量限定，阶段产量也提前设定，根本不能随着经济社会发展、财富变动进行调控的所谓币，它是不可能成为真正的货币，否则它的货值会剧烈波动。大家今天看到比特币，从2017年年初的1000美元左右，一度达到2万美元左右，有人相信它未来可能达到5万美元、10万美元，如果作为货币，它的价值这样波动会造成很大混乱。首先我们要清楚这类币只是货币的对应物，而不可能成为真正的货币。

第二个问题是像比特币这样挖矿造币的区块链能不能解决现实问题？比特币区块链确实是去中心、去中介、点对点的交易体系，是分布式的账务处理体系，形成完全封闭的体系。要做到去中心、去中介，特别是去中心有个基本要求，支持系统运行的体系不应该由某一家计算机主机来运用，应该是社会计算机广泛加盟运行。如果是用某一家主机运行，你说是去中心，基本是骗人的。上个世纪末搞计算机的人在设想共享计算机的算力和储存力，这是很好的东西，可以减少浪费。但是要做到却非常困难。特别是当比特币用这个体系，以太坊币、莱特币等很多都在造区块链，都想自己做一个世界计算机联网，实际上不太容易。如果做不到计算机共同联网共同运行的体系，规则很容易被少数人控制，很难做到去中心。

比特币运行的是什么？我们今天所挖矿造币的区块链，链上所运行的东西只有一个，就是币。这个币不是现实世界的物，是链生资产，或者系统原生资产。一开始生产出来的时候，全网开始加密、共同验证、共同记录，账户造不了假，根本不需要知道用户后面的人是谁，只要保证账户是真实的，它就可以交易。因此，很多人说区块链是信任的机制，是价值的互联网。但有一个前提，大家要加盟到同一个平台，账户必须得到体系严密监控，如果做不到这些，不认识的人就很难敢做交易。

这里有一个问题，如果区块链上只能跑原生币，而不能把现实资源送上去走，甚至产生币的机制连贷款生息、投资分红所需的货币量都没有，它怎么会成为一个有价值的互联网呢？

目前来讲，所有数字货币是线上币，离开系统不能像现钞一样流通，除非全部人加盟到一个币的区块链上，才可能点对点交易。如果要实现币的价值，必须兑换成法定货币，而比特币、以太坊币没有兑换的功能，兑换要外挂到交易平台，而交易平台目前并不是去中心的区块链体系，它是中心化运行的体系。大家看到交易平台上经常出事，刚刚又有币链被人盗取。很多人认为买了比特币，就是比特币的社员，其实你只是在交易平台上注册，不是真正的比特币区块链的节点，并不是区块链成员，没有投票权。

如果比特币不跟法定货币兑换，就不能渗透到现实社会，影响力远没有想象中的大。监管最重要的环节不是监管后面的数字货币，而是监管法定货币。法定货币在兑换数字货币的过程中能不能做到实名制？能不能做到反洗钱、反恐怖输入、反偷税漏税的要求？如果达不到的话，一个公开的平台自由进行兑换，一定会打乱现有的货币体系，这是现在监管上特别重要的兑换环节。

如果今天所有人不是在一个区块链注册，有的人在比特币的区块链，有的人在以太坊币的区块链，他们之间的交往能不能做到点对点，这都是我们要考虑的。随着区块链平台越来越多，带来一个问题，跨链的交易怎么解决？要研究统一标准的问题。还有，当我们看到比特币区块链是一个极度追求去中心、去中介、点对点的时候，它是一个绝对封闭的体系，很难渗透到现实世界，除非它换成法定货币。这样的话，越是说得美好的区块链往往是封闭的，越难解决现实问题。

从这里可以看到，比特币并不是区块链的唯一模式，它只是区块链应用的一种模式，区块链可以有公有链，也可以有私有链、联盟链等，是多种技术的集成。如果我们不是追求完全封闭的体系，不一定要挖矿造币。

未来区块链的研究会两极分化，一极是继续关注底层技术的研究，有可能未来实现信息互联网、计算机互联网、价值互联网或者实物互联网的相互融合，因为在网上运行的永远只有信息，不可能跑实物，如果这两个不联结，就有可能是两家分离，线上的东西解决不了现实问题。未来另一个最重要的问题是解决所谓的痛点，要把现实世界的资产价值，各种物理的单证、凭据、影像等高效信息化推送到线上，并保证信息的合法性、真实性、准确性、完整性。如果一开始送的就是虚假的、不合法的东西，那么在线上用区块链的方法是无法解决的。信息准确送上线以后就好办了，分布式存储、加密、溯源等都可以解决。

现在已经形成一个线上世界和线下世界并存的结构，我们完全照线下规则、制度推到线上，这是不现实的。互联网是跨界融合、跨界发展的，线下是有国家的，每个国家有自己的法律，有自己的身份信息，有自己的法定货币，如果线上把所有东西都推上去，成本风险不可估量。线上会形成新的规则和运行体系，但也不可能设想线上世界立马颠覆线下世界，一定要冷静，可能要做的是二者逐步地融合，从源头上保证信息的真实性、可靠性，加上物联网，才能实现今天的美好设想。

我的分享到这里结束，希望对区块链的认知和区块链发展能有帮助。

谢谢大家！

中国区块链如何与世界链接

达沃斯论坛中国区块链代表团团长、太一云董事长 邓 迪

尊敬的各位领导：

我今天跟大家分享的题目是"中国区块链如何与世界接轨"。我和中国人民大学法学院杨东院长在过去一年的时间里，多次并肩出访国外，跟很多国家的监管机构进行交流，他更多的是从学者的角度、从政府监管的角度出发，而我们则是从行业的角度，带着问题去到各个国家，我们想了解中国的区块链如何走出一条自己的发展道路。

在探索过程中，我们深刻发现，如果说中国区块链要真正跟世界接轨，首先要建立自己的理论体系，要有自己的基础设施。如果没有自己的理论体系，就无法和国外对接。我们去到的很多西方国家，他们的理论体系是基于证券来对区块链和区块链金融进行监管，他们有成熟的、上百年的证券体系和哲学体系，怎么样判断通证是商品、是货币还是其他的支付工具？

在国内，之前在谈的都是数字货币，当数字货币被国家禁掉后，开始谈通证。我们不能简单就通证谈通证，还是要对所有的通证进行细致的分析，比如是金融类的通证，还是非金融类的通证，只有在理论和概念上进行充分厘清，区块链的从业者才能得到充分的保护，区块链的基金才敢于投资到产业中来，才能促进区块链金融的发展。

达沃斯论坛创始人克劳斯·施瓦布（Klaus Schwab）提出，"自蒸汽机、电和计算机发明以来，第四次工业革命最重要的成果之一就是区块链。"第四次工业革命处在方兴未艾的阶段，区块链是第四次工业革命最重要的推手。诺贝尔经济学奖得主提出，"工业革命不仅仅是技术革新的成果，单纯的技术革新不一定能带动大规模的工业革命，而金融革命才是工业革命的推动者。"

第一次工业革命时蒸汽机已经发明，但真正得到产业化的应用是因为整个资本主义制度的早期因素在第一次工业革命时就已经建立起来。我们现在所谈论的股票市场、证券市场，包括税收体系、国债体系、银行的信贷，都是在第一次工业革命时建立起来的。正是有了这些廉价的资金供给，才有了大规模工业矿山和工厂的建立。

第二次工业革命出现了电力，电力的发明在某一方面促进新的资本主义市场的升级，因为它让跨国的甚至跨越大洲的资本流动成为可能。在第二次工业革命时，美国的新大陆被开拓出来，大量欧洲人力和资金都进入这个新市场，这有点像我们现在的区块链市场，区块链也是新大陆，大量的人才和资金已经进入到这个领域。

第三次工业革命，就是离我们最近的这次工业革命，很多成果在我们生活中都会用到，例如半导体技术、计算机技术、互联网计算、云计算技术、大数据技术等，都是在第三次工业革命中孕育出来的。第三次工业革命出现风险投资，出现纳斯达克对科技企业不是以当前的赢利进行定价，而是以未来的成长性进行定价，这让很多需要大量资金和高度风险投入的企业能成长起来。第三次工业革命对金融制度的要求非常高，因为它需要非常完善的资本市场和专业的投资人，所以它主要是集中在两个核心区域，硅谷和中关村。所有互联网企业核心原点都是起源于这两个地方，其他地方的参与性就没那么高。

第四次工业革命，创新在全球同步发生，人们非常欣喜地看到，我们可以遇到全世界的创新者、全世界的投资者，不管是在贵阳，还是青岛，还是在以色列，还是波士顿，全球创业者和全球投资人乃至全球市场，通过区块链技术和区块链全球协作平台而联结在一起。区块链在金融领域对未来的第四次工业革命起到非常大的推动和促进作用。

第四次工业革命要进行下去，需要有大量的核心科技、黑科技，包括3D打印、虚拟现实、无人驾驶、人工智能、机器人等，这些技术都需要大量的资金和全球资源，而区块链在其中扮演了很好的角色。

2013年我们开始对数字货币和区块链进行追踪，那时候我们在行业里属于比较另类的角色，当时我断言：比特币不会是全球最大的数字货币，不会是全球最大的数字资产，全球数字资产的总量将远远超过比特币的市值。当时很多人觉得这是天方夜谭，但现在我们看到全球数字资产的增速已经远远高于比特币的增速，而比特币在全球数字资产中的占比越来越低，这是为什么呢？

第一，大量的传统市场正在向区块链迁移。首先是股票市场，像纳斯达克、纽交所等都在进行区块链的改造，就未来的股票市场而言，如果说一个国家主流的主板交易所要采用新的系统，一定会采用区块链技术。在未来，主板市场不是企业的终极，将来能登入全球资本市场的将是一个以区块链构建的,可以在全球同步交易24小时不停歇的市场。在未来,最优质的企业都将会进入全球市场。其次是债券市场,包括大宗商品市场,例如黄金、石油。委内瑞拉已经发行了石油币,将来很多地区包括中东、俄罗斯、美国都在研究怎么用大宗商品作为背书来发行新的数字资产,这套体系与原来数字货币发行体系完全不一样。再加上全球的外汇市场,包括各个国家的数字货币都会进入这个市场。这些市场联合在一起,将变成全球统一的超流动性市场,并会吸引全球最优质的资本和资源进来。

第二,新兴的资本市场。因为区块链技术的出现,那些原来不能在全球进行交易的、不能流动的、非标的资产也有可能进行交易,包括知识产权、专利、版权等也将会进入全球性流动市场,还包括人工智能、大数据、云计算、互联网、存储能力、运算能力等相关技术都会进入。区块链将所有的投资者、交易者、用户全部联结起来。

当前,中国要建立相应理论,到底将来中国区块链理论体系应该是什么样的?中央已经给出一些方向,这些方向非常符合中国的特点,其中一点就是一定要跟实体经济、实体产业进行结合。如果区块链的发展离开了实体产业,那么可能会造成更大的金融泡沫和社会问题。所以说,区块链与实体行业结合起来是未来中国区块链发展非常重要的一条道路。

当前,区块链进入到实体行业应用还面临非常多的障碍。首先,要进行技术上的突破。现在有非常多的区块链技术,例如在交易速度、交易安全性等方面都有各种突破和创新。其次,要有相应的抓手和支撑,比如数字身份,有没有办法将区块链和公安部相关身份系统进行连接,区块链行业需要可信的身份,这是基础。再次,需要央行的数字货币。央行数字货币的早日发行,能给中国区块链金融提供可信、可靠的基础设施,如果没有可信、可靠的基础设施,那么很多支付环节、应用环节都会遇到很大的问题。此外，还要有相关监管体系，发行金融类型的 Token，可以跟有相应金融牌照的机构合作，非金融类型的 Token 应该由谁监管和进行风险控制？希望能尽快建立中国区块链可信身份链的相关机制。

很多国家都在进行各种各样区块链的落地应用，有的国家在进行土地确权，有的在进行公民身份认证等。希望我们能参照国外的应用案例，积极推动区块链的落地，配套区块链基础设施，促进产业发展。

我们最近在做区块链和行业结合的落地尝试，例如发起中国食品链，现在参加中国食品链的市值已经超过上万亿元。通过区块链推动防伪溯源，解决从土地到餐桌之间的可靠、可信、安全问题。我们希望将来运用区块链技术对源头土地进行确权，将绿色、有机、污染的土地赋予更高的价值，引导城市的资金投向农村。

我们与上海卫计委合作，在上海儿童医院进行病例共享。我们还在基因领域进行探索，运用区块链技术来降低基因测序的成本。当前，进行一次基因测序大概要花2万元左右，做完测序后可以得知未来可能会得什么病，能提前治疗。现在测试成本过于高昂，普通人难以承受，但通过区块链技术，测试成本可以降到600～700元。我们最近也在和中国智能制造产业协会合作中国智能制造链，将来我们还将和国家电网合作分布式能源平台。区块链和共享经济将来也有非常多的合作。

刚才中国人民大学法学院杨东院长提到贵阳是很多金融创新、金融科技的发源地，在未来不管是共享经济、区块链、还是众筹，随着社会对于区块链理论体系的完善，各方面基础设施和政府监管的不断完善，人们对于区块链的认知将不断提升。另外，我认为今年是区块链从之前的讲口号、讲概念到区块链行业应用、区块链联盟链建立落地的关键时期。

谢谢各位！

中国共享经济发展与创新治理

国家信息中心首席信息师、分享经济研究中心主任　张新红

我今天和大家交流的题目是"中国共享经济发展与创新治理"。今天主要给大家汇报三个关键词：第一，现状。了解中国共享经济现在的发展状况。第二，影响。谈谈共享经济给中国经济社会发展带来的深层次变化。第三，趋势。分析共享经济未来如何发展，尤其是创新治理方面的发展情况。

一、共享经济的现状

共享经济风靡全球，但中国的故事最精彩。首先表现为中国共享经济发展成长快，规模大。共享经济的发展，尤其最初几年基本上年年翻番，去年增长也达到了40%多。我们看几个数据，2017年中国共享经济的交易额是49205亿元，其中吸引到的融资达2160亿元，平台的员工数，即共享经济员工有716万,其中参与提供服务的人数达到7000万,使用共享经济的人数大概有7亿。从这些数据可以看到,除了中国没有哪个国家能达到这种规模,所以中国的故事很精彩。我经常被问道:为什么中国的共享经济会这么火?我说,中国发展共享经济有三大特殊优势:第一,中国是网民大国,我国现在有将近8亿网民,任何创新的东西一出现,很快就能达到它的需求规模;第二,我国有后发优势,因为我国的工业化任务还没有完成,就迎来了网络经济,网络经济一推出来,就很容易发展起来;第三,我国有制度优势,中央一旦确定要发展共享经济,很快就可以形成一个自上而下的一体化政策优势。

其次表现为中国共享经济的组成应用广、创新多。如今基本上每个月,甚至每天都有新的共享经济出现,不断出现的新业态新模式让我们目不暇接。2016年就遭遇过共享单车的元年、网络支付的元年,后来陆续有了共享雨伞、共享充电宝、共享汽车、共享宿舍等,我甚至还听说过共享餐巾纸。去年,运输行业里的运满满已走在世界前列,还有"好活",一个专门为农村打工者服务的平台,这些都是国外没有的。在全球的独角兽企业里,共享经济的类型几乎占到35%以上,在中国独角兽企业里,这个比重达到将近50%,共享经济涉及的创新相当多,未来还会出现什么样的创新,我们拭目以待。

最后表现为中国发展共享经济的态度明、政策好。中国发展共享经济的态度是一贯的,我们已经开始形成关于共享经济发展的一系列政策体系。国家高层领导对共享经济非常重视,各种重大决策,包括党的十九大报告、政府工作报告、"十三五"发展规划和国家的信息化发展战略等,都对共享经济有描述和要求。全社会形成了较好的支持共享经济发展的舆论背景,以上是关于共享经济发展现状的几点初步判断。

二、共享经济的影响

第一方面，资源配置方式发生了重大变化。我们过去习惯政府作为主导来配置资源或市场主导配置资源，现在是网络配置资源，这会引发一系列的变化，网络配置资源可以用更少的资源满足更多个性化的需求。这里列了几个数据，滴滴2017年实现的运单总量是74.3亿元，这比除了中国之外的全球网约车运营总量的2倍还多，它光是给出租车链接的需求就有11亿，像运满满有500万司机，相当于总量的80%全部集中在一个平台上，有100万的货主跟他们建立了联系。共享单车，全国共享单车的投入量2300万元，注册用户将近4亿人；猪八戒网，1300万知识工作者和700万家雇主；快手注册，用户有7亿人，活跃用户有2亿人；名医主刀，拿着手术刀的主治医师有3万多个。通过网络，把社会的资源集中起来满足各式各样的需求，这才是共享经济的伟大之处。

第二方面，共享经济改变了我们过去所熟知的生产方式和生活方式。基本上现在从企业创立、资金众筹、研发设计、生产加工、产品销售，到最后的流通服务，你只做你自己擅长的部分，把不擅长的给别人去。这改变了一桶水是由短板决定的理念，用共享的办法去解决，省钱又省力，快速便捷。对于我们个人生活来讲，在座的可能都有体验，现在从吃饭、住宿、学习、就业、运动、旅游、养老都可以试着用共享的办法去获得，不用全部先买下来再去享用。总结起来，企业可以通过共享经济换个玩法，个人可以通过共享经济换个活法。

第三方面，共享经济带来了经济学范式转移。整个经济学的理论可能会由于共享经济的发展不得不作出重大的改变。原来我们熟悉的看得见和看不见的手、计划经济和市场经济，现在有了网络经济、共享经济，经济学基本的概念和它基本运行的轨迹和机制可能都会发生变化，我们过去熟知的理论、公式可能要重新改写。

第四方面，共享经济对就业和社会保障方面产生深层次影响。过去我们的劳动保障处是为8小时制考虑的，现在看可以考虑研究如何为2小时甚至1小时工作制考虑，这样的人会越来越多，将来可能会占到40%以上的比重，那个时候就业的模式和格局会发生重大的变化。共享经济对包容式的增长产生了极大的作用，像滴滴出行、美团网对低收入群体、零就业家庭产生了重大的影响。2017年，共享经济员工增加了130万，意味着去年全年全国新增的就业岗位里每10个就有这些平台企业直接创造的，再加上7000万的服务者，它带来的就业影响非常大。因此不难理解，这几年我们GDP的增长速度降下来了，是因为最近几年我们就业解决得最好。

三、共享经济的发展趋势

一是中国的共享经济正在从导入期进入成熟期。它实现快速增长的同时，各种矛盾也会突显出来，因为是转型期，我们预测，未来三五年，年均增长速度保持30%以上应该是没有问题的。到2025年的时候，交易额占GDP的比重可以达到20%左右。我希望未来在这个领域培养出5到10家像BAT一样的超级大型的企业。未来的发展体现为融合发展，包括技术、产业、数据、城乡之间的融合，将通过共享经济得到较好实现。

二是规范化与协同治理。规范化与协同治理与国际上的呼吁是一致的，即多一些治理，少一些统治。多方参与的协同治理与过去熟知的政府部门主导的管理统治体系有很大关系。我列出了几个方面：治理上，从严格监管走向审慎监管；基本模式上，从人力监管走向网络监管；技术上，从模糊监管走向精准监管；手段上，从强制监管走向协调监管；重点上，从事前监管走向事中事后监管；范围上，从过去行政权力可到达的范围走向全社会的范围；对象上，从过去的对主要的企业的监管可能将来要依托平台，甚至领先平台的监管；主体上，从政府、平台、服务提供者、用户、行业组织、第三方来协同监管。现在技术的发展为我们走向协同治理提供了较好的条件。

最后谈谈有没有下一个风口。未来几个领域在共享经济的推动下是可以大发展的，制造业有了4000多亿的增长额。农业领域有增长，但是还没有做大，可能将来能让我们吃上放心的食品，也能找到属于自己的桃花源。教育领域，可能将来能让每个人都享受到优质教育资源。现在看病难是我们的大难题，这一领域的共享已经开始探索，我相信互联网医院的大趋势是挡不住的。还有养老，中国的养老难题有了共享经济可能会大幅解决。这些领域共同的特点是需求大、痛点突出、技术和模式已经成型，但还没有从真正意义上做起来。

最后做个简单小结，三个基本观点：共享经济是大趋势，也是大机遇；中国发展共享经济是有理由的，而且值得期待；共享经济的治理需要大智慧，现在的行动决定未来，未来会怎样取决于我们现在在做什么。

谢谢大家！

大数据管理促进生态环境的共享经济发展

美国恩福斯（ENFOS）总裁　克雷格·莫德西特

尊敬的各位领导：

我受贵阳市人民政府陈晏市长特邀与大家分享关于生态环境看法。可能大家会觉得奇怪，共享经济跟环境有什么关系呢？实际上环境是一个非常重要的共享经济，当然它不是传统共享经济的概念，而是一个非常重要的共享经济应用场景。中华民族所有人，包括全世界的人都在同一个环境中生活，我们共享着水、气、土壤、食物，生态环境是我们人类可持续的遗传基因，我们之间的连接都是由环境来承载的。

中国经济发展的增长速度是非常惊人的。过去40年，我们可以看到经济增长翻了30倍，但同时带来另一个问题就是环境问题。中国现在是第二大经济体，我相信不久的将来中国会变成第一大经济体。习近平主席提出中国社会要高质量发展，作为世界第二大经济体的中国，面临的挑战是环境压力。中国在"十二五"规划中强调了重视环境,"十三五"的规划里也提出了非常具体的措施。

当然,大家都知道改善环境是漫长的过程,而且会耗掉非常多的资金。成为经济大国以后,中国面临最大的挑战就是全球都在关注对中国环境的严格审查。全球在环境治理和环境、生态清洁度上的推进会越来越强劲,我们需要治理和建设一个让人舒适的生活环境。为什么会这样做呢?我们发现,首先,全球非常多的人死亡归因于环境问题,我们今天的死亡率跟环境的污染是成正比的。其次,城镇化缩小了农村面积,从而降低了土地使用率。随着经济的发展,工业区扩大了,边缘地区变成了城中心,甚至工厂今天都到了城中心。这样一个城镇化的过程和工业化的过程是不可避免的,当地所有的工厂在搬迁以后这些土壤必须经过修复才能使用,这在全球都是一样的。

我们社会的总责任,可以用金融价值来预估。我们可以看到中国在过去十多年的进展,环境治理的责任非常重大,这个过程是比较缓慢的,需要很多理解。好多人说地下水从土壤污染开始,但大家对这个概念不是很清晰。当你在看一个土壤污染的时候,实际上和地下水是分不开的。从2014年到2018年,法律越来越严格,责任越来越清晰,我们伴随着这个挑战,逐渐从制定规范的结构中走出来。其中几个亮点,就是2016年环保部提出的生态环境十条,将为未来更进一步的环境治理打下基础。

给大家举个例子,淡水只有全球总水量的7%,今天我们80%地表水的污染非常严重,所以80%的水是不可以饮用的,地下水73%是不适宜饮用水。我今天特别强调地下水,因为它是隐性的,非常致命的。空气、地下水、地表水三个是联合起来的,三个不可分割。从2002年开始就有数据证明中国政府在每一次公开的场合讲话时,提到的环境责任或者环境的次数和我们经济的次数，可以做一个对比。在中国共产党第十九次全国代表大会上习近平主席又有多次提到生态环境的重要性，在讲话中强调生态环境，强调人类的命运共同体，让大家都有环保的意识。

中国新成立的生态环境部是个非常重要的部门，可以看到中国在下一阶段会很重视生态环境领域。过去分散式的责任，现在把它组合成一个大的管理部门，就能有效把管理落到实处。这个新成立的部门解决了效率和执法的问题，解决机构间运作低效，避免职责归属混乱，消除沟通障碍，获得充分的执法授权。我们的环境，每一处地下水、土壤、大气都有一个大数据，怎么把这些数据应用起来帮助决策，希望能做一个国家级的架构来管理我们的环境。如果构建一个全国性的环境平台，它会覆盖全国，那这个有多强大，并且在技术上是可以实现的。如果这个能在中国实现，那将在全球独树一帜。其实环境部在这方面已经做了大量的工作，基于国家的数据，包括土地、土质、地下水，没有一个国家能一次性解决问题，因为财务预算是可以每年提前出来的。

和构建平台同样重要的是在环境修复重建之后土地的修复。重建需要有一个完整的安排，架构的建立就显得非常重要，环境的修复和重建一定要连在一起，不能分开。关于财务责任和问责的建立，关键是把责任建好就顺应责任制。最重要的是谁来负责，谁有预算。还有法律的健全、监管体系的健全，在做预算的时候，要预估资金、时间，必须按照具体的数据来解决预算工作。

全球的经验，70%的环境修复都归功于数据管理，以前政府使用所有的数据都可以集成在云平台上面，平台基于信息位置可以跟所有县城的数据结合。这个就是我们将来在贵州贵阳构筑的平台。我上个月专门拜访了陈晏市长，谈到整个大产业，谈到了所有建立平台的可能性，我们共同希望在贵阳打造这样一个生态环境的管理平台,有助于解决贵州省乃至全国的环境管理问题。中国共产党第十九次全国代表大会强有力地推进生态环境的管理,环境的管理也给贵阳在大扶贫战略、大数据战略、大生态战略中提供了一个平台。陈晏市长希望我们把这个平台在贵阳搭建起来。美国的经验和教训是,美国1974年开始致力于改善环境问题,要200年才能解决。当年我们做的时候都是以科学试验的项目来做,因为大家也不清楚该怎么做,都是摸着石头过河的。美国当年对环境修复的艰难性和复杂性难以想象,今天中国非常好的就是可以借鉴美国的错误和过失,从而跳过这个阶段。

美国当年的发展实际上也是在破坏环境中发展起来的,全世界都一样。但不同的是,中国迅速的成长超越了全球的想象。中国政府提出了非常严格的管理体系和管理理念,习近平主席谈到人类命运共同体,让中国走出一条新的路。来中国七年,我发现中国所有的城市逐渐在改善,当然也面临很大的挑战,但我相信中国人的精神能把这个挑战应对好。

谢谢大家。

在全球视角下探讨银行业

美国 SAS 公司全球副总裁　Troy L.Haines

非常荣幸来到这里,应该说非常激动能有机会参加数控金融论坛,对我来说2018数博会是非常有趣的经历。我主要从全球的视角下探讨银行业。

我来自风险方案解决机构,主要从全球金融机构的首席财务官的角度发表看法。首先谈谈金融方面的发展。现在提到金融的时候,我们经常会说到安全,与此同时还会讲到敏捷性,很多的客户都会非常注重这两个方面。第一希望能建立夯实的基础,这个基础能用于各种不同的金融用途。还有一个就是敏捷性。什么叫敏捷性?你所建立的机构能很好地灵活调整自己,因为我们周边的环境千变万化,而且还非常复杂,未来有很多的不可知性,我们要建立的机制不仅坚实,而且还要有弹性。比如传统的银行,有法规规定了金融机构从事的原则,而跨行业的颠覆者,往往是非金融传统行业的,它们来自金融技术和虚拟银行之类,成为新的颠覆者和挑战者。

像苹果、腾讯、阿里巴巴、平安银行都是非传统性的金融机构，虽然数量并不多，但是对整体的环境却造成了巨大的挑战和影响。我主要强调五大变化力量，这个是在全球风险管理过程中讨论到的五大话题。下面我简要地给大家讲一下。

第一，监管。监管是非常重要的。今天的CIO和CFO，他们所看到的是怎么样利用好监管政策，满足多任务和多目标。投入并不是单点的投入，或者是实现单个目标，他们希望自己所投入的东西会在不同的应用当中得到收益，这是他们想要做的。

第二，效率。银行以及一些金融机构，或者是在商业过程当中，它们的目的是逐利的。我个人认为，我们银行业仍然面临着在效率提升过程中的一大挑战，原因很多，效率仍然是非常重要的部分，是金融机构和银行乃至个人或者是企业风险管理过程中的重要组成部分。

第三，目前我们所关注的一个点就是流程自动化。所以机器人技术，还有流程的工业化，以及把人力变成机器力，这些都是CFO以及CIO在思考的问题，也就是怎么样能实现流程的自动化。今天的技术与往日不可同日而语，目前有人工智能和机器学习的技术，并且有广泛的风险管理的应用场景。作为企业，我们在应用研究，尤其是在客户决策研究方面的投入是非常多的，有很多的创意都是围绕着这种先进的分析技术以及其他广泛利用的技术来展开的，有可能是在产品层级，或者是在消费者层级。我们也看到有很多的技术是运用在建模以及建模校对的层面上。即传统的模型，尤其是在风险管理层面，需要长期的时间积累才能开发出来，而且需要非常详细的分析，通过监管者详细的审核，才能最后形成，并且利用。有了先进的分析技术之后，要产生建模的过程就更加简洁了。在应用先进的分析技术之后，数据分析成本和时间以及模型实施的时间和成本都会降低很多。

第四,新兴的风险。我在这里不用再为大家重申这种新的风险,比如网络风险,以及地缘政治风险所产生的一些重要的影响力。有很多的CIO、CFO花了很多的时间来了解新兴的风险。新兴的风险对于风险管理者来说是非常头疼的问题,因为需要我们用一致性的分析手段来处理。有很多的银行在进行场景分析的能力建设方面是滞后的,而且潜在的分析成果或者是结果是非常多的,董事会做决策非常困难。

第五,文化聚焦。对于风险管理要取得成功是非常重要的,也是非常核心的。在机构周围进行文化聚焦,不仅在总裁层面非常重要,同时员工也必须要了解文化。信息是来自于董事会或者CEO,是从上而下来贯彻的,强大的企业的CEO对于风险管理以及公司治理这两方面非常看重。

这五点都是全球化的主题,而且也是决定未来成功的关键。传统的银行必须进行自我转变。一个比喻,大象因为体重没有办法跨过这座桥,传统的银行速度非常慢,没有办法走得很快,也没有办法在负重的情况下跨过这座桥。与之前相比,现在新兴的银行机构必须非常灵活、非常高效、非常快速地做出抉择,而且在加强基础建设方面也要投入大量的精力和资金。我们为了同一个目标搭建平台就是一种灵活的、敏捷的方式,而且一个投入会产生多重的产出或者是目标。但是基础的搭建或者奠定非常困难,不是一蹴而就的,因为让一个传统机构转变成新兴机构本身就是非常困难的,必须消耗大量的时间和精力,它是一个漫长的里程,而不是一天就能完成的。只有时间和精力的投入,才能把机构打造成为敏捷的机构。我们需要先进的模型,需要先进的分析技术,帮助企业做出非常好的抉择,并且在新的环境出现之前,在环境出现改变的情况下,都能适时去适应以及自我更新,这是一个敏捷的企业能取得发展以及成功的前提条件。

SAS公司已经有42年的时间了,每年的营业额都在增加。在过去的42

年当中，我们占领先进分析市场30%的市场份额，一共有83000多用户，来自148个国家。2017年我们的营业额达到了32.4亿美元，员工达到了1.4万人。SAS公司承诺要把营业额重新投入到研发过程当中，从而提升产品品质，帮助我们的客户取得成功，我们投入研发的经费占我们营业额的26%，是行业平均标准的2倍。

我们对贵阳大数据的发展是做出承诺的，我们愿意与中科征信一起合作，并且在贵阳建立一个金融研究中心，我们非常高兴在这些领域已取得进步和成绩。

我的发言到此结束，感谢各位！

数字融合新政策:中国改革再出发,数字融合向何方?

中国国际经济交流中心副理事长、中国商务部前副部长　魏建国

各位来宾,各位朋友:

数字经济将彻底改变人类命运,贵州大数据在全球占据重要的地位。现在用一辆小黄车就可以让我们随便去任何一个地方,这在中国已经实现了。能实现这个梦想,最主要的是我们大数据的应用。那么全球数据化发展,中国能领先吗?借用中国的一句古诗来形容,中国大数据在全球是"小荷才露尖尖角",为什么这么说? 2017年12月8日,中央政治局进行了学习,把大数据上升为国家战略,要想实现这个战略,我认为必须解决以下三个问题。

第一,数字经济是什么?我不太同意说数字经济是一个产业、一个产业链条。我认为数字经济就是三句话六个字:首先是出招,不仅要出高招,而且要出绝招;第二是解惑,不仅要给企业解惑,更要给老百姓解惑,政府解惑;第三是指路,给地方政府、民营企业、国有企业指路。

第二，数字经济的服务对象是谁？首先是要用于商，所有的企业。第二是要用于政，所有的政府。第三是要用于民，老百姓日常的生活，同样也要用于军。

原来说中国大数据发展的软肋是什么？有人说是资金问题，有人说是人才问题，还有人说是我们缺乏创新，我认为都不是，中国大数据的发展真正的软肋是理念。这个理念关键在于我们如何进一步认识数据经济。刚才我讲的数字经济将彻底改变人类命运，如果没有提到这个高度不行。晚上从太空看地球，可以发现地球上那些闪光发亮的地方正是人类经济活动的集聚区，当然也有黯淡的地方。贵州正在逐渐地发亮，它在"闪"。大家都知道"发亮"和"闪"是什么概念？什么含义？我认为贵州这一块是有亮光的，但是它是不是能变成闪烁一片的星光天空，还有待下一步的努力。

那么我们怎么来看待这个努力，如果把现在中国民营企业比作中国的经济细胞，把资本比作中国的血脉，那么大数据就是整个人体的任督二脉。应该看到，资本需要效率高的地方，人才需要发挥价值的地方，所以当前贵州虽然兴起了，但是"小荷才露尖尖角"，在全球大数据发展中的整个身份还没有更好地定位。因此，当前必须着力解决第一产业大而不强、布局开而不减、体系全而不精、结构优而不明、龙头企业不强、产业集中度不够、产业布局偏低、技术华而不实等问题。

世界上多数人是看见事物以后才相信，只有少数人虽然没有看见事物出现，但他坚信一定会实现，因此美国出现了乔布斯、比尔盖茨，中国出现了马云、马化腾。世界上多数人只会沿着现有的答案和现有的游戏规则办事，只有少数人尽管有了现有的答案和游戏规则，但仍然在苦苦地追索新的答案和新的游戏规则。我衷心的祝愿在座的各位是世界上少数人。

谢谢大家。

促进数字城市与数据产业协同发展

国家战略性新兴产业发展专家咨询委员会秘书长　杜　平

首先,我表示两个祝贺:一是祝贺这次论坛能够顺利召开,大家知道现在国家有很多重要的会议,需要接待很多重要的人物,我们能把这个会议做到这样的档次非常令人欣慰。二是一会儿有一个关于贵阳市继续率先创新探索的议程,希望在大数据治理领域贵阳能够走在前面。我认为大数据治理确实迫在眉睫,需要涉及一系列的规制、标本、协议、授权,并在此基础上制定法律法规。我们讲经济是规制的基础,如果把大数据产业运用在大数据经济治理,规制就能起到重要作用,所以我也祝贺贵阳市能够请到车品觉老师。车品觉老师及他邀请到的在不同领域具有一定话语权、影响力的专家共同组成了委员会。我希望委员会做到"三好"建设,让主管部门放心,让企业家、投资者开心,更重要的是让消费者能够获得很好的体验感,然后立足贵阳,普及全国,甚至走出国门。

其次，我简单介绍一下我头衔，当时恰逢发改委办公室组建一个专家委员会，我退下来以后领导就让我做秘书长。中国的秘书长有两类，一类是有实权的，一类是服务性质的，我就是负责服务的。我们收集关于战略性新兴产业五大领域、几十个行业的信息来建立信息系统，特别是针对主业是战略性产业上市公司的企业信息系统。我们编辑、起草、完成、出版季度报告、半年报告、年度报告，进行专项调研、精准报告、向国家发改委通报、完成部际联席会交给我们的任务。2018年我们有两个任务，一是对国家战略性产业的目录体系修编提出建议；二是对国家战略性产业规划进行周期投资。

论坛邀请我做演讲嘉宾，让我谈数字城市和数据产业，这是一个很宏大的议题，很难在15分钟或20分钟内说清楚，我一直也在反复思考。下面简要讲这么几个问题：

首先，数字城市是我们现在推进的新兴智慧城市、平安城市、创意城市的集合或集成，它们不可分割。但就共同的基础来说，无论是平安城市、智慧城市还是创意城市，都会生成人类行为的数据，这个数据是形成数字城市最基本的内容。举个例子，我们通过各种各样的探头、传感器，无时无刻不在生成数据，我们的通信也在无时无刻生成数据。新兴智慧城市则更简单更明显，我们的智慧政务、智慧交通、智慧环境、智慧教育等，特别是支撑智慧城市发展的一个方面——智慧产业，也都在无时无刻生成数据，包括我们所讲的工业互联网4.0，也在创造以物或者以人为核心的重要数据。创意性城市也是如此，其中很重要的一个点是，无论是创意文化还是数字版权、数字音乐、电子书、影视，一定要形成数字化。所以当我讲到智慧城市的时候，脑子里想到的是新兴智慧城市、创意城市、平安城市三者密不可分。

第二，数据产业与大数据产业在我们很多语境下好像讲的都是同一件事，但实际上是有很大区别的。我认为数据是指人类所有的活动、行为轨迹，对这些数据进行采集、传输、存储以便于统计、会计、审计，最后可以变得可视化。过去我们没有讲大数据产业的时候，它不存在，大数据产业也只是几年的事情。就像现在讲到的，会计是不是产业？审计是不是产业？统计是不是产业？数字版权是不是产业？都是。所以我们讲产业往往会停留在这个层次，但是这个世界变化之快，大数据产业应运而生最后都会走到人工智能、走到云，大数据产业的升级成了人类所有行为和活动的留痕，数据也变得产业化。宽带、窄带、微信、卫星传输、量子通信等传输工具使得海量数据、非结构化数据都可以实现，存储也一样，数据库云服务也都是一样的，而且这些都能找到大规模商业化应用的场景，大数据产业就是在这样的背景下发展起来的。

第三，数字城市与数据产业是一体两面，在一个广域空间里两者是互为条件协同发展的，但是在更小的空间尺度里，两者又是分离的。一个城市里面数据产业发展得好不代表数字城市就繁荣兴旺，这和工业化不一样，换句话说，数据产业里的很多东西，像云平台、数据中心、数据挖掘一系列软件的后台可能集中在少数城市完成，但大部分城市都可以享受到成果。先将数据产业做成应用，再分享应用带来的利益，哪个城市的应用更好，这个地方的数字城市就一定能得到很好的发展，应用过程当中又会衍生出很多数据产业。大家知道数据的网络效应就是流动性很强、成本无限，所以需要大量人才，特别是高端人才。资源虚拟化这些因素决定了一个数字城市和数据产业之间在一个广义的空间里是可以搭配的。数字中国和数字城市、数据产业不匹配是不可想象的，但是就许许多多城市而言，数据产业如果从源头做起，就会走很多弯路，不符合大数据产业发展基本特征或者说基本的规律。

第四，数字城市的形成，从产业化的路径上来看，现在主要是通过"大数据+""互联网+""云服务+""物联网+"等实现。从经济形态和商业模式来看，主要体现在共享经济、平台经济、位置服务经济、数字经济本身。所以我们谈数字城市包括数字社会的时候，要有一个概念上的界定，虽然二者紧密结合，但是在概念上是不同的。它们之间有相关性，但也有一定区别和界定。

第五，我认为加快数字城市建设当前的突破点或者说增长点在于政务数据，特别是政务数据怎样采集、传输、存储、开发最后到利用人工智能。为什么这么讲？有这么几个理由，首先，政务数据量大，社会上80%的数据来自政府以及政府主导的数据采集能力，或者是采集设施、终端。这些数据量大、质量比较好、开发潜力很大、价值也很高。此外，政府现在全力推进国家数据共享平台、国家数据开放平台，实现国家大数据中心一体化。其次，政府想走在前面就得率先立法、加强严格执法，2018年贵阳市成立了大数据治理委员会，目前来讲可能由贵阳市政府授权一个团队，将协议上升到政府，为政府形成一条条规则。现在在国际上一搜这些协议，会发现全世界都在使用，就像我们互联网协议一样，都是由业界形成的。政府现在做就有利于与业界形成互动，有利于政府科学、精准化地行使权限，进行经济调控、社会治理、阳光监管，参与国际上的大数据网络空间的治理。

最后，我认为当前大数据发展首要的原则就是创造需求、寻找需求、抓住需求，而且我认为需要和云计算、人工智能融合集成、协同发展共同推进，既要不断地拓展、培育、创新各种应用场景和新的业态，也要不断提供可迭代升级、可形成稳定现金流的产品体系和服务体系。这里用很快的速度分享一下对这个场景的理解，政府部门决策、网管部门监管、安全部门的舆情分析、社会的治理、互联网通信系统等等都需要互联网舆情大数据分析，这个产品序列现在在国内发展比较快也比较早，但是在深度挖掘方面还有许多事情要做。城市进行智慧城市建设，在监控和管理方面要形成一系列大数据分析，如公共摄像头、环境监测、空间一体化的气象分析，交通运输、电力等安全监管，这是我们城市能够精准化监管的重要基础，没有这套系列产品，我们做不到城市精准化监管。

物联网会给我们移动的终端信号带来更大的发展空间、更大的需求，因为终端无论是动还是不动，都在不断地发出信号，也就意味着不断地生成数据。当前新媒体、自媒体、各种各样的网红、今日头条、抖音等等，都面临一个怎样治理的问题，要使它既能规范健康地发展，又活跃我们人民的生活。

同时，现在极其需要对信用进行分析。我曾经在一个地方讲过，衡量一个地方营商环境、最基本的就是信用环境。城市信用很差、政策多变、预期不明，怎么招商引资？所以这个产品应该具有一个很大的空间。我们最近对现在讲的数字创业产业做了调研，发现这里面真是一片蓝海。像数字版权、知识产权，涉及市场交易有知识产权的确权、产权保护等等，通过引入大数据、人工智能、区块链、云服务，都会形成很大的一个体系，这都是大数据产业的范畴。

谈到工业互联网、工业4.0和各种各样的物理终端的数据，现在这个数据的开发对全社会来讲还比较远，还有新技术的研发、推广中产生的数据，像北斗卫星的星系图网接近完成、3D打印形成的数据、区块链、AR等，重要的标志就是都会形成数据，牢牢记住这个，我们大数据产业就不会成为无本之源，可以实现快速发展。虽然大数据的发展看起来可以，但是仔细一看一想,也才刚刚起步,深度挖掘应用场景、精准科学地进行规制、充分适应人民群众对数字社会需求变化的愿景,都需要我们做大量的事情。

谢谢大家!

大数据产业发展现状与展望

中国信息通信研究院云计算与大数据研究所技术主管、
大数据发展促进委员会办公室主任　姜春宇

今天给大家分享的题目是"大数据产业发展现状与展望",我们更关注包括大数据技术、产业等整个宏观层面的问题。我今天主要从四个方面来给大家介绍一下2017年、2018年以及未来的一些趋势,包括产业发展情况、重点大数据技术发展情况和数据资产管理以及对大数据和实体经济融合的一些感受。

从这个时间轴大家可以看到,大数据在政府报告里面和政府关注程度是怎么样的一个走向:2014年大数据首次写入政府工作报告;2015年国务院发布了《促进大数据发展行动纲要》,把整个大数据的大旗给竖起来;2016年工信部发布了《大数据产业"十三五"发展规划》,对我国未来五年大数据产业的发展有了一个详细的布局;2017年党的十九大提出推动大数据与实体经济深度融合,到2017年12月中共中央政治局常委对国家大数据战略进行了集体学习,总书记提出了五个方面的要求:一是推动大数据的创新发展,二是以构建数据为关键要素的数字经济,三是运用大数据提升国家治理现代化水平,四是运用大数据促进民生保障,五是保障国家安全。

再来看看整个大数据产业规模,2017年是4700亿,2018年预计达到6200亿。当然这个统计口径是宏观宽口径,是大数据自身的产值和其他行业的拉动,现在增长率依然是非常强劲的,2018年应该比2017年30%的增长速度还要快。我发现大家2018年的业务指标比2017年翻了很多倍,不只是30%,很多企业可能是两到三倍,所以2018年整个大数据是非常火热的,会有很多项目,现在有实际的干货和实际的一些项目落地。整个核心大数据产业规模是200多亿,我个人感觉应该要比这个数字更多,因为2018年确实是如火如荼,产业规模是329亿,比2017年234亿多很多。

我们看一下重点大数据技术发展现状。我们院主要关注技术对产业的塑造。整个大数据目前有三大核心技术:第一是大数据的分析技术,第二是大事务处理技术,第三是大数据流通技术。数据要流通、要融合,但是现在法律法规方面确实存在很多缺失,整个数据流通里面合理合规的规矩没有,而且政府有些法规是不允许两个主体进行流通的,所以需要一些技术实现知识的交换或者数据的加工,这方面需求会越来越强。

整个分析的技术发展是不断迭代的过程,从2013年开始到2017年,真正意义上的开源产品是2016年的产品是Hadoop,再就是深度学习。大家会发现整个技术圈的规律是分久必合、合久必分,因为大家不想数据搬来搬去,所以放在一起分析或者一起用是最好的。现在来看基于深度学习和基于Hadoop的体系,在2016年摩尔定律实效了,必须向分布式转化。我们看到大数据的变化,存储越来越快,而计算引擎这一块也发生了很多变化。以前我们只谈CPU,现在有了GPU等新的芯片技术,未来可能有好几种芯片，而上层的软件需要去兼容下面的芯片，这是对整个大数据软件层面的一个挑战。

我们再看一下分布式的事务型数据库，从2006年的Oracle、DB2到2010年加入了半自动化分布式的架构，2010年以后谷歌的Spanner、蚂蚁金服等全分布式产品陆续诞生。现在很多行业都在使用分布式的事务数据库，金融界已经有很多试点了。在数据流通方面我们出了《数据流通白皮书》，总结了几类在数据流通领域可以应用的技术，比如说安全多方计算和区块链等等。区块链就是把数据上传上去，数据在上面流通，每个人都能看到，相当于公开、不能篡改。2013年、2014年就有了"多方安全计算"的概念，但是这两年才慢慢有一些落地的产品，像安全屋、沙盒这样一些概念被提出来，双方都不想把数据拿给对方，两方进行数据融合或者分析的时候，会选取一个第三方的平台把数据融进去，然后把数据拿走，再把原来的数据销毁。我们总结了一些基本的技术，比如说零知识证明、群签名、环签名、差分隐私等等，把一些关键的信息屏蔽掉，但是把一些知识或者想分析的结果拿走。

回顾完技术，再看一下数据资产，我们对它的定位是整个大数据时代的必修课，是一件必须要做的事情。这几年大家一直在谈数据是资产，这个概念已经是共识了，但如何管理数据资产还需要逐步完成，形成一个完善的体系。大家都认为数据有价值，但是这个价值怎么去释放、怎么去管理是现在需要慢慢建设、建立体系的。我们看到在数据资产管理方面涉及的一些要素或者是一些活动职能，包括云数据管理、主数据管理、数据标准、数据开发管理、数据交换标准、数据质量管理等等，我们也在研究这一套理论框架。国内外现在还没有特别成熟的体系，数据标准非常缺乏，数据质量不统一、管理效率非常低下、数据的安全体系非常薄弱，这会暴露出整个企业以后发展的问题。

我们提了一套企业级数据资产管理的框架，从源数据开始到数据质量的管理、数据安全管理、数据整个生命周期的管理，以及数据的采集集成、存储，包括一些保障措施，都有相应的职能机构，对这些职能机构的考核、规章制度、管理流程形成详细的标准、业务术语、指标体系。这些都是一个企业内部必须统一定下来的，不然一个部门、一个企业大了以后，它对真实数据的描述是不统一的，基本上要在这个规范里面把大家的认识、业务的描述进行统一。质量就不用说了，有了数据要怎么才能把数据用起来，它必须具备一定的质量、达到一定的水平才能使用它，另外，还有安全和数据流的管理。

我们认为资产管理不只是一个企业层面的，它可能从个人上升到企业、行业甚至国际层面。现在大家都关注 GDPR 的隐私保护法，这是跨国企业在欧盟这个领域做数据类的生意时应该注意的规范。如果企业不注意的话很可能会遭到很重的处罚，所以现在很多跨国企业都非常敏感。还有国际层面的一些数据的跨境流通问题，国家层面就是数据的保护问题，这当然是网信办特别关心的一个层面，行业、企业、个人都在积极形成一些针对每一个层级，跟数据有关的、安全的、隐私的资产管理。

最后讲一下大数据实体经济融合的道路。整个大数据这两年与各个行业的发展、融合是非常迅速的，但是它的发展是不均衡的。在金融、政务、电信这几个领域的发展相对比较快，但是像农业、制造业、工业、医疗领域，由于种种复杂的原因，信息化长期不被重视，有一些是缺乏人才，有一些行业干脆因为大数据会给它带来一些阵痛而抗拒大数据，所以行业发展不均衡。就政务来说，有些委办局是发展比较好的，像公安、教育局，有些委办局是发展是不好的，政务发展差别很大。大家了解一下就知道，政务领域信息化重视程度不一样，专业素养也不一样，地域分布也不均衡，北上广深会领先一些，而中西部发展水平仍然比较低。

另外，看一下大型国企的大数据之路，以金融领域、通信领域、电网领域、石化领域四个行业为主，整个信息化其实对这四个领域都有非常大的投入。金融和通信领域是发展比较好的，原因是通信跟信息化是一个硬币的两面，人员结构和专业素养是比较容易迁移的，因为它要做套餐和各方面的计费，所以很早就有IT系统的支撑，慢慢发展出一些信息化的手段。而金融领域也需要信息化和大数据的手段保证业务的发展，所以凡是跟个人业务比较紧密的发展都比较好。而电网和石化在信息化方面是比较好的，但是在数据领域相对滞后一点，因为它们与个人用户离得比较远，都是比较重型的领域，大数据分析的诉求或者动力稍微弱一些。我们观察到企业信息化支撑或者做法是不一样的，有些是统一一个供应商，这样信息化或者大数据系统容易做到统一；有些是多个IT厂商一起做数据的梳理和收集，这样就容易造成一些壁垒。

企业大数据能力建设的核心，一是平台；二是要构建多种数据能力，像采集的、获取的、管理的、应用的多级能力；三是要以应用为驱动，要找到自己核心的撒手锏；四是以人才为核心，打造一个人才梯队，所有的必须要由人操作、执行。

最后看一下大数据实体经济融合的一些成功要素：一是一体化的大数据平台；二是平民化的数据应用，这个平民化的数据应用非常关键，未来大数据要进一步融合，发挥价值，必须落地到一线人员，他拿的这些分析工具对他要有一些帮助，比如说销售员能多销售一单或者做一些其他方面的事情；三是完善的数据管理体系，现在这个是比较薄弱的，各大企业都在进行大数据管理体系的打造。我们以前看到生产系统和数据系统融合得不紧密的，而未来，数据系统将成为生产系统非常重要的一部分，它俩的回路会非常紧密。其实互联网的数据分析系统，比如推荐各种广告系统，跟它的业务系统几乎是一体的。而很多领域、很多行业与数据系统也是逐步靠近的，数据对整个生产的影响是越来越紧密的。

我们有四个展望：第一是制度与技术双管齐下，要打破"数据孤岛"；第二是内部与外部多重并举，推动数据治理，现在金融领域和其他领域数据合作非常多，引入很多外部数据，要将它们有机整合起来；第三是业务与数据加速融合、深化数据应用；第四是监管与自律同时推进，保障数据安全，就是我们常说的要防止数据黑产的诞生。

以上是对我们工作的一些介绍。我们一直做产品标准化的评估，包括推进电信、工业、政务、金融等等行业的融合，也发了各种各样的技术白皮书，做了很多资产管理的框架和国产的分布式数据库。

今天就分享这么多。谢谢大家！

观点再现

王玉祥（贵阳市人民政府副市长）：贵阳把数据的开放共享、数据的安全和区块链技术的运用，作为落实发展大数据战略的三大发展方向。数据的开放共享主要是指政府数据的开放共享，包括数据的安全、区块链技术的应用，这是贵阳明确提出发展在大数据方面的战略方向。希望通过数据开放和共享来重塑大数据的生态，以数据的安全来保障网络空间的治理，以区块链技术的应用来引领信息技术的创新，共建社会的互信机制。

李　丰（百度金融区块链负责人）：我认为目前区块链行业应该专注于技术，有三方面的技术问题还没有解决：一是技术问题，很多算法和性能问题才开始凸显。二是技术标准，当前区块链还没有行业标准，大家都是各自为政，各个方面还处于探索阶段。三是技术和应用的探索，需要做更多持续和深入的工作。

唐　凌（西安纸贵互联网科技有限公司创始人兼CEO）：如何成为区块链的"头号玩家"？主要在于基础设施、应用和治理方面的工作。区块链最重要的难题并不在技术和应用上，现在看到有各种各样公有链、私有链的环境，技术研发不断成熟，不断适应商业环境。同时我们也看到越来越多主流互联网公司开始进入区块链领域，所以说不会缺少好应用，"杀手级"的应用一定会出现。因此，要使一个好的区块链产品能够真正地商业化、真正落地，则涉及两个方面的治理——链上治理和链下商业治理，让区块链网络能够去中心化、安全稳定地运行。

杨　勇（北京金股链科技有限公司联合创始人）：公有链在未来的定位有四个方面：第一，它是一个技术性的合法网络，而不是平台；第二，它是一个完整的智能合约协议框架，不同的资产领域、国家根据其法律法规会有不同的合约出现；第三，它是一个开放的分布式网络；第四，它是链上链下的网络生态。

崔书峰（北京摩拜科技有限公司副总裁）：中国共享经济"烧钱"发展模式存在四大弊端：一是融资增长过度；二是缺乏造血功能；三是竞争缺乏差异化；四是滋生用户心智依赖。我认为共享经济必须要把握好市场和政府的边界，扮演好企业和政府各自的角色，才能更好地实现良性发展。

朱明跃（猪八戒网CEO）：构建人才共享平台，一是可为全球的人才提供收入来源，实现人才的自由就业和创业；二是可为中国一亿个市场主体突破时空限制提供机会；三是可扩展人才服务半径；四是可为社会资源、人才和需求方之间建立起更好的连接和匹配功能。

郑　磊（复旦大学数字与移动治理实验室主任）：政府、平台、用户和资源提供者之间可以互相点评，提升服务水平和约束，社会组织在第三方的位置进行协同的补充机制。通过这样三方协同的机制，提升各方的获得感和满意度，共同解决社会问题，追求实现政府、市场和社会的多方共赢。

赵　越（联通大数据有限公司执行董事兼总经理）：在数字经济时代，作为运营商我认为有三个关键字——"云""网""数"。"云"是融合实体经济和数字经济的基础，"网"是连接、是桥梁，在"云"和"网"的基础上，大数据作为生产要素被广泛应用，赋能实体经济。

蒋国飞（蚂蚁金服副总裁兼技术实验室负责人）：要支撑普惠、可持续的数字金融，需要我们重塑金融体系的科技力量来支撑这样的数字金融时代，我们认为有三个方面非常重要：第一是连接，要利用非常低的成本和非常实时的手段，帮助我们的用户、商家及服务合作伙伴完成连接；第二是用技术和数据的能力来降低金融的风险；第三是建立信任，我们希望在数字经济时代每一个值得信任的人都可以获得信任。

王　宁（牛津大学 NIE 金融大数据实验室数据科学家、高级研究员）：大数据可以从两个方向去看：一是大数据给了我们"上帝之眼"，能够让我们处在一种前所未有的高度来俯瞰整个星球。二是大数据相当于显微镜，更多的数据可以帮我们发现之前忽略的信息，但最大的问题是怎么处理这些数据。

杨　昕（汇桔网副总裁）：在大数据快速发展和中美贸易战的背景下，知识产权的重要性越来越突出。根据世界知识产权组织的统计，无形资产已经远远超过了有形资产，在全球价值链上的贡献值超过了三分之一。按照行业的通值中位数来看，它至少是有形资产的两倍。任何一个产品和服务从研发到生产加工部件，到组装、经销、成品，每一个环节上的增值都为整个产业链进行了增值，而无形资产以技术、设计、品牌、价值为代表，以知识产权为主的核心资产价值越来越重要。

崔成江（中山大学教授）：连接和变现既是大数据产业下企业追求价值的方向，也是价值的奥秘。连接线上线下只是走完了成功的第一步，能够通过各种各样的模式实现交易才是变现的最终目的。希望能够通过技术进步、技术创新做到行业自连、产业互联，达到大规模的连接，推动国家或者是地区的产业升级。

黄润中（中国银行业协会秘书长）：在促进金融科技在大数据驱动的战略下实行智能升级时，要把握住融合国家战略、融合实体经济、融合民生需求、融合行业发展、融合风险控制、融合新技术的跨界应用，从而为打赢三大攻坚战，为落实银行业服务实体经济、防控金融风险、深化改革，为进一步加大金融开放的步伐，牢牢守住不发生系统性风险的底线服务。

李倩（中国互联网金融协会会员部主任）：在金融机构层面，大数据技术广泛应用于精准营销、服务创新、经营管理、风险控制等方面，助力金融发展；在金融消费者层面，大数据技术可以减少信息不对称，降低边际成本，使更多人享受到价格合理、安全便捷的金融服务；在监管层面，大数据技术能够使统计监测、分析预警、风险预警更为准确高效；在行业自律方面，中国互联网金融协会作为国家级的行业自律组织，积极探索大数据技术在行业自律管理中的应用和发展。

叶大清（融360联合创始人、董事长兼CEO）： 金融的宗旨是服务实体经济。数字经济是一个国家的核心竞争力，包括数字教育、数字医疗、数字金融。数字的能力更多时候提高的是一种效能、一种能力和质量，所以数字经济不光是提高效率，同时帮助我们广大人民群众提高金融服务的获得感、幸福感、安全感。

罗　彤（北京融汇金信信息技术有限公司CEO）： 现在金融机构的服务主要以客户为中心转移，将面临以下几个挑战：第一是客户群体大。一个客户经理经常服务几百上千人，很难保证把大家都给服务到位；第二是客户的问题很多。客户提出的问题五花八门，广度和深度都是客户经理难以完成的；第三是客户存在个性化的差异；第四是金融机构和客户正处在一个多触点的过程中。由于用户可能处在不同的触点中，所以服务方法需要具体问题具体操作。

吕　雯（北京联合天成价值网络科技有限公司COO）： 在区块链技术层面有四个方面的问题：一是区块链技术本身还需要一段时间来成熟和完善；二是区块链和现有的集中式系统不是完全替代的关系，区块链只是提供了比较好的可信信息交互机制；三是区块链要处理好跟其他新兴技术的关系；四是在技术领域，底层技术和上层应用在区块链发展初期还属于相互迭代的阶段，我们需要根据上层的应用不断地优化和整合底层的基础架构，同时底层的基础架构也需为上层应用的扩展提供更好的支撑。

罗　宁（贵州省政协副主席）： 以大数据为代表的数字经济在贵州成功发展，成功打造了我国数字经济的贵州样本。未来五年，贵州将奋力推进国家大数据综合试验区建设,实现大数据与经济社会融合发展新跨越。与此同时,贵州将深挖大数据商用、政用、民用,实现经济社会发展从数字化、信息化向智能化加速。

傅 茜(财新传媒全国营销总经理):把脉数字经济发展,推动数字经济领航中国新经济发展,有利于促进我国经济向形态更高级、结构更合理的方面演化。数字经济在带动整个国民经济的同时,也让老百姓感受到实实在在的收获。发展数字经济既是大势所趋,也是人心所向,我们有理由推断,国家对推动数字经济发展扶持力度会与日俱增。

汤俊峰(传化智联股份有限公司副总裁):数字经济包含了很多新技术,在此基础上要实现各种各样数据的汇集,并在运用数据的过程中产生新算法,把这些算法再应用到服务中去,让数据在生产和商业中的作用得到有效发挥。过去,数字技术服务了我们的生活与消费。未来,数字技术将改变我们的生产与制造。

维多利亚(Grid Dynamics 创始人兼CTO):大数据技术在零售业方面的应用:第一,根据客户的行为分析同时进行深入的洞察,以360度的视角使电子商务的体验在各个方面都实现个性化。第二,根据同样的客户洞察和物联网位置数据,通过最佳的产品布局,引导导航和个性化建议丰富店内消费体验。第三,运用预测分析和深度学习,通过个性化搜索结果、视觉搜索,提出更加相关和针对性的建议,提高转化率。第四,通过调整基本价格并进行针对性的优惠、促销和增券活动,动态和程序化地定价,运用机器语言优化商业目标。第五,通过运用预测分析和机器学习,可以优化供应链、减少库存并改善订单来源，从而提高经营效率。第六，挖掘新兴的 AI 设备构建生态系统，通过语音和聊天实现对话式商务。

王　彬（亿欧公司联合创始人兼执行总裁）：大数据产业发展可以分成三个阶段：一是线上大数据——PC 时代；二是线下大数据时代；三是物联网时代。实现万物互联，所有场景都可以主动产生与人的互动。

颜艳春（盛景网联科技股份有限公司合伙人）：以存在感、仪式感、参与感、幸福感为体验的新消费主义开始诞生。消费有三个重要的趋势：第一，不再是拥有更多，而是拥有更好；第二，不再是功能满足而是情感满足；第三，从物理高价开始走向心理溢价。

苏小新[中商惠民（北京）电子商务有限公司执行总裁]：B2B 对于传统批发贸易来讲，就是达到了线上和线下的融合，它的支付是线上，物流是线下，交付也是线下。B2B 要经历的三个阶段：第一阶段，快销品 B2B；第二阶段，化学阶段；第三阶段，建立社区生态圈。

袁　刚（豫园集团老庙黄金副总裁）：把新零售分为三个层次：一是线上零售、电商，是比较成熟的业态；二是融合零售，以前是 O2O，线上、线下流量打通、用户共享；三是创新零售。同时，新零售强调电商，是希望通过电商的销量基础去推动组织、供应链以及产品研发，必须用量而不是用管理的方式去说话，任何组织当中都是这样的逻辑，谁的销量大谁就有发言权。

徐　昊（中共贵阳市委常委、贵阳市人民政府常务副市长）：数字城市在数字经济、数字文明的发展中承担着非常重要的职能和责任。发展数字城市、推进数字产业一定要构建一个让城市和产业能够健康、有序发展的规则。这种规则是保证数字城市发展的前提和基础。

王亚松（国信优易数据有限公司CEO）：数字化是数字城市的建设基础，数字资产化管理是城市操作系统的基石。基于数字城市的智慧城市建设，在城市的应用服务智能城市方面，需要做好两个方面的工作：一是打通数据的底层平台，二是建立城市操作系统。

宁宣凤（金杜律师事务所合伙人）：数据资产化顺应了大数据时代的发展潮流，但是数据权属方面的法律缺失给数据资产化开发带来了困扰。走出数据权属困境主要有四条路径：一是数据分类；二是非个人数据的商业化开发；三是个人数据的商业化开发；四是学习先进典型案例。

王益民（国家行政学院电子政务研究中心主任、国家电子政务专家委员会副主任）：数字政府的推进路径有三个方面内容：第一，要高度关注数字治理与数据协同。在数字化的大背景下，一是我们要明确政务数据资源的属性，它的所有权、使用权、管理权。二是要强化数据的"源责权"，就是源头上的责任权和治理权，确保一数一源。三是从业务协同到数据协同。业务协同阶段通常被划分为信息共享、协同和服务管理三个阶段。第二，要从业务数据化到数据业务化。让数据成为推动业务创新的核心要求。第三，要建设一体化便捷高效的服务。也就是说，增强互联网环境下政府服务的供给能力，能有效解决跨地区协同办事难，服务标准化、精细化和便利性不高的问题，加强基础支撑保障。

徐宏伟（浪潮大数据公司总经理）： 金融服务平台的共同特点：一是能实现平台、银行、企业的共赢模式。即利润比较低，小企业的存活率较好，放贷的单位拿到较好的收益。二是需要产业链、供应链。三是数据的赋能。所有在互联网上优质的金融服务都是基于大数据，数据赋能也是改变传统的互联网金融单纯高息的解决方案，是把互联网金融改成金融科技的一个模式。

杨新安（新华三集团大数据产品部部长）： 政务大数据引擎考量的三点：第一，权限的管理、租户的管理如何控制；第二，整个数据流程什么时候用、怎么用要有一个详细的记录，在日志回溯的时候能找得准；第三，计量使用资源的时候有一个很好的计量手段，年底办结算的时候能拿得出证据。

鞠达勇（新华三集团大数据产品部副部长）： 网络在运行的过程中会产生大量的机器数据，包括网络设备、安全、服务器、操作系统以及各种应用，产生了多种流量数据、系统的运行参数以及各种日志数据。机器数据的特点是量大、跨平台。

电商峰会

——新时代助推电商新发展
——新零售领动数字经济
——电子商务量质提升,助推数字经济蓬勃发展

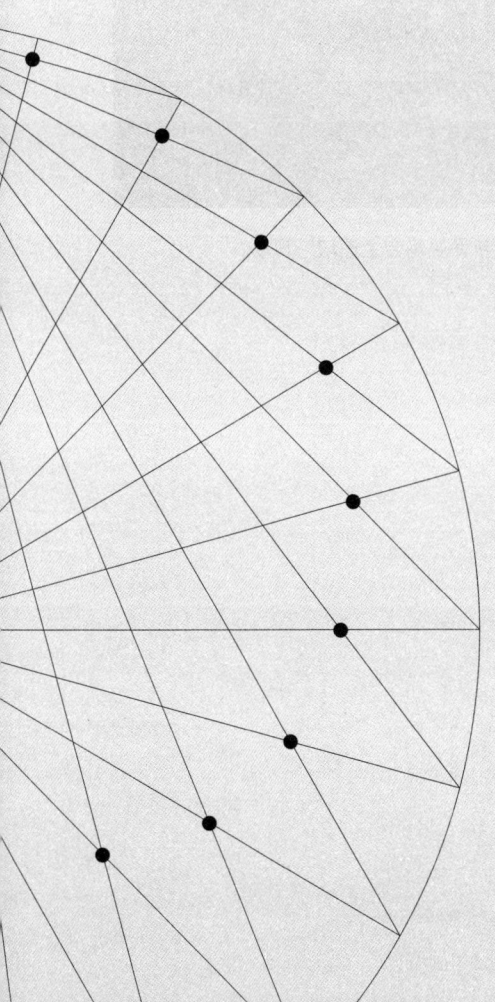

2018年5月26日，2018数博会"中国电子商务创新发展峰会主论坛"现场。

2018年5月25日，2018数博会"智能化成为电商发展新趋势——智能电商分论坛"现场。

2018年5月25日,2018数博会"聚合传媒新动力 赋能电商新发展——媒体+电商分论坛"现场。

电子商务成为经济增长新动力

大数据战略重点实验室

习近平总书记指出"世界经济正向数字化转型",大力发展数字经济成为全球共识。党的十九大报告明确提出要建设"数字中国""网络强国",我国数字经济发展进入新阶段,市场规模位居全球第二,数字经济与实体经济深度融合,有力促进了供给侧结构性改革,推动经济社会高质量发展。电子商务是数字经济的重要组成部分,是数字经济最活跃、最集中的表现形式之一。近年来,在政府和市场的共同推动下,我国电子商务发展更加注重效率、质量和创新,取得了一系列新的进展,在壮大数字经济、共建"一带一路"、助力乡村振兴、带动创新创业、促进经济转型升级等方面发挥了重要作用,已经成为我国经济增长的新动力。

针对电子商务发展中的突出特点、面临的问题、未来的发展趋势等,2018中国国际大数据产业博览会先后举办了"主论坛""国家电子商务示范城市分论坛""跨境电商分论坛""电子商务助力精准扶贫分论坛""便捷支付分论坛""电商物流分论坛""媒体＋电商分论坛""品牌电商与消费积分分论坛""智能电商分论坛",邀请来自政界、商界、学界的专家学者和业界精英,以"新电商领动新融合 新时代助推新发展"为主题,重点围绕电子商务的融合创新、智能化发展,以及电子商务在精准扶贫、推动城市发展等重要议题,开展了一系列前瞻性的研讨。

一、融合创新开启电商发展新未来

随着"互联网＋流通"在引导生产、优化供给、促进消费、改善民生等方面的基础性和支撑性作用不断增强,电子商务与实体经济和服务消费的融合度日益加深。同时,新一代信息技术的快速发展也推动了电子商务与新技术的融合,人工智能、物联网、大数据、云计算等新技术在电子商务中的应用大大提高了电子商务产品和服务的质量,促进了电子商务模式创新。融合创新已经成为电子商务发展的共识。

"2018中国电子商务创新发展峰会品牌电商与消费积分分论坛""媒体＋电商分论坛",以及"2018中国电子商务创新发展峰会主论坛"分别于5月25日和5月26日在贵阳举行,论坛邀请政府机构、企业界、学术界、新闻媒体等领域嘉宾,围绕电子商务的融合创新、模式变革、新零售等展开了深入研讨,在新形势下从政策高度、行业深度,分享各自领域探索与实践的独家观点,为新电商的发展凝聚智慧。

电子商务创新发展成为我国经济转型升级的新引擎。过去我国主要通过需求端的"三驾马车"来拉动经济发展,当前有效需求不足,经济下行压力加大,供给侧结构性矛盾突出。电子商务在促进产业融合、激发市场活力、优化资源配置、带动新兴服务业发展等方面发挥着积极作用，有效推动产业结构调整，拉动国内市场需求。在国家实施供给侧改革的大背景下，电子商务的创新推动着传统产业的变革，为实体经济的转型升级带来新动能。国家发展和改革委员会副主任林念修表示，在社会各界的共同努力下，近年来中国电子商务发展环境不断优化，交易规模持续扩大，发展效益显著提升，已成为传统产业转型升级的新引擎、创新创业的新乐土、消费升级的新渠道、脱贫攻坚的新支撑、国际合作的新领域，对推动中国经济发展和转型升级发挥了重要作用。林念修强调，为充分发挥电子商务在经济转型升级中的引领带动作用，必须聚焦社会主要矛盾变化，更好服务人民对美好生活的需要；聚焦推动高质量发展，更好促进传统产业转型升级；聚焦贯彻新发展理念，更好推动资源要素共享；聚焦共建网络空间命运共同体，更好提升对外开放水平。贵阳市人民政府副市长王玉祥指出，中国电子商务的竞争关键词已经由当初"拼货品、拼价格、拼快递速度"转变为"拼融合、拼生态、拼创新、拼数据"，创新是电子商务发展的灵魂。

电子商务融合发展培育经济新增长。当前，电子商务正加速与实体经济融合发展，在此过程中，电子商务能够有效创新企业生产经营模式、提高产业组织效率、推动产业结构调整，促进产业向价值链中高端迈进，从而创造新的经济增长点。商务部电子商务和信息化司副司长刘德成表示，跨界融合已经成为新常态和新经济的新动力。一是线上线下融合激发市场活力，企业认识到线上、商流、信息流、服务流和线下服务体验融合互补，带来了强大的动能。二是产业链上下游融合驱动，利用中间环节的联动优势，有效拉动消费提质升级。三是跨界融合带来消费新体验，跨界经营多业态共同发展，领域日益宽广，传统行业与电子商务融合发展深度和广度不断提升。

为准确反映我国电子商务发展的现状和水平,清华大学电子商务交易技术国家实验室、中央财经大学、中国互联网经济研究院、中国国际电子商务研究院和亿邦动力研究院共同发布了《2017中国电子商务发展指数报告》,从发展规模、成长潜力、应用渗透和支撑环境四个方面,对全国各个省、自治区和直辖市电子商务发展水平进行综合测评。报告认为目前电子商务发展主要还是体现在"量"的增长上,应加强电子商务与传统产业融合发展。

二、电子商务助力城市创新发展

国家电子商务示范城市是政府推动电子商务政策创新和应用示范的主要载体,目前国家已经先后在北京、天津、石家庄、哈尔滨、青岛、郑州等70多个省市开展了电子商务示范城市建设工作,贵阳也是其中之一。自创建工作开展以来,国家电子商务示范城市在完善电商信用、物流配送、在线支付、电子发票等支撑环境建设,拓展跨境电商、农村电商应用,促进线上线下融合发展等领域开展了积极探索,推动了电子商务的快速发展,同时也推动了城市创新发展,为城市现代化建设做出了重要贡献。

5月25日,"国家电子商务示范城市分论坛"在贵阳举行,论坛以"发展区域电商特色 发挥示范带动效应"为主题,邀请部分示范城市政府领导、业界专家、电商企业家等共同把脉电子商务发展新趋势,交流电子商务发展新经验,共同探索电子商务发展面临新问题的解决思路,研讨示范城市新使命、新定位,共话示范城市发展新未来。

近年来,电子商务快速发展,在增强城市经济发展活力、推动城市产业结构调整,促进中小企业发展和带动就业等方面发挥了重要作用,同时也为城市提升公共服务能力、促进社会公平提供了重要的技术支撑，为社会资本参与社会事业带来了新的契机，推动构建和完善城市公共服务体系，对城市经济社会发展作出了积极贡献。国家发展改革委高技术产业司副处长张铠麟表示，在电子商务的牵引下，示范城市对于产业、技术、人才的吸引力和集聚力持续提升，电子商务已经成为部分城市，特别是电子商务示范城市的新名片，成为城市发展数字经济增强城镇、城市竞争力的重要途径。党的十九大胜利召开，标志着中国特色社会主义建设进入新时代。对于新时代背景下电子商务如何促进城市发展，中国科学院大学经管学院教授吕本富认为，需要在基础设施、分享经济、协同治理、供给侧改革、新型服务等方面下功夫，推进城市化进程、培育区域发展新动能、满足人民对美好生活的向往。

电子商务示范城市建设过程中，对电子商务的发展进行了很多有益探索，同时，电子商务发展机制的问题也逐步凸显。其中电子商务信用风险的广泛存在已经成为制约我国电子商务发展的最大瓶颈。针对这一问题，上海凭安征信服务有限公司创始人、总经理杨茂江坦言，全面利好的电商时代，电商信用问题频现，存在三个痛点：一是消费者信用意识和信用道德规范缺乏有效法律监管机制，二是电子商务信用管理制度不健全违法成本低，三是缺乏有经验、有实力的第三方征信服务机构。

三、跨境电商促进外贸转型升级

跨境电商，是当今互联网时代发展最为迅速的贸易方式，为中小企业发展创造了历史性机遇，也促进了世界经济普惠发展。作为一条建立在互联网基础上的"空中贸易通道"，跨境电商贸易体系中的贸易主体、贸易形态、商业模式和组织方式等都发生了重大变革。随着生活水平提高、中产阶级崛起、消费观念升级等因素，国内消费者的跨境消费需求持续增加。庞大的市场需求为我国跨境电商带来前所未有的发展机遇。跨境电子商务正在成为促进我国外贸转型升级的强大引擎。

5月25日，"跨境电商分论坛"在贵阳举行。论坛围绕海关对跨境电商的监管创新，以及新规则下中国企业品牌、跨境供应链精准化、数字技术应用等关键性、前沿性话题进行了深入研讨，对我国跨境电商的发展具有重要意义。

2012年起，《关于利用电子商务平台开展对外贸易的若干意见》《关于实施支持跨境电子商务零售出口有关政策意见的通知》等相关规定先后出台，明确跨境电子商务的经营主体，敦促解决跨境电子商务出口所遇到的海关监管、退税、检验。2012年12月，上海、重庆、郑州、杭州、宁波等5个城市被确定开展跨境电子商务通关服务试点工作。2017年，中国大力支持跨境电商综合试验区建设，将跨境电商监管过渡期政策延长一年，采取先试点、逐步推广策略，逐渐完善税收、监管方面制度，极大推动该行业快速发展。支持政策不断完善的同时，相关配套保障机制并不健全，跨境电商的蓬勃发展给海关监管方式带来了新的挑战。海关总署研究中心副主任汤维洪表示，2017年以来，我国跨境电商进出口总额呈现明显的增长趋势。跨境电商作为新型业态在我国蓬勃发展，国家和相关部门相继出台了系列专门政策制度，并逐步形成了海关管平台、平台管电商、电商管商品的管理模式。为更好促进跨境电商新发展，汤维洪主任提出要健全巩固跨境电商配套保障、细化明确跨境电商安全责任、防控跨境电商监管风险、整合规范跨境电商数据统计。

敦煌网副总裁张永捷表示，跨境电商已走入品牌时代，但也存在附加值低、缺乏自主品牌、海外销售能力弱、出口渠道狭窄、国际信用低、海外法律环境不熟悉等问题。她建议，跨境电商产业链应当全面拥抱品牌，从传统外贸到品牌电商、从外贸工厂到品牌电商、从国内品牌到全球品牌的转变。

四、电商开辟精准扶贫新路径

近年来，随着互联网的普及和农村基础设施的逐步完善，我国农村电子商务发展迅猛，交易量持续保持高速增长，已成为农村转变经济发展方式、优化产业结构、促进商贸流通、带动创新就业、增加农民收入的重要动力。2016年11月，国务院扶贫开发领导小组办公室、国家发展和改革委员会、农业部等16部门联合出台《关于促进电商精准扶贫的指导意见》指出，要进一步创新扶贫开发体制机制，将电商扶贫纳入脱贫攻坚总体部署和工作体系，实施电商扶贫工程，推动互联网创新成果与扶贫工作深度融合，增加建档立卡贫困人口的就业率和拓宽增收渠道，加快贫困地区脱贫攻坚进程。2017年全国农村实物类产品网络零售额7826.6亿元人民币，同比增长35.1%，占全国实物商品网上零售额的14.28%。

5月25日，"电子商务助力精准扶贫分论坛"在贵阳举行。论坛围绕"乡村振兴战略新引擎"的主题，针对三农产业升级、社交电商扶贫、服务站建设、供应链体系改造等方面进行全面和深入研讨，共同为推进农村电子商务的发展、落实精准扶贫政策、振兴乡村经济献计献策。

深入推进电子商务进农村工作，是推动互联网、大数据、人工智能和实体经济深度融合，助推精准扶贫、实现乡村振兴的重要工程。从2014年开始，中央财政持续支持电子商务进农村综合示范县建设，截至2017年，累计数量已经达到了756个。示范县覆盖的国贫县数量在总国贫县数量的占比呈现进一步加速增长态势，电商扶贫已进入攻坚阶段。在此背景下，中国国际电子商务中心研究院院长李鸣涛指出，电商进农村综合示范应当从组织推进体系、政策规划体系、基础设施体系、人才培育体系、电商服务体系、金融保障体系等方面工作着手推进。

　　发展旅游电商是助力精准扶贫的重要手段。乡村大多具有良好的生态环境，是旅游资源的富集地，更是扶贫开发的重要载体。旅游产业是绿色、环保、可持续发展的产业，辐射人口广、就业带动力强、经济拉动力巨大。发展旅游电商，推动旅游业和电子商务的融合发展，能够激发乡村发展的活力与动力，实现精准扶贫和"造血扶贫"。桂林旅游学院党委书记林娜就发展旅游电商提出了六点建议：一是打造特色乡村旅游品牌，二是多渠道多层次推动旅游电商平台开展乡村旅游，三是建立完善旅游电子商务信用保障体系，四是推动集中连片特困地区旅游电子商务融合发展，五是创新旅游电子商务人才培养和培训模式，六是探索在县域发展旅游电子商务经济模式。

　　媒体作为社会舆论的重要引导，在脱贫攻坚方面肩负着凝聚社会共识，反映民声民意的重要责任。在媒体与电商融合发展的今天，媒体在脱贫攻坚方面的模式越来越多元化，责任也越来越重。对此，经济日报社中国经济网脱贫攻坚研究中心主任林鄂平强调，脱贫攻坚的强大声势，需要媒体创新探索出一条属于自己的扶贫路径，线上线下融合，实现扶贫效果最大化。他指出，媒体的扶贫模式包括"电视＋互联网＋线下服务""网络媒体＋贫困县＋线下服务""多媒体＋重大主题"等。

五、智能化成为电商发展新趋势

人工智能和深度学习的发展早已悄无声息地进入我们的生活，并带来了极大的改变。谷歌的搜索引擎、特斯拉的自动驾驶汽车、苹果的语音助手、亚马孙的个性化购物推荐……这些都在 AI 的驱动下愈发强大。人工智能为电子商务的发展又打开了新的思路和格局，提升了电子商务的用户体验和交易效率，对电商行业产生了全方位的价值影响。同时，人工智能也是降低电子商务的导购服务、仓储物流等运营成本，提高运营效率的关键。

5月25日，"2018中国电子商务创新发展峰会便捷支付分论坛""智能电商分论坛"和"电商物流分论坛"先后在贵阳举行。三场论坛聚集了政府领导、专家学者和企业精英，围绕智能技术变革消费模式、重塑消费流程；在线上线下多种消费业态兴起的浪潮下掌握零售的风向标；针对实体经济推动线上线下融合、业态融合与跨界融合等议题展开深度探讨，以国际视角解读中国智能技术的应用与零售业的破局创新，在共识中谋合作，在合作中创共赢。

人工智能将颠覆电子商务的模式。人工智能的快速发展和应用有助于提升电商服务品质，降低人工成本，满足日益复杂的电商情景，使消费者个性化需求得到满足，最终推动电子商务模式变革。航天部科技司原副司长郭位光认为，对企业来说，数字化转型是脱胎换骨的转变，它将改变广大零售企业、电子商务企业的商业模式，以及人们的思维方式，且是必然要经历的艰难历程。eBay 搜索技术负责人杨桦则预判，作为一项颠覆性的技术创新，人工智能已经给电商带来颠覆性的变革，未来将为电商行业发展带来几何级的增长。

人工智能将提升电子商务的用户体验，使得电子商务更加人性化、简单化。腾讯微信支付无人零售负责人文芳元表示，随着消费需求的精准化和多元化发展，无人零售正在围绕满足用户及时性需求，构建以办公室、网吧、社区、停车场和出租车等为载体的新兴场景。深兰科技董事长助理刘凤义认为，在技术加持的未来，最安全最便捷的支付工具就是人本身，最好的购物就像在家里拿东西，最好的结算就是忘掉结算。

　　人工智能将催生和推动智慧零售的发展。中国零售业经历了三次大的变革，前两次分别是实体零售和虚拟零售，而第三次零售变革就是当前正在经历的虚实融合的智慧零售。人工智能推动了实体经济与数字经济的深度融合，加速了智慧零售的到来。深圳启明星董事长刘凯表示，零售业的未来发展，一定是融合线上线下，实现一体化和智能化的智慧零售。智慧零售将以消费者为中心，重构人、货、场的关系，重构消费者、零售商和供应商的关系，推动数据营销智能化和用户服务智能化，同时在全面移动互联网化和业务流程在线自动化的基础上，实现业务实时在线。

　　2017年，中国智慧物流系统市场规模超过千亿元，通过发展智能智慧物流降低物流成本还有很大空间。对于智慧物流的构建，广东亚太电子商务研究院院长、暨南大学教授、博士生导师陈海权认为，随着互联网的影响不断延伸、深化，电子商务推动了产业的融合变迁，"互联网＋"推动信息经济和消费者的主权时代加速到来，物流业也成为充满智慧的行业，数字化的供应链成为物流行业的解决方案，供应链整合是关键，供应链战略和格局决定未来。

新时代助推电商新发展

中共贵州省委常委、贵阳市委书记　赵德明

尊敬的各位领导，各位嘉宾，女士们，先生们，朋友们：

中国电子商务创新发展峰会作为电商领域的年度盛会，已经走过了5个年头。5年来，中国大数据以电子商务蓬勃发展，成效举世瞩目，我们共同参与其中，见证了数博会与电商峰会的强强联手、珠联璧合。今天，我们再次相聚在中国数谷，多彩贵州，爽爽贵阳。相聚在一年一度的电商峰会，我谨代表贵阳市委、市政府和480万贵阳市民，对大家的到来表示热烈的欢迎！

今天的中国已经进入了新时代，电子商务也进入了迭代升级的新阶段，这意味着技术与模式持续创新、平台与服务不断升级，意味着产业链条更加健全、产业生态更加完善，意味着产业内外融合共生、全球市场融通共享，意味着行业规则更加规范、高效，人民群众能公平享有更多成果。伴随着互联网、大数据、人工智能领域的飞速发展，电子商务的发展趋势和演进脉络也越来越清晰，我个人认为有几个关键词应引起大家的注意和深思。

一是"跨界共生"。电商跨界后，产业边界将变得模糊，将与现代物流、科技金融、跨界贸易、数据服务、征信服务等诸多行业形成一个有机的整体和生态群落。

二是"融合创新"。电商的发展将推进线上线下的融合、上游下游的融合、产业内外融合。在融合的背后，除了物流、信息流、资金流，更关键的是数据流，是数据的融通共享开放与创新的应用。

三是"智能转型"。智能化、智慧化将是电子商务发展的重要趋势。智能化的电商平台、智慧营销、智能支付、智能物流和智能客服等等，都已经或者正在变成现实，而且步伐逐渐加快。

四是"共享发展"。电商共享发展并不局限于共享经济，因为电子商务本身就蕴含着共享发展的理念，只要是坚持以人民为中心，让更多人民群众共享发展红利、发展成果，就是在践行和推动共享发展。

新时代的电子商务迎来了千载难逢的发展良机，不管是互联网、大数据、人工智能、数字经济与实体经济的深度融合，还是脱贫攻坚的深度推动，"一带一路"的稳固建设，又或者是改革开放的加快，新一轮全球化的推进对电子商务都意味着巨大的商机和机遇，还有无限的空间，也意味着新的时代使命和发展要求。正如本届峰会主题所倡导的——"新电商带动新融合，新时代助推新发展"。

贵阳是国家大数据贵州综合实验区的核心区和全省大数据的主战场，我们将坚定不移地推进大数据发展战略行动向纵深发展，以电子商务为重点，加快数字经济与实体经济深度融合，努力打造中国数谷。我们将强化资源要素的聚集，夯实大数据与电商发展的基础支撑，强化产业深度融合，推进大数据与实体经济、乡村振兴、民生服务、社会治理的融合，强化技术与应用的创新，为大数据插上腾飞的翅膀。强化产业和创新生态构建，为企业在贵阳的发展和创新创业提供完善的生态。

我们将以更大的力度、更实的举措推动电子商务，尤其是农村电商高质量发展。全力以赴为电商企业提供便利，营造环境，搞好服务。我们真诚地希望大家能借助数博会和电商峰会的大平台，深度交流研讨、分享经验感悟，深化务实合作，在新时代携手推动电子商务的新发展。

预祝2018中国电子商务创新发展峰会取得圆满成功！

祝愿各位在多彩贵州发现精彩，留下精彩，在爽爽贵阳心情舒爽，工作清爽。

谢谢大家！

新零售领动数字经济

阿里巴巴研究院副院长 杨 健

各位嘉宾：

非常高兴有机会在这里跟大家分享我们对新零售和数字经济的一些观点和看法。我主要跟大家分享两个问题，一是究竟怎么认识新零售，二是新零售怎么领动数字经济。

首先，怎么认识新零售。在2016年10月的杭州云栖大会上，马云先生提出了"五新"的动向——"新零售、新制造、新金融、新技术、新能源"。可以说，阿里巴巴是新零售的倡导者，也是新零售的实践者。我们提出"五新"之后，社会对新零售有很多讨论和争议。但是我们可以看到，在讨论和争议的过程中，产业界并没有停止创新和发展，一个个无人店、盒马鲜生等新物种不断出现。我认为新零售可以从三个方面进行理解。

第一，新零售是人类商业史上最大的一场商业变革。它的"大"体现在两个方面，一方面是参与新零售的物种非常广泛。在这场变革过程中，不仅仅消费者和零售商参与，还有很多品牌商、制造商、流通商，包括上游农户，都参与到这场变革当中，卷入程度非常高。另一方面是数量。以阿里巴巴平台为例，平台有6亿多的消费者，上千万的小卖家，数十万服务商，上万品牌商，以及品牌商背后百万家大大小小的制造企业，都参与到这场商业变革中。

第二，新零售是在新技术爆发时代推动的一场人和场的重构。大家所理解的传统零售业就是，在一座城市黄金地段，圈一块最好的地皮，修一个富丽堂皇的商场，把世界各地的货采购过来，放在货架上，等待消费者入场选购。这就是传统零售业的逻辑。在这个过程中，我们对消费者的认识比较模糊，究竟应该上什么货也比较模糊。但是在数据时代，由于有了数据，能对消费者进行比较准确的刻画，甚至对消费者与消费者之间的网络关系进行准确刻画，了解消费者需要什么商品、需要什么服务，这样就能够做到精准营销。在新零售时代，所谓的"场"，不仅仅是前面提到的商场，还包括现在的无人店、手机以及各种各样的终端和屏幕，都已经成为零售所谓的"场"。新零售是把传统零售的场、货、人的逻辑，在技术的推动下重新调整为人、货、场。

第三，新零售是中国零售业变革的机遇。在过去40年改革开放过程中，中国零售业发展取得了极大的成就，但是中国零售业模式最本质、最核心的还是传统模式，这种模式远远落后于欧美发达国家。我们认为，新零售为我们创造出领先于全球的零售模式提供了一次契机。

其次，怎么理解新零售来引领和带动数字经济发展？数字经济通过过去几十年的发展，越来越呈现出生态化、平台化、普惠化、数据化的发展趋势。在数字经济发展过程中，并非一个角色就能独立完成商业实践，而是有广大的消费者、商家、平台、政府和监管机构,都参与其中。网络零售是数字经济体系里发展的先驱者,网络零售业态里出现很多新鲜的经验、很多技术和商业模式的创新,都对引领数字经济发展起到非常大的作用。我简单从四个方面进行介绍。

第一,引领消费升级。消费已经成为中国当前和未来经济增长发展最重要的动力,消费对经济增长贡献越来越大。通过阿里巴巴平台的数据分析,消费者对于消费品质的追求在逐年上升。近几年,中国社会零售商品总额增长稳定在9%到10%,趋于平缓,而消费者对于消费品质的需求在逐年上升。同时,消费者的消费动向越来越偏向于智能消费、绿色消费,消费者越来越喜欢从全球选购心仪的产品和原创产品,这都体现出消费升级的趋势。我们相信,这种趋势一定程度上是未来数字经济,或者说未来整个社会的消费发展趋势。

第二,新零售驱动产业转型。由于有了大数据和其他技术力量,对于消费者本人以及其需求能进行比较准确刻画,刻画出来的信息可以通过各种各样的方式反馈至上游零售商、渠道商、品牌商、制造商,甚至反映到更前面的创意设计。但是,传统零售业的链条很长,从制造商到消费者要经过各级代理,先到零售商手里,再到消费者手上,信息反馈也是沿着链条反馈。但在新零售模式下,不管是网红,还是其他商家,或是网络卖家,消费者个性化需求都能通过网红或者商家及时反馈到制造商手里。淘宝平台有一个淘工厂,其模式已经实现了。只要订单量达到30件,就可以通过网红或是零售商,直接反馈到制造商手里,制造商就可以进行生产。

第三,新零售治理创新。在新零售的过程中,出现了很多规则,新零售在网络零售发展的过程中,受到了消费者与平台、消费者与商家、商家与平台等非常复杂的关系的影响,并对此进行了探索。通过网络新零售的发展,让我们对数字经济治理规则的理解更加丰富、更加深刻。举个例，在淘宝平台有上千万的卖家，有数10亿商品，每天产生几千万笔交易，在交易过程中产生纠纷很正常，即使产生纠纷比例非常低，但当它乘上巨大的数字，最后产生纠纷案件的绝对数还是比较大的。怎么解决这个问题？淘宝制定了大众评审员的制度，面对庞大的纠纷，我们通过引入志愿者，让志愿者参与到纠纷判断、纠纷裁定过程中，这样就大大提高了纠纷处理的效率。2017年，有80万志愿者参与纠纷处理，处理的纠纷数量超过680万件。这为我们探索数字经济时代的治理提供了一种新的模式，以前更多是中心化治理，未来，在数字经济时代更多的是去中心化、生态化的治理模式。

第四，新零售为未来数字经济发展奠定基础。最早的网络零售里买家与卖家间的交易，要真正达成交易就必须有支付。那么，是卖家先发货还是买家先付款呢？在中国电子商务发展史上，这个最简单的问题最初没有得到解决。最后的解决方法是通过第三方支付方式，于是就诞生了支付宝。在达成交易后，要怎么把货送到消费者手上？怎么能让消费者在收货的体验感上得到提升？于是就产生了像"菜鸟"的物流数据平台。现在，像交易平台、支付平台、物流平台的平台越来越多，包括云计算、大数据等平台也还在不断产生，这些都是在中国网络零售发展过程中产生的。在未来新零售发展过程中，我们将这些平台称之为新型商业基础设施，它们将在未来数字经济发展过程中，继续发挥更大的作用。新零售发展让这些平台诞生，也为未来数字经济奠定了很好的基础。

我们相信数字经济发展正迎来更大的爆发期，新零售领域每一次实践、每一次尝试能为未来数字经济发展做探索。我们衷心地祝愿新零售、祝愿数字经济能迎来更好的发展明天。

谢谢大家！

电子商务量质提升，助推数字经济蓬勃发展

国家发展和改革委员会高技术司信息化处副处长　张铠麟

尊敬的各位领导，各位专家，媒体朋友们：

很高兴来到秀丽如画、朝气蓬勃的贵阳参加一年一度的国家电子商务示范城市交流会。受司领导的委托，由我向大家致以诚挚的谢意！感谢大家长期以来对电子商务工作的支持。我是电子商务领域的一个新兵，刚刚接触这个领域，所以讲的有不对的地方请大家多包涵、多指导。

最近在和一些同事交流的过程中，听到一个声音，说电子商务是不是快过气了？因为最近提电子商务越来越少了。我在思考到底是过气，还是朝气。现在是大数据时代，我们用数据来说话。2018年一季度我国网上零售额同比增长35.5%，比2017年同期高了6个百分点。这后面还有一个背景，2009年，我国电子商务交易额只有3.67万元，仅仅7年时间，2017年我国电子商务交易额攀升到29.6万元。在这期间，我国的网上零售额先后超过欧

盟和北美，成为规模最大的网上零售市场，而且还在加速增长。在创造量变的同时，电子商务发展的质量也在不断提升，体现为三个新的特征：

一是融合特征。融合是数字经济的关键词。包括新旧业态的融合、线上线下的融合、新兴产业和传统产业的融合、虚拟经济和实体经济的融合等等。我们非常高兴地看到电子商务在2017年加速融入数字经济，融入"一带一路"，融入乡村振兴，融入农业、工业、线下商贸和生活服务业。在国民经济和社会生活的多个领域，都很容易看到电子商务的运用，应该说电子商务在中国焕发出了新的活力，呈现出了新的特征，取得了可以与世界分享的丰富经验。

二是创新特征。电子商务既是全面深化改革、扩大开放的受益体，也是我们深化"放管服"改革的试验田。在有关部门共同推动下，我们依托国家电子商务示范城市，组织了跨境电子商务、电子发票、诚信体系建设等多个政策性试点，跨境电子商务已经成为推动外贸增长的新业态和新模式。网购商品可以直接收到电子发票、打印电子发票，便利了群众和企业的同时，激发了市场的活力，充分发挥了电子商务的先导和引领作用，实现了创新发展的突破。

三是积聚特征。从国内层面来看，在电子商务的牵引带动下，示范城市对于产业、人才、技术等资源的吸引力和集聚力持续提升，电子商务已经成为部分城市，特别是电子商务示范城市的新名片，成为城市发展数字经济、增强城镇城市竞争力的重要途径。从国际层面来看，中国已经成为全球规模最大的电子商务市场，全球电子商务相关的营销、技术、支付等服务企业，正开始向中国集聚。中国电子商务服务资源也开始辐射服务其他国家，以中国为产业中心的全球电子商务协作态势正在形成。取得这样量质提升的成绩单，是市场、政府和社会各界共同努力的结果，也是激励我们不忘初心，砥砺前行，继续推进电子商务工作的重要动力。

站在新时代的起点上，我们要深入学习贯彻习近平新时代中国特色社会主义思想和党的十九大精神，围绕建设现代化经济体系，实现高质量发展，进一步从国民经济和社会发展的高度，理解和推动电子商务发展，充分发挥电子商务在数字经济发展中的引领带动作用。

一是为产业数字化转型，探索创新模式。近期，我们会同有关部门研究制定电子商务方面的发展战略纲要，很快就会出台。其中，推动产业数字化转型就是一个主要任务。我认为电子商务是大有可为的，我们可以利用电子商务打造线上线下融合、产供销一体的营销新体系，加快研发设计、生产、制造、供应链等环节的人性化改造，实现基于电子商务的个性化产品服务和商业模式创新，积极利用电子商务，推动供应链数字化进程，促进制造业数字化、网络化发展。

二是国内消费升级，增添创新供给。可以运用电子商务进一步提升信息消费的供给能力，更好地适应国内消费升级需求，响应国内人民群众对高品质生活的需要，进一步推动电子商务普及化、便利化，扩大高品质、智能化的创新产品供给，不断扩大和升级信息消费，激发新的消费需求，扩大电子商务服务领域。

三是要为乡村振兴提供数字经济创新方案。可以进一步深入发展农村电子商务，围绕助推农村供给侧结构性改革，完善农村信息和物流基础设施，优化农村产业结构，创新农产品交易方式，为农村劳动力就业创业提供新途径，助力精准扶贫，为乡村振兴添加新动能。

四是为"数字丝绸之路"建设储备创新项目。我们已经与7个国家签订了"一带一路"数字经济合作项目，与14个国家签署了"数字丝绸之路"合作备忘录。我们希望国家电子商务示范城市能够勇担重任，推动一批实质性、可落地、见实效的电子商务重点合作项目,深化跨境电子商务合作,充分发挥电子商务在"一带一路"数字经济合作、"数字丝绸之路"建设中的市场相关作用,为"一带一路"建设作出积极贡献。

最后,我是有感而发。从2009年启动电子商务示范城市这个工作起,已经整整10个年头了。这10年的利剑之苦非常不容易,取得今天的成绩是殊荣。我由衷地向各位领导和专家致敬,我相信以电子商务为重要主题的数字经济发展方兴未艾,前景可期,让我们共同努力,深入推进电子商务发展,培育壮大数字经济,不断探索新模式、新方法,科学解决发展中的问题和障碍,让电子商务在数字经济战略实施中发挥更积极的作用,取得更大的进展。以上是一些不成熟的思考,不当之处,请大家批评指正。

最后预祝本次交流会圆满成功!

谢谢大家!

示范城市的创新动能

中国科学院大学经济与管理学院教授　吕本富

城市电商就是围绕"城市"和"电商"两个关键词探讨两方面问题：一是城市的发展和电商怎么融合，二是新时代、新经济、新电商的发展。

关于新时代的经济发展。从高速发展到高质量发展，实行供给侧结构性改革，提升产业质量，以创新驱动，发展新经济业态，满足人民对美好生活的向往。在新时代，以互联网为代表的新经济从1990年开始到2017年可以分为六个阶段，从以网络为代表的阶段，发展到了现在的跨界、融合和创新阶段。我们认为虽然中国的电商全球领先，但是电商的格局还没有完全固化。人工智能用于电商，无人值守商店在创新，电商的业态和格局也在创新。比如农产品的上行，这个难题到现在也没有完全解决，因为中国农业是小农经济，小农经济如何上行，到现在并没有一个很好的解决方案。我觉得依然有三个问题需要探讨和创新：电商如何在城市化发展中起领导作用？电商如何成为一个地区发展的新动能？电商如何满足人民对美好生活的向往？

关于电商的发展。现在的电子商务是不是就是顶级的发展了？商业也有像工业一样的1.0、2.0、3.0和4.0。1.0就是过去的行商、坐商。自古"商""贾"并存。先有跑市场的"商"，后来有坐店的"贾"。到了2.0形成商业业态，过去商业部把商业业态分为百货店、超级市场、大型综合超市、便利店、仓储式商店、专业市场、专卖店、购物中心等8种。到了电子商务时代，坐商越来越精细化，比如说20世纪60年代的沃尔玛，70年代的ToysRUS玩具商店等，把企业和娱乐放在一起。到了3.0就是消费互联网，互联网在消费领域，把销售、营销、支付、品牌、物流等与消费者紧密结合。电子商务或者消费互联网把行商和坐商完美融合，通过信息做展示，物流相当于过去的行商，但是更具规模化，这时候的电商是"行"和"坐"的完美融合。到了4.0阶段，就是智能零售，新电商、新零售，统一叫作"智能零售"。智能零售的核心不再是经营商品，而是经营客流，以客流为核心。典型的业态就是SoLoMo业态，这是商业4.0的核心。

关于城市电商的发展。从过去的轻货电商到重货电商到现在"互联网+"的阶段，最重要的体现是园区。做示范城市一定要有园区，如果没有示范园区，就没有办法做试点城市。园区也在进化，比如说第一是复杂系统，第二是地理分布，第三是特色化，总之电商园区都是和某一个特色项目结合在一起的。

关于城市电商的变化和城市生活演进的结合。美国圣塔菲学院的韦斯特等几位学者对世界上许多城市进行了大数据分析后，发现城市人口的扩展会产生"超线性扩展"，比如说城市人口增长一倍的时候，带来的就业岗位是1.34倍，带来的新专利是1.27倍，带来的GDP是1.13到1.26倍，需要的加油站是0.77倍，需要的道路长度是0.83倍，需要的电网是0.87倍。换句话说，城市化的发展会带来聚合化的效应，它带来的产出要大于投入。但是随着GDP增长也会带来犯罪和疾病的增长。我们既要发挥城市化的优势，又要避免它的一些弊病，因此需要建立一些公共空间。公共空间越发达，积累社会资本的能力就越强，积累的流动性就越强。比如有一本教科书，研究人为什么要逛街？它认为尤其是女性为什么爱逛街，是因为街道就是一个社交场合，90%的人在逛街的时候不一定买东西，就是在大街上交流。所以现在很多设计不把街道弄得太宽，俗话说"街宽无闹市"，如果一个街道太宽了，那么这个市场就不会太热闹。因为没有办法社交。只有社交才有文化，只有文化才有记忆，所以这就是实体店和电商店不一样的地方。有了公共空间，就有了社会资本，社会资本的形成离不开IT技术，最终形成一个"互联网＋城市电商"，这个地方会成为社交促销中心，或者商品体验中心，或者商业时尚收集中心，如街拍、走秀、消费者创意展示DIY，或者商品调查中心，或者商品展示和消费者行为收集中心等，这样一来，社交除了推动交流的发展，还会推动整个城市的提升。

  关于经济增长的新动能。既然有两个类型的提升，就会变成经济发展的新动能。现在除了传统的人力、土地、资金、制度以外，大数据、人工智能也成为一个区域发展的新动能。数据、工具、中介就成为发展关键。新动能有几个落脚点：IT形态的信息基地设施、"三合一"的分享经济参与模式、开放多元的协同治理、C2B与智能制造结合的供给侧结构性改革、"互联网＋"下的新型服务市场等。如果做电商园区，园区不仅仅是政策优惠，也不仅仅是硬件条件和产业配套，关键是能否完成大数据积累，并且由此形成本地化消费数据中心，成为本地化的品牌塑造中心。这个时候电商才会成为一个城市发展的新动能。政府在这里面要有关键作为，提高监管和培训等能力。

谢谢大家！

乡村振兴战略下的电商机遇

中国国际电子商务中心研究院院长　李鸣涛

各位领导，各位来宾：

非常高兴今天有机会和大家做一个交流。中国国际电子商务中心研究院长期以来一直关注国家农村电商的发展，每年10月会在中国农村电商的主题会议上发布《中国农村电子商务发展报告》。3年前我们参与制定了电子商务进农村综合示范绩效评价指标体系，围绕这几项工作我们一直非常关注农村电商的发展。

农村电商既是国家战略，又是市场热点，同时进入了飞速的发展状态，但也面临非常多的问题。结合研究院的一些研究和思考，今天就农村电商下一步的发展跟大家做一个交流。

先看一组数据，农村地区网民的数量已经达到了约35%，而全国平均网民数量大概是55%。再看另外一组数据，2017年农村网民同比增速只有

4%，全国的平均增速是6.4%。这说明一个问题，驱动农村电商快速发展的网民数量的红利逐步缩减，这是中国电商在大环境下面临和思考的问题。

2016年后很多业界同人都在思考，电商和互联网经济是否进入了下半场。网民数量红利不在的情况下，电子商务如何发展？农村电子商务如何发展？2018年中央一号文件确立的乡村振兴战略和农村电商的下一步发展有非常多的契合点。

首先，这个文件的提出是在当前的社会经济条件下，对农村整个社会经济发展的全景式指导文件，既有指导思想，也有基本原则，还有发展目标，也提出了12项重点行动。这样一个系统性的文件既是政府推动农村社会经济发展的纲领性文件，也非常值得关注农村电商、实践农村电商的人去仔细品味其中的观点、思路、发展目标。

从目标上看，这个文件对农村地区未来的经济社会发展提出五大发展目标，即产业兴旺、生态宜居、乡风文明、治理有效、生活富裕。文件还特别指出乡村振兴产业兴旺是重点。在文件中，特别强调的首要任务就是要实现农村地区的产业兴旺，通过产业兴旺打造未来农村社会经济发展的新动能。也就是说，生态宜居、乡风文明、治理有效、生活富裕等目标的实现有一个前提，就是需要产业的推动和推进。

在农村电商发展的过程中，我们可以看到，农村电商的出现、新兴的产业入驻农村，吸引了大量社会和政府的投入，也培育了很多的市场主体。同时，这样快速发展的产业，最大的价值在于和农村实体经济相互的作用和关联，它正在成为农村相关产业发展的动力来源。所以，我认为这是农村电商前一个阶段发展过程中非常重要的一个点。往后看，农村电商作为新兴产业，在农村地区带动作用的发挥既是政府推动农村电商发展的一个重要政策着力点，同时也是农村电商从业者新的成长空间。

党的十九大报告中提出，未来要解决国家发展的不平衡不充分的问题。其实最大的不平衡是城乡间的不平衡，发展最不充分的区域就是农村地区。这些判断也为农村电商下一步的发展提供了广阔的市场空间，因为国家的着力点会聚焦在农村、农业、农民上。围绕未来农村的发展目标，每个发展目标形成过程中，都会有相当多政策资源的投入。在这个发展过程中，我们去思考农村电商，首先在产业兴旺方面。下一步能做什么？我们是不是能够在生态宜居方面有比较多的结合点？在促进乡风文明建设方面，农村电商是否可以把好的、健康的文化、产品输入农村，形成良性的互动？在治理有效方面，农村电商积累了非常多的产业运营数据，这些数据和公共服务体系、政策治理体系能不能实现有效的协同？在促进生活富裕方面，如何进一步促进农民增收和产业发展？这些方面的问题都为农村电商下一步的发展提出了新的命题。同时，这个文件也提出了现在面临的非常突出的五个问题。

从农业供给的角度看，现阶段农产品阶段性的供过于求和供给不足是并存的状态，农业供给质量亟待提高。要想解决这个问题，农村电商大有可为，我们可以精准地把握农村一些产品的消费需求，甚至可以通过一些数据去预测未来的需求，也可以通过工具和技术去引导未来的消费需求，逐步实现市场消费需求和农业农产品供给紧密的对接，这是农村电商一大优势。

从职业农民匮乏的角度看，核心是如何进一步对农民赋能。对于未来新兴职业农民的形成过程，农村电商仍然大有可为。就像我们现在正在做的，通过培训来提升农民的互联网应用能力和电商的操作能力。也许，未来新兴的职业农民都具有互联网操作能力和电商运营能力等新型能力。

从基础设施的角度看，我们通过农村电商，带动了农村地区相关的物流、仓储、冷链、检测，包括交通、生活配套设施等的逐步完善，在这些方面电商仍然可以通过自身的产业发展需求带动农村地区基础设施的完善。

从支撑体系的角度看，是政策方面的短板，或者说体系上还有很多薄弱的环节。农村电商是一个非常重要的政策着力点，农商互联包括电商综合示范县都是未来支农体系以及治理能力提升的重要组成部分，在这些方面农村电商都可以发挥基础的作用。除了在这样一个大的背景下去看现在农村电商的发展，农村电商其实是市场和企业投入非常重要的战略性方向，包括阿里、京东、苏宁、邮政等都在布局农村电商市场。通过资金的投入来解决农村物流、配送、人才短缺问题，不断地完善服务网站、网点等。这些投入是奠定农村和城市之间，甚至和全球市场之间的基础支撑的通道。围绕这个大市场也催生了非常多的创新型服务主体，包括很多区域型农村电子商务的服务企业，都围绕未来乡村振兴战略提出农村发展的目标。

从交易额的角度看，农村电商交易额由2013年的1800亿元增长到2017年的1.2万亿元，4年增长了6.67倍，这是非常快的增速。这个数据的背后反映了大量的社会资金和市场都在投入这个市场，在不断完善相关配套的基础设施。

这些市场投入带来了五个方面的提升：一是物流问题的解决，农村电商的物流现在已经基本可以支撑产业的需求。二是农村氛围的提升，通过培训和宣传，农村电商已经形成了较好的发展氛围。三是人才的回流，服务网点都需要年轻人和有专业能力的人做运营和服务。我们培育了那么多的网店，催生那么多的淘宝村、淘宝镇，其实也带动了整个社会对农村创业的关注。四是产业的应用，除了相关的资源投入农村电商之外，相关的溢出效应正在逐步体现。我们通过农村电商大市场的需求去促进生产的规模化、组织化以及产品的标准化。五是政策支持力度，现在国家的支持力度正在不断加大。

从2014年开始，我们分批开展了一些电子商务进农村综合示范县的创建活动，主要面向的区域和市场的投入形成了一定的互补。政府投入的重点支持方向是中西部地区、国家级的贫困县和革命老区。希望通过政府的投入，把贫困落后地区的服务体系搭建起来，使瓶颈问题得到缓解，更好对接市场的资源。

从建设内容的角度看，包括组织推进、政策规划、基础设施、人才、电商服务、金融保障等方面是这项工作开展的主要方向，高度体现了政府推动这项工作的一整套完善的体系。这个体系有两个非常有代表性的成效。

一是通过电商进农村综合示范县活动的开展，为参与创建活动的示范县留下了一套围绕农村电商发展的公共服务体系。比如通过以区域性电子商务公共服务中心为核心的资源交互的节点连接县、乡、镇三级的村镇服务网点体系，通过公共服务中心整合相关区域的物流配送服务资源，形成上下互通的区域物流体系，这是前期示范工程建设的重点。近来在强调如何依托这个体系去驱动和服务好农村资源的电商上行、如何搭建好产品供应链上行支撑体系、上行的公共营销服务体系，包括电商的金融服务体系等。所以，电子商务进农村综合示范县尽管是一个阶段性的工作，但留给示范县的首先是县域电商公共服务体系实施的基础。在这个活动结束之后，示范县的领导，包括参与这项工程的实施主体首先要思考的是如何把公共服务体系纳入整个县域电商发展的市场需求中来，如何使其盘活和运转起来，真正发挥好下一步支撑县域电商的基础作用。

二是电商和精准扶贫的结合，参与示范县建设的很多县也有了很多电商精准扶贫的发展模式。综合起来看，我认为通过示范县创建活动，形成了一个围绕农村电商上行和下行完善的产业体系。围绕产业链体系不同环节的人才需求、发展需求，可以和贫困人群、贫困户的生产资源形成一个很好的连接。在这个连接点上，需要的是政府政策的引导和实施方面的保障，通过市场的参与和示范的引领形成良性互动，这也是驱动未来脱贫攻坚战略中农村电商和精准扶贫结合非常重要的结合点。

对于未来，2018年中央一号文件提出了五个发展目标，为我们描绘了未来农村生活的美好场景。归纳起来，农村电商的发展有三个阶段：第一个阶段是通过工业品下行，激活农村消费，驱动整个体系的形成，包括物流问题的解决和基础设施的投入；第二个阶段是我们现在所处的阶段，是以上行为核心，完善基础设施，进一步发挥农村电商"赋能者"和"挖掘器"角色的作用，驱动农村资源的上行；第三个阶段是未来的阶段，农村电商应该成为一个能够把外围的资源重新带入农村，进一步增强农村地区吸引力的连接和手段。

互联网是分散化和去中心化的，我们感受到的去中心化，一方面是更多的小微主体重新焕发了市场的活力，重新得到了互联网的赋能。另一方面去中心化体现在区域的去中心化上，未来人们不再向大城市、中心城市聚集，农村有很好的基础设施、生活条件、工作条件，未来农村电商会把更多的人员、服务、资源、产业带入农村地区，助力整个乡村振兴战略的实现。

以上就是我的分享，感谢各位！

跨界融合成为经济发展新动能

商务部电子商务和信息化司副司长 刘德成

女士们,先生们,朋友们:

很高兴与大家相聚在美丽的贵阳,首先我谨代表商务部电子商务和信息化司对此次媒体+电商分论坛的成功举办表示热烈的祝贺!

目前,我国已经迈入数字经济新时代,各类新技术、新模式、新业态发展突飞猛进,融合发展已成为主要潮流和必然趋势,传统行业纷纷加快与电子商务融合发展,线上线下融合、产业链上下游融合、跨界融合已成为新常态和经济发展新动能。主要表现在以下几个方面:一是线上线下融合,激发市场活力。在国家政策引导鼓励下,企业普遍认识到线上商流、信息流、资金流和服务流与线下物流、服务、体验融合互补,会带来强劲的发展动能,线上企业纷纷加大资金与技术投入,与线下企业开展战略合作,线下企业主动拥抱互联网,批发市场自建互联网B2B平台,零售企业积极探索线上线下联动，商品零售和生活服务融合发展，企业竞争力显著提升，活力增强。二是产业链上下游融合驱动，智慧升级。利用居于中间环节的连通优势，电子商务企业借助大数据等先进信息技术，精准挖掘消费者需求痛点，及时反馈生产端，以改变研发新产品，推出新服务，实现了生产、流通、消费环节紧密联动，基于融合制造的大规模个性化定制服务，有效拉动了消费提质升级，助力制造业转型升级和供给侧结构性改革。三是跨界融合，带来消费新体验。跨界经营多业态协同发展领域日益宽广，盒马鲜生、永辉超级物种等采用零售、餐饮、生鲜等线上线下一体化发展模式，在零售基础上涉足餐饮娱乐等生活服务业，提供了丰富的消费场景，受到消费者普遍欢迎。此外，共享经济、"互联网＋教育"、"互联网＋医疗"、"互联网＋健康"等领域成为投资热点，充满想象空间。

未来随着先进信息技术不断创新发展和加快应用，传统行业与电子商务融合发展的深度、广度将不断提升，本次媒体＋电商分论坛的举办恰逢其时，意义重大。一直以来大量媒体凭借优质内容获得了巨大流量、良好口碑、强大号召力和丰富的数据资源，与电子商务融合发展的潜力巨大、前景光明。下一步为推动媒体及相关领域进一步与电子商务融合发展，我们还需在以下几个方面共同努力。一是在自主创新上下功夫。当前数字经济发展方兴未艾，包括电子商务在内的核心技术依然是我国数字经济各领域发展的命门，我们要下决心继续坚持自主创新、自力更生，加快基础技术、通用技术、关键技术、前沿技术的研发和成果转化，强化各类先进技术在商务领域深度应用。二是在深化改革上求突破，重点针对新模式、新业态、新主体，理清发展障碍，坚决拆壁垒、破坚冰、去门槛，不断健全体制机制，优化服务监管，完善标准体系，加强横向协作、纵向联动，努力为各类市场主体营造高效、公平竞争的良好营商环境。三是在融合发展上见实效，加快技术、数据、资本、人才等各类资源要素相互支撑、有效转化，进一步深化线上线下融合、产业链上下游融合、跨界融合，媒体要充分发挥自身流量优势、口碑优势、号召力优势和数据优势，拓展电子商务营销链、供应链、服务链、提升价值链，构建更多的应用场景，推进"媒体＋电商"高质量发展，在现代化经济体系建设中取得突出成效。

各位嘉宾：

商务领域与人民群众的生产生活密切相关，我们应坚持以人民为中心的发展思想，贯彻新发展理念，实现经济效益和社会效益相统一，各有关部门主动谋划，积极引领，协同推进"媒体＋电商"健康持续发展，不断满足人民群众日益增长的美好生活需要。

最后，预祝本次论坛圆满成功。

谢谢大家！

加快生态电子商务转型发展，
打造生态产品世界品牌

国家林业和草原局信息办主任　李世东

尊敬的各位领导，各位嘉宾：

非常高兴再次来到爽爽的贵阳，参加一年一度的电商峰会，2018年峰会以"消费升级 品牌电商新机遇"为主题。在这里，我代表国家林草局向论坛的举办表示热烈祝贺。下面，围绕这个主题我讲三方面内容。

第一，消费升级有利于促进品牌电商的新发展。随着消费升级时代的到来，消费者对品牌和品质的追求与日俱增，品牌电商已经成为消费者选择心仪品牌的首要途径，消费升级为品牌电商发展带来了重要机遇。这个机遇主要表现在三个方面：第一是有助于树立品牌电商正确的用户观，把为用户提供最好的产品作为出发点，把握消费趋势，细分用户类型，充分发挥需求引领生产、挖掘市场的重要责任。第二是有助于提升品牌电商的持续吸引力，通过具有时尚感、设计感、有温度的产品，唤醒用户的情感共鸣和对健康生活的向往，提升品牌电商产品和服务的品质。第三是有助于配置品牌电商的科学产业链，通过释放三四线城市和农业市场活力，降低渠道和人工成本，提高效率，建立用户体验端优势，打造全球范围的电商品牌。

第二，信息技术有助于深化品牌电商的新动能。随着人工智能、区块链、大数据、物联网、云计算等新一代信息技术的应用，品牌电商已经加速催生新的业态、新的品牌，使电子商务从原来传统的货架式销售走向场景式销售，为中国制造汇聚了新动能。新动能也表现在三个方面：第一是利用用户消费行为数据准确洞察市场动态需求和消费发展趋势，完成供应链升级，开展个性化定制。第二是围绕自身资源和市场优势开展特色电子商务应用服务，促进线下传统企业积极向电子商务转型，大幅增加销售覆盖面的同时，减少营销网络，构建支撑。第三是优化整合线上线下渠道，开发企业线上平台，完善线上线下产品及价格体系，巩固电商平台的主导地位，与上游制造商紧密合作，下游用户注重了解市场，实现规模效益，形成独特的差异化竞争优势。

第三，跨界融合有利于挖掘品牌电商的新市场。可能大家会奇怪，林业与品牌电商有什么关系呢？大家知道，跨界融合是最重要的时代特征之一，在全球尤其是中国，物质产品、精神产品从某种意义上已经极大丰富了，但是生态产品稀缺。在北京，经常雾霾，有时正常上课、正常工作都不能满足，说明国家最急需的就是生态产品。所以，我国发展生态品牌电商具有独特优势和巨大潜力。

这次机构改革，国家林草局肩负更重大的责任，肩负着我国四大陆地自然生态系统的监管职责和生物多样性的监管职责。四大自然生态系统包括森林生态系统、湿地生态系统、荒漠生态系统、草原生态系统。同时，我们挂了一块新牌子叫国家公园管理局，我国所有自然保护地全部由国家公园管理局与国家林业和草原局"两块牌子 一套班子"共同管理。目前，我国有森林公园3000多个，湿地公园1000多个，沙漠公园100多个，自然保护区2000多个，风景名胜区近1000个，水利风景名胜区、地质公园、自然文化遗产等自然遗产地加在一起1万个，比美国都多。

四大自然生态系统加在一起是8亿公顷，占国土面积的80%，也就是说我国国土面积的80%都需要进行生态保护。这80%的国土面积产生的生态产品在全球也是数一数二的。我国的生态产业世界规模最大，生态产品的贸易及生态休闲服务业增长世界最快。近年来，我国生态产品的市场需求旺盛，产品供不应求，生态建设水平不断提高，市场规模快速扩大，经营创新层出不穷，成为生态文明建设的重要推动力量。据统计，2017年全国已有23个省区市建设了生态类电商平台，总计5000多家商户入住，为山区、林区、沙区群众脱贫致富作出了重要贡献，使绿水青山真正逐渐变成金山银山。

可以说，加快品牌电商发展是增强生态产品供给能力、满足市场多样化需求的重要推动力，建设生态品牌电商应建立以严格标准为基础，以森林生态标准产品为品牌，以可视可追溯为支撑，以企业农资产品保险等服务为保障的"四位一体"优质生态产品电子商务协调发展服务平台，实现生态产品优质优价，鼓励生产优质的生态产品，逐步打造生态产品世界品牌。

我们将紧紧抓住推进供给侧结构性改革的良好机遇，借助生态产品需求侧的强大拉动力，加快生态电子商务转型发展，进一步调整优化生态产业和生态产品结构，努力增加优质的生态产品供给，为满足人民群众对美好生活的新期待作出新的重大贡献。

谢谢大家！

观点再现

钱　蔚（央视网董事长、总经理）：新零售、无间零售、家生活等新概念的提出，让电商与实体经济从之前的独立碰撞，走向了融合共生。无论是从行业指导，还是市场自发行为来看，都标志着电商融合发展已是大势所趋。

侯延波（国家邮政局市场监管司副司长）：流通是经济发展的本质体现，数据的流通带来了电子商务的勃勃生机，商品实物流通成就了快递业的迅猛发展，而两者的融合，必将促进社会经济健康、快速发展，必将使广大人民群众享受更多便捷、高效、优质的服务，得到更多的获得感和幸福感。作为现代服务业的重要组成部分，作为推动流通方式转型，促进消费升级的现代化先导产业，快递业顺应社会主义市场经济的发展，已经成为服务电子商务的主渠道。

田　卫（eBay搜索全球副总裁）：人工智能对电子商务的影响主要体现在两个方面：一是用户体验的提升；二是交易效率的提升。人工智能给电子商务带来了巨大的变革，未来的电子商务将跨越国界、跨越地域、跨越语言、跨越线上和线下，任何人在任何地方都可以买到世界上的任何一款产品，实现真正一体化的全球经济体。

迈克尔·斯宾塞（悉尼大学校长）： 教育，特别是高等教育在帮助世界连接未来电子商务的挑战中扮演重要的角色。学术研究为科技全球化提供基础，帮助我们更好地理解世界文化，而教学培养能使学生更好地面对数字化的未来。

相　峰（圆通速递副总裁）： 物流行业的创新绝不仅是技术的创新，中国的快递物流业整体正由创业性经济向管理性经济转变，物流业史上发展最大的创新不是跟技术相关，而是由管理带来的，是企业家去实现的。说白了，企业家有没有技术的敏感性？能否用好技术人才？这才是最根本的。创新是组织最基本的功能，也是管理者最重要的职责，而且创新一定要有目的、有计划，成体系地进行。同时，创新一定要能够被管理，而且必须被管理。

王柏华（浪潮集团执行总裁、首席技术官）： 电商发展可分为三个阶段：第一阶段是工业互联网与消费互联网独立发展阶段；第二阶段是工业互联网与消费互联网融合发展阶段；第二阶段是工业互联网＋消费互联网＋大数据融合发展阶段。在数据驱动下，电商将是大数据服务商，要支持建设工业设计平台、基于原产地的电商创客平台、人工智能公共训练平台。

宋宝爱（海尔电商总裁、顺逛 CEO）： 物联网时代将聚焦社群、诚信、开放。随着互联网的发展，用户更需要消费的民主、消费的自由、消费的平等，特别是消费的自由，需要全天候、全渠道、个性化的服务。

蒋　欢（上海管易云计算软件有限公司联合创始人）：电商的本质是零售，电商赚钱的法门不是订单率而是周转率，电商与传统零售的差别是电商实现了整个商业的数字化。当前，新零售发展还面临着组织架构、IT系统、供应链的改变、营销模式等方面的挑战。

郑　敏（国家电子商务示范城市专家咨询委专家、亿邦动力研究院院长）：中国电子商务发展可分为信息化阶段、网络零售阶段、数字化阶段。信息化阶段强调管理流程。IT软硬件产业发展较快。网上零售阶段强调渠道重构，重点是发展互联网平台业态。数字化阶段强调融合贯通，数据智能新业态将得到快速发展。

杨茂江（上海凭安征信服务有限公司创始人兼总经理）：电商信用问题频现三个痛点：一是消费者信用意识和信用道德规范缺乏有效的法律监管机制；二是电子商务信用管理制度不健全导致违法成本低；三是缺乏有经验、有实力的第三方征信服务机构。

任晓煜（丰趣海淘CEO）：跨境电商一直面临的问题是如何在国家利益、企业利益和个人利益之间找到平衡点，在游戏规则没有建立起来的情况下，很多人会选择用户利益和个人利益当先，忽视国家利益。但是如果只有10%的企业遵守游戏规则、遵守法律，90%的企业都不遵守的情况下，只能逼这10%的企业为"娼"，这是现实。所以怎么去建立一套完整的游戏规则，是非常重要的。

刘绩坤（大龙网集团联席CEO）："一带一路"沿线国家给我们的机遇是什么？第一是广阔的市场空间；第二是丰富的自然资源红利；第三是后发优势跨越发展；第四是电商消费前景广阔。随着巴西、印度等国家电子商务的蓬勃发展，诞生了诸多新的电商消费需求，这对中国出口跨境电商是利好的。

张永捷（敦煌网副总裁）：今天以至未来，跨境电商正在经历一个不一样的时代，那就是数字贸易。数字贸易在所有的交易逻辑端和交易后的所有服务端都可以引发根本性的变革，这个也是现在大量跨境电商出口交易没有体现在海关数据中的原因之一。

张志刚（商务部原副部长）：农产品是农民最重要的劳动成果，抓住数字化、信息化革命带来的历史机遇，加快建设包括连锁经营、物流配送、电子商务等在内的农村现代流通体系，将农产品多渠道、高效率、低成本地销往市场，是构建现代农业经营体系的重要内容，也是全面落实我国乡村振兴战略，实现精准脱贫攻坚战的重大举措。

姚广海（中国国际电子商务中心党委书记）：农村电商的发展或者电商精准扶贫存在的困难主要有三个方面：一是农产品滞后的现象尚未得到根本改变；二是城乡之间的数字鸿沟还是一个客观存在；三是农村电商的物流问题还没有真正解决。

张瑞东（阿里巴巴集团农村事务部资深专家、总监）：数字经济下的脱贫主体还是数字经济体，最大的价值是能够打通整个闭环，可以把整个生态里面所有的业务都联系起来。不仅可以和电商，还可以和旅游、金融、物流结合在一起，给农村或贫困地区带来不一样的全生态价值。

何均国（燕谷坊集团董事长）：农产品上行，一边是农民，一边是市民，核心是订单化种植。通过订单化种植推动农民种植科学化，同时又通过订单化消费拉动和连接每个城市的家庭，让消费者能够更好地消费，让农民能安心地种地。

林鄂平（经济日报社中国经济网脱贫攻坚研究中心主任）：新闻媒体，如果仅仅是以传统的套路做新闻报道，那这只是扶贫宣传，谈不上精准扶贫。我们需要媒体去创新，形成自己的路径，做到网上网下融合。

王　毅（中国物品编码中心二维码研究室主任）：目前，二维码技术发展在中国遭遇较多问题，包括支付、营销、追溯、防伪、互联网接入等。然而，随着标准体系的建立尤其是商品二维码规范的制定，二维码将会在更多场景中得到运用。

唐　彬（易宝支付有限公司创始人兼CEO）：中国第三方支付异军突起，短短10来年已经彻底改变了中国的支付市场。当前，互联网进入深水区、产业转型升级、金融走向开放与普惠，这三股力量的融合将推动支付升级转换，催生出"支付+"。它已不再是简单的通道，而是将升级为经营数据的公司，渗透到更多的应用场景中。

白振杰（财付通支付科技有限公司微信运营支付总监）：微信支付已经

成了一种生活方式，围绕人、商品、场景，其数字化能力将不断加深。未来，新技术将在微信中得到更多的应用，例如将 AI 技术作为底层技术提升平台自主学习升级能力、用"刷脸 + 免密代扣"提升消费体验、小程序对传统 APP 进行大突破塑造新式营销工具、用"支付 + 赋能"实现更加智慧的生活。

宣松涛（西安纸贵互联网科技有限公司联合创始人）：目前，围绕区块链技术已经形成了较为完善的经济生态，并逐步走向通证经济，尤其是通证支付。在未来，区块链将重塑金融服务：一是让交易速度变快；二是使信息孤岛消失；三是将视野拓宽至交易全周期；四是实施具有约束力的协定。

陈海权（广东亚太电子商务研究院院长、暨南大学教授、博士生导师）：随着互联网的影响不断延伸、深化，电子商务推动了产业的融合变迁，"互联网 +"推动信息经济和消费者的主权时代加速到来，物流业也成为充满智慧的行业。数字化的供应链成为物流行业的解决方案，供应链整合是关键，供应链的战略和格局决定未来。

奚君武（优博讯常务副总裁）：区块链是在电商物流大力发展的情况下，出现的一个能够解决价值链传输的类似互联网的概念。在建设绿色供应链过程中，区块链能够扮演重要角色。体系追溯、人脸识别、联盟链，这些能为绿色物流的发展奠定技术基础。

魏　星（中国网络电视台副总经理）："媒体 + 电商"，首先是"内容 +"，把媒体的内容优势转化为电商的场景优势；第二是"平台 +"，将媒体的覆盖优势转化为电商的价值优势，第三是"合作 +"，将媒体的服务优势转化为电商的盈利优势。

李　鸣（未来电视CEO）：今天的媒体完全可以在全新的维度中看待自己，不再是做内容、卖广告这么简单的商业闭环，因为我们有影响用户的能力，拥有深入经济细胞的能力。

王　磊（华数智屏CEO）："媒体＋电商"融合发展的核心有两点：第一是要找到自己的强项，还要朝着自己的强项不断发展；第二一定要差异化，没有差异化是今天在内容领域纠结的人核心问题所在。

邸阿明（小红书副总裁）：媒体和电商之间是可以相互反哺的，媒体可以把电商的内容传播出去，但不建议媒体深度融合电商领域。因为这个领域像国家的商务流通系统一样，特别大，而且不一定会抓得准。媒体更擅长的是内容的营造和思想的引导，通过内容营造和思想引导会产生很多和电子商务相关的场景，以此为引领、切入，我觉得比单一售卖商品更有想象力。

李　伟（《三联生活周刊》副主编）：如果媒体和电商捆绑在一起非要有一个话题，我希望是媒体在梳理好自己的底层数据后，能够赋能于电商这种模式。从观众到用户的转变就是媒体迈向电子商务领域最关键的一步。用户是需要被尊重的，原来的方式是单向输出，现在应该是双向互动。如果能够做到这一点，我相信任何的商业模式场景都可以在媒体的影响下通过互联网技术得以展现。

杨　东（中国人民大学法学院副院长）：贵阳发展大数据必须要有权力、

法律、政策的保障。保护隐私、保护数据是未来数字空间的根本任务，区块链也要能保护隐私和数据。电商平台积分的创新需要通过区块链来进行有效监管。政府通过区块链可以实现有效监管，可以降低监管成本，提高监管效益，打击违法犯罪，真正保护老百姓。

王铮夫[拉卡拉汇积天下技术服务（北京）有限公司总裁]：品牌电商、垂直电商以及用户各项服务的平台，都有积分回馈、积分服务需求，这是巨大的长尾蓝海市场，是拉卡拉未来重点耕耘的目标市场。拉卡拉所做的积分服务可以助力长尾积分市场在积分服务方面创造更好的服务功能。

刘文献（贵阳众筹金融交易所董事长）：共享经济、开放经济和普惠经济，就是数字经济在大数据、区块链和人工智能基础上产生的结果。消费积分就是把实体经济和数字经济完成无缝转换、无缝对接的一个简单工具。消费积分要围绕大数据、大生态、大扶贫做结合。用数据搭建平台，用区块链做基础推动贵州发展。

朱月怡（花点时间创始人兼CEO）：未来20年，中国最大的机会就在那些传统而古老的赛道上。这个世界没有传统行业，所有行业都能在新的变化中找到属于自己的新机会。对品牌的认可来自真正的共情。品牌最基础的价值观核心点是文化，即你认同什么样的价值观，你希望用你的产品传递给你的用户什么样的价值观。

刘　展（体坛加CEO）：消费升级更多的是消费观念的升级，因为都是消费场景的变化和用户诉求的变化。消费升级主要集中在四个领域：文化、娱乐、体育、健康。健康又与运动、医疗有巨大关系，这是体育产业的大风口。品牌电商不能狭义地定义为"有品牌的企业去做电商"。大品牌如茅台，小品牌如花点时间，以及自媒体形成的内容电商，包括新零售企业，都是品牌，只是体量大小区别。

王岸柳（中国人民大学国家发展与战略研究院文创中心执行主任）：贵州正在成为双轮驱动融合发展的标杆。在消费大数据领域，以贵州为样板，发现了实体经济和数字经济的美好融合，提出了"双实模型"，即从实体中来到实体中去。第一个"实"是民族品牌，最后一个"实"是精准扶贫。民族品牌和精准扶贫有内在统一性，通过消费大数据的驱动等环节实现"双实模型"。

刘玉海（贵阳市人民政府副市长）：目前我们正处于大数据价值驱动的智能化时代，同时也处于信息技术发展的第三波浪潮，抓住人工智能就是抓住新一轮信息技术革命的核心。

栾　雁（贵州省商务厅总经济师）：智能电商已经参与到城市生活的方方面面，给工作、生活带来了巨变。如何让电子商务真正惠及百姓，真正助推黔货出山是当前我们和电商企业应该深度思考的问题，更是时代赋予我们的历史使命。

文芳元（腾讯微信支付无人零售行业负责人）：随着消费需求的精准化和多元化发展，无人零售正在围绕满足用户及时性需求，构建以办公室、网吧、社区、停车场和出租车为载体的新兴场景。在这样的市场趋势下，"微信支付+"将立足共建、开放、整合、扶持的发展导向,通过打造免密支付、人脸识别、数据支撑、分账结算、营销合作和品牌联合等完整的产业生态圈,助力未来智慧无人零售。

刘凤义[深兰科技(上海)有限公司董事长助理]:在技术加持的未来,最安全最便捷的支付工具就是人本身,最好的购物就像在家里拿东西,最好的结算就是忘掉结算。

杨　桦(eBay搜索技术负责人):人工智能从广义上说,就是开发一套类似人脑的设备,可以替代人脑感知和推断信息、学习和保留知识、应用和解决问题。作为一项颠覆性的技术创新,人工智能已经给电商带来颠覆性的变革,未来将为电商行业发展带来几何级的增长。

王　涛(京东云电商云业务部副总经理):当前我国大多数电商企业还处于1.0发展阶段,发展的导向为销量,电商企业2.0阶段应立足于品牌塑造,构建自己的电商矩阵。

敖　翔(旷视科技副总裁):人工智能将重构和驱动新零售的"人货场",智能零售是线下零售集结云服务和智能化的零售新形态。对新零售来说,要做好数字化升级,就要把线下门店数字化后全部"上云",而不只是POSS机结算这一项"上云"。

尤　宇(科大讯飞全国销售总经理):人类零售史随着城市化的进程而演进,在技术引领生产变革的驱动下,生产变革也在引导消费方式变革。

当前消费需求已从功能需求转向体验式、个性化的消费需求。

那　昕（什么值得买集团 CEO）： 电商行业发展的下一个阶段，用户消费行为和动作会越来越去中心化，在哪消费不再重要，能让用户产生购买意愿，才具有产品营销的价值。

黄　睿（浪潮集团电商总经理）： 对于企业，在这个时代里最重要的是开放上下游，让相关企业充分融合，形成自己的生态。

刘　凯（深圳启明星董事长）： 零售业的未来发展，一定是融合线上线下，实现一体化和智能化的智慧零售。智慧零售将以消费者为中心，重构人、货和场的关系，重构消费者、零售商和供应商关系，推动数据营销智能和用户服务智能，同时在全面移动互联网化和业务流程在线自动化的基础上，实现业务实时在线。

成果发布

— 数字中国改变世界,中国数谷引领未来
— 『十佳大数据案例』揭晓活动成功举办
— 『2018 11项黑科技』惊艳亮相数博会

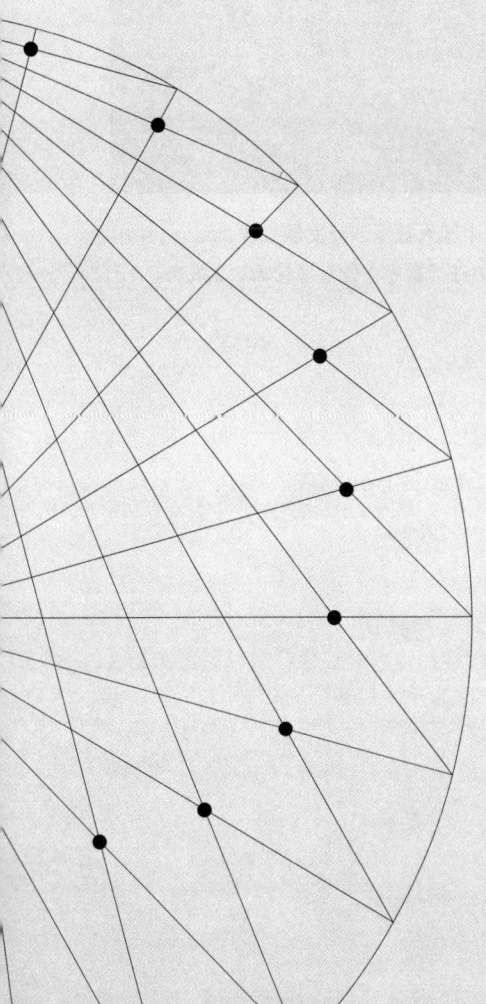

2018年5月28日,2018数博会《大数据蓝皮书:中国大数据创新发展报告 No.2》《中国数谷》《块数据4.0:人工智能时代的激活数据学》在"数字中国智库论坛"上发布。

2018年5月28日,2018数博会"数字中国智库论坛"发布会现场盛况。

2018年5月27日,2018数博会《数字城市最佳实践案例白皮书》在"2018第四届(中国)大数据交易论坛"上发布。

2018年5月25日,2018数博会"浪潮云工业互联网平台战略发布"。

打响"数博发布"特色品牌，共享大数据发展最新成果

大数据战略重点实验室

2018中国国际大数据产业博览会紧盯大数据新理念、新思想、新技术、新产品、新模式、新应用，重点策划、创新推出"数博发布"特色品牌。数博会期间，成果发布会推出了40余项系列成果发布活动，吸引观众约12000余人次。其中，面向全球征集到500余项领先科技成果，严格评选并集中发布了11项黑科技、10项新技术、20项新产品、10个新商业模式等51项领先科技成果，受到了专家、学者及观众的一致好评。

发布会首次发布了《中国数谷》《块数据4.0：人工智能时代的激活数据学》《大数据蓝皮书：中国大数据发展报告 No.2》《大数据优秀产品和应用解决方案案例系列丛书》等大数据前沿研究著作，首次发布了基础设施、政府治理、城乡三变等领域的100个大数据典型应用场景，首次发布了2018城市数据安全指数、"中国开放数林"指数等。30余家国际国内知

名企业在数博会上发布最新的前沿技术、尖端产品及解决方案。易鲸捷公司的冷热数据分离异构介质存储架构、中科院的主权区块链底层技术平台"Repchain享链开源技术"等属全球首发,"数博发布"成为最具权威性和影响力的全球品牌。

一、理论著作为数字中国建设贡献智慧

本届数博会发布了《中国数谷》、《块数据4.0：人工智能时代的激活数据学》、《大数据蓝皮书：中国大数据发展报告No.2》、大数据时代新型《汉语主题词表》、《大数据优秀产品和应用解决方案案例系列丛书》、《Gartner蓝皮书：贵阳大数据发展报告》等多项著作类成果，著作秉持创新、协调、绿色、开放、共享的发展理念，围绕建设网络强国、数字中国、智慧社会，全面实施国家大数据战略提出建议，为中国经济从高速增长转向高质量发展贡献智慧。

《中国数谷》由大数据战略重点实验室编著，从中国数谷的战略选择、时代价值、应用场景、发展愿景、文化基因等方面全方位、多层次地解读了大数据如何给贵州和贵阳发展带来了希望，更重要的是阐明了大数据如何改变了世界对贵州和贵阳的认识。近年来，贵阳积极开展大数据理论创新、制度创新、标准创新系统性试验，提出块数据、主权区块链、激活数据学等前瞻性理论，推动政府数据资源共享开放、大数据安全管理等相关地方立法先试先行，探索建立人口基础数据、法人单位基础数据、政府数据分类分级、政府数据脱敏等大数据关键共性标准，抢占了大数据理论创新制高点、制度创新制高点和规则创新制高点，成为中国大数据发展的战略策源地和引领全球大数据发展的风向标。贵阳将大数据作为坚守"两条

底线"、培育发展动力、破除发展困境、谋求竞争优势的战略抉择,不仅牢牢把握住了发展先机,更是探索出了一条有别于东部、不同于西部其他省份的发展新路。

《块数据4.0:人工智能时代的激活数据学》由大数据战略重点实验室编著。激活数据学就是一种基于复杂理论及混沌研究的关于未来大数据乃至超数据时代的理论假说,它是未来人类进入云脑时代的预报,是关于混沌的数据世界的跳出决定论和概率论的非此即彼、亦此亦彼的复杂理论的大数据思维范式革命。该假说以复杂理论为基础,创新性地提出数据搜索、关联融合、自激活、热点减量化、群体智能五大架构技术,以充分发挥人机群体智能为核心,综合运用数据科学、生命科学和社会科学提出的海量数据存储、处理的解决方案。激活数据学的提出,标志着大数据领域和人工智能领域研究取得了新突破,为超数据时代越发凸显的数据悖论问题提供了科学的和现实可行的途径与方法。

《大数据蓝皮书:中国大数据发展报告No.2》由大数据战略重点实验室编著,对数字中国的建设与展望,对全国省域和重点城市的大数据动态和静态发展情况进行全面评估和系统分析;研究了国家大数据战略、重点城市大数据发展及区域大数据产业布局的政策体系、建设路径和发展机制,讨论了数权、数权制度和数权法的立法构想;探讨了大数据标准体系的构成和应用;梳理了激活数据学的理论和实践体系、大数据百科全书的理论框架与研究方法、大数据与实体经济融合发展的对策、跨境数据流动监管的国际经验与借鉴;系统归纳了运用大数据助力以审判为中心的刑事诉讼制度改革、"城市大脑"建设、区块链技术的政务应用、窄带物联网试点建设、街道大数据社会治理创新模式等案例,为地方大数据发展提供可复制、可借鉴、可推广的有益经验。

《汉语主题词表》通过可视化技术，可展示各类概念关系，为网络时代大数据的语义化、结构化、数据共享与开放提供重要支撑；既可运用于资源组织与知识关联，也可支撑知识展示与数据服务，成为信息检索、知识发现、语义推理的智能引擎；通过机器标注、语义关联，为云计算、云储存提供信息描述的标准化模型；通过主题标引、学科分类、知识聚类功能，搭建起物联网与虚拟现实的精准知识组织系统。为适应网络环境下海量文本大数据形式化、结构化、语义化处理的需要，中国科学技术信息研究所从2009年开始，牵头组织国内20家专业机构的数百名专家，分领域、分阶段修订和重新构建了新型《汉语主题词表》。整体工程分四大部分，分别是工程技术卷、自然科学卷、生命科学卷和社会科学卷。目前，已完成工程技术卷和自然科学卷的编制工作，覆盖31个学科领域，术语词汇达50万条，并已在国家工程技术数字图书馆中，提供科技信息的组织和检索服务。

《大数据优秀产品和应用解决方案案例系列丛书》是为贯彻国家大数据战略，全面掌握我国大数据产业发展和应用情况，由工业和信息化部办公厅在全国开展大数据优秀产品和应用解决方案征集活动，经过40余位业内专家三轮严格评审，从30个省、自治区、直辖市申报的1057个有效案例中遴选出了100个优秀案例。本套系书籍是100个优秀案例的汇编，共分为大数据优秀产品案例和大数据优秀应用解决方案案例两大类，共三册。其中《大数据优秀产品案例》为大数据产品入围的优秀案例汇编，《大数据优秀应用解决方案案例·工业、能源、交通卷》为大数据应用解决方案在工业、能源电力、交通运输领域入围的优秀案例汇编；《大数据优秀应用解决方案案例·政务、民生卷》为大数据应用解决方案在政务民生领域入围的优秀案例汇编。丛书较为全面地展示了国内先行先知企业在这些领域的技术突破、产品架构和推广成效，为相关地区、行业、企业发展和应用大数据提供有益的借鉴和思考，切实推动大数据与实体经济深度融合，促进"政、产、学、研、用"深度合作。

《Gartner 蓝皮书：贵阳大数据发展报告》从大数据催生了新业态、大数据培育了新动能、大数据实现了新治理、大数据推进了新创造、大数据搭建了新平台等五个"新"上讲述了近年来贵阳大数据的发展情况。报告指出，2017年贵阳大数据企业主营业务收入达到813亿元，同比增长23%，软件和信息技术服务业业务收入增长20%，网络零售交易额增长45%，大数据企业纳税额110亿元，增长20%，数字经济蓬勃发展，大数据成为引领经济社会发展的强大引擎。大数据创新生态逐步完成，产业聚集效应逐步显现，形成"贵漂现象"，吸引了很多大学毕业生到贵阳进行创业、创新。本报告指出，下一步贵阳大数据发展的主攻方向主要以引领性、试验性、示范性为特色，大数据产业高度聚集、大数据与实体经济深度融合、大数据创新力度显著增强、大数据治理精准施策、大数据精准高效的"中国数谷"。

二、指数报告助推大数据产业创新发展

本届数博会发布了包括《2018中国地方政府数据开放报告》暨"中国开放数林"指数、《2017城市网络安全指数报告》、"中国数谷"大数据应用场景TOP100、《中国地方政府互联网服务能力发展报告（2018）》、《国家大数据综合试验区发展报告（2018版）》、新浪2017年度大数据全网十大热词、贵州大数据与十大融合推荐案例等指数报告类成果10余项，分别对我国地方政府数据开放情况、城市综合网络安全状况、大数据应用场景、中国地方政府互联网服务能力、我国八个大数据综合试验区建设情况、2017年度大数据微博全网十大热词、贵州大数据十大融合推荐案例等方面的内

容进行研究，对大数据领域热点问题进行了系统、全面、深度分析，为挖掘这些领域的最新规律，提供了新的认知、评价和导向体系，为全国各个城市的大数据发展提供了前瞻性、顶层性、适用性指导意见。

"开放数林"指数是国内第一个专门针对地方政府数据开放的系列评估报告，每年定期发布。"开放数林"基于数据开放的基本原则，借鉴国际数据开放评估报告指标体系的经验，立足我国政府数据开放的政策要求与实践现状，构建起一个系统、科学、可操作的评估指标体系，并基于该体系对我国已开放数据的地方政府进行综合评价，制作指数报告，提出优化建议。

《大数据城市网络安全指数报告》是国内首个系统性分析城市综合网络安全状况的研究报告。此次《大数据城市网络安全指数报告》通过系统、全面、整体性的研究分析，挖掘出城市网络安全建设的新规律，给出了研究过程中的新发现、新观点。报告对全国各个城市的网络安全建设提供了前瞻性、顶层性、适用性指导意见。

在大数据的发展过程中，合适的场景应用对大数据的发展具有推动作用，TOP100场景应用是本届数博会"数化万物·智在融合"的最佳体现，既是对贵阳大数据应用场景成果与需求的全面盘点，更是大数据与各行各业深入融合的开端。此次"中国数谷"大数据应用场景TOP100的正式发布，集中体现了"中国数谷"贵阳在建设首个国家级大数据综合试验区核心区成果，旨在推动大数据在政用、民用、商用领域的深度融合以及相关产业落地，实现大数据对政府治理能力和公共服务水平的提升。

《中国地方政府互联网服务能力发展报告（2018）》是全国范围内第一次对全国334个地级行政区政府互联网服务能力进行大规模的全面评估，泛互联网渠道采集数据共达12.4亿余条，智能呈现了政府互联网服务能力向规范化、一体化、智慧化方向的发展趋势。

《国家大数据综合试验区发展报告（2018版）》首次针对我国8个大数据综合试验区进行系统性研究。其中指出，近年来各综合试验区在落实国家大数据战略、促进大数据发展方面开展了诸多有益探索和实践。从制度设计来看，各综合试验区大数据管理机构和政策框架日臻完善；从开放共享来看，政务信息共享取得突破，政府治理能力快速提升；从产业发展来看，大数据产业集聚初步显现，"双创"活力得到有效激发。

新浪发布了2017年度大数据全网十大热词，分别为"人工智能""精准扶贫""全面融合""共享单车""无人机""云计算""无人驾驶""数据中心""移动支付""人脸识别"。互联网科技、海量数据以及人工智能等信息技术领域的词汇与民众的日常生活已经变得息息相关，大数据已覆盖了政用、民用、商用、基础设施等各个领域和各个角落。

三、领先科技成果引领未来发展

科技创新的魅力在于探索和创造未来。随着领先科技成果的发布和应用，一扇扇窗户正在打开，让我们能看见未来的美好生活。通过2018领先科技成果发布，我们看到了人类创新力量的迸发以及对美好未来的憧憬。以新一代信息技术为代表的科技革命风起云涌，这是改变世界的力量，也是中华民族的一个重要历史机遇。未来，我们需要更多能够帮助人类进步的智慧技术，也需要凝聚更多的互联网服务智慧力量，创造出更多的科技成果。

2018数博会领先科技成果发布会是本届数博会系列活动中重要的环节之一，发布会不仅展现了全球大数据领域最新领先科技成果，也体现了大数据影响力和创新力，彰显了大数据领域从业者的智慧和贡献，为搭建事业级的创新交流提供了平台。"2018数博会领先科技成果发布"活动从全球范围内征集到526项大数据及相关领域新技术、新产品、商业模式等项目，按照公平、公正、客观、权威的原则，经过四轮严格评审，最后由13位国内行业权威专家评选出50余项领先科技成果，获奖率仅为8%。

此次发布揭晓的科技成果代表着国内外科技创新的前沿水平，极具领先性和创新性。其中，11项全球"黑科技"引人注目，超级微粒计算机、大数据基因预测未来的疾病、天眼新一代威胁感知系统（临检版）、智能助老服务机器人软硬件核心技术、智联万物的AI虚拟助理、"人像大数据"识别系统等领先科技成果上榜。从本次发布的黑科技来看，大数据处理分析等技术应用的一大趋势就是贴近消费者的生活。如大数据基因预测未来的疾病可以针对我国常见的17种致盲性眼科疾病，包括白内障等眼科疾病比较准确的诊断，能够突破现有的AI仅仅能解决三种眼科疾病的短板，DeepEye1.0系统的综合诊断率现在可以达到3年期的眼科住院医师的水平。从华大基因的大数据基因预测未来疾病到英特尔的智能助老服务机器人核心技术再到IBM几乎只有盐粒大小、未来能嵌进每一件商品，几乎全程追踪，继而让假货无处遁形的超级微粒计算机，这些黑科技正在与出行、养老、金融安全打击通信信息诈骗、辅助案件侦破等领域高度融合，为老百姓的生活，实实在在带来了便利和好处。

作为全球科技的前瞻台，数博会领先科技成果奖，汇聚全球最前沿、最具颠覆性的重大科技成果。通过对领先科技成果的发布，使参与发布活动的社会各界嘉宾和观众共同见证了领先科技成果带给我们的颠覆和震撼，先行感受了科技创新带来的新模式与新业态，领略和展望了领先科技将给我们生产生活带来的新变革。

数字中国改变世界,中国数谷引领未来
——"数字中国智库论坛"成果发布

5月28日,首届"数字中国智库论坛"在贵阳举行。中共贵州省委常委、贵阳市委书记赵德明,中国人民解放军军事科学院原科研指导部副部长、少将张秦洞分别致辞。全国政协委员、贵阳创新驱动发展战略研究院院长、大数据战略重点实验室主任连玉明做重要发言,中国人民解放军战略支援部队信息工程大学教授杨力,中国人民解放军战略支援部队信息工程大学教授蓝荣钦,钱学森空间技术实验室副研究员、中国空间技术研究院空间科学与空间探测专家组成员霍卓玺发表主旨演讲,来自学界、企业界的多位嘉宾进行交流互动。

赵德明指出,大数据是一个时代。这个时代,是一个需要理论而且一定能产生理论的时代。大数据战略重点实验室推出的《大数据蓝皮书:中国大数据发展报告 No.2》《中国数谷》《块数据4.0:人工智能时代的激活数据学》等著作，充分展现了贵州、贵阳大数据发展实践创新的重要理论研究成果，这些理论成果的发布必将进一步激发社会各界共同建设"中国数谷"的积极性、主动性和创造性，进一步推动大数据更好造福人民、促进社会进步。

张秦洞表示，未来5年到10年是全球新一轮科技革命和产业变革从蓄势待发到群体迸发的关键时期。谁在科技上占据制高点，谁就能掌握先机、赢得优势、赢得安全、赢得未来。他为中国数谷的建设，提出以下建议：一是推进军民融合，集中优势资源突破大数据核心技术；二是面向经济主战场，深度拓展先进技术的场景应用；三是围绕国家安全，切实保障关键领域数据安全。

连玉明认为，贵州和贵阳发展大数据的战略地位和时代价值，主要体现在三个方面：第一，贵州和贵阳发展大数据是一项具有划时代意义的重大战略选择；第二，贵州和贵阳发展大数据走出了一条不同于东部，有别于西部的发展新路；第三，贵州和贵阳发展大数据已经成为欠发达地区后发赶超的文化品牌。他指出，块数据之所以能成为大数据理论创新制高点的原因就在于，块数据的探索创新点是互联网重构了一个新世界，而主权区块链、激活数据学、数权法正是互联网重构一个新世界的三大支柱。

杨力发表题为"北斗导航助力时空大数据精准智慧服务"的主题演讲。他指出，时空大数据是以地球为对象，基于统一时空基准的与位置直接或间接相关联的地理要素（或现象）信息的数据。大数据时代时空大数据的三大革命：第一，以多传感器为代表的数据获取感知；第二，以云计算为代表的数据分析与挖掘；第三，以智慧城市为代表的精准智能服务。

蓝荣钦发表题为"时空大数据与共享平台"的主题演讲。他认为，时空大数据除具有一般大数据的5V特征外，还具有位置特征、时间特征、属性特征、尺度（分辨率）特征、多源异构特征、多维动态可视化特征。时空大数据云平台是智慧城市的核心和大脑，建设时空大数据云平台包括六个方面：一是开放的体系架构；二是天地一体的信息服务网络；三是通用的功能平台；四是开放共享的城市信息服务"资源池"（数据体系）；五是高效运行的组织管理指挥体系；六是标准体系。

霍卓玺发表题为"'慧眼'望远镜与数据科学"的主题演讲。他指出，慧眼望远镜的设计来源于直接解调方法，该方法也是其科学应用的基础。慧眼望远镜的数据获取、数据分类、数据分析是数据科学与天文学、空间科学的交叉应用。慧眼望远镜的宽视场、宽能量覆盖为全球范围内天文观测装置开展多波段、多信使联合观测提供独特数据来源，海量观测数据融合分析有助于更进一步回答宇宙起源、物质演化及极端条件的基本物理规律问题。

本论坛参会嘉宾踊跃发言，积极讨论，精彩纷呈。与会嘉宾分别就如何看待贵州贵阳大数据发展、数据共享开放与安全、大数据与精准扶贫等热点话题，进行了深度对话和探讨。观众与嘉宾们还进行了交流提问，精彩之处不时引来阵阵掌声。

聚焦政府治理能力提升

——大数据优秀成果暨开放基金项目发布

5月25日下午,提升政府治理能力大数据应用技术国家工程实验室(以下简称"大数据国家工程实验室")系列优秀成果暨开放基金项目发布会在贵阳举行。本次发布会旨在为各地政府制定相关政策和治理措施提供有力支撑,重磅发布了《网络社会安全风险指数研究报告》、"网络社会安全风险态势系统"、《数据铁笼研究报告》及开放基金项目指南,并正式启动"中电慧治"杯政府治理大数据应用算法大赛。贵州省政协副主席蒙启良致辞,贵阳市人民政府副市长王玉祥,中国电科董事长、党组书记熊群力,腾讯公司高级副总裁丁珂等领导出席发布会。

大数据国家工程实验室与腾讯实验室联合发布的《网络社会安全风险指数研究报告》及"网络社会安全风险态势系统",主要针对网络社会面临的安全问题与治理挑战,共同构建网络社会安全评价指标体系,结合政府公开数据和互联网数据，从政治、经济、文化、社会、生态等五个维度，综合评估网络社会安全现状，开发了相应的动态交互演示系统，全景式呈现我国网络社会安全态势。

大数据国家工程实验室和贵阳市委党校联合编写的《数据铁笼研究报告》也在发布会上正式亮相。《数据铁笼研究报告》系统阐述了数据铁笼的概念，系统总结了数据铁笼体系的建设思路、工程实施路径，系统提炼了数据铁笼建设过程中所取得的理论创新和在提升政府治理能力方面取得的相关成果，并基于取得的成果、遇到的问题，提出了新时期监察体制、政府机构改革背景下，数据铁笼下一步工作的思路建议。

大数据国家工程实验室还重磅发布了2018—2019年度"大数据＋政府治理"系列开放基金项目指南。本年度基金总额为1500万元，围绕"数治政府"主题，将在"诚信政府""开放政府""高效政府""智慧政府"四大版块共计16个方向，开展共性关键技术、创新应用、理论机制等方面的研究。

发布会上，首届"中电慧治"杯政府治理大数据应用算法大赛鸣枪起跑。算法大赛将为高校在校大学生、优秀企业，搭建一个大数据的竞技场，让参赛者亲身参与算法设计、实现、应用等各个环节，解决实际痛点、提升治理能力。

"十佳大数据案例"揭晓活动成功举办

5月26日,《大数据优秀产品和应用解决方案案例系列丛书》(以下简称《丛书》)发布会暨数博会"十佳大数据案例"揭晓活动在贵阳举办。贵州省政协副主席左定超、中国科学院院士梅宏、工信部信息化和软件服务业司副司长李冠宇、工业和信息化部办公厅副巡视员简秧根、国家工业信息安全发展研究中心主任尹丽波、贵州省大数据发展管理局副局长娄松等领导出席发布会。

发布会上,左定超副主席对《大数据优秀产品和应用解决方案系列丛书》的发布和数博会"十佳大数据案例"的揭晓表示祝贺,并指出贵州省将继续加快大数据与实体经济的融合,与乡村振兴的融合,与服务民生的融合,与脱贫攻坚的融合,与社会治理的融合;推动实体经济转型升级,推进农村产业革命,提高人民群众生活质量,提高政府治理能力和水平。

李冠宇副司长在致辞中强调，工信部将从制定大数据产业集聚区建设，强化试点示范和推广，完善大数据产业评估体系，推进大数据标准体系建设，强化宣传培训和引导，支持各地开展促进大数据产业发展的政策探索、人才培养、技术创新等方面，进一步推动我国大数据产业发展。

梅宏院士作为本次"大数据优秀产品和应用解决方案"案例评审专家组组长，在发布会上对我国大数据产业发展现状做了剖析，并指出大数据案例征集作为全面摸底产业发展的重要抓手，对于推动大数据产业发展具有积极意义。

尹丽波主任对大数据优秀产品和应用解决方案的征集情况及后续开展活动进行了简单介绍，并表明国家工业信息安全发展研究中心将从以下三方面继续做好政企坚实的桥梁：一是进行大数据优秀案例全国巡展；二是开展大数据政策宣贯和问诊式服务；三是做好大数据案例理论研究。

李冠宇副司长和尹丽波主任为《丛书》揭幕。《丛书》是今年入选"大数据优秀产品和应用解决方案"的100家优秀案例的汇编，共三册，分别为《大数据优秀产品案例》《大数据应用解决方案案例·工业、能源、交通卷》《大数据应用解决方案案例·政务、民生卷》，由国家工业信息安全发展研究中心编著，人民出版社出版发行。《丛书》较为全面地展示了我国大数据领域的最新成果和最佳实践，为相关地区、行业、企业发展和大数据应用提供了有益的借鉴和思考，旨在切实推动大数据与实体经济深度融合，促进"政、产、学、研、用"深度合作。

发布会上，"百家大数据优秀案例"和"十佳大数据案例"也一一揭晓。"百家大数据优秀案例"是工信部在"2017大数据优秀产品和应用解决方案案例征集活动"中，从全国30个省市申报的1057个案例中选出的100家优秀案例。在此基础上，中国国际大数据产业博览会执委会委托大数据优秀案例专家评审组从参展的大数据优秀案例集企业中推选"十佳大数据案例",并对这10家企业进行了表彰和颁奖。

主办方还邀请了来自工业、政务、医疗、安全等不同领域优秀案例入选企业代表,围绕"分享大数据优秀案例 助力实体经济深度融合"的主题,结合企业自身发展战略定位和实践进行了主题演讲。

"2018 11项黑科技"惊艳亮相数博会
——领先科技成果发布会成功举行

5月26日,备受瞩目的11项"黑科技"成果发布会在贵阳召开。中国互联网协会理事长、中国工程院院士邬贺铨,贵州省人民政府副省长王世杰,工信部信息化和软件服务业副司长李冠宇,工业和信息化部办公厅副巡视员简秧根,中国互联网协会秘书长卢卫,国家工业信息安全发展研究中心主任尹丽波,中国贸促会北京分会副会长林彬,贵州省科技厅副厅长安守海,贵州省大数据发展管理局、贵州省大数据产业发展中心党委书记赵贵清,中共贵阳市委常委、贵阳市人民政府副市长孙志明等领导和专家出席了发布会。

孙志明在致辞中表示,2018数博会领先科技成果发布会是本届数博会系列活动中重要的环节之一,发布会不仅展现了全球大数据领域最新领先科技成果,也体现了大数据影响力和创新力,彰显了大数据领域从业者的智慧和贡献，为搭建事业级的创新交流提供了平台。同时，希望通过这个平台向世界展示贵阳，让世界更多地了解贵阳。

"黑科技"评选是数博会精心打造的"数博发布"品牌，是数博会执委会从全球范围内征集的526项技术中评选出50余项领先科技成果入围，再经优选，最终从深圳市腾讯计算机系统有限公司、华为技术有限公司、华大基因等企业成果中，评选出包括AI金融安全大数据平台、AI智能平台新型图计算技术、大数据基因预测未来的疾病、"人像大数据"识别系统等11项黑科技产品。

发布会上，入选"黑科技"的11家企业代表对产品做了简要的介绍。

深圳市腾讯计算机系统有限公司研发的AI金融安全大数据平台，其主要功能是预警金融风险。即在金融风控上通过多个产品对事前、事中、事后风险的防控，帮金融机构做好风控。

华为技术有限公司研发的AI智能平台新型图计算技术，是以图计算技术为代表的一系列新型基础技术，有效实现了大规模关系分析等业务。

IBM的超级微粒计算机是一款只有1平方毫米的微型电脑，主要作用是数据的监控、分析和通信，可以用作区块链应用的数据源，追踪商品的发货，预防偷窃和欺骗，还可以进行基本的人工智能操作，可实现区块链最实际的应用场景——让假货无处遁形。

英伟达中国有限公司研发的"Drive Constellation"，是一款可以使用VR技术对自动驾驶系统进行模拟测试的模拟器，通过对道路及其周边的图像处理，可形成一个完全虚拟化的世界，并24小时不间断地对自动驾驶系统的算法进行模拟测试。

华大基因研发的大数据基因预测未来的疾病，是通过基因云计算平台BGI Online对百万样本及肿瘤基因特征进行分析，使得识别无创基因检测数据中的肿瘤信号成为可能。

中国移动通信有限公司研发的基于大数据的通信信息诈骗防范打击技术研究与应用平台，可准确高效地动态识别当前存在高欺诈风险的号码、诈骗事件及易受骗用户群，能实现大数据分析成果在诈骗事件治理和打击上的有效应用。

深醒科技有限公司研发的"人像大数据"识别系统，以人像数据为线索主线，形成人、证、照三位一体信息数据，为公安系统在白名单身份甄别、黑名单罪犯追逃、案件侦破、反恐防控、重点关注人员监控等工作中提供先进的技术支持手段和布控方案。

中国科学院软件研究所研发的SM2和SM9数字签名标准，是我国国家密码管理局发布的数字签名标准，也是我国商用密码标准首次正式进入ISO/IEC标准，极大地提升了我国在网络空间安全领域的国际标准化水平。

360企业安全集团研发的天眼新一代威胁感知系统，通过对海量数据建模、建立快速的多维索引关联分析，使用内置的多个攻击检测模块、行为检测模型、威胁情报和机器学习模型来快速发现已知和未知的攻击事件，并能将攻击行为与流量进行关联，实现完整的攻击溯源和取证分析。

北京小米移动软件公司研发的智联万物的AI虚拟助理，以"小米智能助理"的身份出现，其提供的人工智能能力已经成为国内领先的生态语音交互平台。

英特尔（中国）研究中心有限公司研发的智能助老服务机器人软硬件核心技术，可以支持服务机器人在非结构化的家庭场景中认知环境与人，自主移动和执行任务（包括简单物理操作），检测异常情况并及时引入人员支持。

发布会还揭晓了2018数博会20项领先科技成果奖之新产品获奖名单、9项领先科技成果新技术获奖名单、10家商业模式企业名单以及领先科技成果部分入围优秀项目获奖名单。

国内首个城市网络安全运营中心正式发布

5月27日，360企业安全集团在贵阳正式发布了360城市网络安全运营中心，这是国内首个体系化、可落地的城市级网络安全防护和管理体系。中国工程院院士沈昌祥、贵州省人民政府副省长郭瑞民、贵州省大数据产业发展领导小组副组长谢晓尧、360企业安全集团董事长齐向东、贵州省政府应急管理办专职副主任李荣、贵州省公安厅副厅长王瑛玮、贵阳市人民政府副市长陈小刚、大数据战略重点实验室主任连玉明、中国赛宝实验室主任杨春晖等领导和嘉宾出席了本场发布会。

360企业安全集团高级副总裁曲晓东向参会嘉宾详细介绍了360城市网络安全运营中心的定位。即城市总体网络安全，为数字化转型中的城市构建具备全天候、全方位感知和有效防护的安全体系。该中心是以城市业务为导向、以数据驱动为基础、以安全运营为手段、以态势感知为支撑、以安全人员为核心、以协同联动为特征的城市积极防御安全体系。在实现对城市关键基础设施，民生、企业和党政等核心业务应用，政务数据等进行全方位保护的同时，实现常态化的威胁发现和响应处置，实现防患于未然。

一个城市的网络安全体系有四个关键点：一是同步规划、同步建设、同步运营，将安全管理和防护措施前移到数字城市的规划和建设的早期阶段；二是基于数据驱动的安全能力建设，在被动防御基础上提升到积极防御的检测和响应；三是构建以态势感知和威胁情报为支撑的协同联动防御体系；四是建立以人为核心的安全运营体系。360城市网络安全运营中心在以上认识和判断基础上，将公司新一代网络安全技术和方法论在城市网络安全落地实践。

目前360城市网络安全运营中心已经形成了政务云安全运营、工业互联网安全运营等十大成熟体系，已经开始在多个城市落地实施，并与这些城市合作不断探索和完善运营体系。

"中国数谷"大数据应用场景TOP100正式发布

5月27日,"中国数谷"大数据应用场景TOP100发布会在贵阳举行。贵阳市委副书记李岳德、贵阳市大数据发展管理委员会主任唐振江、痛客网创始人兼CEO陈东等领导和专家共同触摸3D视频,公开发布"中国数谷"大数据应用场景TOP100。

李岳德在致辞中表示,在大数据的发展过程中,合适的场景应用对大数据的发展具有推动作用,TOP100场景应用是本届数博会"数化万物·智在融合"的最佳体现,既是对贵阳大数据应用场景成果与需求的全面盘点,更是大数据与各行各业深入融合的开端。

本次入围TOP100的大数据应用场景覆盖了政用、民用、商用、基础设施等多个领域,具有突出的创新引领性和应用推广价值,比如"贵阳市国有企业大数据监管平台"等政府治理场景属于全国首创;"新生儿疾病筛查智能工作平台"等民生服务场景针对社会痛点，极大提升群众获得感。入围TOP100的大数据应用场景，总投资35.8亿元。其中政府引导社会化投资参与的场景共有35个，总投资大约12.27亿元；社会投资类场景45个，总投资8.55亿元；社会化投资政府给予支持类场景13个，总投资14.25亿元；政府采购的场景7个，总投资7300万元。

此次"中国数谷"大数据应用场景TOP100的正式发布，集中体现了"中国数谷"贵阳建设首个国家级大数据综合试验区核心区的重要成果，旨在推动大数据在政用、民用、商用领域的深度融合以及相关产业落地，实现大数据对政府治理能力和公共服务水平的提升。下一步，贵阳将以TOP100为抓手，重点抓好大数据应用场景落地，加强提炼总结和宣传推广，并加大对优秀项目的支持力度。

发布会上，城市直联、恋上清镇、智惠城乡及政府投融资业务综合管理大数据平台三家企业代表进行了合作签约。

首届无人驾驶全球挑战赛圆满落幕

5月27日,"Move It"无人驾驶全球挑战赛在2018数博会圆满落幕,赛事的颁奖仪式在贵阳举行。本次活动是2018数博会和第七届中国创新创业大赛(贵州赛区)的重要活动之一。

赛事吸引了全球100多名顶尖工程师报名,最终近10个国家30名工程师被选拔来到现场参赛。比赛的挑战任务包括行人避让、非机动车避让、S弯行驶、跟车行驶、通过公交车车站、自动泊车等16项,完成效果占评分80%,速度占20%。这是全球第一次人类对战AI的无人驾驶赛事,精彩而极具意义。

经过两天的激烈比赛,最终小尺寸车组的冠军由来自华中科技大学的Udacity学员张迪和陈班班所带领的团队获得。获得挑战赛第二名、第三名的分别是来自贵州大学的曹卓团队和杨智凯。

值得一提的是，全尺寸车组的全体参赛队员，集体放弃了比赛奖金，选择通力协作挑战真人驾驶员，尽管协力未能挑战成功，但仍然完成了极有难度的比赛任务。

在无人驾驶专业分享环节，Udacity的周舟女士分享了人工智能在线教育课程。她认为挑战不可能就是人类最美好的品质，同时也期待可以和贵阳市政府合作人才引进及落地政策。Velodyne的李佳倩女士分享了Velodyne的激光雷达技术在全球的领先和布局。Neousys的刘国安先生介绍了计算机在无人驾驶领域的广泛应用。

本次赛事有来自全球的顶尖合作方，它们分别是美国激光雷达公司Velodyne、台湾地区Neousys公司、美国工程师在线教育机构Udacity、中国北斗星通公司、美国DIY Robocars、百度Apollo、日本Autoware等。

通过此次赛事的举办，这些世界顶级公司均表示未来将会与贵州省政府以及贵州本土的科技创业团队合作，共同攻坚无人驾驶领域的难题，共同发展无人驾驶这一产业生态。

数字经济下的科技前沿，共享智创"中国数谷"
——《贵阳大数据发展报告》蓝皮书发布

5月27日，由贵阳大数据发展管理委员会、贵阳乌当区政府及高德纳咨询公司（以下简称"Gartner"）共同主办的主题为"数字经济下的科技前沿，共享智创中国数谷"《贵阳大数据发展报告》蓝皮书发布会在贵阳举行。中共贵阳市委常委、贵阳市人民政府常务副市长徐昊出席并致辞。出席发布会的还有Gartner研究院院士兼全球副总裁Tom Austin、全球研究副总裁兼智慧城市研究负责人Bettina Tratz-Ryan、研究总监兼亚太区云计算首席分析师Evan Zeng、中国区总裁孙亮、全球高级高管合伙人李长华、藤伟、张志国，中国区政府行业总经理白杉、耿璇等。

徐昊指出，贵阳之所以全力打造"中国数谷"，主要基于以下三点考虑：第一，这是服务于国家大数据战略的使命担当。第二，这是贵阳建设公平共享创新型中心城市的现实需要。第三，这是打造贵阳大数据发展升级版的必然要求。贵阳要打造的"中国数谷"是一个大数据产业高度聚集、大数据与实体经济深度融合、大数据创新力度显著增强、大数据治理精准施策、大数据服务精准高效的"中国数谷"。贵阳将以大数据与实体经济深度融合为主攻方向，以重大项目和园区建设为抓手，以引领型、试验型、示范型为特色，加快建设国家大数据综合试验区、大数据产业发展集聚区、大数据产业技术创新试验区、大数据及网络安全示范试点城市，到2020年形成1个EB以上的海量数据存储能力，初步完成5个国家级试点示范任务，培育10个以上具有核心竞争力和商业影响力的大数据品牌，推出100个以上大数据应用领域（场景），形成1000亿元以上主营业务收入，聚集10000家以上大数据市场主体，数字经济初具规模，数字社会初见雏形，大数据助推经济社会公平共享体系基本形成，新型智慧城市评价指标排名达到全国省会城市前列，带动贵阳竞争力整体提升和经济社会跨越式发展，贵阳成为全国大数据创新策源地。

发布会上，贵阳市政府与Gartner共同发布了《贵阳大数据发展报告》蓝皮书。该报告从五个"新"上讲述了近年来贵阳大数据的发展情况。

一是大数据催生了新业态。聚集了一批如英特尔、戴尔、思爱普等世界500企业，落地了中电科、阿里巴巴、华为、京东、奇虎360、科大讯飞、腾讯等一批国内大数据领军企业，涌现了满帮、朗玛信息、东方世纪、易鲸捷等一大批本地优强企业。

二是大数据培育了新动能。以信息基础设施建设为支撑，建成了国家互联网骨干直连点城市，互联网出省带宽带达到6730GBPS，打造了首批16个大数据产业聚集基地，涌现了一批国家级智能制造试点企业、技术创新示范企业和两化融合贯标企业，以大数据为代表的新动能对经济增长的贡献超过33%。

三是大数据实现了新治理。"党建红云""数据铁笼"等一批优秀应用在政务服务和社会治理方面效用显著,利用大数据运用在党的建设和干部监管的"党建红云"平台覆盖全市10.5万余名党员,实现市直部门全覆盖的"数据铁笼",对权力行使轨迹路径留痕追踪,从源头上有效防治腐败。"大数据综合治税"通过整合采集35个部门的涉税数据,形成相应的税收风险疑点。通过"社会和云"构建起了"党政社企群"协同共治的社会工作体系。"筑民生"平台向市民提供180项服务,让市民通过"一个网""一个号""一个窗",获得更加安全便捷的民生服务。

四是大数据推进了新创造。贵阳大数据创新产业(技术)发展中心、中国人工智能开放创新中心、思爱普贵阳大数据应用创新中心、贵州伯克利大数据创新研究中心等一批创业创新平台在贵阳成立,在区块链、人工智能、数据库等方面取得突破,发布了《贵阳区块链发展和应用》白皮书,建成了区块链测试平台、区块链互联网实验室、布比实验室等一批创新平台,小i机器人"人工智能大数据云服务平台"、科大讯飞"贵阳人工智能高端语音云呼叫产业园"等一批大数据项目在贵阳落地生根。

五是大数据搭建了新平台。以大数据为媒介,从2015年起连续每年举办数博会,汇聚全球大数据业内精英,展示最前沿的大数据创新成果,吸引最强实力的大数据知名企业,为贵阳发展大数据积累了丰富的资源要素。2017年数博会成功升格为中国国际大数据产业博览会,成为与德国 CeBIT 展、美国 GSMA 展等同等水平的国际顶级大数据专业展会,与乌镇世界互联网大会相呼应、错位发展,形成"东有乌镇互联网大会、西有贵阳数博会"的格局。

"多彩贵州文化云"上线仪式成功举行

5月28日,由贵州省文化厅主办的"多彩贵州文化云"上线发布会在贵阳举行。

"多彩贵州文化云"是一个通过搭建"互联网+公共文化"的数字文化服务平台,可实现文化大数据资源共享,全方位提供数字公共文化服务,带动文化产业发展,促进文化遗产保护和传承等功能。

"多彩贵州文化云"平台将以实现"一部手机尽享文化服务"为目标,以多彩贵州丰富的民主及传统文化、红色及三线文化以及山地与生态文化为主体,通过云平台汇集全省文化精品创作工程、现代公共文化服务体系、中华优秀传统文化传承体系、现代文化产业体系和对外文化交流体系等文化信息资源,通过手机终端向人民群众提供在线文化服务,打通公共文化服务"最后一公里",努力缩小城乡、区域、群体之间的公共文化服务差距和"数字鸿沟",促进公共文化资源配置向城乡基层特别是少数民族地区和贫困地区倾斜,实现公共文化服务均等化,形成全省统一、互联互通,广大人民群众方便快捷享受的数字文化服务网络体系。

"多彩贵州文化云"平台的正式启动运行,标志着贵州省坚实地踏出了文化大数据平台建设的第一步。"多彩贵州文化云"上线以后,市民通过手机扫描"多彩贵州文化云"微信公众号,即可浏览平台里海量的内容和便捷的服务:文化新闻、多彩贵州、文化遗产、艺术鉴赏、热门活动、热门场馆等,随时可获知并预约各场馆开展的文化活动,远程享受公共文化服务,足不出户就可大快朵颐"文化大餐"。

目前,贵阳、遵义已完成上线。2018年9月底之前,平台覆盖至六盘水、铜仁。2019年1月上旬,平台覆盖至黔东南州、黔南州、黔西南州。2019年2月上旬,安顺、毕节建成运行,实现全省覆盖。

新闻荟萃

—— 解码贵州：『智慧树』，在绿水青山间茁壮成长

—— 贵阳社会各界热议：牢记嘱托 感恩奋进 谱写新时代大数据融合发展新篇章

2018年5月26—29日,"2018中国国际大数据产业博览会"在贵阳国际生态会议中心举办,吸引全球关注。

2018年5月26—29日,"2018中国国际大数据产业博览会"在贵阳国际生态会议中心举办。嘉宾正在接受记者专访。

2018年5月26—29日,"2018中国国际大数据产业博览会"在贵阳国际生态会议中心举办。正在专注拍摄的记者。

2018年5月26—29日,"2018中国国际大数据产业博览会"在贵阳国际生态会议中心举办。观众用手机记录精彩瞬间。

2018年5月26—29日,"2018中国国际大数据产业博览会"在贵阳国际生态会议中心举办。正在观看现场直播的观众。

2018数博会向世界发出中国大数据的"好声音"

大数据战略重点实验室

5月26日，2018中国国际大数据产业博览会在贵州省贵阳市隆重开幕。大会共举办了8场高端对话、65场专业论坛，以及40场成果发布、81场招商推介、278场商务考察等系列活动，招商引资签约项目199个、金额352.8亿元，参会观展人数超过12万人，国内外参展企业和机构达388家，布展面积6万平方米。2018数博会是中国迈进新时代的第一次国际大数据产业博览会，中国国家主席习近平为会议发来贺信，中共中央政治局委员、全国人大常委会副委员长王晨出席开幕式宣读习近平主席的贺信并致辞。

习近平总书记的贺信充分体现了党中央、国务院对大数据发展的高度重视和对贵州的亲切关怀，在中外业界、与会嘉宾、社会各界和全省上下引发了强烈反响，国内外主流媒体进行了转载。2018数博会盛况空前，特点彰显、亮点纷呈，再次响亮地向世界发出中国大数据的"好声音"。媒体传播工作聚焦八大特色亮点全方位多形式地进行深度报道。

一、聚焦习近平总书记的贺信精神

本届数博会是中国迈进新时代的第一次国际大数据产业博览会，习近平主席发来贺信，对本届数博会的召开表示热烈的祝贺，对实施国家大数据战略提出了明确要求，充分体现了党中央对数博会的高度重视、对贵州的亲切关怀和深情厚爱。习近平主席的重要指示站在造福世界各国人民、促进大数据产业健康发展、推动构建人类命运共同体的高度，深刻把握新一代信息技术给各国经济社会发展、国家管理、社会治理、人民生活带来的影响，精辟阐明了我国全面实施国家大数据战略、建设网络强国、数字中国、智慧社会，促进经济高质量发展的重大决策部署，积极倡导世界各国加强交流互鉴、深化沟通合作，共同推动大数据产业创新发展，共创智慧生活，为大数据发展进一步指明了方向、提供了遵循。习近平主席的贺信在中外业界、与会嘉宾、社会各界和全省上下引发了强烈反响，国内外主流媒体进行了转载。大家纷纷表示，贺信是习近平网络强国战略思想的具体体现，为推动信息技术的发展和应用，应对互联网信息安全和治理，全面实施国家大数据战略，提供了中国智慧、中国实践和中国方案。贺信给大家以极大的鼓舞和激励，成为继续办好数博会的强大动力。习近平主席为2018数博会的召开发来贺信，这是具有历史性、里程碑意义的大事，标志着数博会和贵州大数据发展事业站在了新的起点上，迈上了新的征程。

二、聚焦会议盛况

本届数博会以"数化万物·智在融合"为年度主题,围绕"同期两会、一展、一赛及系列活动"展开。同步举办的人工智能全球大赛、"数博会之旅"、"数谷之夜"等主题活动精彩纷呈,51项黑科技、百个大数据应用场景、十佳大数据应用案例等创新成果竞相发布。参会嘉宾一致认为,2018数博会彰显了数据之魅、智能之美、融合之道,在前三届大会的基础上,国际化、专业化、产业化、市场化水平明显提升,影响力越来越大,品牌知名度越来越高,数博会已成为全球大数据发展的风向标和业界具有权威性的国际性平台。同期举办的2018中国电子商务创新发展峰会,以"新电商领动新融合,新时代助推新发展"为主题,举办了CEO沙龙、主论坛、8场分论坛以及年度盛典,发布了《2017中国电子商务发展指数报告》,评选了年度智能商业技术典范、年度转型企业、年度新锐人物等十大奖项,达成了峰会贵阳共识,成为电商领域的年度盛会。

本届数博会参会观展规模创历史新高。其中,参会嘉宾及代表5.3万人,较去年增加3.5万人;参会国家29个,较去年增加8个;参会外宾536人,较去年增加22人;国内知名企业负责人225人,较去年增加64人;国外知名企业负责人170人,较去年增加18人;两院院士23人,较去年增加5人;国际知名专家及国外著名学府负责人57人,较去年增加22人。

三、聚焦重点嘉宾的新思想、新观点

本届数博会吸引了来自全球大数据政、商、学、媒的行业精英、业界领袖。英国约克公爵安德鲁王子等国外政要、政府机构官员以及美国、英国、意大利、韩国、新加坡、印度等国家驻华使节,国内知名企业负责人,国际知名企业高管,中外院士,国内知名院校、研究机构的负责人及专家学者,全球未来学和经济学家唐·塔普斯考特等国际知名专家及国外著名学府负责人,国内外知名行业协会及研究机构负责人参加了活动。各位行业大咖和业界精英在高端对话和专业论坛上同台论剑,提出了许多新思想、新观点,呈现了一场场精彩的思想盛宴。

四、聚焦"数博发布"品牌

本届数博会紧盯大数据新理念、新思想、新技术、新产品、新模式、新应用,重点策划、创新推出"数博发布"特色品牌,举办了40余场系列成果发布活动。面向全球征集到500余项领先科技成果,严格评选并集中发布了大数据及关联产业的11项黑科技、10项新技术、20项新产品、10个新商业模式等51项领先科技成果,受到了专家、学者及观众的一致好评。

大会首次发布贵州省大数据十大融合创新推荐案例,集中展示了大数据融合创新成果。30余家国内外知名企业在数博会上发布新产品、新技术,易鲸捷公司的冷热数据分离异构介质存储架构、中科院的主权区块链底层技术平台等属全球首发,"数博发布"成为最具权威性和影响力的全球品牌。

五、聚焦高端前沿的展览展示

本届数博会深度聚焦数据、智能、融合,按照"馆馆是主题、馆馆都精彩"的要求,更加注重大数据产业创新和前沿技术展示,共展出超过1000项最新产品和技术与解决方案。

参展企业共计388家、较2017年增加72家，国际型参展企业129家、较2017年增加62家，其中世界500强企业18家，参会的国外中小型企业和微创企业145家，是2017年的近3倍，国际展位面积达到10455平方米，占全部展位面积的48.1%。本届数博会延续专业定位，更加聚焦产业，业界影响力快速提升。外国政府、外国行业协会展团首次集中亮相，首次开设"一带一路"国际合作伙伴城市展区，以色列展团、俄罗斯展团、马来西亚展团、英国展团、印度展团等47家企业集中参展。河北省26家企业组团参加数博会，参展产品涵盖智慧交通、智慧医疗、智慧社区等领域。一大批国内外知名企业主动对接参加数博会，Facebook、谷歌、日本NTTdata、德国博世均为首次参展。

六、聚焦亮点纷呈的专业论坛

本届数博会各类论坛围绕大数据最新技术创新与成就，探讨大数据和各行各业深度融合的成果和问题，探寻大数据发展的时代变革，吸引了661位国内外嘉宾同台竞技、论见交锋。特别是万物互联、人工智能、区块链、数据安全、"大数据＋大健康"、工业互联网、精准扶贫、数字经济等8场高端对话，成为参会嘉宾瞩目的焦点。

本届数博会上，BAT三大掌门人再次相聚，在各个高端对话发表精彩演讲，成为数博会的一大看点。一系列新理念、新思想、新观点在碰撞中凝聚共识、结出硕果，在探讨交流中找到了"大数据产业生态构建实践之路、大数据与实体产业深度融合路径"的"金钥匙"。

七、聚焦全面彰显的智能特色

本届数博会充分展示大数据前沿技术，精心策划、周密安排VR、AR技术、人工智能、无人驾驶等体验感、互动感十足的各类场景。成功举办了人工智能全球大赛，吸引了来自全球15个国家和地区的1000余支团队报名参赛。参赛项目涵盖智慧城市、智慧医疗、智慧金融等在内的13个实际应用领域，在人工智能开放创新平台展示了62个人工智能优质项目，"AI时代的智能客服""数据可视化解决方案""低功耗终端人工智能芯片""语言理解对话式交互技术"等一批技术性、前沿性和创新性突出的项目获得全球广泛关注，引领了全球人工智能技术创新的趋势。

2018数博会"Move It"无人驾驶全球挑战赛同步举行，吸引了全球100多名顶尖工程师报名，10个国家的30名工程师被选拔到贵阳参赛。特别策划了大数据实践成果观摩之旅，结合贵州大数据综合实验区发展实际，精心筛选了33个大数据实践观摩点、9条观摩线路，供嘉宾前往参观访问，充分展示了中国数谷、云上贵州、爽爽贵阳的良好发展环境和良好"双创"生态。

八、聚焦"大数据+文化"的探索

本届数博会从5月22日开始，连续8天举办"数谷之夜"活动，将非物质文化遗产与流行音乐完美结合，让观众在科技与文化的融合中体验到了别样的文化魅力，让世界看到"数谷之光"，听到"数谷之声"，体验"数谷空间"，分享"数谷文化"，为参会嘉宾营造了良好的商务沟通氛围，感受到了大数据引领下的贵州民族文化自信。

2018数博会精彩丰富的活动引起了全球各界人士的广泛关注与热议。会议期间全球共有193家媒体1639名记者参与报道了大会盛况，人数创历届新高。其中，人民日报、新华社、中央广播电视总台等中央媒体17家共301人；美联社、法新社、共同社、华尔街日报等国外媒体29家共47人；凤凰卫视、香港商报等港澳台媒体13家共27人。今年传播工作最大突破是与央视财经频道开展战略合作，央视财经频道派出60余人团队在贵阳设立报道指挥部，推出"聚焦数博会"专栏，全面报道会议情况。2018数博会相关稿件在13个国家和地区以3种语言同时发布，外媒发布总量达263家（次）。

数博会宣传短片在纽约时代广场纳斯达克大屏上播放。领英、推特、Facebook等海外社交媒体推送2018数博会相关信息100余次，实现了全覆盖。国内《人民日报》《光明日报》《经济日报》《中国日报》等传统媒体对数博会的报道累计达62次，人民网、新华网、环球网、央视网等重点新闻网站及腾讯、新浪、网易等重点商业网站总计刊发转载稿件8.9万余（篇）次，网络浏览量达38亿人次。社交媒体方面，微博对数博会开幕进行了置顶报道，2018数博会相关话题帖子超过2900条，讨论37.4万余次，总阅读量超过3.4亿；微信数博会宣传片、嘉宾语录、展会黑科技等话题的文章出现了高转载。数博会成为全球关注的大数据盛会，贵州、贵阳依托数博会再次风行全球，影响力、美誉度持续提升，为贵州、贵阳进一步扩大开放、用好国际国内两种资源两个市场提供了支撑。

解码贵州:"智慧树",在绿水青山间茁壮成长

2018年05月24日 新华社

浩瀚宇宙中海量又微弱的电磁波信号奔向地球,汇聚到绿树环绕的"中国天眼"。对这些信号进行大数据分析,距地球约4000光年的毫秒脉冲星被中国科学家"捕获"。即将在贵阳召开的2018中国国际大数据产业博览会,将首次展示这些发现的背后——处理天文大数据的超算能力。

对天文大数据的分析处理,是贵州大数据应用的一个缩影。

作为全国首个大数据综合试验区和全国生态文明试验区,贵州先行先试,建成全国首个省级一体化政府数据汇聚共享平台、在全国较早运用大数据精准指导脱贫工作、吸引国际互联网巨头建设数据存储基地……大数据"智慧树"正在绿水青山间茁壮成长。

拆除数据"烟囱",政府治理更具"慧眼"

打开贵州大数据精准扶贫APP,点击"精准识别"栏目,从省到市、县、乡、村,除贫困人口数量、贫困精准识别率等基本数据外,还能看到贫困户是否有房产、车辆、公司等"异常数据"。

"数据来说话,扶贫难扯谎,假贫困立即就会现出原形。"贵州省大数据局副局长景亚萍说,依托国家共享交换平台,贵州打通扶贫、公安、医疗等17个部门和单位的数据,建立精准扶贫大数据支撑平台。运用大数据比对贫困户信息,快速判定其工商注册、不动产登记、车辆购置情况,探索扶真贫、真扶贫。

"小数据变成大数据,'死'数据变成'活'数据。"黔西南布依族苗族自治州扶贫办总经济师余泽漱说,全州已对1925户"异常户"进行了核查,清退562户。

精准描述致贫原因,才能精准帮扶。帮扶干部还可以通过平台提供的致贫原因,分析并提出相应的脱贫对策,真正"把好钢用在刀刃上"。

拆除数据"烟囱",打破数据"壁垒",数据开放共享让一个个应用场景"植入"现实。

贵州省高级人民法院建设的"智慧法院"系统可为法官自动推送类似案例做参考,也可提出量刑建议,并对法官作出的裁判进行偏离度分析。通过公开审判流程、裁判文书、执行信息等,"智慧法院"既能发挥"筛子"功效,筛出不规范案件,还能发挥"镜子"功能,照出质量不过关的案件。

宏观经济运行监测、脱贫攻坚、市场监管、司法体制改革、生态环境保护、远程医疗……数据正在政府治理各个领域"转起来""活起来""用起来"。

"云上贵州"是全国首个省级一体化政府数据汇聚共享平台，打开"云上贵州"APP，公众可在线查询社保、交通出行、景区等信息，还可预约挂号、预约车检等。点击"办事大厅"，还能在线申报办理教育、医疗、纳税等事项。

"网上能办的事都在网上办了，不用东跑西跑，省事还省钱，这几年政府部门办事效率提升了不少。"在贵州经商的董林说。

作为全国"互联网＋政务服务"试点示范省份，截至2017年底，贵州省网上办事大厅已覆盖省市县3796个审批服务部门、1536个乡镇、1.7万余个村居，50余万政务服务事项集中在网上办事大厅公开办理。《省级政府网上政务服务能力调查评估报告（2018）》显示，贵州省网上政务服务能力排名全国第三。

"围绕'数据在哪里、放在哪、怎么用'三个问题，贵州深入推进数据'聚、通、用'，让政府治理更加精准。"贵州省人民政府副秘书长、省大数据发展管理局局长马宁宇说。

企业"心中有数"，实体经济更加"壮实"

连接器是贵州航天电器股份有限公司的核心产品之一，长期以来，产品研发虽处于领先地位，但生产线一直以人工生产装配为主。不仅生产效率得不到提高，质量还不稳定。

为了解决这一问题，航天电器与德国西门子合作，打造"柔性智能制造车间"。利用大数据技术开展数据采集、数据分析、流程再造，设备利用率从40%左右提升到70%以上。其中，麻花针生产线工作人员从60人锐减到15人，而产能提升了将近1倍。

如今，航天电器一条生产线可以制造超过一万种不同规格、不同型号的元器件，公司经营效益稳步提升，并入选国家级"智能制造试点示范"企业。

"观念不变原地转，观念改变天地宽。"贵州航天电器股份有限公司总经理王跃轩说，大数据打破了企业内部的信息孤岛，倒逼企业抛弃"人海战术""摊大饼式"的发展模式，转向探寻智能化发展之路。近期，将邀请德国工业4.0研究部门为公司把脉，并在美国、德国、韩国等布局市场。

"在与大数据的融合中，我们已经自觉不自觉地融入国际竞争中。"王跃轩说。

大数据与实体经济如何深度融合？贵州的办法是：摸清底数、万企融合。在对近1.4万家企业融合发展水平进行评估后，引入西门子、思科、施耐德、阿里等100多家全球知名大数据企业为贵州企业问诊把脉、提供转型升级方案。据统计，全省6000多家规模以上企业中，有4300多家正在实施信息化改造。

走进贵阳海信电子有限公司生产车间，一辆辆"小白车"映入眼帘。它们沿着地面的"轨道"自动前行、拐弯，一批批运输着配件。

"面对生产过程的一个个数据孤岛，海信实施智能化升级，打造全过程大数据链，大幅提升生产效率。"贵阳海信公司党委书记温洪刚说，员工总数从1000人左右减少到500人左右，年产能却从改造前的90万台左右增加到目前的190万台。电视机生产时间由原来的1周缩短至2小时，产品不良率下降27.56%。

"每台电视机有一个'身份证'，产品制造全过程可查询、可追溯。"温洪刚说，这些数据也会及时反馈到产品研发部门和市场部门，为制定新的产品规划和市场策略提供参考。

统计数据显示，近三年来，贵州工业化和信息化"两化"融合指数在全国排名上升了6位，并建立了全国首个面向大数据与实体经济深度融合的指标评估体系。2017年10月，国务院把"贵州省以大数据为载体推动传统产业转型升级"作为2017年第四次大督查发现的典型经验做法，在全国通报表扬。

跨越时空"链接"，国际朋友越来越多

顶着初夏的骄阳，上百名工人正在贵州贵安新区一处山间忙碌。五条开凿的横洞，配合竖井，鱼骨形的设计样貌已初见端倪。这些看似公路隧道一般的山洞，将成为储存腾讯服务器的特殊"仓库"。

从举行奠基仪式到箱体进场试运营，不足一年时间，腾讯贵安数据中心的建设速度刷新了业内纪录。预计到2019年正式投产后，这里将成为高隐蔽、高防护、高安全的数据中心之一。

腾讯数据中心负责人钟远河表示，为解决建设周期长、标准化困难等问题，公司研发出第四代 T-block 技术，基于该项技术，建数据中心如同搭积木，可以大大节省时间。

不仅腾讯，苹果、华为等也将在贵州建设数据中心。其中，苹果公司将投资10亿美元建设 iCloud 贵安新区主数据中心，用于存储中国苹果用户数据，预计2020年可投入使用。而根据华为的规划，其建在贵州的存储中心将成为华为全球管理数据存储中心，存储其在170个国家的管理数据。

从一张白纸到一幅蓝图、一片发展热土，走上大数据之路的贵州正快速崛起为全球数据存储基地之一。

人才是发展之基。近年来，贵阳与美国硅谷、印度班加罗尔建立合作

关系，吸引美国苹果、惠普、微软、加州大学伯克利分校，印度国家信息技术学院等知名企业、高校、科研机构到贵州投资、办学。

走进位于贵阳高新区的大数据教育实训基地，宽敞明亮的计算机教室内，学员正通过远程授课，学习印度工程师讲授的软件开发知识。印度国家信息技术学院中国区域技术总监升迪用流利的中文告诉记者，基地培训针对政府公职人员、企业员工、在校学生、社会人员，采取"菜单式""订单式"培养。目前，共举办专题培训班30余期，培训8000余人次。

先行先试中，贵州的国际朋友圈越来越大。5月26日至29日，2018数博会将在贵阳举行，Facebook、谷歌、阿里巴巴等将参会。作为全球首个大数据主题博览会，已连续成功举办了三届，数博会已成为国际大数据产业交流合作的重要平台。

两年试验，硕果累累；展望未来，任重道远。数据开放仍需拓展广度和深度；人才瓶颈有待突破；数据安全需要排除隐患。

"安全是发展的前提，发展是安全的保障。"中国工程院院士倪光南说，大数据安全需要国家有关部门进行规范，在确保安全的前提下发展大数据产业。

贵阳社会各界热议：牢记嘱托 感恩奋进 谱写新时代大数据融合发展新篇章

2018年05月27日《贵阳日报》

5月26日，习近平主席为2018中国国际大数据产业博览会发来的贺信，在贵阳社会各界引起强烈反响。

一场成功盛会的背后是无数人默默的付出和努力。习近平主席的贺信让那些正在为数博会做好服务的人倍感温暖。

来自贵州商学院的志愿者学生队长何洋洋，今年已是第3次担任数博会志愿者。"正如习近平主席贺信中所说的那样，大数据产业的健康发展，需要各国加强交流，数博会就是为大家深化沟通合作搭建的平台。习近平主席的话，让我们觉得成为服务数博会嘉宾的志愿者，是一件非常有意义的事。"何洋洋说。

与何洋洋一样，贵阳市消防支队特勤二中队战士张磊今年也是第3次参加数博会安保服务工作。"2018数博会，我们支队有70名官兵为大会护航，听到习近平主席为大会发来的贺信,大家虽然很累,但是心情都很激动。"张磊说。

26日上午10点,贵阳市委办公厅会议室座无虚席,市委办公厅和市委政策研究室的工作人员正集中收看2018数博会电视直播。"当听到开幕式上宣读习近平主席的贺信时,作为一名党员干部、数博会的服务者,我倍感自豪。"市委政策研究室副主任韩丽芸激动地说。

习近平主席在贺信中指出,当前,以互联网、大数据、人工智能为代表的新一代信息技术日新月异,给各国经济社会发展、国家管理、社会治理、人民生活带来重大而深远的影响。

"聆听了习近平主席发来的贺信,深感振奋,更进一步坚定了我们发展大数据的信心和决心。"贵阳市大数据发展管理委员会主任唐振江说,党的十九大报告对建设网络强国、数字中国、智慧社会进行了战略部署,为贵阳发展大数据指明了前进方向,提供了根本遵循,我们唯有坚定不移推进大数据战略行动,扎实推进大数据理论创新、实践创新、规则创新、技术创新、制度创新,加快建设大数据产业高度聚集、大数据与实体经济深度融合、大数据创新力度显著增强、大数据治理精准施策、大数据服务精准高效的"中国数谷"。

近年来,作为贵阳大数据产业发展的主战场,贵阳国家高新区迅速在全国高新区排名中跃升15位次;斩获了18项国家级示范试点;华为、博科、戴尔、TCL、国信优易等一批知名企业落地合作,聚集大数据及关联企业4000多家,形成了打造"中国数谷之心"的良好态势。"习近平主席给数博会发来贺信,让我们深受感动、备受鼓舞。特别是习近平主席在贺信中强调要'全面实施国家大数据战略,助力中国经济从高速增长转向高质量发展',给我们下一步工作提供了根本遵循。"贵阳国家高新区党工委副书记、管委会主任黄昌祥说，我们将牢记习近平主席的嘱托，更加坚定地走大数据战略之路，深入推进物联网、人工智能、区块链以及大数据与实体经济深度融合，引领大数据技术创新、加快大数据产业聚集，以大数据引领高质量发展。

大数据产业在贵州省会城市的蓬勃发展，也让筑城成为企业家和创业者的热土，无数来自五湖四海的"创客"在这里实现他们的梦想。

"习近平主席在贺信中说，要围绕建设网络强国、数字中国、智慧社会，全面实施国家大数据战略，助力中国经济从高速增长转向高质量发展，这让我们倍感振奋。"贵州航天云网科技有限公司总经理杨灵运说，下一步，航天云网将继续围绕"万企融合""千企融合"等在装备制造、能源化工、军民融合、电子信息等行业，实施一批智能制造项目，打造一批全流程数字化项目，推进一批生产过程自动化项目，用实际行动服务贵阳大数据产业发展，助力实体经济转型，推进国家大数据（贵州）综合试验区和"中国数谷"建设。

"2015年到贵州视察工作时，习近平主席听取我们公司发展汇报。所以，今天听到习近平主席的贺信，我特别激动。我们将牢记习近平主席的嘱托，在贵阳市的支持下，把公司进一步发展好，推动无人驾驶技术在贵阳落地转化。"创客喻川激动地说。

"习近平主席在贺信中说，要共创智慧生活，这正是许多大数据企业努力的方向。"百世集团贵州省分公司总经理程立说，他和同行们参加了2018数博会中关于电子商务发展的两场论坛，"贵州的大数据蓬勃发展，让我们这些落地贵阳的企业感到发展动力十足、信心百倍。"

当天，通过电视直播和手机转发，许多市民也在第一时间看到、听到了习近平主席发来的贺信。

市民苏瑾说,"数博会一届比一届办得好、引人关注,身为贵阳人,能明显感受到大数据给我们生活带来的变化,大数据已经融入我们的生活。"

26日11点,数博会展览馆现场已是人山人海。其中,正在排队等候进场观展的市民王希宇通过手机观看着数博会的开幕式直播。"这几年,我几乎每年都会来逛数博会,因为可以近距离接触到许多大数据最前沿的东西,是一次难得的学习机会。"王希宇说,尤其是今年,习近平主席向数博会发来的贺信,更让我感受到国家对大数据产业的重视。

五月的贵阳,风和日丽;习近平主席的关怀,暖人心扉。采访中,贵阳社会各界人士纷纷表示,要把习近平主席的亲切关怀转化为进一步做好大数据产业的强大动力,为建设网络强国、数字中国、智慧社会,全面实施国家大数据战略,助力中国经济从高速增长转向高质量发展贡献新的力量,谱写新时代大数据融合发展新篇章。

2018数博会：深化公共资源交易数据共享助力国家治理能力现代化

2018年05月28日《经济日报》

在大数据风起云涌的今天，如何充分运用大数据手段，共同推动公共资源配置合理化、交易便捷化、信息透明化、监管高效化？

在2018中国国际大数据博览会举行期间，贵州省公共资源交易中心联合国内多地公共资源交易平台，于5月27日举办公共资源交易大数据论坛，邀请来自国内外公共资源交易领域的专家学者、政府官员，围绕公共资源交易大数据应用的热点、痛点、焦点和最新技术发展现状、趋势等话题进行交流分享与深入探讨，为推进公共资源交易大数据应用的快速发展提供最新价值观点与创新思路。

国家发展改革委法规司司长杨洁表示，目前各地都在积极推动大数据在公共资源领域的应用，主动优化服务、提升服务质量和水平，取得了明显效果。如山东省通过平台对交易过程全程监督，并在公共交易平台公开；

福建省公共资源电子交易系统与司法、审计、税务、行业监督部门的监管系统横向联通；湖南省实行MAC地址确认，及时发现和遏制围标串标、暗箱操作等违法违规行为；江苏南京市启用公共资源不见面开标大厅2.0系统，形成了"部门监管、纪检监察、中心见证、公众监督"的合力监管，打造"不见面交易"体系，等等。"这些都是公共资源交易大数据在降低交易成本、提高资源配置效率、服务实体经济等方面所体现出来的优势。"

贵州省是我国第一个国家级大数据综合试验区，该省建成了全国首个公共交易大数据应用服务平台，形成了"人在干、数在算、云在转"的大数据智能化监管格局，在全国率先实现了公共资源交易全程透明、规范、可溯化运行。

贵州省公共资源交易中心主任张洪认为，"大数据让我们了解到了过去发生了什么、现在正在发生什么、未来还会发生什么，它让交易行为看得见，让交易速度跑得快，让交易市场管得住。"

与会嘉宾也普遍表示，过去参加投标工作时要带很多证件，甚是烦琐，如今到公共资源数据交易中心只需要带一张CA就可以跑完全程，而且整个过程中还可以通过互联网查看进度，提高了交易的便捷性和透明度。

此外，今年5月，通过对大数据的运用，贵州和海南两省成功开展了跨省异地评标，有效解决了海南本地专家类型不全、分布不均、特殊专家资源稀缺、同地同化等问题，保障了项目评审的质量。

国家信息中心副主任周民在发言中介绍了全国公共资源交易平台的建设、运行情况。

据介绍，全国公共资源交易平台于2017年1月正式上线运行，实现了31个省级服务平台对接。截至目前，该平台共汇聚信息5800余万条，日均数据增量10万余条；面向社会公开的相关网站，访问量已达到2.83亿次，"而这个数字还在飞快上涨"。

周民指出，全国公共资源交易平台汇聚了五类信息，覆盖的领域包括工程建设项目招标、政府采购、土地使用权和矿产权出让、国有产权交易等方面，取得了一些成绩，也存在不少问题，比如交易流程不完整、交易领域覆盖不全面、数据质量不高等。

周民表示，全国公共资源交易平台下一步将汇聚交易全流程信息、拓展平台覆盖范围、稳步提升数据质量、持续完善数据规范、利用相关数据进行大数据分析，广泛应用投资项目的统一代码、统一交易码和企业统一的社会信用代码，把相关的交易和项目跟企业关联起来，更好地开展相关的大数据分析工作。

5月27日，2018中国国际大数据产业博览会举办公共资源交易大数据论坛，探讨大数据在公共资源交易领域的应用。

数博会浓缩新时代新机遇

2018年05月29日 央视网

　　大数据是信息化发展的新阶段。伴随着全球信息化浪潮，大数据发展日新月异，数字化、网络化、智能化深入发展，党的十九大明确对建设数字中国、网络强国、智慧社会作出战略部署。

　　中国特色社会主义进入了新时代，这是我国发展新的历史方位。

　　为更好地适应我国发展新的历史方位，全面贯彻新发展理念，十九大后首个全球大数据主题博览会5月26日在贵阳举行，围绕"数化万物·智在融合"这一主题，本次博览会将举行数博会高峰会议、开幕式、高端主题对话及多场专业论坛。

　　2018数博会参展参会人数超过6万人次，展览面积6万平方米，参展企业超过400家。

抓住大数据机遇　解答时代课题

"谁掌握了数据,谁就掌握了主动权。"抓住大数据发展的时代机遇,发挥对经济社会发展的引领作用,开创发展新局面,是我国必须解答好的时代课题。

贵州作为我国最早发展大数据的省份,搭乘"大数据"快车,率先抢占了大数据发展机遇,在大数据发展的技术完善、机制、法规配套上做了诸多成功探索。

对此,习近平总书记在考察贵阳市大数据广场时给予了充分肯定,他说"贵州发展大数据确实有道理"。

2015年成立首家大数据战略重点实验室、设立首家大数据交易所,2016年成为全国第一个国家大数据综合试验区,2017年"数博会"正式升级为国家级博览会,2018年率先建立全国首个人工智能大数据决策平台。

多年来,贵州在大数据领域创造了多个"国内第一",大数据企业达8900多家,产值超过1100亿元,每年有上万名相关人才流入。真正实现了从无到有、从有到优的创举。如今,大数据已成为世界认识贵州的新名片。

用好大数据资源　以新动能推动新发展

当前数字化进程不断加快,推动新兴产业发展的同时,也加快了新旧动能转换。因此,要建立大数据思维,以数据为最宝贵的生产要素。

如何用好海量的大数据资源?

"要推动互联网、大数据、人工智能和实体经济深度融合。""要发展数字经济,加快推动数字产业化。"

习近平在全国网络安全和信息化工作会议上强调，要依靠信息技术创新驱动，不断催生新产业新业态新模式，用新动能推动新发展。

在贵州一家航天电器企业里，一个直径只有0.2毫米的小小"麻花针"却是供不应求的"明星产品"。过去，该企业生产这种"麻花针"一直都采用生产效率不高的传统手工制作，而现在，数字化生产系统使原来100人的生产线，只需10个人就能完成，大大提高了工作效率。

眼下，贵州正在推动更多领域的产品与大数据深度融合，这离不开政府政策引导。

2017年6月，贵州印发《大数据+产业深度融合2017年行动计划》，全面启动实施大数据+产业深度融合行动计划。今年，"万企融合"大行动又被写入2018年贵州省人民政府工作报告。贵州计划在2022年，实现10000家实体经济企业与大数据深度融合。

贵州勇于创新接连发力，深入推进国家大数据综合试验区建设，实现大数据与经济社会融合发展新跨越，为经济社会发展培育新动能，必将取得新成效。

值得一提的是，如约而至的2018数博会，也将聚焦大数据与实体经济深度融合，展示全球数百家企业的最新应用成果。大会还将深入探讨大数据与经济、文化、社会、生态融合应用的发展方向。

共享大数据发展成果　建设数字中国

党的十八大以来，以习近平同志为核心的党中央高度重视网络安全和信息化发展，加强顶层设计、总体布局，做出建设数字中国的战略决策。

如今，我国数字中国发展状况如何？日前，国家互联网信息办公室发布了《数字中国建设发展报告（2017年）》。报告指出，2017年我国数字经济规模达27.2万亿元，同比增长20.3%，占GDP的比重达到32.9%，中国数字经济规模已位居全球第二，且在国际合作方面成果丰硕。

"加快建设数字中国，更好服务我国经济社会发展和人民生活改善。"习近平指出。

大数据时代，互联网是政府施政的新平台。目前我国信息数据资源80%以上掌握在各级政府手中，如何让数据高效利用，实现民众家中查，信息网上跑？

对此，在数据"聚通用"会战中，贵州率先实施政府数据开放共享，推出"云上贵州"平台，涵盖交通、教育、环境、工商、科技、能源等多领域数据共享，实现大数据"上门服务"。

引领大数据时代，贵州拥抱大数据。"互联网＋农村"，80%的乡镇成立了电商营运中心，农村的电商销售超过2000亿；"互联网＋医疗"，省内实现乡镇远程医疗全覆盖；"互联网＋交通"，有效加强交通拥堵治理；"互联网＋教育"，实现远程教育、资源共享。

贵州只是大数据产业的一个缩影。

随着国家大数据战略实施，基于大数据的智慧生活、智慧企业、智慧城市、智慧政府、智慧国家必将一一实现。

这些名企与贵州贫困县结帮扶对子 听听背后的故事

2018年05月29日 多彩贵州网

5月27日，在2018数博会的大数据助力精准扶贫——互联网征战脱贫攻坚主战场高端对话论坛上，多家全国知名企业与贵州贫困县签订帮扶协议，助力贵州脱贫攻坚。接下来，就让我们一起去看看这些企业与贵州背后的故事。

蒙牛雅士利集团：把"营养"输送到心里

蒙牛雅士利集团与威宁县签订了对口帮扶协议，蒙牛雅士利集团公共事务总经理朱国刚接受记者采访时表示，将通过"营养普惠行动＋牧业知识共享项目协议"，提供雅士利学生奶粉共计180箱用于青少年加餐，和牧业知识共享，把"营养"输送到威宁县百姓的心里。

"看全国,没有哪个省像贵州一样和大数据绑定得如此紧密。还有一个与贵州关系比较密切的关键词——脱贫,贵州是我国脱贫攻坚的主战场之一。党的十九大报告提出,我国减贫脱贫已经进入'最艰难阶段',打赢这场攻坚战,需要凝聚更多的力量、更多的智慧。其中,利用大数据产业优势、将大数据与精准扶贫对接,是一条必经之路。"朱国刚说,蒙牛作为一家传统的实体经济,在利用互联网、利用大数据精准扶贫方面,有自己的特点和优势,这种优势特别体现在"精准"二字上。

威宁县是国家级贫困县,地处偏远,条件困难。"我们的扶贫公益项目基于产业优势,通过提供蒙牛雅士利优怡中小学生高钙奶粉的营养普惠计划,改善贫困地区青少年健康状况。另外考虑到威宁有肉牛养殖业,我们将推广牧业知识共享平台'牛人说',最大化地帮助奶牛养殖户学会互联网的使用,养殖户只需一部智能手机,就可以随时随地通过图文、语音等形式提问,开展系统学习,甚至接受多名专家'会诊'。通过精准学习,真正做到通过自己的双手精准扶贫做到'网络扶智'。"朱国刚说。

在数字化、网络化、智能化的时代,精准扶贫需要的不仅是资金,更是智慧和技术。蒙牛雅士利集团将不断推动传统扶贫与网络扶贫的深度融合,打破时空维度束缚,让扶贫能够惠及更多的地方、惠及最需要的人。

云校助力纳雍教育"拉齐"孩子人生起跑线

云校大数据技术研究院(以下简称云校)与贵州纳雍县签订了对口帮扶协议,云校大数据技术研究院院长陈正拜在接受记者采访时表示:"云校将利用自身技术、人才、资源优势,积极服务贵州智慧教育发展。"

扶贫先扶智,教育扶贫是拔穷根、阻断贫困代际传递的有效措施。贵州纳雍县是国家扶贫开发重点县，贫困程度深，尤其缺乏优质的教育资源。为助力纳雍县从教育上拔穷根，实现教育个性化、多元化、均衡化全面发展，云校与纳雍县签订了"教育信息化建设合作协议"，云校承诺将为纳雍县免费提供"云校智慧教育云平台"使用权及相关配套服务一年，以支持纳雍县辖区内的幼儿园、小学、初中、高中等教育机构的信息化发展。

目前，脱贫攻坚已进入啃硬骨头、攻坚拔寨的冲刺阶段，党和国家提出了"精准扶贫"的战略方针，而"精准扶贫"的基础就是数据。贵州是我国首个国家大数据综合试验区和首批生态文明试验区，也是全国脱贫攻坚的主战场。未来，云校将利用自身技术、人才、资源优势，积极服务贵州智慧教育发展。目前，云校已在贵州成立了分公司，通过公益帮扶和产业支持相结合的方式，利用云技术、大数据等技术，将优质教育资源引进贵州，缩小教育资源鸿沟，提升教育公平和效率。

"习近平总书记在2018数博会的贺信中强调，围绕'融合'的主题，共同推动大数据产业创新发展，共同推动构建人类命运共同体。这让我很受鼓舞，让贫困地区的孩子们接受优质公平的教育，帮助贫困地区早日实现脱贫致富，是我们云校义不容辞的责任。"云校大数据技术研究院院长陈正拜说。同时，在纳雍县结对帮扶项目的具体实施过程中，云校将通过组织实地调研的方式，了解纳雍县教育发展和教育信息化现状，共同制定教育信息化发展的有效路径。并根据纳雍县实际情况，捐建"智慧教育云平台"，将优质教育资源引入当地，通过系统培训和长期跟进服务，切实提升当地教师、家长和学生的信息化应用水平和信息素养。

据悉，云校以推动教育强国和人力资源强国战略为准则，以互联网为工具，以高科技为载体，整合和推广优秀教学资源、教学理念和教学方法，打破师资教育不平衡、教育不公平现象。同时，积极落实习近平总书记的脱贫攻坚重要讲话精神,积极参与贫困地区精准扶贫工作,先后为贵州、西藏、云南等西部地区搭建教育云平台,捐赠教学仪器、设备,价值达6.2亿元,惠及了1000多万学生。

唯品会:扶贫要先扶起希望

唯品会(中国)有限公司与威宁县签订了对口帮扶协议,唯品会(中国)有限公司高级业务助理敬骅接受记者采访时表示,将为威宁县提供200个小学到高中阶段的贫困助学名额,重点帮扶建档立卡户的贫困学子,通过提供助学金、书信陪伴计划、建立唯爱工坊等方式,扶起贫困地区百姓的希望。

"我们三年前就开始帮助贵州贫困的孩子上学。和贵州很早就结下了缘分"敬骅说,"唯爱、聚力"唯品会作为电商平台,联动政、企、社、学,整合资源,对贫困地区的学生从物质到素养,全面帮扶。唯品会将为威宁县提供200个小学到高中阶段的贫困助学名额,重点帮扶建档立卡户的贫困学子,分别为小学生提供2000元/人,初中、高中3000/人的助学金支持。

贫困地区的孩子不仅缺乏教育资源,更缺少陪伴。"我们唯品会内部员工开始与贫困地区的孩子结成小伙伴,开启书信陪伴计划,通过在心灵上陪伴的方式,帮助孩子打开内心的窗户,让贫困地区的孩子心中充满希望,充满信心"敬骅说,哪怕是一点一滴的爱,也能帮助他们发光发热。

为积极响应党中央精准扶贫的号召,2018年5月19日,唯品会携手中国妇女发展基金会在贵州织金正式成立"唯爱·妈妈制造织金苗绣和蜡染合作社"。为了让非遗产品更具时尚感和市场竞争力,回归大众生活,唯品会偕同来自裂帛、洁丽雅、罗莱家纺和天王表四个品牌的知名设计师,以及唯品会会员在当地开展了浸入式采风学习，对苗族刺绣和蜡染进行现代美学重构，让这两颗璀璨的非遗明珠绽放新姿。随着非遗手艺人培育以及生产模式的不断优化，唯品会充分发挥电商优势，走出了"电商＋非遗＋扶贫"的非遗扶贫新经济模式，树立了电商公益的良好标杆模范，为新时代新公益提供新可能。敬骅说"我们将进一步到威宁县实地调研情况，在威宁县建立唯爱工坊，帮助威宁县的绣娘们，走出新的路子"。

"大数据博览会开幕仪式上，习近平总书记发来贺信，鼓舞人心！新时代大家一起奋斗，习近平总书记的要求，我们唯品会正在做，持续做，并将整合资源一起做。"敬骅说"贵州发展大数据有非常美好的前景和未来，我们非常有幸参与历史，不能错过"。

沪江教育：教育扶智的互＋计划

沪江教育科技（上海）股份有限责任公司与贵州三都县签订了对口帮扶协议。沪江教育首席教育官吴虹在接受记者采访时表示："大数据支持大扶贫大教育对贵州来说是非常重要的，因为贫困山区的孩子是真正需要用教育来脱贫的，所以我们愿意通过科技的力量来改变教育。"

近年来，贵州省加快大数据与乡村振兴的融合，同时也加快大数据与教育的融合，强化教育水平，实现精准的教育扶贫。

贵州三都县作为国家级贫困县，经济水平、教育水平滞后，没有跟上现代化的脚步，因此在国家教育扶持的响应下，社会各界在助力其经济发展的同时，更加注重当地的教育发展，并给予教育设施；教育方式上的扶持，让贫困地区的孩子们接受良好教育，扶贫先扶智，这是扶贫开发的重要任务。

在2018"数博会"开幕式上,习近平总书记给"数博会"发来的贺信让吴虹感慨道:"全社会都在行动,我们能够参与到这样一个脱贫攻坚的战役当中很有意义,我们很有幸能够成为这个大军中的一员。"沪江教育科技将助力精准扶贫、精准脱贫,结合大数据思想,对三都县进行网络扶智、教育扶贫,实行"互+计划",通过"互联网+教师教育""互联网+双师课堂"和"互联网+精准扶贫"等方式实现对三都县的教育精准扶贫。

吴虹说"教育扶贫要从输血到造血,从而形成自己的可持续发展模式。"提到扶贫,似乎总离不开捐钱捐物。比如某个学校买了很多教育设施,但却没有人会用,这直接导致了过多的资金投入无法得到应有的教育成效,所以沪江教育科技直接采用直播课的形式,在投入基础设施的前提下,进行在线授课,任何一个学校都可以直接参与课程学习,帮助乡镇学校解决没课上、上课难的问题,通过网络看到了外面的世界。

据悉,近年来,"互+计划"连接起全国近30个省份的上千所中小学,举办超过上万次直播课程与活动,受益老师超过3万名,影响50多万学生。未来,"互+计划"将通过"互联网+教育精准扶贫"项目,将名师、名校、名机构等优质资源的源头聚合,将乡村学校、乡村教师随时随地与名师名校链接,平等分享,共同成长。同时,"互+计划"还将对全国2万所学校的20万教师开展在线培训,提升教师教学思想,最终全面覆盖全国34个省级行政区的百万以上乡村学生。

阿里云:用100亿的投入撬动1000亿的脱贫效应

在数博会"精准扶贫"高端对话中,阿里巴巴资深副总裁、阿里云总裁胡晓明宣布将在投入100亿脱贫基金的基础上,撬动经济体的力量,通过技术支持，最终带来价值1000亿乃至10000亿的脱贫效应。

阿里巴巴集团资深副总裁、阿里云总裁胡晓明做主旨演讲

作为一家平台生态公司，阿里巴巴集团在脱贫实践中形成了将脱贫与自身产业结合，将脱贫与平台生态发展目标融合的经验。"我们认为真正的扶贫是授人以渔。我们要通过撬动阿里生态的力量，发挥阿里技术的力量，努力消除致贫原因，让贫困地区人民在产业发展中脱贫致富。"胡晓明说。阿里巴巴认为要帮助贫困人口彻底脱离困境，核心仍然是授人以渔的脱贫，而不只是授人以鱼的扶贫。

党的十九大报告提出，未来几年将重点攻克深度贫困地区脱贫任务，确保到2020年实现脱贫。阿里巴巴集团积极投入，参与脱贫攻坚战略，于2017年12月1日成立阿里巴巴脱贫基金，董事局主席马云宣布，把脱贫工作作为集团战略性业务，未来5年投入100亿元。并将在电商脱贫、健康脱贫、教育脱贫、女性脱贫、生态脱贫等五大板块推进。

教育脱贫计划：携手伙伴免费为贵州8000位贫困大学生提供帮助

作为具体的举措之一，胡晓明宣布了阿里巴巴在贵州的教育脱贫计划：阿里云将携手贵州省教育厅，贵州省大数据管理局，在贵州全面展开教育脱贫计划。未来3年内，为超过8000位贵州贫困大学生、贫困区县技术从业者提供免费的现场培训和认证机会。

与此同时，阿里云成立的"云就业联盟"将联合云计算大数据产业界的

数千家合作伙伴,为贫困大学生、贫困区县技术从业者优先提供技术岗位。

此举一方面为贫困学生提供新技术的教育培训机会,同时也通过产业联盟来用好培育的人才,为云计算大数据产业带来充沛的发展后劲,从而实现脱贫与产业的多重发展。

结合平台优势,阿里巴巴在青川、平武、习水推动脱贫实践

2008年汶川地震后,除了捐资之外阿里巴巴选择了一条结合平台优势的持续援建之路。在过去10年间,支持青川"返乡创业者"发展电商事业。在与青川县的共同努力下,青川农副产品信息服务网络覆盖率达100%,帮助灾区农户的黑木耳、蜂蜜、竹荪、贡茶、天麻、香菇等青川特色产品畅销全国。

胡晓明说,青川援建最终印证了电商脱贫是可持续的,"解决因灾致贫不仅需要全新的硬件设施,更需要以新经济与就业恢复经济生产,以产业发展来真正帮助灾民摆脱贫困局面。"

四川平武是汶川地震极重灾区,又是国家级贫困县,阿里巴巴在该地推进生态脱贫试点。5月15日,平武关坝自然保护地在"蚂蚁森林"平台上线,用户可在线认领一平米保护地10年的保护权,上线一周就有646万用户参与。该平台让网友与贫困县无缝对接,将生态保护与爱心捐赠融合,并在后续带动了旅游、农产品等特色产业的发展。

阿里巴巴将首个健康脱贫试点县放在贵州习水,2017年投入204万元为该县7万多贫困人口完成健康投保。这种医保的所有流程在支付宝上完成,通过区块链技术的全跟踪使得投保、承保、理赔过程变得透明可信。目前阿里巴巴还在跟4个省15个贫困县建立联系,为109万贫困户送去医疗保障,

最终目标是覆盖1000万个建档立卡用户。

技术激活生产力 ET 农业大脑为农民增产创收

阿里巴巴的脱贫不仅注重发挥经济体的力量，同样注重发挥技术的力量。阿里云的 ET 农业大脑正在养猪、种植等农业领域发挥增产脱贫价值。在养猪业，阿里云 ET 农业大脑与四川特区合作，通过为每一头猪建立档案，对猪的行为特征、进食特征、料肉比等进行分析，每年可以让一头母猪多生3头小猪，可以降低死淘率3%；在种植业，阿里云 ET 农业大脑与西安阎良农业合作社合作，为每一个甜瓜设置二维码身份证，进行全生命周期监控，重构农业生产过程可信数据档案。目前，这个合作社种植的甜瓜市价达到3元一斤，市场同等品种则是1元一斤。

"新技术是农业生产力得到提升的最有效方式之一，通过云计算、人工智能与物联网技术激活农业生产力，为农民增产创收。这已经走出了一条行之有效的实践之路。"胡晓明说。

马蜂窝：与榕江县开展结对帮扶

"马蜂窝在贵州落地成立分公司，希望把领先的旅游大数据技术带回贵州，助力贵州文旅产品增长，给全球旅行爱好者展示一个青山绿水的贵州。"2108数博会上，马蜂窝旅游网联合创始人、CEO 陈罡宣布在贵州设立全国首个针对新一代旅行者的"自由行大数据实验室"，实验室将让更多更全的贵州旅游基础信息上网。

27日，拥有家乡情结的陈罡出现在数博会大数据助力精准扶贫高端对话论坛上，这位贵州老乡希望通过旅游大数据推动家乡旅游发展。他说："贵州旅游大数据不但能造福贵州人民，推进中国文旅产业融合，更将引领全球旅游产业升级。"

马蜂窝旅游网联合创始人、CEO陈罡第二次参加数博会 "一站式"服务平台助力贵州旅游发展

作为大数据和大旅游的新兴创业企业，马蜂窝拥有中国最具活力的"80后""90后"的旅游活跃人群，这个人群已经高达1.2亿，并呈高速增长。"今天，此时此刻，在贵阳有6588位用户在使用马蜂窝的APP进行酒店的查询和预定。"在现身论坛的前一刻，陈罡登录系统后台看到了贵阳旅游用户的相关数据。

5月25日，数博会召开前夕，马蜂窝宣布联合中国旅游研究院在贵阳成立自由行大数据实验室。实验室将结合中国旅游研究院的专业科研能力与马蜂窝旅游网全球领先的数据采集分析能力，从旅行者行为数据、决策数据、交易数据、产业宏观数据等多维度出发，分析旅游发展的新动向、新趋势、新特征，推动全球旅游产业实现从"老旅游"向"新旅游"的转型升级。

陈罡说，大数据与新旅游，是贵州发展的两张新名片。贵州正依托国家大数据综合试验区建设，打造"智慧旅游云"，构建全域旅游大数据综合分析管理体系，搭建智慧旅游"一站式"服务平台，同时依托大数据技术，将全国乃至全世界的旅游信息、旅游消费需求与旅游服务供给相结合，推动旅游业态、旅游服务和旅游产品的创新与升级。

马蜂窝旅游网联合创始人、CEO陈罡现身数博会大数据助力精准扶贫高端对话论坛 今年数博会人气更旺议程更精彩

"我们会迅速启动贵州数据运营中心，把和旅游相关的一切基础信息从线下搬到云上。"陈罡对贵州发展旅游大数据充满信心，他希望通过马蜂窝的技术和产品，通过中国旅游智库把大数据落地中国、落地贵州。大数据落地之后，一方面能把更多外部的旅游大数据引进贵州，另外一方面也能推动贵州基础旅游信息上网。

"过去两年我感受到贵州的大数据蓬勃发展。"谈到贵州发展大数据，陈罡表示现在全国许多优秀的IT企业都选择进驻贵阳，全球的IT巨头也把关注点放到贵州。

第二次参加数博会，陈罡觉得今年数博会人气更旺，议程也更加精彩。

在当天举行的大数据助力精准扶贫高端对话论坛上，马蜂窝与榕江县开展结对帮扶，马蜂窝将利用自身在旅游行业及网络推广方面的资源优势，推动榕江县旅游事业的发展，进而带动该地区经济、文化等领域的发展。

论坛现场，马蜂窝与榕江县签约开展结对帮扶 贵州旅游大数据将引领全球旅游产业升级

在2018数博会上，国家主席习近平向大会发来贺信，这让陈罡深受鼓舞。他说，习近平主席特别指出，要把握好大数据发展的重要机遇，需要各国加强交流互鉴、深化沟通合作。共创智慧生活，造福世界各国人民，共同推动构建人类命运共同体。"始于贵州，立足全国、影响全球"，陈罡相信贵州旅游大数据不但能造福贵州人民，推进中国文旅产业融合，更将

引领全球旅游产业升级。

"马蜂窝也将通过大数据技术,让旅游更美好,让互联网更好造福国家、造福人民。"

58集团为正安县量身定制扶贫计划

58集团党委书记、公益中心主任马兰与正安县委书记邓兆桃签署帮扶协议

58集团与遵义市正安县签订了对口帮扶协议。58集团党委书记、公益中心主任马兰在接受记者采访时表示,58集团将为正安县量身定制扶贫计划,未来在广阔的乡镇再造一个58同城,以推动农村信息化建设,助力智能农村建设。

"在与正安县签订对口帮扶协议之前,我们就先期到正安县对正安白茶产业及白茶企业、桃花源记景区等进行了考察。"马兰说,经初步了解后,在具体帮扶策略上,58集团将依托在互联网生活信息服务领域的独特经验和优势,为正安县提供"就业""信息""产业"三大帮扶服务。

58集团将利用海量招聘企业资源及技术实力,从人才、就业等重点领域助推正安县脱贫,并通过解决残障人士就业问题,攻克残障群体脱贫难题。同时,重点围绕白茶、吉他等产业需求,为正安县量身定制扶贫计划。

据了解,近年来,正安白茶先后获得贵州省著名商标、国家工商总局地理标志证明商标、国家质检总局地理标志保护产品等荣誉,在业界享有"绿茶瑰宝""茶中茅台"等美誉。正安吉他年销售超过500万把,成为中国吉他制造之乡。同时,正安县境内还有有"天然氧吧"之称的九道水国家级森林公园及4A级景区"桃花源记"。

正安县委书记邓兆桃说，近年来，正安县依靠紧邻重庆的区位优势和自身产业优势，脱贫攻坚取得了可喜成绩，但如何借助互联网让老百姓获得更多红利是现在正面临的课题。58集团的业务紧贴群众生活，双方签订对口帮扶协议后，将计划设立协调机制、建立高层会商制度，共同探索网络扶贫示范模式，通过精准脱贫缩短当地城乡差距。

贵州发展大数据实现了华丽转身

在2018"数博会"的开幕式上，国家主席习近平给"数博会"发来了贺信，这让马兰倍感振奋。"习近平主席的贺信对互联网用于政府治理、生活服务等方面提出了更高的要求，更多地强调融合。"马兰说，作为一家网信企业需要做更多的努力，整合线上线下资源，切实服务于人民群众的需求，把产品、企业推向一个新的高度。

采访中，马兰表示，这是她第三次来贵州参加"数博会"，每次来贵州，都有不同的感受。贵州发展大数据产业是找准了方向，并逐步探索出了一条适合贵州发展的道路。2017年，贵州大数据企业增至8900多家，产业规模超过1100亿元，发展速度超过了一些同类省份，可以说，贵州真正实现了一个华丽的转身。

马兰说，这些年贵州引进了不少世界500强企业及国内的知名企业，同时利用良好的自然环境资源，建起了一些大数据储存中心，积累了一定的人才基础。"贵州的明天会越来越好，而58集团也将会利用自身的资源优势，为贵州的老百姓的生活服务带来更多的便利。"马兰信心满满地说。

搭每日优鲜快车让贵州好水果产销无忧

北京每日优鲜电子商务有限公司与贵州省紫云县、从江县、纳雍县、沿河县签订结对帮扶协议，今后将通过产地直销，助力贵州省贫困县经济发展。

成立于2014年11月的每日优鲜，是一家专注于优质生鲜的移动电商。目前，每日优鲜已经完成水果、蔬菜、肉蛋、水产、乳品、零食、速食、饮品、轻食、粮油、日百等全品类生鲜布局，并在全国20个主要城市建立起"城市分选中心+社区前置仓"的极速达冷链物流体系，为用户提供全球优质生鲜会员1小时服务。

"本届'数博会'不仅意义重大，还得到习近平总书记高度重视，我们将结合习近平总书记在贺信中强调的要求，围绕'数化万物·智在融合'的主题，集思广益，推动大数据产业创新发展。"每日优鲜相关负责人介绍说，"本届数博会通过专家、院校、企业的实际案例的分享，能够让参与的企业管理者、政府管理人员了解大数据到底是什么、能够给企业带来什么价值，应该怎么做。综合来看，数博会已成为全球大数据领域影响最大、业界精英汇聚最多的国际性盛会之一，也是专业化程度最高、前沿技术最多的国际展示平台之一，并且是全球媒体聚焦、发出中国大数据好声音的重要窗口。"

据了解，每日优鲜在线上开设统一的"扶贫频道专区"，活跃用户达到百余万，涉及的农产品达百余款，为贫困地区的农产品开辟了新的销售渠道，推动贫困地区实现农产品生产规模化、标准化、品牌化。同时，还通过就业扶贫，让劳动力上行。

据悉，每日优鲜来自于贫困地区、贫困户的员工达数百人，通过解决就业问题实现了贫困户帮扶。未来，将进一步加强电商扶贫专项队伍建设，加大与全国800余个国家级贫困县的对接力度，让更多的好产品走上消费者餐桌，也为贫困地区产业发展、脱贫致富贡献更大的力量。

此次签订对口帮扶协议后，每日优鲜将对贵州省紫云、从江、纳雍、沿河等贫困县进行实地走访、探究，了解产品的质量和特性，深挖原产地的发展潜力和整个生态链的建设，通过产地直销，结合每日优鲜自身运营的特点，开展线下农产品上行，助力贫困县经济发展。

好未来：用科技推动教育进步为贫困学校带去优质资源

5月27日，在2018数博会大数据助力精准扶贫——互联网主力军征战脱贫攻坚主战场高端对话论坛上，好未来集团与望谟县结对帮扶签约，将以希望在线教育公益平台，智慧教育、捐赠学而思双师课堂，为欠发达地区的师生输送个性化教育，提供教学全链条数字服务。

"我们去了望谟县及所属的打易镇，感觉教育者很有情怀，也很有思路，教育处于快速发展阶段，基础建设也在发展中，未来的发展高度很值得期待。"好未来集团社会责任高级总监满超对记者说，企业将以支教加双师远程教学，把智慧课堂等在当地落地。"望谟在英语教学方面需要很多支持，好未来会从软件与师资方面提供帮助。"

贵州省望谟县是全省14个深度贫困县之一，全县面积3018平方公里，总人口32.6万人，居住着布依、苗、瑶等19个民族，少数民族人口占比达80.2%。

望谟县民族文化底蕴深厚，有中国·望谟"三月三"布依文化节、苗族文化节、瑶族过关节。森林覆盖67.41%，城市环境空气优质天数达标率

100%，水质达标率100%，旅游资源禀赋，环境优美宜居。

但望谟县地广人稀，可利用土地较少，贫困面广，贫困程度深。望谟县贫困人口大多居住在深山和少数民族聚居地，贫困问题与石漠化问题、民族地区发展问题相互交织，区域生态环境脆弱，土地资源、水资源等农业资源不足，农村交通、农田水利等农业生产条件差，农村教育、医疗卫生等社会公共设施落后，农村市场发育不足，农村贫困人口自身素质较差，自我发展能力较弱，致贫因素复杂。

据悉，好未来（NYSE：TAL）是中国规模及影响力最大的教育科技企业之一。自2003年创始之初，就致力于促进科技互联网与教育融合，为孩子创造更美好的学习体验。核心业务有四大领域：国内教育、国际教育、社区服务以及新产品开拓。旗下拥有：学而思培优、学而思在线、爱智康一对一、励步英语、摩比思维馆、乐外教、顺顺留学、家长帮、考研帮、高考帮和教育云等品牌。

早在2010年发起的"同一课堂"支教、教育信息化等项目，就为贵州、青海、新疆、西藏等地的贫困学校孩子带去优质课程资源。

此次参加2018数博会，满超对贵州大数据最主要的印象是："贵州是大数据发展的重要平台，囊括前沿技术与发展趋势，很有前瞻性。"满超表示，好未来后续还会针对贵州做更多帮扶。

首届"数字中国智库论坛"在贵阳举行

2018年05月30日《贵阳日报》

5月28日,以"数字中国改变世界 中国数谷引领未来"为主题的2018中国国际大数据产业博览会首届数字中国智库论坛在贵阳举行。省委常委、市委书记赵德明出席并致辞。

中国人民解放军军事科学院原科研指导部副部长张秦洞少将致辞,并与中共贵阳市委副书记、贵阳市人民政府市长陈晏一同为"数字中国智库联盟"揭牌。贵阳市政协主席王保建,市委常委、秘书长、统战部长聂雪松出席论坛并为新书揭幕。贵阳市委常委、贵阳市人民政府常务副市长徐昊主持论坛。

赵德明代表市委、市政府对出席论坛的嘉宾表示诚挚欢迎。他说,党的十八大以来,习近平总书记以宏阔视野和战略思维,高瞻远瞩地提出了国家大数据战略、网络强国战略思想,为我们发展大数据指明了前进方向,提供了根本遵循。在党中央、国务院的坚强领导下，贵州省、贵阳市坚持以习近平新时代中国特色社会主义思想为指导，守好发展和生态两条底线，顺应新一轮科技革命和产业变革的时代潮流，把发展大数据作为弯道取直、后发赶超的战略引擎和推动高质量发展的重要抓手，坚定不移实施大数据战略行动，扎实推进大数据理论创新、实践创新、规则创新、技术创新、制度创新，扎实推进大数据与各行各业各领域深度融合，促进大数据发展迈入了一个新的阶段。

赵德明说，大数据是一个时代，是一个需要理论而且一定能够产生理论的时代。近年来，贵州、贵阳努力服务国家大数据战略，不仅在实践上进行了艰辛探索，而且把大数据智库建设摆在了突出位置，先后推出了《块数据》《大数据蓝皮书》等一系列理论著作，在促进贵州、贵阳大数据发展上发挥了重要作用、产生了积极影响。首届数字中国智库论坛的举行，进一步搭建了大数据最新理论成果交流研讨的广阔平台；《大数据蓝皮书No.2》《中国数谷》《块数据4.0》的发布，有益于进一步激发社会各界共同建设"中国数谷"的积极性、主动性和创造性，进一步推动大数据更好地造福人民、促进社会进步。希望专家学者、业界精英以此次论坛的举办为契机，勇立时代潮头、发出思想先声、创造出更多更好地促进大数据发展的理论成果。

张秦洞高度评价了贵阳在大数据领域取得的成就。他说，近年来，作为国家大数据（贵州）综合试验区核心区的贵阳，持续推进服务模式创新、政策制度突破、体制机制探索，抢占了大数据理论创新、制度创新、标准创新的制高点，经济社会因而发生了变革，正逐步成长为"中国数谷"。希望贵州、贵阳继续引领中国大数据发展，进一步推进军民融合，集中优势资源突破大数据核心技术；面向经济主战场，深度拓展先进技术的场景应用；围绕国家安全，切实保障关键领域数据安全。

论坛上，社会科学文献出版社社长谢寿光，机械工业出版社副社长陈海娟，全国政协委员、贵阳创新驱动发展战略研究院院长、大数据战略重点实验室主任连玉明分别就新书《大数据蓝皮书No.2》《中国数谷》《块数据4.0》进行了发布。部分知名专家、企业经营者围绕大数据的发展与应用进行了精彩发言。

市直相关部门负责人参加论坛。

紧握创新"钥匙" 共享"数据"成果
——从2018数博会上传递出的信息

2018年05月31日 新华社

全球知名企业主动参展、外国行业协会首次集中亮相、国内外知名专家思想交锋……5月29日在贵阳闭幕的2018中国国际大数据产业博览会展现了全球大数据发展"靓丽风景"。与会者认为，坚持新发展理念，加快新旧动能转换，"数字中国"建设带来的全球机遇正在加速形成，中国开放活力在此次数博会上得以生动诠释。

把握先机 紧握创新"钥匙"

此次数博会，一些"生面孔"首次亮相。以色列、俄罗斯、英国、印度等国展团集中亮相；Facebook、谷歌、日本NTT DATA等展厅吸引了众人关注，在中国欠发达省份贵州举行的盛会"国际范儿"更足。

近年来,贵州以大数据为突破点之一打造"内陆开放型经济试验区"。2013年以来,大数据企业从不足1000家增长至目前的8900多家,大数据产业规模总量超过1100亿元,苹果、高通等全球知名企业纷纷落户。

"观念优势在当下尤为重要。"清华大学全球产业4.5研究院副院长朱恒源认为,贵州通过大胆解放思想,在理念上抢先,在行动上实干,做到了在新经济业态中异军突起。

摒弃不符合新发展理念的思想观念,改革不符合高质量发展要求的体制机制,改变制约创新的管理方式,是"贵州速度"的推进器。

国家发改委副主任林念修说,自2017年7月以来,中国已经整合了2900多个信息孤岛,联通了42个国务院部门垂直建设管理的信息系统,实现了信用、人口、教育等16个重点领域的694项数据共享,面向全国各级政府部门开通了508个数据服务接口。

工业和信息化部副部长陈肇雄介绍,近年来,中央和地方政府陆续出台了160多份大数据相关支持政策文件,20个省份设立了省属大数据专门管理机构,多层次协同推进机制基本形成。

转换动能 数字经济"发力"

与会专家认为,在实施网络强国、加快建设"数字中国"背景下,中国的实体经济与数字经济快速融合,大数据作为经济发展新动能的作用日渐显现。

"融合不是简单的叠加,二者之间的桥梁是大数据和人工智能算法。"京东金融集团副总裁郑宇举例说,目前利用大数据能对发电锅炉进行管控,只要提高0.5%的转化率,一年就可以为国家节约100亿元的资金成本,用更少的煤炭发更多的电,并产生更低的污染排放。

国家网信办副主任杨小伟说,近年来,中国大数据产业发展迅速,2017年大数据产业达到4700亿元,同比增长30%。大数据应用正从互联网、金融、电信、医疗等热点行业向传统领域渗透,超过32%的企业已经启动了数字化转型,开展了大数据应用。

林念修说,据有关机构测算,2017年中国的数字经济规模已经超过27万亿元人民币,在国民经济中的地位稳步提升。

敞开怀抱 共享大数据发展成果

此次数博会上,以色列首次设立国家馆,中印多家高新技术及数据企业签订了合作项目,总金额超过300亿元的多项合作项目成功签约……贵州正以自信和从容的姿态迎接世界各国的企业家和投资者。

"很多印度大数据企业都希望以贵州作为桥头堡,进入中国市场。"印度国家信息技术学院中国区域技术总监升迪说。

"大数据的发展要将每一个人囊括其中,让每个人都获益。"美国高德纳咨询公司全球副总裁汤姆·奥斯丁表示,现在整个世界在成果分享上,做得还不够,我们需要构建一个命运共同体,让大家共享发展成果。

与会专家认为,贵州的经验表明,身处全球改革浪潮中,谁能趁势把握改革先机,就能在激烈的全球竞争中立于不败之地。而不断扩大对外开放,提高对外开放水平,以开放促改革、促发展,正是中国不断取得新成就的重要法宝。

"我们希望能借此机会,和中国共同致力于网络空间命运共同体建设。"日本 NTT DATA 集团公司执行董事、中国亚太地区事业部部长宇平直史说。

浪潮集团董事长孙丕恕说,作为中国企业不仅要通过持续的技术创新和商业模式创新推动中国大数据产业发展,更要加强国际交流与合作,与各国科技企业共同推动全球大数据产业创新发展,共创智慧生活,造福世界各国人民。

大数据，让贵州发展更有底气

2018年06月05日《贵州日报》

贵阳市大数据发展存在的问题在全省具有一定的普遍性，如何突破这些障碍与藩篱，这次数博会为贵州提供了解决思路、增强了发展底气。

爽爽贵阳迎盛会，跨越发展底气足。以"数化万物·智在融合"为主题的2018中国国际大数据产业博览会已经在贵阳圆满结束。无论是从参会规模、嘉宾层次，还是从品牌发布、专业论坛等影响力来看，本届数博会再创历史新高，8场高端对话、65场专业论坛，以及40场成果发布、81场招商推介、278场商务考察等系列活动，参会观展人数超过12万人，全省共成功签约项目199个，金额352.8亿元。

笔者作为一名贵州人，感到非常骄傲，因为真正感受到了"数博之变"，在现场聆听到了论坛嘉宾们的深谋远虑、卓识远见，体验到了"黑科技"的高端、智能、先进，数博会让世界看到贵州如何从一张白纸成长为大数据发展高地，让大数据真正成为人们认识贵州的世界名片。

大会虽然圆满结束了，但对大数据如何更好地实现深入发展的思考才刚刚开始。贵阳是数博会的承办单位之一，市政府主要领导在接受媒体采访时谈到大数据为贵阳搭建了大平台、聚集了大资源、带来了大发展，同时也提到大数据发展的一些瓶颈，比如大数据人才的缺乏，数据封锁、数据壁垒等现象仍然存在，造成了信息孤岛、数据烟囱，制约了对数据的开发运用。贵阳市大数据发展存在的问题在全省具有一定的普遍性，如何突破这些障碍与藩篱，这次数博会为贵州提供了解决思路、增强了发展底气。

底气来源于党中央对数博会的高度重视。2018年数博会是我国走进新时代的第一次国际大数据产业博览会，为此习近平总书记专门发来贺信，对数博会的召开表示热烈的祝贺，对实施国家大数据战略提出了明确要求，充分体现了党中央对数博会的高度重视、对贵州的亲切关怀和深情厚爱，为贵州深入贯彻落实国家大数据战略、强力推进大数据战略行动提供了根本遵循和指引方向，必将推动贵州大数据发展迈上新的台阶。

底气来源于省委省政府坚定不移推进大数据发展的决心。历届省委、省政府一张蓝图干到底，把大数据战略作为贵州后发赶超的关键一招，借助大数据的强劲势头，加快大数据与实体经济、乡村振兴、服务民生、社会治理的融合，强化对大数据相关企业、高科技领域企业和各类人才的引进支持力度，做大做强数字经济，推动经济从高速增长转向高质量发展。2017年，贵州大数据企业数量增至8900多家，产业规模超过1100亿元；数字经济增速、数字经济吸纳就业增速分别为37.2%和23.5%，均居全国前列。

底气来源于嘉宾、业界、社会各界对数博会的关心支持。661位国内外嘉宾围绕大数据最新技术创新与成就，探讨大数据和各行各业深度融合的成果和问题；业界深度聚焦数据、智能、融合，紧盯大数据新理念、新思想、新技术、新产品、新模式、新应用,共带来超过1000项最新产品和技术与解决方案;全球共有193家媒体、1639名记者参与报道了大会盛况。正是因为他们的关注、关心与支持,数博会才一届比一届好,国际传播力度空前,影响力不断提升。

继续擦亮大数据这张世界名片,贵州大有可为。我们将深入贯彻落实习近平总书记关于大数据发展工作的重要指示精神,牢记嘱托、感恩奋进,把习近平总书记的殷切期盼转化为苦干实干的强大动力,以融合助推大数据发展驶向新蓝海,奋力推动贵州大数据发展迈上新台阶,为全面开创百姓富、生态美的多彩贵州新未来奠定坚实基础。

后 记

习近平主席为2018中国国际大数据产业博览会（简称"数博会"）发来贺信，8场高端对话、65场专业论坛，以及40场成果发布、81场招商推介、278场商务考察等系列活动，招商引资签约项目199个、金额352.8亿元，参会观展人数超过12万人，国内外参展企业和机构达到388家，布展面积6万平方米。同步举办的人工智能全球大赛、"数博会之旅"、"数谷之夜"等主题活动精彩纷呈，51项黑科技、百个大数据应用场景、十佳大数据应用案例等创新成果竞相发布……

这就是2018数博会交出的答卷。参会嘉宾一致认为，本次大会彰显了数据之魅、智能之美、融合之道，在前三届大会的基础上，国际化、专业化、产业化、市场化水平明显提升，影响力越来越大，品牌知名度越来越高，数博会已成为全球大数据发展的风向标和业界具有权威性的国际性平台。

虽然2018数博会已经落下帷幕，但大数据的发展在贵州风生水起。建成"云上贵州"，列为国家电子政务云数据中心体系南方节点。三大电信运营商等国家级、行业级数据中心建成，华为、高通、苹果等国内外知名企业成功落地，货车帮、白山云等本土企业茁壮成长。正在强力推进大数据与实体经济的融合，大数据与乡村振兴的融合，大数据与服务民生的融合，大数据与社会治理的融合。正在全面强化对大数据相关企业、高科技领域企业和各类人才的引进支持力度，做大做强数字经济，推动经济从高速增长转向高质量发展。正在积极推动扶贫、公安、交通、住建等部门数据融合，对扶贫对象实行精准识别；"国土资源云"与"扶贫云"融合，精准掌握和调度易地扶贫搬迁等重点工程；"扶贫云"与"教育云"融合，贫困家庭子女上高中、上大学免学费实现了自动识别、自动办理；大数据与医疗领域融合，在全国率先实现了省市县乡四级医院远程联网，有效解决边远山区老百姓看病难问题，截至2018年5月底已经开展远程影像诊断近5万例；大数据与政务服务融合，加快政府数据"聚通用"，做到"进一扇门办全部事、进一张网办全省事"；大数据与环境保护融合，探索对全省环境污染源进行实时监测、自动报警；大数据与实体经济融合，大力开展"千企引进""千企改造""万企融合"，一大批传统企业正在发生"蝶变"。2017年，贵州还分别在印度班加罗尔、美国硅谷成功举行了中国大数据（贵州）综合试验区推介会，在当地掀起了"中国数谷风"。

虽然2018数博会已经落下帷幕，但贵州已经开启了大数据发展的新征程。贵州省委省政府已将大数据作为推动高质量发展的有效手段，坚持发展第一要务、人才第一资源、创新第一动力，打造"智力收割机"，着力集聚资源要素，强化对现有大数据企业的支持力度，强化对大数据企业的招商力度，强化与大数据融合的高科技企业的招商力度，强化对大数据等高科技领域的人才引进力度，通过量的增加引起质的飞跃。

未来，贵州将进一步加快大数据与实体经济深度融合。围绕智能化升级，开展扎实推进"千企引进""千企改造"和"万企融合"大行动，发展工业互联网、物联网和智能制造、智能农业、智能物流、智能商务、智能能源，加快大数据与各领域的"化学反应"，推动实体经济数字化、智能化转型和提质增效，加快形成智能经济形态。尤其是大力推动电子商务增量提质，让"黔货出山"，加快大数据与乡村振兴的融合，推进农村产业革命。

未来，贵州将进一步加快大数据与政府管理社会治理深度融合。充分利用大数据洞察民生需求、优化民生服务，深度开发各类便民应用，全面推进政府数据聚、通、用，形成一批便民利民、全国一流的政务APP应用，全面推进政务服务"一网通办"。重点以扶贫、交通、旅游、"数据铁笼"等示范应用场景，推动相关部门政务数据的互联互通和共享应用。着力加强"数据铁笼"、生态环境、公共安全等领域的大数据运用，加快大数据与社会治理的融合，提高政府治理能力和水平。

未来，贵州将进一步加快大数据与服务改善民生深度融合。以提升百姓生活品质为目标，结合"信息惠民"工作，重点推进医疗健康、教育培训、文化创意、交通、社会保障、社区服务、劳动力就业培训等领域的数字化应用普及，推动跨地区、跨部门、跨层级的民生服务协同，促进民生数据的开发和利用，在更高水平上实现大数据与服务民生的融合、共享，提升人民群众的大数据"获得感"。特别要开展好精准扶贫数字化工程，实现各项扶贫工作的精准识别、精准服务、精准管理和精准配置，形成具有贵州特色扶贫开发新模式，打赢深度脱贫攻坚战。

多彩贵州"彩云飞"、云起云飞展"云图"。贵州全省上下要坚决贯彻落实习近平总书记的重要指示要求，乘势而上、开拓创新，深刻学习领会习近平总书记贺信对发展大数据、办好数博会的重大意义，对激励全省上下苦干实干、后发赶超的重大意义，对促进全球大数据健康发展、加快构建人类命运共同体的重大意义，进一步增强责任感和使命感，切实把大数据发展得更好。为此，我们要牢牢把握大数据发展的重要机遇，撸起袖子加油干、迈开步子加快赶，同时，也希望国内外关心关注大数据发展的朋友们积极参与到贵州大数据发展的浪潮中来，与我们一道躬身耕"云"，撒下更多"数据种子"，让"智慧树"茁壮成长，让"钻石矿"流光溢彩，共同收获大数据时代的美丽"云"彩和美好未来，共同谱写新时代大数据融合发展新篇章！

2018年8月